Finances publiques et réforme de l'État : Le cas du Maroc

Finances publiques

Collection dirigée par Thierry LAMBERT

Finances publiques/Public finance
Collection dirigée par/Collection directed by Thierry LAMBERT

Les finances publiques connaissent un développement important et se diversifient. Cette discipline couvre notamment les finances de l'État, le droit public financier, le droit fiscal, les finances communautaires, les finances locales, les finances sociales, les finances internationales et comparées, les procédures fiscales ainsi que le droit douanier. Ces questions peuvent être envisagées dans un cadre national, communautaire ou mondial.

La présente collection a pour vocation de publier des travaux originaux (thèses, essais, colloques...) ou de facture plus classique (manuels, commentaires de textes, recueils de documents...).

Elle a aussi pour ambition de rééditer des ouvrages aujourd'hui introuvables, mais fort utiles, dès lors qu'ils s'imposent comme référence et qu'ils sont agrémentés d'une préface substantielle.

Public finance steadily developping and diversifying. This discipline more particulary coversstate finance, public financial law, tax law, EU finance, local finance, social finance, international and comparative finance, tax procedures and customs law. Those questions can be considered within a national community or global framework.

The aim of this collection is to publish original works (theses, essays, symposiums...) or more traditional ones (textbooks text analyses, collections of documents ...).

In addition, it is meant to re-publish books which are currently untraceable no matter how usefulprovided they stand as genuine references and contain substantial prefaces.

Déjà parus

Mathurin MBOUNOU-NGOPO, *La fiscalité et l'impératif de développement du Centrafrique,* 2019.
Emmanuel JOANNARD-LARDANT, *L'établissement de la preuve fiscale : essai de droit processuel*, 2019.
Dominique VILLEMOT, *Le débat fiscal : une passion française,* 2019.
Aurélie DORT, *Fiscalité et sécurité sociale, Étude de la fiscalisation des ressources de la Sécurité sociale*, 2019.
Fidèle MENGUE ME ENGOUANG, *Les finances publiques du Gabon*, 2018.
DIOUKHANÉ Abdourahmane, *Les finances locales sénégalaises*, 2018.
ATECK A DJAM Félix, *Droit du contentieux fiscal camerounais, Nouvelle édition,* 2017.
Mahrez ZAHED, *La démarche de performance dans la gestion locale. Les collectivités territoriales face aux défis de la nouvelle gouvernance*, 2017.
PALMA-AMALRIC Valérie, *L'autonomie financière des autorités indépendantes*, 2017.
ALLOUARD Ophélie, *Les frontières fiscales dans l'Union européenne appliquées à la fiscalité des entreprises*, 2016.

Mohamed HARAKAT

Finances publiques et réforme de l'État : Le cas du Maroc

Préface de Gilbert Orsoni

L'Harmattan

DU MÊME AUTEUR

La Gouvernance des Finances publiques en Afrique, s/d, série Administraiton publique, L'Harmattan, 2019.

La nouvelle diplomatie économique en Afrique :Pardigmes et modèles, L'Harmattan, 2020.

Études d'impact et évaluation des politiques publiques, s/d, L'Harmattan, 2020

La triade tyrannie, corruption et terrorisme : contribution à l'économie politique de la corruption (en arabe), Rabat, El Maârif Al Jadida, 2016.

Paradoxes de la gouvernance de l'État dans les pays arabes, Paris, L'Harmattan, 2015.

Les Finances publiques et les impératifs de la performance, Paris, L'Harmattan, 2011.

Quelle université pour le XXIe siècle ? La gouvernance cognitive et démocratique, une chance pour le Maroc, Rabat, El Maârif Al Jadida, 2011.

Gouvernance, gestion publique et corruption, Rabat, El Maârif Al Jadida, 2006.

Les Cours régionales des comptes : guide pratique du contrôle des finances locales, Rabat, El Maârif Al Jadida, 2004.

Finances publiques et droit budgétaire, Rabat, El Maârif Al Jadida, édit. 2002, 2004, 2006.

Cour européenne des comptes, Luxembourg. Lignes directrices européennes concernant l'application des normes d'audit de l'INTOSAI (traduction arabe), Rabat, El Maârif Al Jadida, 2001.

Le contrôle supérieur des finances publiques au Maghreb, Rabat, El Maârif Al Jadida, 2000.

L'Audit dans le secteur public au Maroc : le cas de la Cour des comptes, Rabat, Babel, 1994.

Le Droit du contrôle supérieur des finances publiques au Maroc, Rabat, Babel, 1992.

5-7, rue de l'École-Polytechnique, 75005 Paris
http://www.editions-harmattan.fr
ISBN : 978-2-343-18666-5
EAN : 9782343186665

PRÉFACE

Gilbert ORSONI
Professeur émérite à l'Université d'Aix-Marseille, Doyen honoraire, Président de la Société Française des Finances Publiques (SFFP)

On perçoit prioritairement la mondialisation sous sa dimension économique et géopolitique, de libéralisation des échanges, de conquête de marchés jusqu'alors inaccessibles, de contrôle des matières premières, de déplacements de population, mais aussi, culturellement, de diffusion de toutes catégories d'œuvre. Tandis que les géants du numérique, qui en sont une remarquable illustration, occupent une place croissante dans la vie de milliards d'individus. Mais l'on ne peut que souligner également que la mondialisation est aussi, de plus en plus, affaire de concepts. Ainsi, sous l'influence notamment des thématiques du New Public Management, qui portent l'idée, pour faire court, d'une gestion publique s'inspirant des méthodes pratiquées dans les grandes entreprises, et visant à l'amélioration de la performance de l'action publique, celui de la réforme de l'État occupe, depuis quelques années sinon déjà quelques décennies, une place éminente. En effet, si, à une époque (les années 1930) il suffisait, comme le cite le professeur Harakat, à un homme politique, André Tardieu, de dire que parler de la réforme administrative permettait de se faire applaudir sur tous les bancs parce que « personne ne savait ce que c'était », aujourd'hui, où l'on utilise plus volontiers l'expression « réforme de l'État », le concept revêt une dimension bien mieux perçue car largement partagée dans de nombreuses instances et plusieurs continents. Avec aussi cette dimension particulière, que la France a exploré à l'orée de ce siècle, où il était exprimé que la réforme des finances publiques devait être un élément, avancé ou préfigurateur, de celle de l'État. Ce qui, en vérité, n'a pas été totalement le cas, puisque la Révision Générale des Politiques Publiques (RGPP), puis la Modernisation de l'Action Publique (MAP), sous les deux précédents quinquennats, qui se voulaient, dans la lignée de la LOLF, porteuses de cette réforme, sont demeurées très en-deçà des attentes, au point que la question de la Réforme y reste encore pleinement posée. On peut d'ailleurs se demander, à cet égard, même sous le simple angle financier, si la loi organique de 2001 a pleinement rempli l'objectif qui lui était assigné.

Ce seul rappel permet de mesurer la dimension du chantier auquel s'est attaqué le Professeur Mohamed Harakat, chantier dont il pose d'emblée les fondements, partant effectivement, comme l'indique l'intitulé de son ouvrage, du questionnement de la réforme de l'État par les Finances publiques, mais aussi, ce qui n'est pas sans lien, non sans indiquer la place de l'évaluation des politiques publiques dans un pareil schéma. Soulignant également, dans l'élargissement du focus, les fragilités de l'État, au moins dans certaines zones géographiques, rendant sa réforme d'autant plus nécessaire, quoique sans doute plus difficile encore et, non moins incontournable, le rôle dévolu aux finances publiques dans pareille perspective.

D'où une Première Partie (la seconde traitera bien davantage *in concreto* des lois organiques marocaines, de 1963 à 2015, et des processus budgétaire et comptable qui y sont à l'œuvre) mettant en relief « paradoxes de la gouvernance de l'État et légitimité historique et démocratique des finances publiques ». Où, s'il n'est pas possible en ces quelques lignes de présentation d'en développer tous les aspects, il apparaît que cet ouvrage, par delà ses questionnements sur la réforme de l'État, constitue une réflexion de premier ordre sur l'identité même des finances publiques, tant dans leur trajectoire historique qu'à l'époque contemporaine, sans omettre pour autant les liens susceptibles d'être établis avec des disciplines voisines, de l'économie à l'histoire, en passant par la sociologie politique et la comptabilité.

On sait que celles-ci, au moins dans un grand nombre de pays, ont vu tout à la fois :

- leur champ d'intervention s'élargir : outre l'État, avec le développement des finances locales et sociales ;
- leur contenu évoluer avec le passage de budgets de moyens à des budgets d'objectifs puis de résultats (mesure de la performance), sans compter l'émergence d'exigences nouvelles (transparence) ;
- tandis que paradoxalement (mais le paradoxe n'est que d'apparence), à l'heure du triomphe de concepts managériaux (et peu sont aussi qualifiés que le professeur Harakat pour appréhender ceux-ci), s'est vue consacrée une juridicisation plus marquée des finances, principalement du fait du rôle du juge, notamment constitutionnel, mais aussi une discipline ou sphère d'influence supranationale (discipline budgétaire établie par les traités européens, rôle de l'échelon communautaire en Afrique, recommandations d'organismes tels le FMI et la Banque mondiale).

On ne peut que souligner également, parmi les approches novatrices de cet ouvrage, tout ce qui relève de phénomènes récemment apparus, ou dont (à l'image de la finance islamique, dont le lien avec l'économie et les finances est judicieusement traité) conscience a été prise de l'importance grandissante, touchant notamment à l'e-gouvernance, au changement climatique, et, pourrions nous ajouter au désastre écologique, tous phénomènes aux incidences inévitables sur les finances et pouvant, particulièrement pour le premier, constituer un élément de facilitation d'une réforme de l'État.

Au total, on ne peut que savoir gré au professeur Harakat, de cette contribution au rôle et à la place des finances publiques dans la perspective notamment d'une réforme accomplie de l'État, sachant que nombre de questions ne manqueront pas de continuer de se poser. D'autant que concepts et discours communs s'adressent à des réalités dissemblables, ce qui invite à la réflexion, à laquelle cet ouvrage contribue grandement, sur la nécessaire articulation à trouver entre une théorie, elle-même non exempte de possible distanciation critique, et des réalités de terrain qui ne peuvent toutes s'y adapter avec la même facilité.

Gilbert ORSONI

INTRODUCTION GÉNÉRALE

« *Mon Dieu, donne-moi le courage de changer les choses que je peux changer, la sérénité d'accepter celles que je ne peux pas changer, et la sagesse de distinguer entre les deux.* »
Prière de Marc Aurèle, Empereur romain
(de l'an 161 à l'an 180 après J.C.).

« *Les idées fausses sont des faits vrais.* »
Edgar Faure

Dans ses manifestations les plus classiques, le pouvoir politique remplit deux fonctions essentielles intimement liées : mobiliser les armées et, surtout, lever l'impôt. Les rapports entre les deux missions sont évidents. L'État a besoin de l'impôt pour financer la guerre. En temps de guerre, les États importent des armes ou « investissent sans compter dans la recherche, dans l'espoir de mettre au point une technologie susceptible de les aider à vaincre[1] ». Le capitalisme est un système contradictoire et dynamique. La guerre y constitue à la fois un secteur budgétivore, prometteur de profit et une cause des dégâts collatéraux pour l'humanité.

L'impôt apparaît ainsi comme le premier élément nécessaire pour garantir la souveraineté de l'État (paix, économie du savoir, lutte contre la fragilité) par le biais du développement des finances publiques. Or, le processus d'accomplissement des deux missions de l'État se heurte constamment à autant d'abus et de déviances ; d'où l'exigence de la transparence, du contrôle et de l'évaluation des politiques publiques (EPP).

Lord Acton a fait une épigramme devenue célèbre par la suite, d'après laquelle « le pouvoir tend toujours à la corruption et le pouvoir absolu se corrompt absolument ». « De ce fait, à coté de la force du pouvoir, nous avons instauré la force de la modération ou du contrôle. Notre rôle est très important face au peuple, car nous devons lui dire que son apport, que sa contribution au Trésor public sous forme d'impôt, représentant parfois un véritable sacrifice, a été géré et que le gouvernement et l'administration

[1] Benoît Bréville *in Le Monde diplomatique*, Manuel d'histoire critique, hors série, 2014, p. 102.

publique l'ont bien employé, car si cela n'avait pas été ainsi, nous aurions imposé une sanction adéquate[2]. »

Répondre à ces épineuses problématiques revient à s'interroger sur la façon dont les finances publiques sont organisées, exécutées, contrôlées et évaluées.

Dans cette introduction, nous aborderons six éléments d'ordre épistémologique et méthodologique afférents aux rapports entre finances publiques et situations de fragilité qui seront déclinés comme suit :

I. Dimensions et indicateurs de la fragilite des États et des finances publiques

Des analyses savantes ont démontré que la crise actuelle du système productif s'étend à la critique acerbe des fondements et des corpus théoriques et idéologiques du néolibéralisme dans toute sa globalité[3] reposant sur une galaxie d'institutions façonnées par l'État. Une telle crise se manifeste par l'aggravation des inégalités, l'endettement, l'instabilité due aux menaces hybrides, le terrorisme, la migration de masse, la dégradation continue des comptes publics, la corruption et la prédominance de la culture de la rente, notamment dans les pays en développement.

L'idéologie néolibérale qui est au cœur du débat actuel « a permis d'alimenter le fantasme d'une lutte contre la pauvreté sans redistribution des richesses et d'oublier que l'une des principales causes de la pauvreté des uns, c'est la richesse des autres[4] ». En l'occurrence, l'État est jugé pataud, dispendieux, voire corrompu[5].

Dans ce contexte, la problématique de la légitimité de la décision publique se pose avec acuité[6]. La Résolution 1373 du Conseil de sécurité des Nations Unies, du 28 septembre 2001, mentionnait déjà la proximité entre « le terrorisme international, le trafic de stupéfiants, le blanchiment d'argent, les trafics d'armes illicites, de substances nucléaires, chimiques ou biologiques clandestines ».

Du coup, l'argent du crime, une fois blanchi, est un puissant ressort du financement d'apparence « légale » pour le terrorisme[7]. D'où l'hybridation

---

[2] Communication de Ferandez-Victorio ex-Président de la Cour des comptes d'Espagne, *in* cérémonie d'inauguration du IXe congrès de l'INTOSAI, Lima, Pérou, Recommandations et débat, INTOSAI, 1977, p. 476.

[3] Cf. *Le Monde diplomatique*, Manuel d'économie critique, hors série, septembre 2016.

[4] Daniel Zamora, « La pauvreté, voila le fléau ! », *in Le Monde diplomatique*, manuel d'économie critique, *op. cit.*, p. 63.

[5] Frédéric Farah, « Le poing de l'État au service de la main invisible », *in Le Monde diplomatique, op. cit.*, p. 98.

[6] Ali Mezghani, *l'État inachevé, la question du droit dans les pays arabes*, Édition Gallimard, 2011.

[7] Voir Jérôme Clech, « L'hybridité : nouvelles menaces, inflexion stratégique ? », *in Penser la guerre hybride ?*, revue *Défense nationale*, mars 2016, n°788, p. 14.

des activités : commerce, criminalité et terrorisme s'entremêlent de façon croissante, créant la confusion pour les autorités publiques. Plus particulièrement on pourrait penser que les États-faillis seront responsables de l'émergence des hybridités.

Les déterminants du concept de fragilité sont multiples et complexes[8]. Ses origines semblent faire consensus quant à la dimension historique qu'il revêt. C'est en puisant dans l'histoire et dans la pratique de gouvernance que l'on pourrait aisément appréhender la signification profonde des situations de fragilité. D'où la nécessité de définir des concepts clairs dans l'approche des paradigmes de fragilité et de résilience visant à qualifier les symptômes de l'incapacité des États en crise à assurer leurs tâches élémentaires (éducation, santé, infrastructure) ou stratégiques (économie du savoir, sécurité, épanouissement des citoyens, tolérance, démocratie). Ainsi, on est passé des concepts de l'État inachevé, défaillant, failli, effondré ou voyou au finalement fragile[9]. D'où la pertinence de l'élaboration des indicateurs de la fragilité de l'État et de la résilience.

Ces indicateurs devront être déterminés en fonction de multiples variables (vision stratégique, intégration politique, système fiable de gouvernance démocratique et stratégique, sécurité, évaluation des risques, fiabilité et transparence du système de gouvernance mondiale).

Le système de gouvernance mondiale demeure partiellement responsable des situations de fragilité dans les pays en développement. Il demeure le parent pauvre de l'aide au développement. Selon l'OCDE, l'aide internationale affectée au renforcement des secteurs de la sécurité dans les États fragiles est très faible. Elle représente 1,4 % de l'ensemble de l'aide dans les situations de fragilité. Or, si l'on retire les dépenses de sécurité en Afghanistan et en Irak, l'investissement ne dépasse pas 1%.

Selon le rapport de la CNUCED de 2004 sur l'endettement de l'Afrique, celle-ci aurait reçu 540 milliards de dollars de prêt entre 1970 et 2002. Après avoir remboursé environ 550 milliards de dollars en principal et intérêt, elle afficherait encore en 2004, 295 milliards de dette[10]. L'Afrique noire ayant reçu 294 milliards aurait remboursé en principal et intérêt 268 milliards et aurait une dette de 210 milliards de dollars.

En fait, la fragilité devrait être traitée selon une approche globale critique et constructive. Car, un État fragile est un État dangereux pour lui-même et pour son entourage.

Le concept de fragilité pose également un autre problème celui de sa relativité. En effet, l'un des problèmes auxquels font face les études sur la fragilité de l'État est d'ordre idéologique. Pour certains acteurs tels que les institutions de l'ONU il s'agit d'un concept forgé par l'occident, dans l'optique de veiller à l'épanouissement et à la sécurité des populations dans

---

[8] E. Epiphane Yogo, *État fragile et sécurité humaine au sud du Sahara*, L'Harmattan, Études africaines, Paris, 2014, p. 29-71.

[9] *Ibidem*, p.21.

[10] *Ibidem*, p. 69.

les pays fragiles. Pour d'autres telle que l'Union africaine, il s'agit d'un concept élaboré selon une optique ethnocentrique, « je suis civilisé l'autre est barbare je le juge par rapport à moi ». L'objet de ce discours (de fragilité) est de permettre à l'occident de propager sa mission civilisatrice et de répandre son idéologie de domination (justification de l'intervention extérieure, promouvoir des investissements dans les pays dits fragiles, armement, etc.). A cet effet, l'Union africaine rejette l'emploi du concept d'État fragile dans ses relations avec l'Union Européenne préférant à cela l'expression de « situation de fragilité ». L'ethnocentrisme apparaît aussi comme l'obstacle majeur à la compréhension des autres sociétés.

L'OCDE définit la fragilité de l'État à la lumière des progrès accomplis dans la réalisation des Objectifs du Millénaire pour le Développement (OMD) par l'énoncé de cinq dimensions principales[11] :

- **Violence :** elle peut être due aux morts au combat, blessures causées par la violence interpersonnelle, instabilité politique, terrorisme.
- **Justice :** elle se manifeste par l'État de droit aux niveaux national et international et légalité dans l'accès à la justice (enregistrement des naissances, lutte contre la corruption, confiance dans les règles de la vie en société).
- **Institutions :** il s'agit de voir dans quelle mesure les institutions sont efficaces, responsables et transparentes à tous les niveaux permettant de réduire les flux financiers illicites et combattre la criminalité organisée. En l'occurrence, il est question d'évaluer l'efficacité des pouvoirs publics, la qualité de la réglementation, la capacité de s'exprimer et l'état de la reddition des comptes.
- **Fondements économiques :** Ils concernent l'évaluation de la proportion de jeunes sans emploi, l'état de l'intégration économique, sociale et politique, les facilités de faire des affaires, le nombre d'années d'études, la croissance du PIB.
- **Résilience :** il s'agit des capacités d'adaptation aux vulnérabilités aux phénomènes extrêmes liés au climat et à d'autres chocs et catastrophes d'ordre économique, social et environnemental, inégalité des revenus, déficit en soins de santé.

Bref, pour l'OCDE, « un État est fragile lorsque le gouvernement et les instances étatiques n'ont pas les moyens et/ou la volonté politique d'assurer la sécurité et la protection des citoyens, de gérer efficacement les affaires publiques et de lutter contre la pauvreté au sein de la population[12] ». Par ailleurs, pour la France, la fragilité est définie en termes de cinq catégories[13] :

- défaillance de l'État de droit ;

---

[11] États de fragilité 2015, *Réaliser les ambitions de l'après-2015*, OCDE, p. 8.
[12] http://www.glossaire-international.com/pages/tous-les-termes/État-fragile.html#Q2mDbFZz0BjHYy1L.99
[13] *Ibidem.*

– État impuissant ;
– État illégitime ou non représentatif ;
– économie défaillante ;
– société fragilisée.

Ces catégories à dimension nationale s'ajoutent d'autres facteurs d'ordre supranational dont il faudrait également tenir compte (gouvernance mondiale, Nations Unies, Banque mondiale endettement, environnement régional et international).

En revanche, à la trinité clausewitzienne de la guerre, le peuple (et ses aspirations et passions), l'armée (et son intelligence) et le politique (et ses objectifs)[14], il est possible de « caractériser cette situation de conflictualité comme une forme de guerre qui, en évitant soigneusement chacun des éléments constitutifs de cette trinité, ciblerait les relations entre chacun d'eux pour perturber in fine la cohérence d'ensemble[15] ».

II. Les nouvelles missions de l'État dans l'edification d'un nouveau modele de gouvernance

Il est question de définir les nouvelles missions de l'État dans le processus du changement en vue de répondre aux impératifs de développement économique et social.

C'est une obligation pressante dans les pays endettés tels que le Maroc souffrant de fortes inégalités sociales, de l'ampleur du chômage et du sous-développement, notamment en matière de l'économie du savoir et de l'innovation.

« L'État, écrit Jacques Henri Bernardin de Saint Pierre, est semblable à un jardin, où les petits arbres ne peuvent venir s'il y en a de trop grands qui les ombragent, mais il y a cette différence que la beauté d'un jardin peut résulter d'un petit nombre de grands arbres, et que la prospérité d'un État dépend toujours de la multitude et de l'égalité des sujets. »

A. La réforme de l'État par les finances publiques

La réforme de l'État par les finances publiques et l'EPP revêt un aspect urgent et indispensable pour sortir de l'impasse et de l'économie des inégalités c'est-à-dire des situation de fragilité. La problématique se trouve au cœur de l'actualité (crise, menaces, transitions économiques et financières), d'où la grande importance de repenser la réforme de l'État et des pouvoirs publics et de tracer les grandes lignes de réflexion d'une stratégie cohérente à concevoir et à mettre sur place.

---

[14] Consulter Jean-Charles Coste, « De la guerre hybride à l'hybricité cyber-électronique », *in Penser la guerre hybride ?, op. cit.*, p. 20.
[15] *Ibidem.*

Sur le plan étymologique, la réforme diffère de la révolution. Selon le dictionnaire de la langue française le Petit Robert, si la révolution signifie un « changement brusque et important dans l'ordre social, moral ou une transformation complète », la réforme constitue un « changement profond apporté dans la forme d'une institution afin de l'améliorer, d'en obtenir de meilleurs résultats ».

L'objet de ce livre n'est pas de faire une révolution dans l'administration, à travers l'adoption d'un changement brusque, mais de réfléchir sur les conditions nécessaires permettant de garantir autant sa transparence que sa performance, en vue d'accomplir ses missions de lutte contre les fragilités.

Les finances publiques constituent toujours un levier majeur dans le processus de la réforme de l'État, du fonctionnement démocratique des institutions et de la redistribution des richesses. Il s'agit de les préserver des excès des pouvoirs politiques centraux et locaux. En l'occurrence, la bonne gouvernance et l'équilibre entre les pouvoirs, restent des éléments essentiels permettant de faire des finances publiques un réel levier de développement socio-économique des États.

Or, la performance des finances publiques ne devrait pas être mesurée strictement par des indicateurs des équilibres macro-économiques démontrant l'accomplissement de certaine baisse relative des déficits budgétaires, mais devrait être focalisée sur la capacité de l'État dans la satisfaction des besoins et la réalisation des aspirations des populations en les aidant à vivre dans un bien-être toujours supérieur.

Dans ce cas, l'articulation des pouvoirs politiques est évidente. Elle est au cœur de la démocratie et de la gouvernance.

Mais quelle est la bonne acception du concept de l'État qu'il s'agit de développer ?

Sachant que dans tous les pays du monde, les gouvernements inscrivent constamment à leurs programmes la gouvernance ou la réforme de l'État d'une manière directe ou indirecte. D'ailleurs, la fréquence du thème n'a d'égale que l'imprécision. André Tardieu l'avait remarqué : « Lorsqu'un président du conseil veut se faire applaudir sur tous les bancs, il lui suffit d'annoncer la réforme administrative, car personne ne sait ce qu'il veut dire[16]. »

Néanmoins, les participants au IXe congrès international de l'INTOSAI, tenu à Lima en 1977 ont tous considéré à l'unanimité et depuis longtemps que la réforme administrative est un « processus de renouvellement constant de l'État aux échelons macro-structurel, sectoriel et institutionnel, se basant sur une échelle de valeurs modifiées ou sur une orientation technique nouvelle qui comprend l'ensemble des politiques et activités ou organisations, l'exécution ordonnée des fonctions et des méthodes, afin d'obtenir une administration publique rationnelle et efficace, s'adaptant aux transformations économiques et sociales et mettant l'accent sur la

[16] Gournay. B, *l'Administration*, Que sais-je ?, PUF, Paris, 1962, p. 119.

participation des fonctionnaires compétents, dont l'engagement et la motivation quant aux objectifs de développement global sont évidents[17] ».

En l'occurrence, la réforme de l'État constitue une réinvention permanente des structures au sens du modèle de David Osborn et Ted Gaebler[18]. Elle revêt, à notre sens, une ambition stratégique et institutionnelle plus large et pluridisciplinaire. Elle s'incarne par l'élaboration d'une vision claire d'avenir par le biais de la réforme des institutions et des valeurs les régissant. Il s'agit plus particulièrement de la réforme de l'ensemble des missions, des organisations et des méthodes de fonctionnement[19]. Le but est de faire face aux défis de la société et des exigences de développement.

B. La réforme de l'État par l'évaluation des politiques publiques (EPP)

Une telle réforme consiste à évaluer constamment la performance des politiques publiques et de faire en sorte que celles-ci financées par les impôts des citoyens soient menées de la façon la plus efficace et la plus efficiente possible.

La réforme de l'État se manifeste par un processus dynamique d'adaptation, de changement ou de transformations inhérentes aux structures publiques.

Les familles de réforme de l'État au Maroc sont multiples et complexes : elles ont évolué sensiblement avec le temps. Celles du XIX e et du début du XXe siècle initiées avant le protectorat (règne de Hassan Ier, 1873-1894) dans le domaine financier, militaire et technique), durant la pénétration

---

[17] Consulter Mohamed Harakat, *Le Droit du contrôle supérieur des finances publiques au Maroc : essai sur les techniques d'audit à l'heure de l'ajustement structurel*, Babel, Rabat, 1992, p. 279 et recommandations de l'INTOSAI, Lima, *op. cit.*, p. 539.

[18] Ces auteurs présentent un modèle spécifique de réinvention du gouvernement, en 1993, focalisé sur dix principes et dimensions :
1. Catalytic Government: Steering Rather Than Rowing ;
2. Community-Owned Government: Empowering Rather Than Serving ;
3. Competitive Government: Injecting Competition into Service Delivery ; 4. Mission-Driven Government: Transforming Rule-Driven Organizations ; 5. Results-Oriented Government: Funding Outcomes, Not Inputs ;
6. Customer-Driven Government: Meeting the Needs of the Customer, Not Bureaucracy ; 7. Enterprising Government: Earning Rather Than Spending ;
8. Anticipatory Government: Prevention Rather Than Cure ;
9. Decentralized Government: From Hierarchy to Participation and Teamwork ; 10. Market-Oriented Government: Leveraging Change Through the Market.
Le Président Bill Clinton, à l'époque, a recommandé la lecture de ce Best Seller à tous les élus américains en considérant qu'il présente un programme d'action pour le gouvernement. « Should be read by every elected official in America. This book gives us the blueprint. » Cf. Osborn D. & Gaebler T., *Reinventing government. How the enterpreneurial Spirt Is transforming the public sector*, New York, Plume, Penguin Books, 1993.

[19] Frank Mordacq, *la Réforme de l'État par l'audit*, LGDJ, collection Systèmes, Paris, 2009, p. 12.

impérialiste ou durant celle de l'interventionnisme et de la crise de 1929, celles des réformes conduites sous l'emprise de la rigueur budgétaire (PAS), celles des transferts et de la privatisation, celles de la régionalisation et enfin celles de la réforme par la gouvernance, c'est-à-dire par le budget, l'amélioration de la qualité des services publics, la reddition des comptes, la transparence et l'EPP.

Or, un premier survol historique de l'ère coloniale et des grands moments de la caïdalité nous montre que les trois quarts de l'histoire financière politique de l'État marocain[20], notamment à partir de la fin du XIXe siècle et du début du XXe siècle, demeurent aujourd'hui inconnus chez les générations montantes, « mais qui ne manqueront pas d'être révélés demain, comme l'écrit, à juste titre, Paul Pascon, situation inconfortable, mais hygiénique pour l'esprit[21] ».

La connaissance constitue, selon Michel Foucault, le lieu d'un redoublement empirico-transcendantal[22] dans lequel l'homme est un mode d'être. Il ne peut être réfléchi dans un cogito[23]. Car l'homme est lieu de la méconnaissance.

Comment s'interroge-t-il peut-il être le sujet d'un langage qui depuis des siècles s'est formé sans lui et dont le système lui échappe ?

Dans le cogito moderne la question est de savoir comment la pensée habite hors d'ici, et pourtant au plus proche d'elle-même[24]. L'approche de l'impensé et ses rapports au cogito consiste à réfléchir la transformation du mode d'être par la prise de conscience des multiples dimensions de l'impensé.

« C'est la prise de conscience (de l'inconscient), c'est l'élucidation du silencieux, (la parole restituée) ce qui est muet, la venue au jour de cette part d'ombre qui retire l'homme à lui-même, c'est la réanimation de l'inertie, c'est tout cela qui constitue à soi seul le contenu et la forme de l'éthique[25]. »

Bref, la réforme de l'État auquel cet ouvrage s'intéresse peut être alors mieux définie comme celle focalisée sur le budget et l'EPP, c'est-à-dire, les services et les actions de l'État financés par des prélèvements obligatoires.

Quel est donc le rôle des finances publiques et de l'EPP dans ce processus pour faire face aux contraintes de la gestion publique, en termes stratégique, économique, managérial, pédagogique et humain ?

En d'autres termes comment gouverner les finances publiques ou (par) les finances publiques ?

---

[20] Concernant notamment la répartition de la richesse, l'abus fiscal, l'organisme étranger de contrôle de la dette, endettement du Makhzen, pouvoir et exonération fiscale de la richesse des grands caïds, systèmes étrangers de protection, confréries, Dar dmana, patrimoine de l'État, concession, groupes financiers : Banque de Paris et de Pays-Bas, etc.).

[21] Paul Pascon, *le Haouz de Marrakech*, t. 1, Rabat, 1983, p. 301.

[22] Michel Foucault, *les Mots et les choses*, Gallimard, 1966, p. 333.

[23] « L'ontologie de l'impensé, écrit Foucault, met hors circuit, la primauté du « Je pense » », cf. Foucault, *op. cit.*, p. 333.

[24] *Ibidem*, p. 335.

[25] *Ibidem*, p. 339.

Telles sont les questions auxquelles je tente de répondre dans ce livre. Disons-le d'emblée : les réponses apportées sont imparfaites ou incomplètes compte tenu de la complexité de la matière étudiée et ses multiples facettes historiques, institutionnelles, économiques, sociologiques et humaines.

Chacun connaît l'expression très célèbre du général de Gaule « qu'il vaut mieux éviter d'aborder « l'Orient compliqué » avec des « idées simples »[26] ». En l'occurrence, Edgar Faure n'a-t-il pas écrit « les idées fausses sont des faits vrais ».

C'est pour cela que l'auteur propose des dimensions et des objectifs à atteindre dans d'autres travaux qui peuvent être initiés dans ce sens par des jeunes chercheurs.

C. Dimensions et perspectives de la réforme de l'État

La première dimension et perspective d'analyse retenue dans ce travail consiste à démontrer que les finances publiques constituent évidemment un moyen d'action de l'État. C'est le dénominateur commun du développement économique et social de tous les pays du monde. Car elles sont devenues un instrument de la gestion gouvernementale[27] et par ricochet de la politique publique dans sa globalité ; c'est-à-dire un enjeu et un objet des politiques publiques transversales spécifiques.

En effet, l'approche moderne des finances publiques, écrit Marc Loze « commence à apparaître dés que les problèmes posés par l'exécution des opérations financières de l'État ont une incidence directe sur la vie des individus ou sur leur comportement économique et même politique[28] ».

La deuxième dimension et perspective de l'étude privilégie le processus d'élaboration, d'exécution, de contrôle et d'EPP. Il s'agit alors d'analyser l'ensemble des processus budgétaires ; en termes d'acteurs, d'institutions et de systèmes liant les ressources et les dépenses à des priorités socio-économiques de la population.

La troisième dimension et perspective favorise le développement d'une sociologie des finances publiques. Celle-ci permet d'explorer les rapports de pouvoir et conflits politiques, sociaux et administratifs qui se nouent autour des enjeux budgétaires et fiscaux[29] dont les finances publiques reflètent la complexité, l'étendu et l'ampleur.

A juste titre, Schumpeter écrit : « Les finances publiques procurent un excellent point de départ pour l'analyse des mécanismes sociaux et en particulier, mais non exclusive, de la politique »[30]. Dans les faits, les

---

[26] Jean-Yves Le Drian, « Les grands enjeux stratégiques de 2016 », *in RDN*, n° 791, juin 2016, p. 8.

[27] M. LOZE, *Les Finances de l'État*, Edition La Porte, Rabat, 1970, p. 5.

[28] *Ibidem.*

[29] Consulter pour plus de détails l'ouvrage *Gouverner (par) les finances publiques*, s/d. Ph. Bezes et A. Siné, Sciences Po Les Presses, 2011, p. 69.

[30] *Ibidem*, p. 56.

finances publiques sont au cœur de la cristallisation politique des conflits sociaux et traduisent la capacité à contraindre et à agir sur les autres par la dynamique budgétaire et fiscale[31] ou la financiarisation de l'action publique (détention des ressources financières, taxation, programmes publics privilégiés, transferts, partenariat public-privé, exonération, stratégies salariales d'influence). Ce qui justifie l'intérêt accordé à l'étude des instruments budgétaires et fiscaux mis à la disposition de l'État et constituant des moyens élémentaires d'exercice de l'action publique.

Cet angle d'analyse favorise le développement d'une sociologie des finances publiques cristallisant l'étude des rapports de pouvoir et des choix qui peuvent être décryptés dans le cadre d'une sociologie des budgets ; en termes d'affirmation de valeur, d'engagement politiques à dimension symbolique et de phénomènes bureaucratiques et d'inertie budgétaire[32].

La quatrième perspective de la recherche repose sur la démonstration de la place limitée qu'occupe l'EPP dans les structures de l'État dans nôtre région. Il est vrai que celle-ci y constitue indubitablement le parent pauvre de la recherche scientifique.

Cette imperfection monumentale réside dans le manque d'une culture d'évaluation dans la société. Cette constatation est fondamentale. Elle est liée à la complexité des politiques publiques ; en termes de codification juridique, de communication, d'adhésion et surtout de systématisation des études d'impact et de fiabilité[33]. Dans cette optique, l'évaluation mérite d'être traitée comme un éco-système[34]. Elle est utilisée pour apprécier l'évolution du système d'acteurs dans un dispositif juridico-politique.

Louis Baslé a fait remarquer que la complexité « ne vient pas tant des interactions dynamiques entre systèmes qui composent la société mais de la clôture de ces systèmes observé/observant, des tâches fondamentalement contradictoires : produire son information et réduire sa complexité. Impuissant, le politique s'est démuni de son principal outil : la confiance[35] ». D'où la pertinence de l'approche qui privilégie l'évaluation en tant que culture.

La cinquième dimension qui demeure en même temps une perspective de la recherche traite la gouvernance comme un dépassement des politiques antérieures qui ont montré leurs limites et leurs insuffisances[36]. Dans cette optique, il est question d'assurer le passage du gouvernement à la gouvernance des finances publiques. Cette constatation est fondamentale pour les quatre hypothèses de départ énoncées.

---

[31] *Ibidem*, p. 65.

[32] *Ibidem*, p. 85.

[33] *Politiques publiques systèmes complexes*, s/d D. Bourcier, R. Boulet et P. Mazzega, Herman Editeurs, Paris, 2012, p. 11.

[34] Un écosystème, terme créé en 1935 par Georges Tanseley, désigne un ensemble dynamique d'éléments en relations d'interdépendance, *ibidem*, p. 11.

[35] *Op. cit.*

[36] Jean-Pierre Goudin, *Pourquoi la gouvernance ?*, Presses de Sciences Po, 2002, p. 9.

III. Poids et role de l'instauration d'une culture d'evaluation dans le processus de la maitrise des situations de fragilite

Il est question de démontrer l'apport du droit constitutionnel notamment marocain à l'édification d'un nouveau modèle de gouvernance et les limites des mesures réglementaires à cette édification.

A. L'apport de la Constitution à l'édification d'un nouveau modèle de gouvernance

Au Maroc, la Constitution de 2011 a permis d'inaugurer une nouvelle approche de la réforme de l'État focalisée notamment sur la gouvernance et l'EPP. On cite, à cet égard, les éléments caractéristiques suivants :

- l'élargissement de la notion de la gouvernance. Elle découle, d'abord, au régime constitutionnel marocain qui est fondé, en vertu de la Constitution, sur la séparation, l'équilibre et la collaboration des pouvoirs, sur la démocratie citoyenne et participative. Ensuite, elle s'étend aux principes de bonne gouvernance et la corrélation entre responsabilité et reddition des comptes ;
- l'énoncé des infractions relatives aux conflits d'intérêt, et toutes infractions d'ordre financier (formes de délinquance liées à l'activité des administrations et des organismes publics, à l'usage des fonds dont ils disposent, ainsi qu'à la passation et à la gestion des marchés publics) ;
- la préservation de l'équilibre des finances de l'État ; des services publics sur la base de l'égal accès des citoyennes et des citoyens, de la couverture équitable du territoire national et de la continuité des prestations rendues. Ils sont soumis aux normes de qualité, de transparence, de reddition des comptes et de responsabilité ;
- le droit d'accéder à l'information détenue par l'administration publique, les institutions élues et les organismes investis de mission de service public ;
- l'institutionnalisation de l'EPP et l'énoncé de son exercice par le Parlement ;
- l'assistance de la cour des comptes au Parlement dans les domaines de contrôle des finances publiques et de l'EPP.

Plus particulièrement, l'État joue, en l'occurrence, un rôle stratégique, à travers plusieurs outils, mécanismes et politiques d'intervention. En effet, les finances publiques constituent un outil majeur de la politique budgétaire qui vise à favoriser l'investissement, la croissance et l'ouverture de l'économie sur le monde[37].

---

[37] Afifa Dassouli, « Le rôle de l'État dans l'agrégation du modèle économique marocain à la globalisation », *in la Nouvelle Tribune* du 5/08/2016.

A titre d'illustration, la fiscalité marocaine a été caractérisée par un allégement progressif du taux de l'IS qui est passé de 45 % en 1987 à 30 % à partir de 2009 et à 31 % à partir de 2016 pour les bénéficies au-delà de 5 millions dirhams. De même, le taux marginal de l'IR est passé de 52 % en 1990 à 38 % à partir de 2010.

Désormais, le processus de la régionalisation, constitue également un passage obligé qui devrait produire des effets positifs sur la création de richesses et la croissance nationale : facteurs essentiels de l'ouverture et de l'externalisation de l'économie marocaine[38].

Dans cette perspective, en plus des dépenses réalisées par les différents Ministères au profit des régions, l'État procède au transfert d'importantes ressources financières aux collectivités territoriales. Il s'agit notamment de 30 % des recettes de la TVA, de 2 % des recettes de l'IS et de l'IR, avec un objectif de porter cette part à 5 %.

En outre, et pour renforcer les capacités financières des régions, la loi de finances 2016 a créé le Compte Spécial du Trésor intitulé « Fonds de solidarité inter-régionale ».

Ainsi, l'État, à travers son Budget (Budget général, Comptes spéciaux du Trésor et SEGMA), représente un gros contributeur à la croissance économique, notamment à travers la commande publique. Les crédits d'investissement ouverts sont passés de 21,7 milliards dirhams en 2001, à 59,1 milliards, en 2012, puis 61,4 milliards, en 2016.

Le développement économique et social des régions est le résultat de la conjugaison des efforts du secteur public et de l'initiative du secteur privé. A cet égard, il est opportun de rappeler que l'investissement public précède et favorise l'investissement privé[39]. L'État est donc, indéniablement, un acteur de l'agrégation du modèle économique marocain dans le vaste champ de la globalisation, laquelle, bien que critiquée et controversée s'impose désormais à tous[40].

A titre d'illustration, les orientations de la loi de finances de 2016 consiste à :

- consolider les bases d'une croissance économique équilibrée (soutien de la demande, élargissement de l'offre, stimulation de l'industrialisation, encouragement de l'investissement privé, soutien de l'entreprise, accélération des plans sectoriels) ;

---

[38] Les projets stratégiques telle que la zone industrielle de Tanger étalée sur une superficie variant entre 1000 et 2000 hectares pour acquérir des investisseurs chinois et russes et d'autres partenaires. Le projet chinois prévoit la création de 300.000 postes de travail.

[39] Tanger Med a permis l'implantation de Renault, l'aménagement de la technopole de Nouaceur a favorisé l'implantation de Bombardier et des équipementiers pour l'accompagner, Jorf Lasfar a rendu possible l'implantation de beaucoup d'activités industrielles, etc. Quant à la centrale solaire Noor, elle ne manquera pas d'impacter positivement la région de Ouarzazate en attirant des investissements nationaux et étrangers.

[40] Voir Afifa Dassouli, « Le rôle de l'État dans l'agrégation du modèle économique marocain à la globalisation », http://lnt.ma/le-role-de-lÉtat-dans-lagregation-du-modele-economique-marocain-a-la-globalisation/ du 5/8/2016

- renforcer les piliers d'un développement économique intégré (diminution des disparités sociales et spatiales, opportunités d'emploi décent) ;
- accélérer la mise en œuvre de la régionalisation et de la cadence des grandes réformes structurantes ;
- mettre en œuvre la loi organique relative à la loi des Finances et la poursuite des efforts pour la récupération progressives des équilibres macro-économiques ;
- lutter contre les déficits en matière des services publics dans le monde rural notamment dans les régions éloignées et enclavées (Programme royal annoncé lors du discours de trône).

B. Quelques critiques sur l'incohérence des mécanismes de prévision budgétaire

Parmi les priorités du projet de la loi de finances[41] de 2017 telles que fixées par la lettre de cadrage du chef du gouvernement figure l'accélération de la transformation structurelle de l'économie nationale à travers l'industrialisation et l'export par le biais du renforcement de la compétitivité de l'économie nationale, la promotion des investissements privés, la valorisation du capital humain et la réduction des disparités sociales et sectorielles outre l'affermissement des mécanismes de gouvernance institutionnelle[42].

Or, parmi les principales critiques qu'on a émises à l'encontre de cette lettre d'orientation[43]. On cite, à cet égard, dix observations de base :

- le monopole du pouvoir exécutif de la programmation budgétaire triennale et de la fixation des priorités du projet de lois de finances en dehors de la participation des parlementaires (débat, conférence nationale des finances publiques, société civile, etc.) ;
- le manque d'un plan de développement ou de stratégie globale, cohérente et claire dans l'élaboration et l'opérationnalisation des priorités (problème de convergence des politiques publiques) ;
- la concentration des orientations sur les grands équilibres macro-économiques au détriment de l'évaluation des impacts sur la vie quotidienne des citoyens ;
- le caractère flou et domination des généralités dans l'énoncé des priorités (manque de cohérence dans l'énoncé) ;

---

[41] Lettre de cadrage du Chef de gouvernement relative au projet de la lois de finance de 2017, n° 9/2016 du 9 août 2016.

[42] Déclaration du ministre de l'Économie et des Finances du 21 juillet 2017 devant les commissions des finances des deux chambres au parlement.

[43] Voir notre article, « Dix observations méthodologiques sur la lettre d'orientation du Chef de gouvernement concernant le projet de la loi de finances 2017 », *in Hespress* du dimanche 7/08/2016, voir http://www.hespress. com/opinions/317571.html

- la carence de vision stratégique et de cohérence globale des priorités de la loi de finances pour l'année 2017 ;
- l'approche réductionniste de la diplomatie économique citée de passage sans liaison dynamique et globale tant avec le processus de diversification de partenaires adopté par le Maroc qu' avec le retour de ce dernier à l'Union africaine (opérationnalisation des structures diplomatiques, administratives et financières de retour) ;
- l'absence d'une vision claire dans le processus de consolidation de la gouvernance et les mécanismes à mettre en place et les dispositifs susceptibles de promouvoir les liens entre ses institutions ;
- l'imprécision des mesures institutionnelles favorisant la recherche scientifique et l'innovation dans le processus de l'accélération de la transformation structurelle de l'économie nationale, à travers l'industrialisation ;
- le manque d'orientation dans l'investissement et l'exploitation des rapports produits par certaines instances de gouvernance (CESE, Cour des comptes, Médiateur, etc.) ;
- le manque d'une vision claire (et d'orientations spécifiques) concernant la stratégie de l'État dans la promotion d'une culture de l'EPP et d'étude d'impact.

Il s'agit en l'occurrence de démontrer la pertinence de l'EPP et la nécessité d'élaborer des indicateurs sur les situations de fragilité de l'État et leur impact sur le vécu de la population.

C. Pertinence et vertus de l'EPP dans la lutte contre les situations de fragilité

L'EPP constitue l'un des premiers instruments mis à la disposition des pouvoirs publics pour engager des mutations nécessaires. Or, la réussite de cette évaluation dans une période de crise, est tributaire de l'implication des citoyens et leurs représentants dans le processus d'évaluation.

Dans ce contexte, l'EPP a un rôle fondamental et croissant à jouer dans l'identification des priorités fixées par l'État par son apport d'informations et son jugement de valeur partagé sur l'action publique[44]. Les vertus de l'EPP sont multiples. Elles permettent de dégager les limites de l'État et d'évoiler dans quelle mesure cet État remplit pas pleinement ses fonctions à travers l'exploration des indicateurs de fragilités.

D'où la nécessité de définir des concepts clairs dans l'approche des paradigmes de fragilité et de la résilience (indicateurs de fragilité, degré de sécurité de l'État et des citoyens, transparence des finances publiques, cohésion sociale, projet de société, etc.).

---

[44] Consulter *l'Évaluation des politiques publiques : défi d'une société en tension*, s/d. de Gaelle Baron et Nicolas Matyjasik, L'Harmattan, Paris, 2012.

D. L'impact des situations de fragilité sur la population

Les détenteurs du pouvoir budgétaire et financier prennent des décisions dont l'influence est considérable sur le vécu de la population et sur les divers acteurs économiques et sociaux. C'est pour cette raison que l'EPP et ses impacts et effets sur la population s'imposent avec acuité.

C'est pour cela que les finances publiques sont censées promouvoir la défense de la légalité, la consolidation de la transparence, de la performance, et de la culture de la reddition des comptes et de l'évaluation dans la société. C'est une exigence démocratique

L'EPP permet d'apprécier, entre autres, la convergence des politiques publiques, leur efficacité et surtout leur apport et leur impact sur l'amélioration du vécu de la population. Tels sont bien les problèmes majeurs et les enjeux des finances publiques.

Ce sont ces pistes de réflexion que le présent ouvrage se propose de mettre en exergue pour relever les défis d'une société en tension.

Les objectifs du Millénaire pour le développement et l'Agenda 2030 réaffirment que la lutte contre les inégalités, l'exclusion et les injustices constituent l'un des enjeux fondamentaux du développement. Un tel objectif invite à repenser le lien entre croissance et développement[45].

Il est aujourd'hui reconnu que si l'accélération de la croissance a un impact significatif sur le niveau de vie de la population ;en termes monétaire et de distribution de revenu, il n'en reste pas moins qu'en période de croissance, la pauvreté ne peut pas diminuer si les inégalités augmentent.

Dès lors, l'évaluation de l'impact des politiques publiques doit être repensée à l'aune de leur succès en matière de la réduction de la pauvreté et des inégalités sociales et de la sauvegarde de la dignité. « La dignité, comme l'a écrit, à juste titre, Fatéma Mernissi, c'est d'avoir un rêve, un rêve fort qui vous donne une vision, un monde où vous avez une place, ou votre participation, si minima soit-elle, va changer quelque chose[46]. »

« La sagesse, souligne Oscar Wilde, c'est d'avoir des rêves suffisamment grands pour ne pas les perdre de vue lorsqu'on les poursuit. » Au surplus, s'interroge Antoine Reverchon les mouvements terroristes (renaissance du « Califa » de l'État islamique), les ambitions maritimes de la Chine, le réveil nationaliste du Japon (ou encore le conflit entre le Maroc et l'Algérie) ne sont-ils pas les réminiscences historiques et le sentiment sur les humiliations qui inspirent les individus et les dirigeants et les légitiment aux yeux de leurs peuples[47] ?

---

45 Voir Camille Fertel (2006), « Capabilities et études d'impact: de l'évaluation des résultats à l'évaluation des effets », *in Amartya Sen : un économiste du développement*, s/d. Valérie Reboud, Notes et documents n° 30, AFD, Paris, 2006, p. 187. L'Agenda 2030 fondé sur 17 objectifs et 3 engagements aspire à 3 buts : lutter contre les inégalités, l'exclusion et les injustices, faire face au défi climatique et mettre fin à l'extrême pauvreté.

46 Fatéma Mernissi (2011), *Rêves de femmes*, Fennec, Casablanca, p. 265.

47 Antoine Reverchon, Retour de l'histoire, avant-propos, le bilan diplomatique, *le Monde*, Hors-Série, 2016, p. 5.

En revanche, un accroissement des inégalités peut correspondre à une répartition des ressources non efficaces et par conséquent de très fortes inégalités sont des facteurs d'insécurité politique qui pourrait ruiner le processus de croissance. Car, comme l'avait remarqué Milan Kundera « quant on tue de grands rêves, il coule beaucoup de sang ».

Dans le même sillage d'idées, nous avons tenté dans certains de nos travaux de démontrer que la triade tyrannie, corruption et terrorisme revêt un caractère dynamique et dialectique[48]. Le terrorisme et la guerre ne sont-ils pas les plus grands destructeurs de richesse ?

C'est précisément pour cette raison que le recours à l'analyse de la pauvreté et des inégalités, proposée par Amartya Sen en tant que phénomènes multidimensionnels et complexes[49], selon l'approche des capabilités et de la transmission intergénérationnelle, demeure pertinent et novateur.

Dans de multiples travaux cet auteur s'est efforcé de montrer que l'analyse économique traditionnelle de « *l'homo oeconomicus* » était incapable de penser la diversité et la complexité des comportements humains et qu'il est nécessaire d'y introduire des considérations éthiques et morales[50]. Ce qui l'a conduit à s'interroger sur les rapports entre égalité sociale et développement économique[51].

Les analyses consacrées aux notions de niveau de vie ou de distribution des revenus témoignent par leur existence de la necessité d'inscrire les critères éthiques au cœur de l'analyse économique. Ces travaux qui ont contribué au renouvellement des enjeux de la discipline économique s'étendent aux évaluations morales et aux affectivités du groupe d'individus le plus défavorisé[52].

Dans quelle mesure cette approche a-t-elle contribué à faire évoluer une évaluation des impacts de ces politiques sur la population ?

Quel est l'apport de la diffusion de cette innovation stratégique à l'étude d'impact sur la performance de l'EPP ?

E. Processus de l'évaluation de l'impact sur la réforme de l'État

L'International Association of Impact Assessement (IAIA) définit l'étude d'impact social comme le « processus d'analyse, de contrôle et de gestion des conséquences sociales attendues ou non, positives ou négatives, des interventions planifiées, comme les politiques, programmes, plans ou projets

---

[48] Mohamed Harakat, *Triade tyrannie, corruption et terrorisme, contribution à l'économie politique de la corruption*, El Maârif Al Jadida, Rabat, 2016 (en arabe).

[49] Jean-Luc Dubois, « Approche par les capabilités et développement durable : la transmission intergénérationnelle des capabilités », *in Amartya Sen : un économiste du développement*, *op. cit.*, p. 201.

[50] Amartya Sen, *Éthique et économie*, PUF, Quadrige, Paris, 2001.

[51] Amartya Sen, *Repenser l'inégalité*, Seuil, l'Histoire Immédiate, 2000.

[52] Amartya Sen, *l'Economie est une science morale*, La Découverte, Paris, 1999.

de développement, et tous les processus de changements sociaux induits par ces interventions ».

A l'origine les politiques ou les programmes de développement étaient évalués d'après leurs résultats. Leur évaluation s'inscrivant dans une logique de rationalisation des décisions publiques répondant à la demande des commanditaires du projet que de celle des bénéficiaires à travers l'adoption d'une démarche descendante (ou top down) incorporant des techniques quantitatives. Les objectifs sont fixés tout en haut de la hiérarchie décisionnelle sans forcément tenir compte de la base.

Ainsi, l'évaluation des politiques d'ajustement structurel a montré l'objectif d'améliorer certains indicateurs de croissance économique et d'équilibre budgétaire sans prendre en considération leur impact social qui serait coûteux pour la population. En l'occurrence, l'EPP opérée à l'aune des résultats se trouve cohérente avec l'idée de croissance économique et sociale[53]. Cependant, les années 1990 ont vu l'émergence et l'institutionnalisation d'une nouvelle conception aussi bien du développement que de son système d'évaluation.

Le développement, d'abord, était focalisé sur la lutte contre la pauvreté et les inégalités sociales sur la base de l'approche des capabilités initiée par A. Sen, dés les années 1970 et surtout à partir de 1980. Ensuite, l'évaluation de nouveaux défis se sont ainsi progressivement imposés dépassant les seules mesures quantitatives de la croissance par le biais de la prise en compte des mesures qualitatives et des phénomènes sociaux plus complexes[54]. Il s'agit d'une évaluation dite de bas (ou *down top*) qui met l'accent sur l'impact des politiques et des programmes sur le développement durable de la population et de la transmission intergénérationnelle des capabilités.

Cette proximité théorique et pratique se confirme lorsque le FMI et la Banque mondiale ont lancé, dés 2001, un programme d'évaluation des effets sociaux des politiques économiques et financières qui a abouti à la publication par la Banque mondiale d'un guide des impacts sur la pauvreté et le social (Le PSIA, Poverty and Social Impact Analyzis).

Ainsi, si la pratique démontre l'émergence et l'institutionnalisation de l'étude d'impact comme norme de gouvernance et d'évaluation en Europe[55] et aux USA[56], le Maroc, à l'instar des pays arabes et africains, accuse un retard étonnant en matière de l'évaluation. Les épistémologues disaient « évaluer c'est évoluer ». Or, cette pratique récente et peu standardisée provoque souvent des confusions et des malentendus dans les concepts et une diversité dans la mise en œuvre de cette évaluation.

---

[53] Camille Fertel, *Capabilities et études d'impact…*, *op. cit.*, p. 189.

[54] *Ibidem.*

[55] L. Lianos et M. karliuk, « L'émergence de l'étude d'impact comme norme de gouvernance en Europe : genèse, diffusion et acteurs », *in RFAP*, n° 149, 2014, p. 5.

[56] S.R. Ackerman et Th. Perroud, « Les études d'impact et l'analyse "coûts-avantages" : modèles américains et traditions juridiques françaises », *in RFAP*, n° 149, *op. cit.*, p. 105 et s.

Mais l'action publique et l'EPP supposent des changements d'habitudes de travail, de méthodes de gestion, de suivi et de contrôle interne, ainsi que des représentations, des comportement et habitudes et des systèmes de valeurs… ce qui nécessite le changement des mentalités et des pratiques dominantes dans la gestion par le biais de l'édification d'une nouvelle culture de gouvernance des programmes de développement.

IV. Ambiguïtes des finances publiques dans la conduite de la reforme de l'État

Pourquoi les finances publiques en tant qu' instrument d'intervention de l'État font-elles aujourd'hui l'objet de scepticisme et de méfiance ? Quelles sont leurs ambigüités dans la conduite des politiques publiques ?

Pourquoi la gouvernance des finances publiques est accusée de n'engendrer que l'illusion et le désarroi et de se borner à une démagogie trompeuse et irresponsable, de se complaire dans des généralités sans pertinence et sans portée concrète[57] d'impact sur le développement de la société ?

Quelles sont les contraintes d'une gestion publique de missions et d'objectifs et de résultats, à la lumière de la nouvelle loi organique de la loi de finances ?

Dans quelle mesure la réforme de l'État est possible par le budget et l'EPP et de la gouvernance des programmes de développement ?

En quoi consiste les études d'impact de la gouvernance des programmes sur la rationalisation et la gestion des finances publiques ?

Partant de ces questionnements critiques, nous cherchons à comprendre les raisons des insuffisances de l'étude et de la pratique des finances publiques au Maroc et dans les pays maghrébins et arabes ou africains d'une manière générale. L'objectif est de mettre en exergue cette incapacité épistémologique et doctrinaire à fonder une nouvelle science au service de la consolidation de la démocratie, de la gouvernance et de l'EPP.

Le but ultime est d'adopter de véritables objectifs d'intérêt général, dépassant les intérêts égoïstes particuliers, qui seront au service des priorités stratégiques résidant notamment dans la promotion de l'économie du savoir et de l'innovation dans la société par le biais de la lutte contre la pauvreté, la marginalisation et les inégalités économiques et sociales.

C'est dans cette perspective que l'auteur propose un début de réflexion pour dépasser et surmonter les sentiments de désarrois. Il s'agit d'une contribution synthétique déductive-inductive et citoyenne au service de la gouvernance démocratique des finances publiques. Par ce que je suis à la fois individu et membre de la cité, j'ai le droit de prendre la parole, ici et maintenant. Comme l'écrit, à juste titre, Eric Weil : « Prendre position sur

[57] Christian Comellau, *Ambiguïtés des politiques publiques*, Editions Privat, 2015.

les affaires de la communauté et le faire du point de vue de la rationalité (...) nécessite de comprendre de quoi il s'agit et de pouvoir apprécier ce qui est en jeu. »

Le souci de ma modeste contribution n'est autre que celui d'établir un lien permanent entre les dimensions personnelles de mon expérience professionnelle et de mon point de vue en ma qualité d'enseignant et chercheur dans le domaine des finances publiques et les dimensions collectives de notre destinée. C'est en référence à cette réflexion scientifique et citoyenne que je reviendrais sur ce sentiment de « pertes de repères et d'idoles » dont les études officielles n'ont fait que démontrer l'ampleur (dans notre société) et que nous éprouvons tous les conséquences ; ce qui rend aujourd'hui la vision d'avenir tellement confuse et floue ; d'où la pertinence d'une réflexion sur la stratégie souhaitable d'un avenir meilleur pour nos enfants et nos pays.

Or, le niveau de vie, la situation économique et sociale de la population ; en termes d'emploi, de PIB ou de BIB[58] de genre, de bien-être ou de « capabilités[59] » d'investissement, d'endettement, d'économie du savoir et de besoins sociaux divers constituent certainement parmi d'autres les premières des informations dont doit disposer un gouvernement pour mettre en place une politique publique.

V. Cadre operatoire de l'analyse des situations de fragilite

Ce cadre est défini comme l'ensemble des concepts ou variables liées entre elles par des propositions et hypothèses d'ordre théorique et pratique consistant à ordonner les situations de fragilité et à préciser les relations entre les phénomènes étudiés.

Ce cadre d'analyse sera focalisé, d'abord, sur l'énoncé de l'apport de la théorie économique à l'émergence d'un nouveau modèle de gouvernance dans le processus de la lutte contre la fragilité de l'État. Ensuite, sur la présentation de quelques éléments empiriques sur les inquiétudes de la population au Maroc et des pays du Moyen-Orient qui ne sont, en fait, que des indicateurs significatifs des situations de fragilité dans cette région.

A. L'apport de la théorie économique à l'émergence d'un nouveau modèle de gouvernance

La théorie économique de développement nous offre de nouvelles approches d'analyse des inégalités et du genre ; en termes de besoin de la population et de processus de conduite et de maîtrise des politiques

---

[58] Bonheur Intérieur Brut.

[59] Selon l'expression d'Amartya Sen.

publiques ouvrant ainsi, de nouvelles perspectives pour comprendre et favoriser le développement humain à travers la consolidation de l'économie du savoir et de l'innovation dans la société.

L'approche par la « capabilité » telle qu'elle est construite par A. Sen et telle qu'elle a été critiquée et prolongée par de nombreux auteurs de disciplines différentes[60] constitue, en fait, un guide pour les politiques publiques de développement.

Ainsi, en dépit des critiques soulevées, cette approche continue toujours à offrir un cadre d'analyse cohérent et opportun pour évaluer la qualité de vie des individus où la démocratie, la liberté et le développement humain occupent une place centrale. Il s'agit de surcroît d'un cadre opérationnel et privilégié pour rendre compte des situations de pauvreté. Le développement est ainsi pensé comme un processus d'accroissement des libertés individuelles.

Au surplus, Nusbaum propose une liste de dix « capabilités » humaines centrales (*central functional capabilities*) constituant les composantes d'une bonne vie. Elles comportent[61] : la longue vie ; la santé du corps ; l'intégrité du corps ; le sens, l'imagination et la pensée ; les émotions, la raison pratique, la sociabilité (affiliation), l'aptitude à vivre avec d'autres espèces, le jeu ; et le contrôle de son environnement.

En fait, cette approche par la « capabilité » permet d'évaluer le bien être à l'aune de la liberté et non plus de l'utilité. Plus particulièrement c'est la démocratie qui favorise la compréhension des besoins, des droits et devoirs de chacun. Elle devrait être appréhendée par le débat public. Le soutien au pluralisme ou libertés fondamentales se trouvant dans l'histoire de nombreuses sociétés. La démocratie n'est pas une invention occidentale. Mais elle revêt pour Sen une valeur universelle.

B. Quelques éléments quantitatifs sur les situations de fragilité et les inquiétudes de la population en Afrique du Nord et au Moyen-Orient

Sur le plan empirique, l'Enquête nationale sur les jeunes Marocains, effectuée en juin 2012 par le HCP et portant sur un échantillon de 5 000 jeunes âgés de 18 à moins de 45 ans, apporte des informations pertinentes sur la stratégie souhaitable de développement à adopter.

Selon les résultats de cette enquête, les jeunes Marocains n'accordent que peu d'intérêt à la chose publique. Seuls 1 % des jeunes adhèrent à un parti politique ou sont membres actifs d'un syndicat, 4 % participent à des

---

[60] *Amatya Sen, un économiste de développement*, s/d de Valérie Deboud, *in Notes et documents* n° 30, 2006, Agence Française de Développement, p. 65.

[61] M. Nussbaum (2000), *Women and human development : the capabilities approach*, combridge university Press.

manifestations sociales ou grèves et 9 % participent à des activités de bénévoles. En outre, seuls 36 % participent aux élections de façon régulière.

Cette appréciation s'accompagne d'un large consensus parmi les jeunes sur l'augmentation des inégalités sociales (67 % d'entre eux) et la détérioration de la solidarité familiale (45 %). Quand on les interroge sur les facteurs d'ascension sociale, 79 % citent l'ambition et le sérieux et 76 % l'éducation.

L'appartenance à une famille aisée est également un déterminant pour 54 % alors que l'adhésion politique ou encore l'appartenance ethnique ou régionale ne sont évoquées que par 26 % et 16 % des jeunes respectivement. Enfin, en terme institutionnel, un jeune sur deux soit (54,3 %) considère que la pratique démocratique s'est améliorée au Maroc.

Concernant leurs priorités, 96 % des jeunes avancent l'emploi et l'égalité des chances, la réforme de l'enseignement pour 83 % ; l'habitat décent arrive en troisième position des priorités avec 81 % suivi de l'amélioration des services de santé avec 76 %. Le respect des droits de l'homme a été évoqué comme priorité par 72 % de ces jeunes et l'élargissement de la liberté d'expression par 62 % d'entre eux.

S'agissant des inquiétudes sur leur avenir, la cherté de la vie (84 %), le chômage (78 %) et la baisse des ressources (78 %) sont les principales préoccupations des jeunes.

La famille pour 54,6 % et la religion pour 24,1 % sont considérées comme les choses les plus importantes dans la vie. Viennent par la suite le travail (10,4 %), le progrès du pays (8,7 %) et enfin les études (2,3 %). La famille est particulièrement évoquée par les femmes au foyer (65,7 %).

Les principaux résultats, selon l'Enquête Nationale sur l'Emploi du Temps au Maroc, 2011-2012 montrent que :

- la part accaparée par la télévision et les jeux dans la gestion du temps libre des Marocains (70 %) et (77,4 %) si on ajoute la sieste ;
- la faiblesse de la part consacrée à la lecture, soit 0,3 % du total du temps libre, ce qui justifie la faiblesse des humanités dans la formation des jeunes et, comme l'a écrit à juste titre M. Nussbaum, « la démocratie exige les humanités » ;
- l'importance accordée à la distraction (détente, conversation, internet, etc.) dans le temps libre chez les jeunes.

Graphique n° 1
Répartition du temps libre des adultes marocains de 15 ans et plus, selon la nature des activités exercées

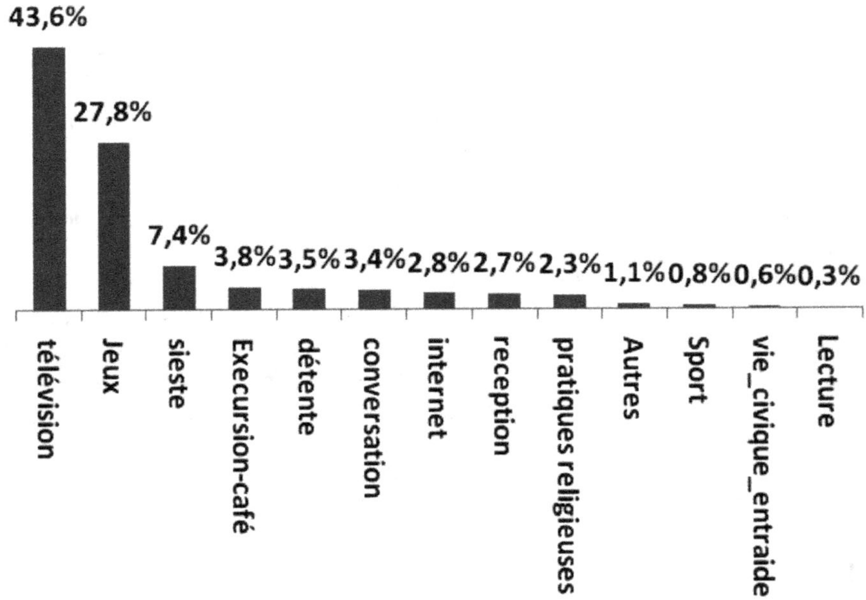

Source : HCP, Enquête nationale sur l'emploi du temps au Maroc 2011/2012.

Selon l'Enquête nationale sur les jeunes, juin 2011, du HCP, le concept d'idole demeure absent chez une grande partie des jeunes Marocains, alors que ceux qui en ont fait état ressentent un penchant essentiellement vers des personnalités relevant des domaines religieux du sport, et des arts.

Ainsi, plus de six jeunes marocains sur dix soit 63,1% de l'effectif total n'ont aucune idole. Les idoles identifiées par les jeunes relèvent essentiellement du domaine religieux (24,6%), des arts (24,5%) et du sport (22,9%). Les personnalités opérant dans les domaines de la politique (12,3%) et de la culture (7,3%) n'attirent pas beaucoup l'attention des jeunes Marocains.

Sur un autre registre, l'étude effectuée par Carnegiy Endowment For international Peace[62], revèle les inquiétudes de la population des pays du Moyen-Orient résident essentiellement dans six éléments : l'autoritarisme, la corruption, le terrorisme et l'extrémisme religieux, la déficience du système éducatif, le chômage et les interventions extérieures dans la région.

La réponse à la 3e question : Please rank the following issues in order of importance in the Middle East (103 individual responses) a donné les résultats ci-après :

---

[62] Arab Voices on the challenges of the New Middle East, April 2016.

Graphique n° 2
Défis de la population du Moyen-Orient selon l'importance des inquiétudes

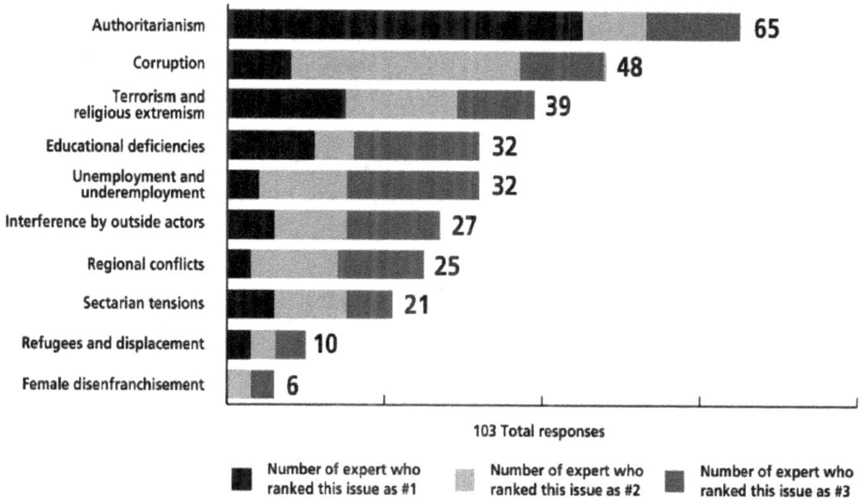

Par ailleurs, selon l'OIT, l'Afrique du Nord et le Moyen-Orient sont les régions qui représentent, en 2014, le taux de chômage le plus élevé à l'échelon mondial.

Graphique n° 3
Les deux régions au taux de chômage des jeunes le plus élevé (en %)

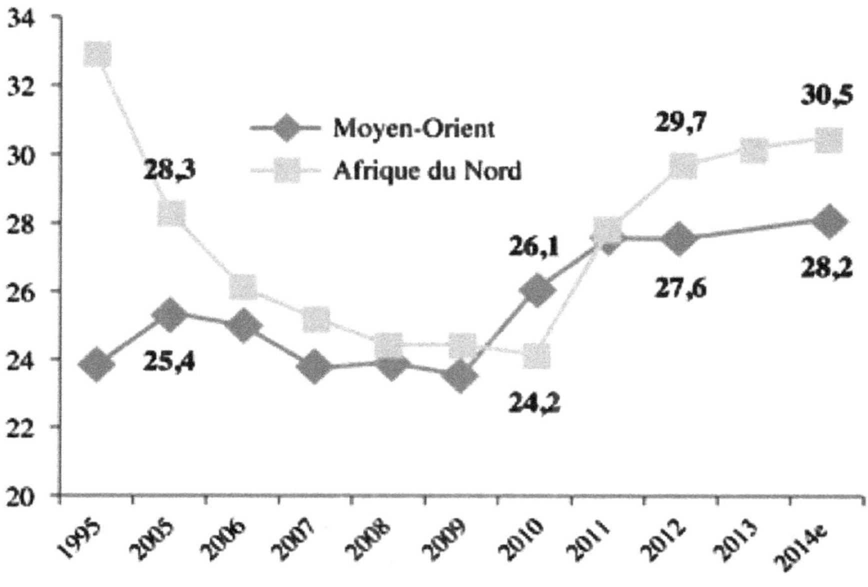

Source : OIT.

Au Maroc, parmi les principales caractéristiques du chômage, précise une note d'information émanant du HCP, celui des diplômés et des jeunes âgés de 15 à 24 ans demeure en particulier élevé. Le taux de chômage est de 4,7 % parmi les personnes sans diplôme, de 16 % parmi ceux ayant un diplôme de niveau moyen[63] au niveau desquels il enregistre 24,3 % parmi les actifs ayant un certificat de spécialisation professionnelle, et de 19,9 % parmi les détenteurs d'un diplôme de niveau supérieur[64] avec en particulier un taux de 22,1 % pour les lauréats des facultés. Il est de 21,3 % parmi les jeunes âgés de 15 à 24 et de 39,1 % parmi les citadins d'entre eux, contre 9,9 % pour l'ensemble des personnes âgées de 15 ans et plus.

Graphique n° 4
Évolution du taux de chômage au 1er trimestre 2015 par milieu de résidence (en %)

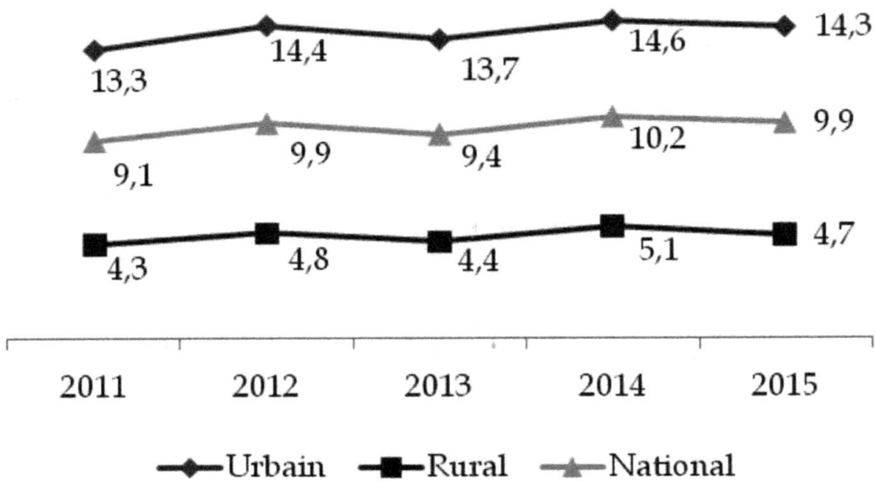

Source : HCP,2016.

Le taux de chômage est en constante évolution entre 2015 et 2016 au Maroc notamment pour les détenteurs de diplôme supérieur, comme l'illustre le graphique ci-après :

[63] Les diplômes de niveau moyen regroupent les certificats de l'enseignement primaire, ceux du secondaire collégial et les diplômes de qualification ou de spécialisation professionnelle.
[64] Les diplômes de niveau supérieur regroupent les baccalauréats, les diplômes de techniciens ou de techniciens spécialisés et les diplômes d'enseignement supérieur (facultés, grandes écoles et instituts).

Graphique n° 5
Evolution du taux de chômage entre 2015 et 2016

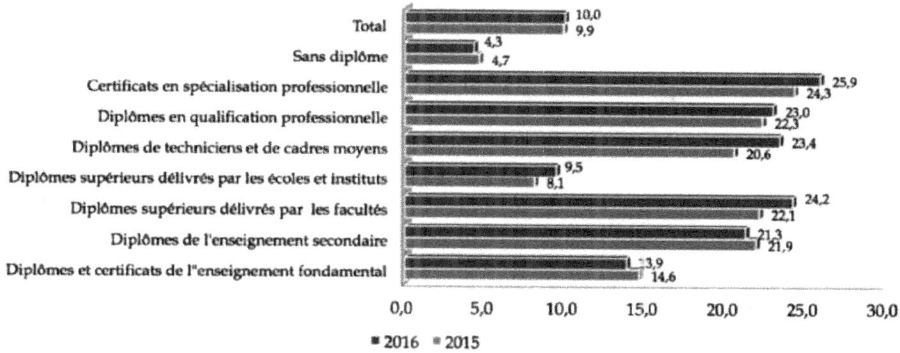

Source : HCP,2016

Selon le HCP le taux de chômage au 1er trimestre 2015 est préoccupant. Il représente 78,1% des chômeurs citadins ; 62,9 % sont âgés de 15 à 29 ans ; et 27,6 % d' entre eux sont détenteurs d'un diplôme de niveau supérieur.

VI. Methodologie, objectifs et contenu de l'ouvrage

Pour répondre aux aspirations de la population notamment les jeunes (si nous raisonnons, en terme de budget genre) cet ouvrage suggère, en fait, la nécessité d'un renouveau de la gouvernance, à travers l'énoncé de nouvelles pistes de développement focalisées sur de véritables priorités sociales favorisant parmi d'autres la lutte contre le chômage des jeunes et les inégalités sociales par le biais de la rationalisation de la gestion publique et la transparence.

L'étude sera opérée selon une approche originale et pluridisciplinaire et ce dans le cadre de l'économie politique, la discipline mère dont la légitimité historique réside dans la création et le développement de la richesse et des valeurs dans le but de garantir l'épanouissement de l'Homme dans le cadre d'une société équitable et démocratique. Dans un environnement fragilisé et à haute tension l'auteur opte pour une analyse à la fois institutionnelle et sociologique.

Ainsi, l'ouvrage propose une introduction aux finances publiques contemporaines à l'épreuve de la crise, de l'instabilité et de la violence et des exigences de la transparence et de la performance et ce à la lumière de la nouvelle loi organique des lois de finance et des grands défis nationaux et internationaux de la gouvernance globale.

Le texte essaye donc d'engager une réflexion critique sur les pistes à prendre et sur les moyens et les conditions à réunir pour surmonter cette impression de désarroi et d'impasse caractérisant l'ambiguïté des politiques publiques[65]. L'argumentaire proposé insiste sur trois problématiques essentielles :

- l'ampleur des paradoxes des finances publiques et la difficulté de définir un « intérêt général » acceptable et praticable dans une société devenue plus inégalitaire et complexe ;
- l'énoncé de l'apport de la nouvelle loi organique à la gestion et les difficultés de sa mise en œuvre dans le processus de la gouvernance des programmes de développement au regard des limites managériales, bureaucratiques, humaines, mentales et culturelles caractérisant l'administration publique ;
- l'emprise excessive des préoccupations économiques sur la culture de nos sociétés qui réduit étroitement l'espace des humanités et du débat démocratique par rapport aux potentialités et capacités et aux ambitions humaines de création, d'imagination et d'innovation.

Ces trois défis et raisons suffisent à suggérer la nécessité de l'émergence d'un nouveau modèle de développement économique et social.

Un travail scientifique, cependant, n'a de sens que s'il reste concret et pragmatique au service des acteurs, c'est-à-dire, s'il ne se réfugie pas dans les abstractions ou les considérations purement théoriques et s'il montre qu'il peut aider à la résolution des problèmes pratiques les plus graves auxquels est confrontée la société (manque de vision claire et participative de développement, situation de fragilité, corruption, gaspillage, flou, opacité, etc.)[66]. En procédant de la sorte, la méthode adoptée dans ce livre combine, dans une logique gestionnaire et politique, les approches institutionnelles, historiques, juridiques, économiques, comptables, stratégiques et sociologiques.

Elle conduit à structurer la réflexion autour de deux parties intimement liées :

- la première partie : paradoxes de la gouvernance de l'État et légitimité historique et démocratique des finances publiques ;
- la deuxième partie : système d'action de l'État et dispositifs institutionnels et juridiques des finances publiques.

---

[65] Christian Comellau (2015), *Ambigüités des politiques..*, *op. cit.*, p. 15.
[66] *Ibidem.*

PREMIÈRE PARTIE

Paradoxes de la gouvernance de l'État et avatars de la légitimité de l'étude des finances publiques

« *Sache que parmi les malheurs il y a la misère, et pire que la misère, la maladie du corps, et pire que la maladie du corps, la maladie du cœur.* »
Ali Ibn Abi Talib (qu'Allah soit satisfait de lui).

Partant de situations concrètes et d'hypothèses méthodologiques et critiques cette première partie consiste à :

- soulever certains paradoxes de la gouvernance des finances publiques ;en termes de complexité normative, de stratégie, de culture de la gouvernance et de la transparence ce qui nous permettra de poser les jalons de la problématique de ces paradoxes dans leur globalité tout en fournissant les éléments nécessaires à la compréhension de la pertinence de la réforme budgétaire et de l'EPP ;
- identifier la place que doit occuper la connaissance des dimensions démocratiques des finances publiques dans le processus de l'émergence d'une nouvelle approche pédagogique et sociologique de l'étude (de cette discipline) ;
- avancer les avatars de la légitimité, historique, démocratique et méthodologique des finances publiques à travers l'énoncé de certaines de ses définitions, ses développements historiques et ses disciplines voisines tout en focalisant l'attention tant sur la crise du capital que sur les finances publiques ou ce que Stiglitz appelle la grande facture des sociétés inégales ;
- dégager les spécificités du développement historique de la réforme de l'État à travers les réformes initiées en matière budgétaire et financière avant, durant et après le protectorat au Maroc tout en précisant les grands événements de la domination extérieure et de l'instabilité.

D'où les six chapitres :

- Chapitre I. Paradoxes de la gouvernance des finances publiques dans le processus de la réforme de l'État.

- Chapitre II. Déterminants et dimensions de la connaissance financière : le *cogito* et l'impensé.
- Chapitre III. Avatars de la légitimité historique démocratique et méthodologique des finances publiques.
- Chapitre IV. Développement historique de la réforme de l'État et des finances publiques au Maroc.
- Chapitre V. Méthodologie, approches et nouvelles disciplines voisines des finances publiques.
- Chapitre VI. Finances publiques et anciennes et nouvelles disciplines voisines.

CHAPITRE I

Paradoxes de la gouvernance des finances publiques dans le processus de la réforme de l'État

> « *Je ne cherche pas à connaître les réponses,*
> *je cherche à comprendre les questions.* »
> Confucius

Les finances publiques ont été historiquement le moteur des grandes transformations et des révolutions qu'ont connues les sociétés humaines. Leur objet d'étude est marqué par la coexistence et l'articulation de quatre légitimités fondamentales : politique, technique, économique et mondiale.

Les difficultés d'articulation de ces quatre impératifs et légitimités auxquels il faut ajouter les impératifs pédagogiques et éducatifs résident dans la complexité de la décision financière[67] et du pouvoir financier dans sa globalité en raison de contraintes diverses environnementales, politiques, économiques ou juridiques et humaines.

Etudier le pouvoir économique et financier dans l'État moderne, nécessite l'adoption d'une approche sociologique qui permet, selon P. Lalumière, d'élucider et d'appréhender les relations qui s'établissent entre une multiplicité d'acteurs[68].

A cet égard, il ne s'agit pas en effet de s'en tenir à l'organisation formelle qui résulte de l'ensemble des textes constitutionnels ou législatifs mais d'élargir la réflexion aux phénomènes d'influences, de négociations ou de résistances culturelles et mentales qui existent entre les principaux acteurs.

Dès lors, la décision financière doit s'analyser à partir de l'influence de la technostructure économique et financière et experte nationales ou internationales participant ou influençant l'élaboration du budget. Sans oublier l'influence constante des groupes d'intérêts qui peuvent conduire à une altération de la rationalité de la décision financière[69].

---

[67] *La Décision financière publique,* s/d. Cornine Delon Desmoulin et G. Desmoulin, LGDJ, Systèmes Droit, 2013.

[68] P. Lalumière, *Finances publiques,* A. Collin, 1989, p. 65.

[69] *La Décision financière, op. cit.*, p. 14.

Partant de ces constatations historiques et épistémologiques, ce chapitre passe en revue quelques paradoxes auxquels se heurte la gestion rationnelle des finances publiques et soulève certains problèmes aigus dans le processus de la mise en œuvre et de l'exécution des stratégies de développement ; en termes de complexité normative de culture d'évaluation et de transparence des finances publiques.

Ces paradoxes résident dans quatre éléments :

- paradoxes de la complexité normative des finances publiques ;
- paradoxes de la gouvernance stratégique et des menaces hybrides ;
- paradoxes de la culture et de gouvernance de l'EPP ;
- paradoxes de la transparence des finances publiques.

I. PARADOXES DE LA COMPLEXITE NORMATIVE DES FINANCES PUBLIQUES

On distingue deux catégories de paradoxes intimement liés auxquels se heurte la gouvernance des finances publiques.

A. Paradoxes de la gouvernance de l'État

Paraphrasant Martin Chanock qui écrivait au début des années 1980 « le droit comme la guerre et ses généraux, est trop important pour être laissé aux juristes[70] ».

La gouvernance dans les pays arabes, d'une manière générale, devrait être appréhendée dans ses multiples dimensions institutionnelles, culturelles, humaines et sociologiques en dépassant les sept (7) paradoxes[71] qui sont :

- paradoxes de la culture rentière et de l'instabilité ;
- paradoxes de la vision stratégique et des priorités de développement ;
- paradoxes de la fragilité du système productif et du chômage des jeunes ;
- paradoxes de la reddition des comptes et de la responsabilité sociétale ;
- paradoxes de la démocratie représentative et de la gouvernance locale ;
- paradoxes de la formation en humanités et de la culture de la gouvernance démocratique.

---

[70] E. Le Roy, « La place centrale de la complexité dans l'analyse des politiques foncières et de gestion des ressources naturelles », *in Politiques publiques Systèmes complexes*, édité par D. Boucier, R. Boulet & P. Mazzaega, Hermann,Paris, 2012, p. 250.

[71] Mohamed Harakat, *Les Paradoxes de la gouvernance de l'État dans les pays arabes*, préfaces Alexander R. Dawoody et Michiel S. de Vries, Histoire et perspectives méditerranéennes, L'Harmattan, Paris, 2015.

B. Du paradoxe de l'État aux paradoxes spécifiques des finances publiques

Les paradoxes des finances publiques sont multiples et complexes. Ils résident dans les éléments ci-après :

- complexité de la décision financière qui peut être personnelle. On l'imagine toute puissante, alors qu'elle n'est qu'une des actrices d'un circuit, d'un processus de décision. Comme elle peut être collégiale dans la confrontation des intérêts et des opinions. L'ensemble des personnes influentes en matière financière sont chargées de la préparation des grands actes budgétaires et des projets nationaux ou sectoriels. C'est le système qui les réunit ;
- la position d'infériorité dans laquelle mettent les décideurs influents les demandeurs de crédit ou d'autorisation de programme et des projets. D'où vient l'autorité de ces acteurs qui n'est pas toujours acceptée par la population ou les acteurs eux-mêmes ?
- la crise des finances publiques comme produit d'un processus de décision non maîtrisé se manifestant par le déficit, la dette, le faible taux de croissance, le chômage, la paupérisation de la population ;
- les décisions budgétaires sont lourdes de conséquences économiques et sociales posant de redoutables problèmes d'appréciation et de reddition de compte. A cet effet, il existe un scepticisme certain ;
- l'abondance de rapports d'audit et de contrôle, d'information, de « bataille de chiffres » et des données parfois contradictoires qui peuvent brouiller, cependant, la compréhension d'ensemble des situations financières et économiques. Il existe un scepticisme certain sur l'efficacité du contrôle des finances publiques ; malgré que les organismes de contrôle et les instances de gouvernance n'ont jamais été si nombreux. Si le volume des rapports n'a jamais été aussi considérable, les résultats restent médiocres.

Quelles sont les causes de cette saturation contradictoire et paradoxale ?

Les causes de ces phénomènes s'expliquent par deux raisons : le déclin du contrôle politique au profit du simple contrôle technique ; l'effacement du contrôle de performance au profit du contrôle de régularité ;

- la pression des dépenses militaires sur le budget des États et leur contribution à attiser les conflits au lieu de les éteindre. Elles sont estimées en 2014 à 609,9 milliards de dollars aux USA suivis de la Chine (216,4), la Russie (84,5), l'Arabie Saoudite (80,8), la France (62,3), le Royaume-Uni (60,5), l'Inde (50), l'Allemagne (46,5), le Japon (45,8), la Corée du Sud (36,7) et le reste du monde (482,8)[72].
- la légitimité de l'État dans la guerre contre le terrorisme et la protection des citoyens : comment vivre avec la menace ?

---

[72] *Source :* Sipri, Military expenditures Dabatse, 2016.

Les mots ne paient pas les dettes », disait William Shakespeare. La guerre se mesure par sa grandeur financière et sociale.

A la veille des événements terroristes qui ont secoué Paris, le 13 novembre 2016, le Président français et son Premier ministre ne cessèrent de répéter régulièrement que la France est en guerre. Désormais, il est question de rassurer les citoyens de leur sécurité.

C. Comment gouverner avec les finances publiques et avec des citoyens « résilients » ?

La résilience serait réservée dans ce contexte à la désignation d'un processus psychique proche de ce que Freud appelait « sublimation » et désignerait la capacité de transformer en richesses intérieures les conséquences pénibles d'un traumatisme[73].

De multiples dépenses seront émergées dans le processus de lutte contre le terrorisme (équipements informatiques, coopérations entre agence de surveillance, service de police et de renseignement, protection de la vie privée, transparence, etc.).

Selon certains, la meilleure protection contre le terrorisme sera un accord de paix au Moyen-Orient[74] et la réforme de la gouvernance mondiale et l'instauration des valeurs de développement démocratique et du respect des droits de l'Homme. Le déclin du parlement qui n'a pas encore acquis la fonction d'EPP ou épuisé la fonction de contrôle qui lui est assignée traditionnellement. Ce déclin réside, à nôtre sens, notamment dans les éléments ci-après :

- la faiblesse de l'engagement politique, la défaillance de l'information et des mécanismes de production et de reproduction de l'information sur la gouvernance à une grande échelle ;
- la problématique de la culture de l'évaluation et du développement des capacités organisationnelles et stratégiques des acteurs ;
- la maîtrise de l'EPP en tant que partie prenante de la culture de résultat ;
- l'apport de la réforme budgétaire à la bonne gouvernance.

II. Paradoxes de la gouvernance strategique et des menaces hybrides

« Le nombre et l'ampleur des catastrophes naturelles, ainsi que leurs conséquences économiques et sociales s'accroissent à l'échelle mondiale, menaçant la sécurité des personnes et l'environnement les changements

---

[73] Serge Tisseron, *la Résilience*, Que sais-je ? n° 3758, PUF, 2007, p. 14.

[74] « Terrorisme : vivre avec la menace » *in The Economist* cité par *Courrier international* n° 1326 du 31 mars au 6 avril 2016, p. 13.

climatique liées à l'accroissement des gaz à effet de serre ne feront qu'augmenter la probabilité et l'intensité de ces catastrophes[75]. »

A. Situations de fragilité afférentes aux catastrophes naturelles et aux fractures inégalitaires

Dans un contexte de dynamisme démographique, de concentration de la richesse économique et d'inégalité de revenus la vulnérabilité aux catastrophes naturelles et leurs conséquences financières seront multiples.

Elles se manifestent par :

- le déficit en économie du savoir dans notre région africaine ou arabe (analphabétisme, manque de la codification du savoir (expresse et tacite)). « Lorsqu'un Africain est mort c'est toute une librairie qui brûle » ;
- la faiblesse dans l'évaluation des risques majeurs de l'action publique[76] (de nature civile, militaire, naturel, nucléaire, sanitaire, alimentaire, guerre hybride terrorisme, etc.). On entend par risque majeur, « tout risque qui s'attache à des événements dont les conséquences sont défavorables pour l'humanité ou l'environnement[77] » ;
- le manque de maîtrise des risques naturels : avalanche, inondation, mouvement de terrain, tempête, séisme et éruption volcanique ;
- le problème de la capacité à bâtir des responsabilités collectives sur des irresponsabilités individuelles ;
- la domination du court terme et manque d'un projet clair sur le long terme (vulnérabilité et fragilité de la vision à long terme) ;
- la droite / les gouvernements au pouvoir exploitent les peurs (terrorisme, catastrophes, stabilité sans démocratie) au détriment de l'avancée démocratique ;
- production de la culture du flou (lenteur, bricolage, manque de vision intégrée de la gouvernance, culture de la rente, essai-erreur, irrespect du temps, etc.).

---

[75] Consulter les rapports de la cour des comptes française, « La gestion des risques naturels dans les départements d'outre-mer », https://www.ccomptes.fr/.../12_gestion_risques_naturels_departements_outre_mer, et le rapport de la cour des comptes marocaine « Rapport relatif à l'évaluation de la gestion des catastrophes naturelles, rapport particulier », 2016 *in* http://www.courdescomptes.ma/fr/.

[76] CAE, *les Risques majeurs et l'action publique*, Rapport s/d de C.G. Letrémy, R. lahididji et P. Mongin, La Documentation Française, Paris, 2002.

[77] *Ibidem*, p. 8.

B. Les réminiscences historiques et les sentiments de revanche sur les humiliations

Aujourd'hui, les sociétés sont guidées par trois sentiments : les espérances, les peurs, et les humiliations. Sans l'espérance il ne reste que les peurs et les humiliations. En l'occurrence on assiste à :

- la monté de l'agressivité dans les rapports humains (à l'école, au quartier, au stade sportif, au travail, dans le parti, dans le gouvernement, dans la rue, au parlement, dans la presse, suicide) ;
- la mise en cause de la crédibilité de la parole publique et gouvernementale (contestation de l'autorité du père, l'autorité du professeur par l'élève, l'autorité du politique par l'électeur, les commis d'État) ;
- la prédominance de la vision utilitariste de la chose publique en face de la fragilité des valeurs et espérances collectives de la société.

Dans ce contexte, il est question de repenser les approches dominantes dans la gestion publique pour survivre aux crises[78].

III. Paradoxes de la culture et de la gouvernance de l'EPP

L'évaluation des systèmes de gestion et de contrôle des finances publiques constitue un levier important dans le processus de la modernisation de l'État.

Mais quelle est la bonne conception de l'État qu'il s'agirait de moderniser et de réformer ?

A. La modernisation de l'État s'incarne par la modernisation des institutions

Au sens de la gouvernance, l'État se manifeste et s'incarne par ses institutions et ses grands corps : le pouvoir exécutif, le pouvoir législatif et le pouvoir judiciaire, ainsi que ses entreprises et ses collectivités territoriales, sa culture, et surtout sa capacité d'influence, sa force et son intégration dans le cadre de regroupements régionaux ou mondiaux. La modernisation de l'État est donc quasi synonyme de modernisation de ses institutions. Une telle modernisation devrait être opérée de façon à conduire les acteurs institutionnels à se transformer et à s'adapter à l'évolution de la société en vue de répondre à ses besoins spécifiques et à réaliser son épanouissement et son bien-être.

---

[78] J. Attali, *Survivre aux crises*, Fayard, 2009.

B. Processus de démocratisation et convergence des politiques publiques

La modernisation de l'État aura, dans ce sens, une ambition commune, à savoir, l'intégration de l'ensemble des défis de la modernisation : la cohésion sociale, la lutte contre les inégalités sociales, l'économie du savoir et de l'innovation, la démocratisation de la société tout en s'intéressant au bien fondé de ses missions, aux modalités de son intervention et à la convergence et à la performance de ses politiques publiques.

Une telle modernisation ne peut être approchée structurellement que par l'édification de bonnes pratiques de gouvernance, de régionalisation, de reddition des comptes, de budget ou de transparence. Ce concept de transparence est toujours intrinsèquement connoté à sa négation et associé à l'opacité, et par là, à la corruption et à certaines formes d'obscurantisme.

Dans une période marquée par la révolution dans les moyens de communication et d'information, la transparence est devenue aujourd'hui un droit fondamental : il s'agit pour l'État d'assurer un équilibre entre les informations détenues par l'administration et celles possédées par les citoyens.

IV. Paradoxes de la gouvernance et de la transparence des finances publiques

« Par la clarté et la lumière, écrit Descartes (Discours sur la méthode), on peut accéder à la vérité. » L'opacité est une ombre. La transparence signifie lumière. « La transparence est comme l'intelligence :elle éclaire parce qu'elle est lumineuse ».

A. Scandales financiers en cascade

L'état de transparence des finances publiques dans le monde est déplorable[79]. Les scandales financiers sont aujourd'hui en cascade.

Les documents panaméens ou « Panama Papers » divulguent une longue liste de révélations qui ont chaqu'une levé une partie du voile sur le monde optique de la gouvernance qui permet à certains États et entreprises ou personnalités publiques de s'enrichir tout en contournant la loi. Ces fuites ont permis de comprendre les mécanismes de la finance offshore et de l'évasion fiscale ce qui a contribué à modifier la législation.

On peut citer notamment[80] :

- UBS (2008). la justice américaine a accusé la banque suisse USB d'avoir démarché entre 2007-2008 plusieurs dizaines de milliers

[79] IBP, *Ouvrir les budgets. Changer des vies, enquête sur le budget ouvert,* 2008, p. 4.
[80] Des scandales financiers en cascade in Panama Papers, Le Monde, n° 22153, 16 avril 2016, p. 7.

d'Américains fortunés pour placer chez elle quelque 20 milliards de dollars (14,7 milliards d'euros). UBS les a aidés à frauder le fisc. La Suisse a été mentionnée en tant qu'un gigantesque paradis bancaire grâce auquel de nombreux clients fraudaient le fisc. En l'occurrence UBS a accepté en 2009 de payer 780 millions de dollars d'amende et de transmettre les noms de 4 450 clients américains afin d'éviter l'inculpation. La même procédure a permis à la justice française de se saisir de l'affaire en 2012. La justice allemande a remis au fisc français une liste de 38 330 comptes de clients français ;

- Offshore leaks (2013). le Consortium international des journalistes d'investigation (ICIJ) et 26 médias dont le monde a été à l'origine de la révélation de cette fuite qui a permis d'analyser 2,5 millions de documents de 122.000 sociétés offshore gérés par des firmes de domiciliations Portcullis TrustNet (Singapour) et Commonwealth Trust Limited (Îles vierges britanniques). Cette affaire provoque la démission du directeur général du groupe autrichien Raiffeisen Bank international (RBI) après l'annonce de l'ouverture d'une enquête sur ses placements personnels dans les paradis fiscaux. Un mois après les USA, le Royaume-Uni et l'Australie ont mis la main sur des données comparables. Les offshore Leaks ont joué un rôle important dans la généralisation de l'échange automatique de données. Cette procédure sera mise en place à compter de 2017 ou 2018. Elle consiste pour les États à s'échanger de façon systématique les informations bancaires sur les contribuables (comptes ouverts à l'étranger, parts de société, etc.) les pays du G20 considèrent cette procédure comme le meilleur moyen de lutte contre la fraude fiscale. De même les paradis fiscaux seront invités à mettre en place ce standard pour sortir des listes noirs des pays non coopératifs[81] ;
- Chinaleaks (2014) : cette opération initiée par l'ICIJ a permis de révéler que plus de 20.000 clients de Chine ou de Hongkong ont été liés à des compagnies offshore situés dans des paradis fiscaux ;
- LuxLeaks (2014). Cette opération se manifestant par la conclusion entre 2002 et 2010 d'accords fiscaux entre le fisc luxembourgeois et des multinationales comme Apple, Pepsi ou Ikea permettant l'optimisation fiscale de 340 multinationales avec la complexité des autorités luxembourgeoises. Les LuxLeaks ont fragilisé le tout nouveau président de la Commission européenne Jean-Claude Juncker, qui est était premier ministre du Grand-Duché lorsque les accords fiscaux (Tax ruling) ont été conclus en octobre 2015.
- SwissLeaks (2015). L'opération se manifeste par l'aide accordée activement par la HSBC à ses clients (à plus de 100.000 clients) à échapper à l'impôt en leur proposant de constituer des sociétés offshore (soit environ 20.000 sociétés). A titre d'exemple, 5,7

---

[81] http://www.lemonde.fr/panamapapers/article/2016/04/03/panama-papers-le-lexique-pour-tout-comprendre_ 4894807_4890278.html

milliards d'euros auraient été ainsi dissimulés par des contribuables français. Dans ce cas, HSBC Private Bank été mise en examen en France pour complicité de blanchiment aggravé de fraude fiscale et de démarchage illégal. Dans plusieurs pays la banque a négocié une amende plutôt que de risquer un procès.

B. Dysfonctionnement de la gouvernance, fuite des capitaux et corruption

Les dysfonctionnements de la gouvernance tels que le gaspillage et la corruption frappent plus ou moins lourdement, pratiquement tous les pays[82] et très peu d'entre eux échappent à la dilapidation des fonds publics et à la corruption. En fait, la corruption freine le développement économique et la lutte contre la pauvreté.

La majorité des pays les plus opaques ont des caractéristiques communes. Ils sont situés pour la plupart en Afrique subsaharienne ou au Moyen-Orient, en Afrique du Nord, en Amérique du Sud, en Asie et en Europe de l'Est[83]. Ils sont généralement endettés ou dépendants de l'aide extérieure ou disposant de revenus provenant de l'exportation de ressources naturelles tels que le pétrole et le gaz.Ces États sont souvent soumis à des régimes politique marqués par la mauvaise gouvernance.

Le fléau de la corruption est accompagné de l'instabilité et l'accroissement des mouvements terroristes. Cette situation dramatique mérite une attention particulière de la part des chercheurs arabes et africains dans le processus de l'adoption d'une nouvelle approche psychosociologique d'analyse[84].

Tableau n° 1

Développement des indicateurs de la corruption dans les pays arabes (2008 2013)

Pays	2008	2009	2010	2011	2012	2013
Somalie	180	180	178	182	174	175
Soudan	173	176	172	177	173	174
Libye	128	130	146	168	160	172
Liban	102	130	127	134	133	122
Irak	178	176	175	175	165	171
Syrie	147	126	127	126	144	168
Yémen	141	154	146	164	156	167
Mauritanie	115	130	143	143	123	119
Egypte	115	111	98	112	118	114
Algérie	92	111	105	112	105	94
Djibouti	102	111	91	100	94	94
Maroc	80	89	85	88	88	91
Tunisie	62	66	59	73	75	77

[82] Loïc Philip, « Panorama du contrôle des finances publiques dans le monde », *in RFFP*, n° 101, 2008, p. 17.

[83] Notamment l'Albanie, la Roumanie, la Bulgarie et la Russie.

[84] Mohamed Harakat, *Paradoxes de la gouvernance.*

Koweït	65	49	54	54	61	69
Jordanie	47	63	50	56	66	66
A. Saoudite	80	30	50	57	66	63
Emirats arabes Unis	35	39	28	28	27	26
Oman	41	46	41	50	61	60
Bahreïn	43	22	48	46	58	57
Qatar	28	22	22	22	27	28

Source : Rapport Transparency international.

De même, selon le rapport du Global Financial Integrity, au titre de l'année 2015, la fuite des capitaux et des flux des finances illégales s'est aggravée, depuis 2004 à 2013, au Maroc et chez ses partenaires arabes et africains.

Au Maroc, la fuite des capitaux est passée de 3,002 milliards dollars en 2004 à 5,406 milliards dollars en 2008. Le cumul des fuites de capitaux a atteint en 2013, 41,015 milliards dollars, et une moyenne annuelle de 4,102 milliards de dollars.

Le caractère relativement stable des montants de fuite au Maroc qui évolue entre 3 à 5 milliards de dollars durant une dizaine d'années montre que le phénomène est devenu structurel et aucune mesure de contrôle n'est venue pour l'infléchir. Ce phénomène s'étend également aux partenaires arabes et africains du Maroc.

Le montant global des fuites en Afrique subsaharienne est passé de 32,55 milliards en 2004 à 74,593 milliards de dollars, soit une augmentation de 56,33 % en dix ans, soit un cumul de 674,977 milliards de dollars.

Pour l'ensemble des pays en développement, la fuite des capitaux est passée de 465,269 milliards de dollars à 1.090,130 milliards dollars, soit une augmentation de 57,31 % et un cumul de 7.847,921 milliards de dollars et une moyenne de 784,792 milliards par an, comme l'illustre le tableau ci-après :

Tableau n° 2
Évolution des flux illégaux des capitaux des pays en développement à l'étranger (2004-2013) en millions de dollars

Pays	2004	2005	2006	2007	2008	2009	2010	2011	2012	2013	Cum	Moye
Maroc	3,002	5,505	3,281	4,126	5,406	3,692	3,493	4,056	4,519	3,934	41,015	4,102
Nigéria	1,680	17,867	19,160	19,335	24,192	26,377	19,376	18,321	4,998	26,735	178,040	17,804
Qatar	1,829	3,943	5,670	2,814	4,265	4,529	5,719	5,810	7,545	5,005	47,129	3,487
A.Saoudit	0	1,836	913	1,032	3,347	3,803	2,830	3,591	4,478	6,938	28,766	2,877
Tanzanie	112	839	36	58	390	308	1,355	606	793	323	4,820	482
Tunisie	1,126	978	1,336	1,676	2,330	2,052	1,726	1,630	1,995	1,993	16,842	1,684
Zambie	1,824	2,106	2,641	3,355	2,603	1,983	2,683	3,712	4,236	3,709	28,853	2,885
Afrique subsharie	32,550	51,874	56,351	77,012	78,599	85,002	78,038	74,281	66,678	74,593	674,977	67,498
Europe	107,277	118,404	133,758	190,551	233,753	204,852	222,845	295,463	242,53	250,437	1.998,870	199,887
MENA +AP	29,920	31,007	33,324	57,426	80,315	51,926	52,992	81,093	68,227	70,266	556,496	156,930

Pays en Dévelop-pement	465,269	524,588	543,524	699,145	827,959	747,026	906,631	1.007,74 4	1.035,9 04	1.090,1 30	7.847,92 1	784,79 2

Source : Rapport global Financial Integrity, Illicit Finacial Flows from developing countries : 2004-2013, p. 33.

Ces fuites de capitaux se manifestent par de multiples formes (dissimilation et transfert de profit, fraude commerciale, partenariat pollué, drogue, corruptions diverses, etc.).

Selon une autre enquête réalisée par l'International Budget Partnership (IBP), en 2008, le public n'a pas encore accès aux informations détaillées et opportunes nécessaires pour participer de façon significative au processus budgétaire et pour exiger du gouvernement qu'il rende des comptes. Ce « manque de transparence, encourage les dépenses inappropriées, inutiles et liées à la corruption et – comme il exclut le public de la prise de décision – réduit la légitimité et l'impact des initiatives de lutte contre la pauvreté[85] ».

Sur un échantillon de 85 pays, seuls cinq pays sur ces pays enquêtés, la France, la Nouvelle Zélande, l'Afrique du Sud, le Royaume-Uni et les États-Unis, mettent à la disposition du public des informations requises par les bonnes pratiques reconnues de gestion des finances publiques auxquels il faut ajouter 12 autres pays qui fournissent des informations significatives au public. Les 68 pays restants ont de faibles résultats sur IBO. La plupart des pays fournissent beaucoup moins d'informations durant les étapes d'élaboration, d'exécution et de contrôle. Ce fait empêche le public de contribuer à la définition des priorités des politiques publiques et de la lutte contre la corruption ; d'où la pertinence de l'approfondissement de la connaissance des finances publiques dans le but de combler ses déficits en la matière.

[85] IBP, *Ouvrir les budgets, op. cit.*, p. 3.

CHAPITRE II

Déterminants et dimensions de la connaissance financière : le *cogito* et l'impensé

La gouvernance financière constitue un domaine très complexe. Il s'agit de décrire l'état actuel de nos connaissances et nos pratiques dans ce domaine. L'enseignement de cette discipline n'est pas généralement explicatif mais descriptif. Il n'est pas toujours scientifique il est souvent idéologique[86]. Il est question de libérer la discipline de l'idéologie et de l'approche techniciste prédominante dans l'étude.

Nous avons besoin d'un enseignement critique et constructif. En l'occurrence, l'apport des sciences humaines (sociologie, psychologie, histoire) au développement de la gouvernance financière, d'une manière générale, serait capital[87]. Il est question aujourd'hui d'approfondir la connaissance du pouvoir financier au sein de l'État et au sein du grand nombre de la population.

Ainsi, ni une étude juridique étroite ni une vision économique, fait constater P. Lalumière ne permettent de rendre compte de la complexité de la vie budgétaire et financière dans nos pays. Il est indispensable d'intégrer ces divers éléments dans une conception plus large que l'on pourrait qualifier de sociologique[88]. La sociologie des finances publiques permet d'élucider les rapports entre l'État, l'environnement, la société, les finances et la fiscalité d'un État. Les impératifs d'une approche sociologique de l'étude des finances publiques s'imposent avec acuité ce qui permet de rendre cette discipline véritablement « scientifique » et attrayante. Elle pourrait ainsi, occuper une place importante dans la recherche et la formation des étudiants dans le processus de l'apprentissage de la démocratie dans un système productif mondial marqué par la crise et l'ineffectivité des mécanismes de régulation et de contrôle.

---

[86] H. Isaïa (1985), *Finances publiques : introduction critique*, Economica, collection "Finances publiques", Paris,p. 3.
[87] G. Schmolders (1973), *Psychologie des finances et de l'impôt*, PUF, collection Sup, Paris.
[88] P. Lalumière (1978), *les Finances publiques*, Armand Colin, p. 21.

Le but est de dépasser les contraintes scientifiques, pédagogiques et démocratiques dans le but d'édifier un ensemble cohérent d'objectifs de développement pour les politiques publiques permettant de promouvoir une culture de création, de participation, de négociation et d'imagination chez les acteurs.

Dans cette perspective la connaissance et de l'étude des finances publiques représente de multiples intérêts et dimensions humaines, historiques[89], démocratiques, socio-économiques, culturelles, managériales et géostratégiques.

Ce chapitre sera consacré à l'énoncé des dimensions et enjeux économiques, géostratégiques socio-culturelles et politiques de la connaissance financière. Elles seront subdivisées en trois éléments intimement liés :

- intérêt politique, pédagogique, démocratique et stratégique de l'étude des finances publiques ;
- dimensions internationales de l'étude des finances publiques ;
- enjeux et impératifs géostratégiques des finances publiques dans l'édification du Maghreb et des grands espaces de contrôle ;
- nécessité de l'émergence de nouvelles approches pédagogiques et sociologiques citoyennes d'étude des finances publiques.

I. INTERETS POLITIQUE, PEDAGOGIQUE, DEMOCRATIQUE ET STRATEGIQUE DE L'ETUDE DES FINANCES PUBLIQUES

Les multiples intérêts de l'étude des finances publiques se manifestent par les préalables suivantes :

A. La formation et la recherche en finances publiques

Elles permettent aux jeunes chercheurs et acteurs institutionnels, ainsi qu'aux citoyens de saisir les soubassements démocratiques de l'élaboration, l'exécution et le contrôle budgétaire en tant qu' école de débat démocratique sur les limites de la transparence et de l'EPP. En fait, l'enseignement des finances publiques connait et vit une crise profonde et ne jouissent pas d'une bonne image aussi bien dans le public que dans les milieux académiques. Les Finances publiques sont souvent considérées comme une matière rébarbative, rude et complexe.

Les réformes des études supérieures (LMD) initiées dernièrement au Maroc et dans la majorité des pays francophones n'ont pas réservé une place de choix pour l'enseignement des finances publiques dans les programmes et les cursus d'économie, de gestion et de droit notamment pour permettre aux générations futures de pouvoir « prendre position, selon l'expression d'Eric

---

[89] N. Delalande & A. Spire, *Histoire sociale de l'impôt*, La Découverte, Paris, 2010.

Weil, sur les affaires de la communauté » et ce par une bonne connaissance des choses.

La situation au Maroc ressemble à celle qui a prévalu en France avant 1872 lorsque le débat a abouti à la nécessité d'introduire les finances publiques dans les universités : « L'utilité d'un cours de droit financier a paru plus incontestable encore, surtout dans un pays où l'ignorance des questions financières est générale et où pourtant la vie publique est ouverte à tous. Outre un exposé complet de l'histoire et de la théorie des impôts, ce cours donnerait des notions approfondies sur les budgets de l'État, des départements et des communes ; plaçant les charges en regard des ressources, il raconterait l'histoire de nôtre dette publique et de nos emprunts. Il étudierait l'administration du Trésor, la liquidation et l'ordonnancement des dépenses publiques, l'inspection des finances, la Cour des comptes, la Caisse des dépôts et consignations, les caisses d'épargne, la Banque de France. Eclairé par de fréquentes comparaisons avec les institutions étrangères et dominé par de saines idées économiques, un tel enseignement ne pourrait manquer de plaire aux esprits élevés, et à coup sûr, il multiplierait les hommes capables de gérer à un degré quelconque les intérêts du pays[90] ».

B. Dimensions économique, culturelle et humaine des finances publiques

Cette discipline a la malchance de se situer aux confins de plusieurs disciplines. Elle se trouve par conséquent négligée par les uns et par les autres ; d'où l'importance de revisiter les approches, les méthodes et les pratiques de la gouvernance des finances publiques. L'apport des déclarations universelles et des organisations internationales à l'humanisation et à la codification des standards de transparence de la gestion des finances publiques (Banque mondiale, INTOSAI, ONG) est capital.

Les chercheurs en finances publiques « doivent changer leurs méthodes de travail en prenant mieux en compte les travaux des autres disciplines afin de ne pas seulement décrire les évolutions juridiques mais de tenter de les expliquer, c'est-à-dire de leur donner du sens. Cette perspective nous paraît être de nature à mieux intéresser les étudiants en droit à l'étude de ces questions réputées excessivement austères et arides[91] ».

La crise financière mondiale et notamment celle de l'UE a eu des impacts négatifs sur l'économie des pays maghrébins non pétroliers. L'instabilité et la problématique de l'insécurité dans la région africaine (Sahlestan)

---

[90] R. Pellet (2013), « L'enseignement des finances publiques à l'Université », *in Revue du droit public*, n° 4, 2013, p. 963.

[91] *Ibidem*, p. 957.

devraient également faire l'objet d'étude et d'analyse stratégique et géopolitique de la part des chercheurs maghrébins[92].

C. Enjeux et impératifs des finances publiques dans l'édification de l'intégration régionale et continentale

La population totale des cinq États membres de l'UMA s'élève à 90.344.000 habitants, en 2012. Les finances publiques devront être au service du développement socio-économique de la population de cette région. Selon certaines estimations le coût du non Maghreb est estimé à la perte de 02 points du PIB de chaque pays[93].

1. Nécessité stratégique de l'édification de l'UMA sur la base de projets pragmatiques de coopération

Au-delà des extensions théoriques et doctrinales apportées par les organisations internationales, les pays de l'UMA devront créer et activer davantage leurs institutions démocratiques (Cour des comptes, parlement maghrébin, institutions des droits de l'Homme). La réorganisation du système financier international est tributaire de l'organisation financière, budgétaire et fiscale nationale et régionale.

Les assises de la fiscalité[94] ont été l'occasion pour souligner les maillons faibles du système fiscal marocain (concentration, problème de rentabilité, exonération, équité fiscale, contrôle interne). Faut-il remarquer que 75 % des recettes de l'IR proviennent de la retenue à la source, au profit des professions libérales qui sont soumises au régime déclaratif et que 2 % des sociétés contribuent à plus de 80 % des titres de recettes de l'IS. Les dépenses fiscales représentent un manque à gagner de 36 milliards de dirhams, 10 à 13 % du PIB revenant à l'agriculture n'est jamais passée à la caisse depuis près de trente ans auxquels il faut ajouter le poids de la fraude fiscale évaluée à 4 milliards de dollars qui échappent au fisc chaque année.

A notre sens, plusieurs facteurs technico-juridiques, fonctionnels et structurels militent en faveur de l'institutionnalisation du contrôle supérieur des finances maghrébines[95] résidant principalement dans les potentialités économiques, financières et humaines dont disposent les pays de l'UMA. La réussite de ce projet constitue certainement un levier important de l'intégration africaine dans le cadre de l'Union Africaine.

---

[92] Samir Amine (2013), « Le Sahélistan, la bataille diplomatique et la reconstruction du Mali », *in Diplomatie économique, gouvernance et croissance, op. cit.*, 253 et s.

[93] Mohamed Harakat (2011), *les Finances publiques et les impératifs de la performance, op. cit.*, p. 379.

[94] Tenues le 28-29 avril 2013 à Skhirat.

[95] Mohamed Harakat, *le Contrôle supérieur des finances publiques au Maghreb*, Publication de la *REMA*, Série Management stratégique, Rabat, 2000.

2. Manque ou insuffisance d'études financières comparatives sur le Maghreb et l'Union africaine

Il est extrêmement regrettable que les étudiants maghrébins reçoivent aujourd'hui un enseignement qui ne fait presque aucune part aux comparaisons avec les modèles et les systèmes budgétaires et financiers des autres États développés, ou maghrébins et arabes alors que les travaux des organisations mondiales offraient de telles informations[96].

Ces lacunes devraient être comblées afin que nôtre système maghrébin des finances publiques soit mieux compris et évalué. La démarche comparative en tant que méthode critique par excellence ne devrait pas porter seulement sur les techniques budgétaires, mais sur l'ensemble des dispositifs de gestion financière publique (environnement, impératifs de mise en place d'une cour des comptes maghrébine, parlement, doctrine financière, culture d'évaluation et de performance). A cet égard, les travaux de recherche devront atteindre les objectifs suivants :

- mener une réflexion scientifique et professionnelle sur les approches, les tendances et les orientations stratégiques de gouvernance des finances publiques au Maghreb permettant le développement d'une nouvelle culture de gouvernance budgétaire et démocratique. Le but est de comprendre l'influence qu'ont eue les réformes récentes de l'État axées sur « l'agencification », l'« économisation », le « managéralisme » et la « marchéisation » sur le système de reddition des comptes et la transparence dans toute sa globalité ;
- examiner et évaluer les mécanismes et les modalités de fonctionnement des institutions de contrôle des finances publiques au Maghreb ainsi que leurs contraintes à la lumière des expériences étrangères et de bonne pratique de gouvernance financière démocratique. Une telle démarche permet de réfléchir sur les diverses opportunités et projet de collaboration et de réflexion à élucider avec les différents partenaires, organismes de contrôle et de régulation (Secrétariat général de l'UMA, Parlement, administration, instances de gouvernance, citoyens, opinion publique, think tanks, médias, etc.).

Bref, le regroupement dans le cadre de l'UMA permet d'affronter les multiples défis et situations de fragilité que connaît la région (menaces terroristes). En l'occurrence, l'anticipation théorique permet de mener une réflexion pluridisciplinaire, critique et fructueuse sur les conditions de l'émergence d'une structure maghrébine de contrôle des finances publiques efficace et crédible. En fait, les raisons de création de cette cour des comptes maghrébine dans une période de déficit de la reddition des comptes dans notre région sont multiples : stratégiques, techniques et démocratiques.

A cet effet, j'ai proposé à mes collègues et experts maghrébins, après consultation avec son excellence l'ex Secrétaire général de l'UMA, monsieur

[96] R. Pellet (2003), « L'enseignement des finances publiques… », *op. cit.*, p. 988.

El Habib Ben Yahya et avec les présidents des ISC, les parlementaires, la création et l'édification d'une conférence maghrébine des finances publiques (CMFP) au service des décideurs maghrébins dans le processus de prise de décisions stratégiques[97]. Elle sera composée de compétences financières, économiques, sociales et culturelles, des divers pays en vue de se réunir une fois par an, au tour de rôle, dans chaque pays maghrébin sur une thématique particulière pour discuter et débattre les voies à suivre en gouvernance des finances publiques (système de gestion budgétaire, pouvoir parlementaire, fonds de souveraineté, politiques publiques, priorités sociales et économiques de développement, économie du savoir, lutte contre la corruption, etc.).

Le but de cette conférence est de contribuer au développement d'une nouvelle culture citoyenne indispensable pour le pilotage et le bon fonctionnement des institutions de contrôle dans nôtre région. Dans cette optique les finances publiques devront réinventer leur pédagogie tout en se tournant davantage vers le citoyen et par ricochet vers le développement durable, en conciliant trois logiques intimement liées : la logique cognitive (économie du savoir et de l'innovation), la logique pédagogique (la formation et le débat en finances publiques) et la logique démocratique fondée sur la transparence, la reddition des comptes, la performance et le progrès social.

- Il est question de repenser la reddition démocratique des comptes d'une manière qui cadre avec la réalité des systèmes de gouvernance modernes tout en définissant les nouvelles missions et compétences de contrôle et d'EPP au Maghreb ; en termes de pilotage, d'organisation, de communication et d'évaluation continue des risques et des fragilités, et ce à l'horizon du XXIe siècle et des nouvelles réformes constitutionnelles préconisées dans la région, à la lumière du Printemps arabe.
- Débattre l'apport des lois organiques relatives aux lois de finances (constitution financière) à la réforme de l'État et à l'amélioration de la gouvernance ; en termes de performance de la gestion publique, de lisibilité budgétaire. Le but est de renforcer le pouvoir budgétaire du Parlement tant à l'échelon national qu'à l'échelon Maghrébin. Il est question, ici et maintenant, de sécuriser le passage du parlement contrôleur au Parlement évaluateur dans toute la région.

---

[97] Cf. Communication de Mohamed Harakat lors des actes du 14e colloque international organisé à Rabat, 8-9 mai 2013, sur le thème « Les finances publiques au Maghreb, défis et enjeux de la reddition des comptes et de la transparence », publiés *in REMA*, n° 37, 2014.

3. Perspectives de développement des finances publiques à l'échelon de l'Union africaine

L'énoncé des perspectives de développement des finances publiques en tant qu' outil d'intégration socio-économique devrait se baser dans sa dimensions africaine sur trois piliers fondamentaux.

a. Réinventer le développement par le dépassement de la triade tyrannie, corruption et terrorisme

S'adressant aux Présidents africains, au siège de l'Union africaine réunis à Addis-Abeba le 28 juillet 2015, lors de sa tournée en Afrique, le président Barack Obama a souligné que l'Afrique se heurte à quatre maux essentiels : le déficit démocratique, le terrorisme, la corruption et les droits des femmes en précisant que les progrès démocratiques en Afrique seront en danger lorsque les dirigeants refusent de se retirer du pouvoir une fois leur mandat est terminé » en considérant que « la bonne gouvernance est la meilleure arme contre le terrorisme ». En ajoutant que « la corruption fait perdre en Afrique des milliards de dollars aux économies des pays, de l'argent qui pourrait être utilisé pour créer des emplois, construire des hôpitaux et des écoles ». En fin, il a conclu son discours en insistant sur l'importance qu'il faut accorder à l'éducation des filles sur le même pied d'égalité que les garçons.

b. Evaluer le poids et le rôle du Maroc dans la consolidation de la Charte africaine de gouvernance

Avec le retour du Maroc à l'Union Africaine[98], le souverain a rappelé que le Maroc a été parmi les fondateurs de l'OUA, qu'il n'a jamais cessé de consolider ses relations avec les pays africains après le départ de l'OUA en 1984. De fait, les relations du Maroc avec les pays africains revêtent plusieurs formes économiques commerciales et religieuses.

Ainsi, avec sa réintégration à l'Union Africaine le Maroc, si toutes les conditions sont réunies, peut contribuer massivement à la consolidation de la Charte africaine de démocratie, des élections et de la gouvernance considérant ses expériences dans la promotion des institutions démocratiques, à la lumière de la Constitution de 2011 et des réalisations en matière de développement humain et de la diplomatie économique en Afrique.

---

[98] Suite au Message adressé par le Roi Mohammed VI à l'intention du Sommet de l'UA qui s'est réuni les 17 et 18 juillet 2016, à Kigali (Rwanda) ; c'est à Addis-Abeba que 39 États africains se sont prononcés, le 30 janvier 2017, en faveur du retour du Maroc dans l'Union Africaine, malgré les réserves de l'Algérie et de l'Afrique du Sud en raison du Sahara marocain. Le Maroc avait quitté l'Union Africaine, s'était alors l'Organisation de l'Unité Africaine (OUA), après la décision de l'institution de reconnaître la République arabe sahraouie (RASD) à qui il dispute la souveraineté sur le Sahara marocain.

L'article 2 de ladite Charte énonce plus particulièrement que celle-ci a pour objectifs de :

- promouvoir l'adhésion de chaque État partie aux valeurs et principes universels de la démocratie et le respect des droits de l'Homme ;
- promouvoir et protéger l'indépendance de la justice ;
- renforcer et consolider la bonne gouvernance par la promotion de la pratique et de la culture démocratique, l'édification et le renforcement des institutions de gouvernance et l'inculcation du pluralisme et de la tolérance politique ;
- encourager la coordination effective et l'harmonisation des politiques de gouvernance entre les États parties, dans le but de promouvoir l'intégration régionale et continentale ;
- promouvoir le développement durable des États et garantir la sécurité humaine ;
- promouvoir la prévention et la lute contre la corruption conformément aux stipulations de la Convention de l'Union africaine sur la prévention et la lute contre la corruption adoptée a Maputo, Mozambique, en juillet 2003;
- promouvoir la création des conditions nécessaires pour faciliter la participation des citoyens, la transparence, l'accès à l'information, la liberté de presse et l'obligation de rendre compte de la gestion des affaires publiques;
- promouvoir l'équilibre entre homme et femme ainsi que l'égalité dans le processus de gouvernance et de développement ;
- renforcer la coopération entre l'Union, Communautés économiques régionales et la communauté internationale en matière de démocratie, d'élection et de gouvernance;
- promouvoir les meilleures pratiques dans l'organisation des élections aux fins de stabilité politique et de bonne gouvernance.

c. Cogiter une nouvelle sociologie du savant et du politique africains

La problématique de l'expertise constitue le nœud d'un nouveau cadrage entre science, politique et société. Des recherches savantes ont démontré le rapport entre savoir et pouvoir, et aussi entre l'élaboration de la politique publique et sa légitimité démocratique. De nombreux travaux ont nourri d'importants débats théoriques sur l'expertise (conférences de Max weber, 1919) en tant que révélatrice d'idées et d'imaginations de projets de développement.

L'émergence d'une culture démocratique exige une transformation radicale des schémas de pensée et de comportement dans l'espace continental africain[99]. En l'occurrence, il est question de mettre fin à la dépendance du continent vis-à-vis de l'expertise étrangère. L'expérience a

[99] Harouna Sy, *les Paradoxes de la démocratie : sociologie de la théorie et de pratique démocratique*, Etudes Africaines, L'Harmattan, Paris, 2010, p. 63.

montré son inefficacité, son inadaptation et surtout son coût élevé ; d'où la pertinence de la formation d'une expertise endogène.

Dans cette perspective, l'auteur de cet ouvrage a initié un colloque international intitulé « Gouvernance et systèmes de contrôle supérieur des finances publiques en Afrique : Défis et enjeux[100] », à Rabat, le 25 et 26 mars 2016 auquel a participé un ensemble d'experts, de magistrats et de chercheurs universitaires maghrébins et africains[101].

d. Les leçons de l'évaluation de la gouvernance africaine des finances publiques

Le colloque africain cité auparavant a permis notamment de :

- faire l'état des lieux des modèles et systèmes de contrôle des finances publiques et de la gouvernance, à l'échelon mondial et continental, par référence aux principes de bonnes pratiques ;
- définir les modalités de fonctionnement et le rôle assigné aux Institutions supérieures de contrôle (ISC) dans les pays africains (cours des comptes, contrôleurs généraux, évaluation par les pairs) dans le processus de développement de la gouvernance ;
- débattre les contraintes auxquelles se heurte le développement des ISC et de la gouvernance et du contrôle interne en Afrique ;
- découvrir les institutions africaines de contrôle et de formation en gouvernance et leurs rôles dans le développement des normes, des méthodes et des standards de contrôle ;
- constater la faiblesse de l'enseignement des finances publiques et des humanités dans les universités en insistant plus particulièrement sur la nécessité de développement d'une nouvelle approche sociologique et psychologique d'étude des phénomènes financiers et de gouvernance ;
- analyser les perspectives et les conditions de développement du contrôle financier dans le cadre d'une bonne gouvernance démocratique globale et partagée tout en avançant les scénarios de succès et d'échec et les espoirs que l'on peut formuler au regard de l'évolution récente ;

Cette rencontre scientifique a été une opportunité précieuse pour les différents participant (ISC, experts, universitaires et gestionnaires doctorants et ONG) d'approcher les modèles internationaux et les bonnes pratiques de contrôle des finances publiques et de gouvernance dans toute leur globalité et complexité. Ce qui a donné lieu aux recommandations caractéristiques suivantes :

---

[100] Voir recommandations de ce colloque *in Maroc diplomatique*, n° 10, avril 2016, p. 22.

[101] Provenant de Rwanda, de Djibouti, du Gabon, du Cameroun, du Sénégal et du Nigéria en plus des pays du Maghreb (Algérie, Mauritanie, Tunisie et Maroc) et de la France et de l'Allemagne.

1. la prise de conscience de l'état déplorable de transparence des finances publiques et le « mal gouvernance » en Afrique, en période de crise et d'instabilité ;

2. la lutte contre la corruption provenant notamment de la prédominance de la mentalité de la rente dans ces sociétés et dont les effets et les impacts psychosociologiques sont multiples et complexes[102]. Cette dernière freine le développement économique et biaise la lutte contre la pauvreté et les inégalités sociales ;

3. la nécessité de la vulgarisation massive des valeurs de la gouvernance financière, au regard de la diversité et la complexité des systèmes de contrôle en Afrique véhiculant un ensemble de messages et d'approches démocratiques portant sur le budget citoyen, budget ouvert, transparence dont les racines s'alimentent d'une série de recommandations et de déclarations des organisations internationales (déclaration française des droits de l'Homme et du citoyen, Nations Unies, OCDE, INTOSAI, Transparency International, etc.) ;

4. l'exigence démocratique et les impératifs d'améliorer le niveau de vie des citoyens, rendent nécessaire une gestion publique performante consistant à donner un sens à l'action publique africaine, dans le but de rendre les institutions de contrôle et d'évaluation des politiques publiques, plus transparentes, plus compréhensibles et tangibles et plus intelligentes[103] ;

5. l'apport enrichissant des organisations internationales au développement du contrôle. Cette tendance vers l'instauration d'une nouvelle culture de transparence et de performance devrait se manifester par l'harmonisation, la codification et la démocratisation tant des travaux que des valeurs de contrôle en Afrique ;

6. l'internationalisation des problèmes de transparence, d'audit et de contrôle exige l'édification d'un nouveau système international de contrôle supérieur des finances publiques doté de pouvoir effectif et réel dans le processus de lutte contre la corruption (recommandations de Montevideo, Uruguay, 1998) tout en mettent l'accent sur le rôle des ISC dans la lutte contre la corruption, compte tenu de ses méfaits socio-économiques (altération macro-économique, baisse de la qualité des infrastructures et des services publics) et sociologiques de la corruption sur l'économie et la société (découragement des idées nouvelles et innovations, discrimination, inégalité entre les citoyens, émergence de l'économie du savoir) ;

7. l'instauration d'une véritable codification et d'une unification des principes et des techniques régissant la pratique de l'audit et de contrôle interne dans le secteur public dont l'apport à la modernisation de l'État et à la bonne gouvernance est primordial ;

---

102 Mohamed Harakat (2015), Les paradoxes de la gouvernance de l'État dans les pays arabes, op.cit. p.27.

103 M. Harakat (2011), Les finances publiques et les impératifs de la performance : cas du Maroc, L'Harmattan, Paris, p.177.

8. cogiter sur la mise en place, d'un système international de contrôle des finances publiques destiné à lutter contre toutes les formes de la corruption (marchés publics, armes clandestines, tourisme sexuel, ventes des faux médicaments, fuite de capitaux, finances de terrorisme, etc.) dans une période marquée par la crise et l'instabilité ;

9. l'élargissement de l'objet du contrôle des finances publiques. Ce contrôle une fois effectif peut s'étendre au contrôle des marchés financiers et économiques et aux fraudes échappant au contrôle régulateur. Dans cette perspective, les frontières entre finances publiques et finances privées seront abolies ;

10. l'évaluation des conditions de fonctionnement de la gouvernance dans toute sa globalité. Toutefois la prudence reste de mise puisqu'il faut privilégier surtout la pertinence de l'information fournie, l'échange et la coopération dynamique entre les acteurs de la gouvernance nationale, régionale et mondiale ;

11. la création d'une cour des comptes internationale dotée de pouvoirs effectifs de contrôle, à l'image du tribunal pénal international. C'est une tâche qui n'est pas aisée, compte tenu de la mauvaise gouvernance et l'inefficacité qui marquent quelques institutions internationales déjà mises en place ;

12. le développement des doctrines, des culture et des traditions de contrôle et d'évaluation des systèmes de gouvernance d'une manière plus large. Les taches assignées actuellement à l'EPP sont de plus en plus nombreuses et complexes ;

13. la promotion d'une démarche transdisciplinaire cognitive de contrôle et d'EPP (fondée sur la connaissance et le savoir), pédagogique, créative, constructive, interactive. C'est une logique constante d'intelligence collective. Il ne s'agit pas d'une entreprise de « spectacle public » mais d'intelligence émancipée et partagée. Elle est au cœur de la nouvelle citoyenneté. « Evaluer c'est évoluer ».

II. Dimensions et pertinences internationales de l'etude des finances publiques

Il est question de cogiter une réflexion sur l'édification et la consolidation d'un système international de contrôle supérieur des finances publiques prenant en considération l'émergence des fonds souverains, les nouvelles mutations qu'ont connues les agences d'évaluation des risques et l'émergence de nouveaux modèles alternatifs de financement ainsi que la problématique de l'intégration des politiques publiques aux impératifs du développement. L'objectif est d'évaluer les zones de fragilité de l'État en matière de la gouvernance des finances publiques à l'échelon national, local et continental à la lumière des indicateurs et des standards internationaux en la matière.

A. Finances publiques et faiblesse du système international de contrôle

Cette faiblesse se manifeste par le manque des mécanismes fiables dédiés à la lutte contre les différentes formes de corruption (fuite de capitaux, paradis fiscaux, marchés publics internationaux douteux, armes clandestines, drogues, vente de faux médicaments, financement du terrorisme, migration,) telles qu'elles sont définies dans les recommandations de l'INTOSAI, à Montevideo, en 1998, en Uruguay.

B. Finances publiques et émergence des fonds souverains

Ces fonds répondent à trois critères principaux[104] : ils sont possédés ou contrôlés par l'État. Ils gèrent des actifs financiers dans une logique de long terme. Leur politique d'investissement vise à atteindre des objectifs précis, tels que l'épargne intergénérationnelle, la diversification du PIB, ou encore la stabilisation de l'économie. Ils peuvent être financés par l'accumulation d'excédents de la balance courante, soit d'exportation de matières premières (fonds Moyen-Orient ou du Maghreb) soit d'excédent structurel d'épargne nationale (fonds de Singapour) soit encore d'un transfert d'une partie de réserve de change de la Banque centrale (Fonds de la Chine). L'objectif de ces fonds est de fructifier ces excédents budgétaires ou commerciaux dans des placements (actions, obligations, bons de trésor, cas de la CDG au Maroc).

Ainsi, ces fonds de souveraineté deviennent des fonds publics qui nécessitent la réinvention des méthodes de contrôle par le biais de l'élargissement de l'espace de contrôle opéré notamment par les instances de contrôle supérieur des finances publiques à l'échelon régional et continental.

C. Finances publique et développement des pouvoirs dédiés aux agences de notation ou rating dans l'évaluation des risques des entités publiques

Il s'agit notamment de l'évaluation[105] opérée par les Big four (Fitch, Moody's, Poor, et Standard statistics). A titre d'illustration, à la fin de 2008, Fitch, Moodys et S&P ont noté 814 collectivités locales, 43 % de ces collectivités sont en Europe occidentale, 25 % aux USA, 21 en Europe centrale, 7 % en Asie Pacifique et 4 % en Afrique et Moyen-Orient ; d'où le déficit de l'évaluation des systèmes de gestion locale dans notre région. Les projets de recherche sur ces différents aspects financiers seront promoteurs, à plus d'un titre.

---

[104] R. Yonga (2012), *Guide des fonds souverains*, www.african-markets.com.
[105] N. Gaillard (2012), *Les Agences de notation*, La Découverte, Repères, n° 547.

D. Finances publiques et émergence des finances islamiques véhiculant des principes d'éthique et des modèles alternatifs de financement

L'intérêt grandissant pour les fonds d'investissement islamiques[106] s'est beaucoup renforcé à la suite de la crise financière des subprimes, en 2008. Les investissements dans les finances islamiques sont constitués principalement des fondations des individus, et des grandes fortunes, Au premier trimestre 2010, l'Arabie saoudite accueille la plus importante part d'actifs sous gestion pour un montant total de 22,7 milliards de dollars (cf. chapitre V, finances publiques et économie et finances islamiques).

E. Finances publiques et problématique de l'intégration des politiques publiques aux impératifs du développement

L'économie du savoir (expresse et tacite), les politiques monétaires et le droit des marchés financiers devraient être intégrés au droit des finances publiques[107]. Le droit de la répression des infractions financières devrait également prendre en compte le droit pénal et pas seulement le contentieux des « juridictions financières ».

Le but ultime est de permettre aux finances publiques d'être au service du développement du pays ; en termes d'impact et de réalisations concrètes. La réalisation de cet objectif stratégique est tributaire du degré de l'alliance de l'expert et du politique dans nôtre région pour assurer la légitimité des institutions créatrices des richesses et normes.

Certains experts américains et australiens proposent de confier à des experts indépendants (du politique) non seulement la production des normes mais également la définition des politiques budgétaires et fiscales, comme cela existe pour la Banque Centrale en matière de politique monétaire[108]. Le rôle des think tanks dans l'élaboration des visions stratégiques apparaît fondamental. Faut-il remarquer que la réflexion stratégique elle-même est en crise dans les pays arabes[109].

---

[106] K. Jouaber-Snoussi (2012), *La Finance islamique*, La Découverte, Repères, n° 603.
[107] R. Pellet (2003), « L'enseignement des finances publiques à l'Université », *op. cit.*, p. 988.
[108] *Ibidem*.
[109] Mohamed Harakat, *Les Paradoxes de la gouvernance de l'État dans les pays arabes, op. cit.*, p. 108.

III. Necessite de l'emergence de nouvelles approches pedagogiques et sociologiques citoyennes d'etude des finances publiques

La sociologie des finances publiques est essentielle pour le chercheur, le citoyen et le décideur. Elle permet de questionner la légitimité de l'État et ses politiques économiques et fiscales ainsi que ses situations de fragilité.

Forte de ces constats, cette section posera les jalons du problème du savoir en finances publiques. Nôtre travail tentera de contribuer à un effort d'intégration des phénomènes financiers et budgétaires de ceux relevant des situations de fragilité, en défendant l'hypothèse selon laquelle le poids respectif des variables cognitives constitue un processus complexe et dynamique qui dépend de l'état de développement des capacités des acteurs et de l'environnement sociologique étudié.

A. De la réinvention de la formation et la recherche en finances publiques en quête de la percée des phénomènes de fragilité

Malgré son intérêt théorique et pratique la sociologie des finances publiques demeure négligée, dans de nombreux pays et au Maghreb notamment. Sa reconnaissance reste à bâtir. Les handicaps des finances publiques sont multiples (image négative chez les étudiants, inadaptation de la méthodologie d'enseignement, manque de doctrine et de jurisprudence de haut niveau, sociologie fiscale). Marta Nussbaum l'a bien souligné « au nom du progrès et de la croissance économiques les pays renoncent à cultiver chez les jeunes des compétences pourtant indispensables à la survie de la démocratie[110] ». Il y a nécessité de pédagogie financière là où échoue le pouvoir.

Les finances publiques dont l'objet consiste à l'étude des phénomènes de fragilité ; en termes de privation, de transparence financière et de l'évaluation des systèmes de gouvernance connaissent et vivent elles mêmes une crise profonde d'enseignement et ne jouissent pas d'une bonne image aussi bien dans le public que dans les milieux académiques. Elles sont souvent considérées comme une discipline rébarbative, rude et complexe.

Les réformes des études supérieures initiées dernièrement et dans la majorité des pays francophones (y compris le Maroc) n'ont pas bien réservé une place de choix pour l'enseignement des finances publiques dans les programmes et les cursus d'économie, de gestion et de droit notamment pour permettre aux générations futures de pouvoir « prendre position, selon l'expression d'Eric Weil, sur les affaires de la communauté » et ce par une bonne connaissance des choses.

En fait, l'étude des finances publiques mérite d'attirer davantage l'attention des chercheurs dans la perspective d'une approche

---

110 *Nor for profit, op. cit.*

multidisciplinaire. Cette discipline a la malchance, pour reprendre l'expression du professeur Amselek, de se situer aux confins de plusieurs disciplines : financière, économique, politique, juridique culturelle et humaine et qui se trouve par la suite, négligée par les uns et les autres. Plusieurs aspects des finances publiques[111] sont envisagés, à ce titre, principalement du point de vue juridique ou technique aux dépens d'une approche globale.

B. Les finances publiques, un des principaux leviers du système d'intégrité nationale

Aujourd'hui, la gouvernance des finances publiques constitue l'un des piliers des systèmes d'intégrité nationale. En effet, les organisations internationales lui accordent la priorité, compte tenu des nouvelles missions qui lui sont assignées dans le processus de développement économique et social ; dans la mesure où il s'est avéré nécessaire de surveiller la gestion d'une multitude d'organisations qui utilisent des crédits importants provenant des caisses de l'État.

Les études récentes et les normes et standards internationaux de transparence des finances publiques[112] (FMI, OCDE, INTOSAI) ont tendance à se concentrer sur quatre questions fondamentales :

- premièrement, l'impact de la transparence sur la responsabilisation davantage de ceux qui sont chargés de l'élaboration et de l'application de la politique des finances publiques pour que celle-ci soit plus solide et crédible ;
- deuxièmement, elles examinent si et comment la transparence conduit à des améliorations dans la gouvernance et à une réduction de la pauvreté par le biais de création de richesse et le respect des variables disciplinaires et cognitives[113] ;
- troisièmement : elles permettent d'approcher les indicateurs des situations de fragilité et de résilience ;
- quatrièmement elles examinent si et comment la participation du public (société civile) dans le processus budgétaire augmente la transparence, améliore la gouvernance, et réduit la pauvreté.

Un tel appui d'un public bien informé peut, note un rapport du FMI, assurer un « meilleur accès aux marchés des capitaux intérieurs et internationaux, et réduire la fréquence et la gravité des crises[114] ».

---

[111] Nzouankeu (J.M.), Rapport entre juge des comptes et juge administratif, in RSF, avril-juin 1967, p. 462.
[112] IBP, *Ouvrir les budgets. Changer des vies, op. cit.* et FMI, *Manuel sur la transparence des finances publiques*, 2001.
[113] Peter Wirtz, « Compétences, conflits et création de valeur : vers une approche intégrée de la gouvernance », *in* revue *Finance, contrôle, stratégie*, n° 2, juin 2006, p. 187-221.
[114] FMI, *Manuel…*, *ibidem*, p. 1.

C. De la gouvernance de l'audit à l'audit de la gouvernance

Les finances publiques sont fondamentalement d'essence politique et sont issues d'une longue histoire traversée notamment par une préoccupation fondamentale à savoir la transparence financière[115].

Une réforme de l'État nécessite un audit de la gouvernance. C'est-à-dire un audit stratégique de l'ensemble des missions, des politiques, des organisations et des méthodes de fonctionnement des administrations de l'État[116].

Dans le langage courant, l'audit est souvent assimilé au fait de dresser un état des lieux. Dans la vie politique et économique les dirigeants font appel à l'audit pour déterminer les faiblesses et les forces du système ou pour évaluer la situation dont ils héritent. Cependant, l'audit ne se limite pas à cet aspect d'inventaire. Il est l'étude d'un système dynamique. L'audit n'étudie pas seulement les états comptables de l'organisation, mais il étudie également l'évolution du système.

Il s'agit, à cet égard, de revoir et d'évaluer les structures de gestion et d'évaluation mises en place en vue d'améliorer leur performance et de mesurer leur impact sur le développement économique et social, en termes d'indicateurs fiables et valides, comparés à des référentiels et des normes, afin de déterminer des écarts significatifs de problèmes émergents... Il faut surtout mettre en avant le souci d'aborder la démarche stratégique (gouvernance, opportunités, menaces, risques internes et externes), sous un angle novateur[117].

L'audit peut être défini comme une démarche méthodologique savante et critique permettant l'analyse et l'évaluation des activités de gestion (facteurs clés) en vue de présenter des propositions de réforme sous forme de recommandations.

Généralement, l'expression "recommandation" peut induire en erreur parce que comme l'écrit, à juste titre, Sawyer « identifier une situation insatisfaisante est la responsabilité de l'auditeur, la corriger est celle du management ».

Pour évaluer un système, il faut savoir comment il fonctionne, un système ne peut fonctionner efficacement que s'il est doté de mécanismes de planification et de procédures de régulation et de contrôle. L'ensemble de ces mécanismes qui permettent d'assurer le fonctionnement harmonieux et efficace du système constitue le contrôle interne.

La faillite de certaines entreprises (scandale d'Enron) avait intensifié les besoins de l'audit aussi bien dans le secteur public que privé. L'audit

---

[115] M. Bouvier, C. Esclassan, J.P. Lassale, *Finances publiques*, 8e édition, LGDJ, 2006, p. 1.

[116] Frank Mordac, *La Réforme de l'État par l'audit, op. cit.*, p. 12.

[117] Michel Weill, *L'Audit stratégique : qualité et efficacité des organisations*, Afnor, 2007, p. 6.

stratégique répondait à la nécessité d'améliorer et de réinventer la gouvernance des organisations[118].

Le contrôle interne des finances publiques remplit une triple mission : il permet de s'assurer d'abord que les décisions budgétaires sont bien conçues et élaborées et correctement appliquées. Ensuite il consiste à observer le produit réalisé pour s'assurer qu'il couvre des besoins réels préalablement identifiés. Enfin il décèle les anomalies de fonctionnement (vision, structures organisationnelles, compétences, maîtrise des risques, évaluation, etc.).

Les avantages de la réforme budgétaire par l'audit sont multiples : ils permettent de procéder à l'identification et à la valorisation des gains potentiels identifiés, à la professionnalisation des méthodes de travail et à l'enrichissement des fonctions des acteurs ainsi qu'à l'aide à la décision politique et budgétaire. Pour être optimal et effectif l'audit devrait s'étendre aux grandes politiques publiques.

Dans cette perspective, la gouvernance peut être définie comme « l'ensemble des mécanismes qui ont comme effet de délimiter les pouvoirs et d'influencer les décisions des dirigeants ou qui gouvernent leur conduite et définissent leur espace discrétionnaire[119] », tout en évitant une appropriation de valeur excessive par le dirigeant et son équipe[120].

Or, la recherche en gouvernance nous enseigne que la capacité d'une organisation à créer durablement de la valeur n'est pas réductible strictement à une question de discipline de dirigeants potentiellement opportunistes. Au contraire, l'élaboration d'une vision claire d'avenir, les capacités organisationnelles, la culture d'évaluation, les savoirs et les compétences spécifiques du dirigeant et ses équipes apparaissent comme autant de vecteurs potentiels d'un avantage compétitif durable et donc créateur de valeur[121].

---

[118] Michael Power, *La Société de l'audit : l'obsession du contrôle*, La Découverte, Paris, 2005, p. 91 et s.

[119] P. Wirtz, *Compétences, conflit…*, *op. cit.*, p. 190.

[120] *Ibidem.*

[121] P. Wirtz, *Les Meilleurs pratiques de gouvernance d'entreprise*, La Découverte, Paris, 2008, p. 8.

CHAPITRE III

Avatars de la légitimité historique et démocratique des finances publiques

La sagesse, c'est d'avoir des rêves suffisamment grands pour ne pas les perdre de vue lorsqu'on les poursuit. »
Oscar Wilde

Le malaise général qui entoure aujourd'hui la conception et la mise en œuvre des politiques publiques et leur ambiguïté, ainsi que les difficultés croissantes de donner un contenu concret à cette discipline nous permet, dans le cadre de ce chapitre, de traiter successivement :

- étymologies, concept, définition et contexte des finances publiques ;
- problématique du déclin du droit budgétaire et financier (désagrégation et paupérisation des finances de l'État, nouvelles orientations du contrôle vers la performance, démantèlement des finances, érosion continue des recettes) ;
- révolutions et tensions et leur rôle dans l'accouchement des finances publiques et des droits budgétaires modernes ;
- dynamique institutionnelle, historique et pragmatique des finances publiques à l'ère des menaces terroristes et de l'État fragile (restructuration de la défense, nouveaux équipements, sécurité et indemnisation des victimes) ;
- dynamique et impératifs de l'intégration régionale (UMA, Afrique) ;
- crise du capital et des finances publiques ou ce que Stiglitz appelle la grande fracture des sociétés inégales ;
- dynamique des finances publiques et accroissement considérable des financements publics

I. ETYMOLOGIES, DES PHENOMENES BUDGETAIRES ET FINANCIERS

« *Sans accord sémantique préalable, il n'a y pas de communication* » P. Watzlawick

Le mot "finance" est apparu dans la langue française au singulier. Il vient de l'ancien verbe "finir" qui n'est plus usité de nos jours, et qui voulait dire mener à bien[122]. Aux XIII e et XIVe siècles, "fination" et "finantias" signifiaient paiement d'une somme d'argent. Au singulier "finance" était synonyme de paiement. Dans une transaction liant acheteur et vendeur, on dit encore se procurer moyennant finance.

Aujourd'hui, le mot finances est utilisé au pluriel. Il désigne « l'ensemble des règles gouvernant les finances de l'État, des collectivités locales, des organismes de sécurité sociale, des établissements publics et de toutes autres personnes morales de droit public.

C'est un champ à la croisée notamment du droit fiscal, du droit constitutionnel, ainsi que de la comptabilité publique[123] ».

Le mot "budget" dérive du vieux français "bouge", "bougette", petit sac. Ce mot est revenu d'Angleterre où il a pris son sens français en évoquant le sac du roi et le trésor royal qu'il contient. Dès l'origine, le budget est le moyen mis au service du pouvoir pour appliquer sa politique. Ensuite, il est devenu un acte de limitation du pouvoir royal dans la mesure où il traduisait un consentement à l'impôt. Baron Louis écrivait : « Faites-moi de bonne politique, je vous ferai de bonne finance. »

En fait, comme l'histoire le montre, les phénomènes financiers sont avant tout des phénomènes politiques. La construction de l'État moderne s'est constituée sur l'organisation et la transparence financière, une des tentatives essentielles pour éveiller l'intérêt des citoyens pour l'économie des finances publiques.

Au cours du développement historique des régimes parlementaires, les finances publiques consistaient à fournir aux citoyens un certain droit de contrôle des finances publiques, dont le maniement était tenu secret sous l'absolutisme.

On doit au cardinal Richelieu l'expression célèbre que les finances « sont le nerf de l'État » qu'il s'agit à tous prix de cacher aux yeux des citoyens. A l'époque des Sassanides, les fonctionnaires des Chahs d'Iran utilisaient une écriture secrète afin de cacher les finances de l'État, même à ceux qui savaient lire et écrire.

C'est au moment de la Révolution française que la publicité des finances publiques fut reconnue, en faisant apparaître au grand jour le gaspillage de l'Ancien régime. Par conséquent la déclaration française des Droits de l'homme de 1789 a élargi l'espace de contrôle et la reddition des comptes publics en les considérant parmi les droits essentiels des citoyens.

Dans cette optique, l'histoire montre que les finances publiques ont toujours constitué un moteur des différentes et multiples transformations qu'ont connues les sociétés. De tous temps, la plupart des grandes réformes économiques, politiques et sociales ont eu des causes financières (révolution française, révolution américaine de 1776...).

---

[122] Michel Paul, *Les Finances de l'État, budget, comptabilité*, Economica, Paris, 1981, p. 5

[123] https://fr.wikipedia.org/wiki/Finances_publiques

Cependant, compte tenu de la croissance des dépenses publiques, de l'endettement dont a fait l'objet de l'État durant la deuxième guerre mondiale et surtout depuis les années quatre vingt et quatre vingt-dix du siècle dernier. Celui-ci a pris conscience des objectifs socio-économiques de la libéralisation et de la mondialisation.

De ce fait, les finances publiques constituent l'un des leviers principaux de la gouvernance stratégique de l'État. La cause essentielle d'évolution provient du changement d'attitude de l'État, à l'égard des problèmes socio-économiques. Dans cette optique, l'étude des finances publiques devient d'actualité. Or, une telle étude des finances publiques est assez délicate, elle nécessite une méthode d'analyse particulière comportant de multiples aspects juridiques, techniques, économiques et sociologiques.

A cet effet, l'étude des finances publiques présente incontestablement un double intérêt :

L'intérêt épistémologique et méthodologique.

D'abord, par ce que les finances publiques permettent de porter un autre regard tant sur le fonctionnement de la gouvernance que sur les indicateurs de la fragilité. Ensuite, elles donnent une clef de lecture pour mieux déchiffrer une société.

« Dis-moi qui tu imposes, et comment tu dépenses, et je te dirai quel type de société tu reflètes. ». Une telle épigramme pourrait résumer l'utilité que présente l'analyse des structures et des mécanismes financiers publics pour la connaissance d'une société. Il faut savoir, à ce titre, déchiffrer les caractéristiques de la gouvernance qui ne sont jamais neutres. Elles sont l'expression d'un modèle d'organisation sociale (environnement psycho-sociologique, domination sociale, symbole, culture, etc.).

A titre de comparaison, la fiscalité américaine et la fiscalité française traduisent ainsi, des modèles différents sinon opposés. Les deux sociétés font de l'égalité une valeur cardinale, mais il ne s'agit pas de la même égalité.

Les Américains font de l'inégalité des conditions, une condition de l'égalité des chances. L'entrepreneur est favorisé par rapport à l'héritier (la fiscalité des successions est très élevée). A l'inverse, l'impôt sur le revenu en France est fortement concentré et pénalise l'enrichissement personnel (en particulier les salariés). En revanche, les écarts de patrimoine ne cessent de croître et la fiscalité des successions ne cesse de décroître. Bref, tout système fiscal est d'une certaine façon le miroir d'une société.

II. ESSAI DE DEFINITION DES FINANCES PUBLIQUES

Les finances publiques peuvent être définies de quatre manières principales[124] : il peut s'agir, en premier lieu, des finances des personnes morales de droit public : État, collectivités locales, établissements publics et

[124] Luc Saidj et J.L. Albert, *Finances publiques*, Dalloz, 2007 (5e édition), p. 1.

autres organismes de droit public (et sur le plan externe les organisations internationales et supranationales). Cette définition généralement la plus répandue et retenue dans les programmes universitaires et académiques s'attache uniquement à la nature juridique des organismes concernés. Elle a l'avantage de la clarté. Cependant, elle ne prend pas en compte certains démembrements contemporains de la puissance publique.

En deuxième lieu, les finances publiques peuvent être définies comme les finances des administrations publiques, c'est-à-dire, les « unités institutionnelles » dont l'activité économique principale consiste à effectuer des opérations de distribution ou à produire des services non marchands, à partir des ressources provenant en majorité de prélèvements obligatoires. Cette définition se réfère au système de comptabilité économique (système de comptabilité nationale des Nations Unies (1993), manuel de statistiques de finances publiques, FMI, système européen de comptes 95). Elle permet de meilleures comparaisons entre pays. Elle se distingue de la première définition par le fait qu'elle inclut l'activité de certains organismes relevant du droit privé (caisses de sécurité sociale) participant aux activités de puissance publique et exclut les services publics (marchands assurés par l'État et les collectivités locales) et les établissements publics dont l'activité est principalement marchande (OCP, RAM, ONCF, etc.).

On peut donc recourir à une troisième définition plus extensive : les finances du secteur public qui comportent en plus des finances des administrations publiques celles des établissements publics à caractère industriel et commercial. Cette définition permet d'évaluer mieux le poids économique et financier de l'État. Car, en fait, l'autonomie des entreprises a toujours été très relative par rapport au pouvoir politique. Mais la notion des entreprises publiques demeure toujours délicate à établir avec certitude.

Enfin, la quatrième définition apparaît plus normative. Elle étudie Les finances publiques comme l'ensemble des techniques, des opérations et des règles régissant les recettes, les dépenses, l'exécution et le contrôle de ces recettes et ces dépenses publiques.

Or, le budget qui recense les recettes et les dépenses de l'État peut revêtir un document politique, juridique et financier[125].

Cette définition fait recours au droit budgétaire qui consiste à réglementer l'élaboration, la présentation, l'exécution et le contrôle. Sous cet angle, le droit budgétaire est déjà au carrefour de la technique et de la politique. Il est l'expression procédurière, de batailles politiques[126]. Cette approche constitue l'un des grands classiques du droit budgétaire et financier. Certains auteurs français[127] parlaient déjà de la fin de ce droit.

En effet, les handicaps de la science des finances publiques sont multiples. Ils résident notamment dans l'image négative de cette discipline qui s'est nourrie des obstacles liés à la technisation, à la spécialisation et à

---

125 Raymond Muzellec, *Finances publiques*, Dalloz, 2002, p. 9.

126 J. CL Martinez, P. DI Malta, *Droit budgétaire*, Litec, 1999, (3e édition) p. 1.

127 *Ibidem*.

l'hétérogénéité des finances publiques[128] ; ce qui aboutit à une accumulation de règles rendant les systèmes financiers de moins en moins transparents et aussi de plus en plus difficiles à gérer et à contrôler[129].

En fait, la matière souvent ne jouit pas d'une bonne image dans le public et notamment chez les étudiants, compte tenu de son caractère théorique et de la méthodologie adoptée dans les universités dans l'enseignement de cette discipline (enseignement généralement théorique marqué notamment par la fragilité de la doctrine de contrôle et d'audit des finances et le manque de jurisprudence financière de qualité). Elle est souvent réduite à une discipline abstraite, aride, compliquée, frappée même d'un archaïsme qui la rendrait inutile ou sans intérêt. Cette image des finances publiques a conduit souvent à reléguer la matière au rang des disciplines accessoires, voir à la délaisser, alors qu'assurément elle mérite d'être reconsidérée[130].

III. LA PROBLEMATIQUE DU DECLIN DU DROIT BUDGETAIRE ET FINANCIER

Plusieurs argumentations et raisons peuvent être avancées, à ce titre, pour expliquer le déclin du droit budgétaire et financier dans son ensemble. On peut citer notamment :

A. La désagrégation et la paupérisation des finances de l'État

Elles s'inscrivent dans l'effondrement du poids relatif des impôts : Jean Claude Martinez considère que les 9 cycles de négociations commerciales planétaires ont amené à la réduction des droits de douane[131] afin d'aboutir à leur suppression[132]. Ce qui limite l'objet du contrôle des finances publiques d'une recette importante du budget de l'État. Lors du Doha round, à la conférence de Hong Kong, en 2005, l'Union européenne a proposé de

---

[128] M. Bouvier, M.C. Esclassan, J.P. Lassale, *Finances publiques*, LGDJ, 2006, p. 3.
[129] *Ibidem*, p. 7.
[130] *Ibidem*, p. 4.
[131] J.C. Martinez, « L'invention des droits de douanes déductibles », communication présentée au Colloque International « XXe anniversaire de la création de l'OMC : Bilan et perspectives ? » organisé par l'IMR, Marrakech, 28 et 29 novembre 2014.
[132] Il s'agit des cycles suivants :
– Genève round de 1947 / Annecy round de 1949.
– Torquay round de 1950 à 1951 / Genève round de 1956.
– Dillon round de 1960 à 1962 / Kennedy round de 1964 à 1967.
– Tokyo round de 1973 à 1979.
– Uruguay round, de 1986 à 1993, avec la création de l'OMC.
Celui du DOHA round, ou cycle a duré 13 ans, avec ses six conférences ministérielles, qui se sont tenues à :
– Cancun 2003 / Hong Kong 2005.
– Genève, en 2008, 2009 et 2011.
– Bali en décembre 2013, où le 7 décembre un accord a été finalement conclu entre 159 pays.

réduire ses droits de douane de plus de 50 %. De même, le Tokyo round, de 1973 à 1979, a réduit les droits de douane de 33 %.

Les effets positifs de réduction seront multiples : sortir un milliard de personnes de la pauvreté, décollage des pays du sud, changer la vision politique du monde, en faisant prendre conscience de la globalité de la planète. En revanche, les effets négatifs de la réduction des droits de douane entraînent des dommages collatéraux (déstabilisation des finances publiques des pays du sud pour lesquels les recettes douanières peuvent procurer 2/3 des recettes fiscales, déficits publics et dettes publiques en Europe, politiques d'austérité) ; d'où la nécessité d'une transition fiscale, résidant dans le remplacement de ces droits de douanes réduits ou supprimés, par la généralisation de la TVA, qui dans des pays miniers, comme la République démocratique du Congo (RDC) par exemple, n'est pas un succès incontestable[133]. Dès lors, l'auteur appelle à l'invention des droits de douane par la mise en place d'une nouvelle technologie des droits de douane déductibles, sous forme d'un crédit douanier, négociable et au besoin bonifiable[134]. Or, la réduction des droits de douane est techniquement difficile à réaliser : c'est une usine a gaz !

Graphique n° 6
Circuit du crédit douanier selon J.C. Martinez

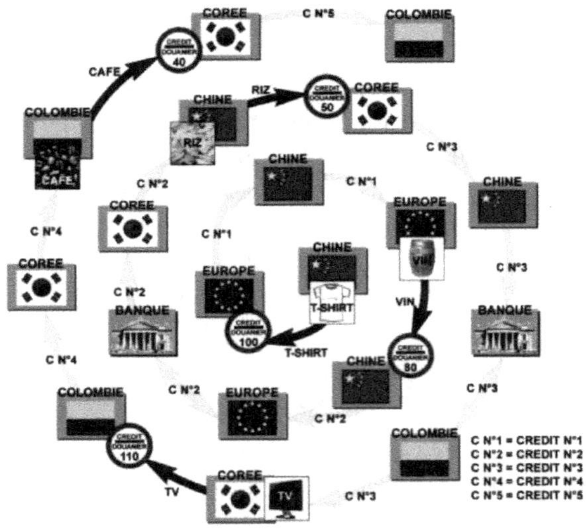

Source : Circuit du crédit douanier selon J.C. Martinez.

Schémas de l'impact de la réduction du droit de douane sur les entreprises :

Réduction des droits de douane □ importations massives □ délocalisations □ chômage □ dépenses sociales □ déficits □ compensation

[133] C. Martinez, *l'Invention des droits de douanes déductibles, op. cit.*
[134] *Ibidem.*

par augmentation des prélèvements □ étouffement des entreprises □ délocalisations □ chômage □ dépenses □ impôts en plus.

C'est la spirale infernale.

En fait, cette invention de déduction permet de résoudre deux problèmes majeurs du commerce international[135] : d'abord, le problème technique de l'évaluation de la valeur en douane des marchandises qui oppose depuis toujours l'administration des douanes à l'exportateur ou l'importateur. Ensuite, le problème économique jusqu'ici insoluble des asymétries dans les échanges internationaux.

Mais pourquoi les droits de douane déductibles ne sont pas encore adoptés s'interroge Martinez ?

La raison n'est pas dans des difficultés techniques de faisabilité. Elle est politique. C'est parce que les droits de douane déductibles suppriment l'intérêt du dumping, des délocalisations, et des concurrences déloyales, que les acteurs du commerce international, bénéficiaires de ces asymétries, s'opposent à leur neutralisation.

---

135 *Ibidem.*

RESUME DES DROITS DE DOUANE DEDUCTIBLES

1. **Bénéficiaire du crédit douanier déductible** : l'entreprise exportatrice dont le « produit » exporté a supporté un droit de douane.
2. **Montant du crédit douanier déductible** : Il est égal au montant de droit de douane supporté.
3. **Débiteur du crédit douanier déductible** : l'Etat importateur qui a prélevé sur l'importation son droit de douane.
4. **Déductibilité du crédit douanier sur quoi ?** : Sur un achat réalisé dans le pays débiteur du crédit douanier.
5. **Déductibilité du crédit douanier quand ?** Lors d'un achat réalisé, par le titulaire du crédit douanier, sur l'économie du pays débiteur, avec un délai limite de déductibilité à prévoir, un an par exemple, pour que cet Etat débiteur puisse tenir une comptabilité, en droits constatés, des crédits douaniers que la perception de ses droits de douane a générés.
6. **Comment est traité en comptabilité le crédit douanier dans l'Etat débiteur dont une entreprise l'a honoré ?** Ce crédit douanier est traité par cette entreprise, qui l'a accepté, comme une TVA d'amont *qu'elle déduit* de sa TVA d'aval.
7. **Comment se réalise du crédit douanier, dans l 'hypothèse où l'entreprise titulaire n'ayant pas d'achat à effectuer sur l'économie de l'Etat débiteur ne peut le récupérer** par déduction ? Dans ce cas, le crédit douanier est négocié sur un marché boursier, comme un produit financier. De déductible, il devient négociable.
8. **La Bonification du crédit douanier se fait au profit de qui ?** Des entreprises exportatrices, situées dans un PVD bénéficiant par exemple déjà **du régime douanier européen appelé SPG, pour système des préférences généralisées.**

   L'Etat débiteur leur « offre »un crédit douanier d'un montant supérieur au droit de douane qu'il a perçu.

9 – **Comment cette nouvelle technologie douanière pourrait elles s'introduire dans le commerce international ?** Il suffit que deux Etats l'inscrivent dans un accord commercial bilatéral passé entre eux et par le biais de la clause de la nation la plus favorisée, la technologie se diffuserait mécaniquement.

Mais c'est aussi entre les mains du président du G20 qui pourrait acclimater l'idée en la mettant sur la table lors d'un prochain sommet. Cannes ou un autre.

Le commissaire au commerce extérieur, de la Commission européenne, pourrait aussi faire une communication écrite à l'OMC et demander à Pascal Lamy qu'elle soit transmise à toutes les parties des négociations de Doha, comme une proposition européenne.

Source : J.C. Martinez, *L'Invention des droits de douanes déductibles, op. cit.*

B. L'orientation du contrôle des finances publiques plus vers la performance que vers la régularité

Le contrôle dans ces conditions ne pourrait être cantonné dans les limites de la comptabilité publique[136]. Ce dépassement du contrôle comptable, base de la jurisprudence financière est d'autant plus nécessaire que le Parlement revendique aujourd'hui le droit de se doter d'instruments nouveaux d'EPP.

[136] F.J. Fabre, *le Contrôle des finances publiques*, PUF, Coll. SUP, 1968, p. 7.

De surplus, l'impuissance du juge des comptes est manifeste dans l'application des observations soulevées dans les rapports annuels ou périodiques de contrôle opéré par les juridictions financières. Cette impuissance devient en elle-même objet de scandales publics lorsque les gabegies découvertes sont particulièrement graves et nombreuses et ne trouvent ni sanction juridictionnelle ni sanction politique[137].

C. Le démantèlement des finances de l'État

Il se manifeste par la multiplication des phénomènes de "débudgétisations".

C'est-à-dire, l'inscription d'une masse importante de dépenses en dehors du domaine relevant des "finances de l'État". Ainsi, au nom de l'autonomie (Agences, SEGMA, contrats-programmes, partenariat, public privé, associations) les budgets autonomes se multiplient, vidant, concurrençant et démantelant d'autant le contenu des finances de l'État. Le phénomène se produit à la fois par le bas et le haut.

D. Le développement considérable des budgets locaux

A titre d'illustration, faut-il préciser que les ressources des collectivités locales, au titre de l'année 2000-2001, proviennent au Maroc essentiellement des transferts de l'État constitués du produit de la TVA (52 %), du produit de l'impôt des patentes (9,65 %) et celui de la taxe urbaine (3,69 %) et de la taxe d'édilité (12,78 %). De même le personnel des collectivités locales, toutes catégories confondues, a été multiplié par 5 en l'espace de 23 ans ; passant de 26 500 en 1977 à 145 117 en 2001. Le nombre des emplois des communes urbaines et rurales a atteint respectivement 85 158 et 34 970 en 2001. Il s'élève à 23 534 pour les provinces et préfectures et seulement 309 fonctionnaires pour les régions. Ce qui dénote un déséquilibre de la répartition des effectifs entre les collectivités locales[138].

E. L'érosion continue des recettes du budget général de l'État

Cette tendance trouve son origine dans la politique de privatisation mise en œuvre, dans plusieurs pays en développement, se manifestant par le transfert des entreprises publiques (à caractère industriel et commercial) au secteur privé[139]. En effet, les progrès réalisés en matière de l'ouverture économique aboutissent en fin de compte à une contraction et à un tarissement progressif de certaines sources de revenus traditionnelles pour

---

[137] Remi Pellet (1998), *la Cour des comptes*, La Découverte, Paris, p. 96.

[138] *Rapport de développement humain 2003*, PNUD, 2003, p. 54 et 55.

[139] Loi n° 39-89 autorisant au Maroc le transfert d'entreprises publiques au secteur privé promulguée par le Dahir n° 1-90-01 du 11/4/1990. *B.O.*, n° 4042 du 18 avril 1990.

l'État[140], quitte à ce que celles-ci soient remplacées par des ressources d'une autre nature. Il s'agit en particulier des recettes douanières, des recettes de privatisation et des revenus de monopoles, exploitations et participations de l'État. Les pertes fiscales totales prévues à l'horizon de 2010 résultant du démantèlement tarifaire s'élèvent à 7 245 623 592,981 Dh[141]. Ce montant représente 3 % du PIB de 1995. Il est appelé à s'amplifier en fonction de la croissance du PIB, chose qui peut devenir très risquée.

Dans cette perspective, la structure des recettes publiques est appelée à subir de profonds changements, ce qui impose la recherche de nouvelles sources stables adaptées aussi bien aux mutations opérées au sein du système productif mondial, qu'au développement de la richesse nationale[142].

1. Le développement des projets financés par des organisations internationales

Il s'agit notamment des organisations suivantes : Banque mondiale ; Nations unies (PNUD) ; UE ; Millenium Challenge Corporation-USA ; BAD, etc.

IV. Les revolutions et les tensions : accoucheuses des finances publiques et des droits budgetaires modernes

Les finances publiques sont nées dans la tension, l'affrontement et le conflit[143]. Les historiens citent un ensemble de faits saillants illustrant les sources de l'émergence historique de cette tumultueuse discipline[144] :

A. La Révolution britannique

Elle se manifeste par la grande Charte (1215) la *Petition of Right* (1628) et le *Bill of Right* (1688) traduisant un conflit budgétaire intensif entre le roi et le Parlement sur le consentement à l'impôt. Le roi réagit en écartant le Parlement pendant onze ans. Par la suite, il créa un impôt nouveau sur le commerce maritime intitulé le Ship money. La tension entre les deux pouvoirs tourne à la lutte ouverte. L'année 1640 fut le début de la guerre civile. Des ministres du roi sont jugés et exécutés pour avoir notamment levé le Ship monney[145]. Le roi lui-même est décapité en 1659. Le conflit budgétaire se termine par la suprématie parlementaire. En 1688 le *Bill of*

[140] Discours prononcé par M. Fathallah Oualalou, ministre des Finances et de la Privatisation, le mardi 21 octobre 2003 à l'occasion de la présentation du projet de la loi de finances 2004.
[141] Fatiha Jabouirik, *Evaluation de l'impact fiscal du démantèlement tarifaire au Maroc*, thèse pour l'obtention de doctorat en sciences économiques, JSJES, Rabat-Agdal, juin 2003, p. 44.
[142] Discours prononcé par M. F. Oualalou, ministre des Finances et de la Privatisation, *op. cit.*
[143] J.-Claude Martinez et P. De Malta, *Droit budgétaire, op. cit.*, p. 158.
[144] *Ibidem*, p. 159.
[145] *Ibidem*, p. 160.

Right imposa le principe de l'autorisation budgétaire des dépenses et des recettes ainsi que celui de la périodicité annuelle de cette autorisation.

B. La Révolution française

A la différence de l'Angleterre, le principe du consentement de l'impôt, en France en tant que noyau du droit budgétaire fut longtemps neutralisé par le pouvoir royal[146]. Il faut attendre 1789 pour que la Déclaration des droits de l'Homme fait apparaître ce principe à l'article 14, en précisant que les citoyens ont le droit de consentir la contribution publique et « d'en suivre l'emploi ». La Constitution de 1791 complétera le principe de l'autorisation des recettes et des dépenses par le principe de l'annualité.

C. Le conflit de pouvoir, moteur du droit budgétaire

Parce que il y a des crédits à s'approprier et des recettes à supporter. Qui va payer et au profit de qui ?

Ce sont les deux questions essentielles qui attissent toutes les batailles frontales pour l'argent et le pouvoir[147]. Cette constatation est fondamentale. Elle peut être vérifiée à l'échelon mondial avec la crise de financement des organisations internationales (ONU), le régime budgétaire européen, la Banque mondiale et les politiques d'ajustement structurel ou dans les pays en développement tel qu'on va le traiter dans le cas du Maroc.

Bien que les formes modernes de gestion et de contrôle des finances publiques datent des XIXe et XXe siècles, le contrôle est beaucoup plus ancien. Il est apparu dés l'avènement de sociétés organisées dont les ressources et la formation des finances publiques sont basées sur l'impôt. En Europe, le contrôle remonte à plus de deux mille ans. Dans la Grèce antique Aristote mettait déjà l'accent sur l'importance de la reddition des comptes pour la bonne administration de la cité[148].

V. Dynamiques institutionnelle, historique et pragmatique des finances publiques

La science des finances a profondément évolué du XIX e au XXe siècle, à travers des conceptions différentes de l'intervention de l'État et de la gouvernance notamment au début du XXIe siècle (gestion axée sur le résultat et la performance, gouvernance démocratique, élaboration et mise en place

---

146 *Ibidem.*

147 *Ibidem.*

148 Stéphance Flizot, *Les Relations entre les institutions supérieures de contrôle financier et les pouvoirs publics dans les pays de l'Union européenne*, LGDJ, 2003 et L. Philip, « Panorama du contrôle des finances publiques dans le monde », *in RFFP*, n° 101, mars 2008, p. 16.

des normes et standards internationaux de lutte contre la corruption, transparence, émergence des menaces hybrides, fragilité, etc.).

A. La conception libérale des finances publiques à l'ère de l'interventionnisme de l'État

Elle a donné naissance à un système financier classique. Selon cette doctrine, les activités économiques sont du ressort exclusif des particuliers et des entreprises privées. L'État doit limiter ses interventions aux seules tâches administratives (tâches régaliennes : l'ordre public, police, justice, diplomatie, défense nationale) et à certains investissements d'infrastructures (voies de communication, voies navigables, etc.).

En l'occurrence, le système financier présente trois caractéristiques essentielles :

- un volume réduit de dépenses ; des dépenses de fonctionnement des services publics administratifs (dépense de personnel) ;
- le respect du principe de l'équilibre budgétaire (dépenses publiques = recettes publiques) ;
- l'équilibre budgétaire a été longtemps considéré comme une règle de bonne gestion de l'argent public. Le déficit est prohibé, car il implique le recours à l'emprunt (ralentissement du développement de l'économie). L'excèdent est également interdit parce qu' il risquerait de conduire à des prélèvements inutiles des crédits.

B. La dynamique des finances publiques modernes à l'ère des menaces hybrides et des situations de fragilité

A partir de 1914, l'État prend en main la direction de l'économie et intervient pour réparer les injustices sociales. C'est l'ère de l'État-providence. Les causes qui sont à l'origine de cet interventionnisme sont multiples et complexes. On peut citer notamment :

1. La guerre, le terrorisme, la sécurité et les transformations apportées au rôle de l'État

Avec la montée en puissance des menaces hybrides[149], en terme de sécurité, l'époque est désormais favorable aux remises en cause des références qui ont structuré la conflictualité et les capacités stratégiques de l'État[150] dont les impacts sont multiples sur les finances publiques.

Les menaces hybrides se manifestent par les guerres asymétriques (cas de la guerre contre Deach). L'asymétrie se décline selon plusieurs formes[151].

---

[149] Consulter, Penser la guerre hybride ? », *in* revue *Défense nationale*, n° 788, mars 2016.
[150] Jean-François Parlanti, *le Retour de l'hybridité au cœur des nouvelles conflictualités, Penser la guerre hybride ?, op. cit.*, p. 10.
[151] J. Clech, *Nouvelles menaces, inflexion stratégique ? op. cit*, p. 13.

L'asymétrie de « méthode » renvoie le recours à des concepts et doctrines opérationnelles différentes de celles de l'adversaire, l'asymétrie de « volonté » désigne la situation dans laquelle l'un protège ses intérêts vitaux, tandis que l'autre protège des intérêts stratégiques (ou de puissance ; elle est liée comme l'écrit, à juste titre, le lieutenant colonel Jérôme Clech à l'asymétrie « normative »), lorsque les acteurs ont des référentiels de valeurs différents (le recours aux attentats terroristes).

Ainsi, affronter la mort fait partie des stratégies des adversaires. L'asymétrie d'« organisation » constitue un dépassement du modèle hiérarchique classique (cas des réseaux terroristes déterritorialisés). Enfin, l'asymétrie de « patience » ou de « longue haleine » renvoie à une temporalité relative à l'acteur. A titre d'illustration, les États-Unis privilégient des résolutions des conflits courtes alors que la conception terroriste du temps soutient l'efficacité des conflits longs.

Dans ce contexte incertain et de l'émergence de nouvelles formes de conflictualité se pose la nécessité d'adopter un nouveau paradigme de sécurité et de nouvelles stratégies réalistes et opératoires de gestion.

Mais comment comprendre la renaissance d'un califa transfrontalier au Levant, s'interroge Antoine Reverchon, capable de susciter des allégeances[152] dans tout le monde musulman, depuis le Sahel jusqu'à l'Indonésie ? Si l'on ne connaît pas les réminiscences historiques et le sentiment de revanche sur les humiliations qui inspirent les dirigeants et les légitiment aux yeux de leurs peuples ?

En confirmant que l'impuissance juridique et morale de l'ordre mondial, d'ailleurs souvent taxée d'hypocrisie, a ramené la compétition et l'usage de la violence à tous les échelons de l'échiquier international entre les mafias, les entreprises multinationales, les ONG ou les groupes politico-terroristes[153].

En effet, la guerre et aujourd'hui les menaces de l'hybridité jouent un rôle très important dans la transformation des fonctions de l'État ; en termes de recours à l'économie du drone où les technologies de pointe tendent à remplacer les soldats sur le front ; l'émergence de nouvelles charges, de sécurité, d'assistance, d'assurance, d'aide humanitaire et d'évaluation de la valeur économique de la vie (des victimes).

2. L'accroissement des budgets militaires et le recours systématique aux drones pour l'exécution à distance

C'est le retour de la crainte de l'enlisement, des pertes au sol. Hormis, seuls les combattants kurdes agissent sur le plan terrestre. Les États-Unis, comme plusieurs pays européens, avaient exprimé à plusieurs reprises leurs

---

[152] Antoine Reverchon, « Le retour de l'Histoire », avant-propos, « Le Bilan du monde », *le Monde*, Hors-Série, 2016, p. 5.

[153] *Ibidem.*

craintes de voir l'organisation État islamique mener des attaques moyennant des drones dotés d'explosifs ou de missiles[154].

Aux États-Unis maîtres des drones, le recours à cet équipement militaire constitue le moyen d'épargner les risques mais aussi de soutenir l'économie. L'objectif est d'encourager les exportations de drones américains par le biais de conclusion des contrats d'armements avec des pays en rapport avec des conflits et de l'instabilité (pays arabes du Golfe)[155].

Parmi les promesses de campagne de Barack Obama avant son premier mandat, le retrait d'Irak et d'Afghanistan est justifié, car l'engagement au sol est toujours risqué et coûteux. Il préfère s'en tenir à des frappes aériennes, aux forces spéciales et aux drones.

C'est pour des raisons d'image politique. C'est très long les contre-guérillas, donc très coûteux. « L'aérien convient à la mentalité américaine », analyse David Cumin maître de conférences et spécialiste des relations internationales[156].

Cependant, ce charme de drone fait l'objet de critiques acerbes tant au sein de l'opinion publique américaine ou à l'étranger lorsqu'il s'agit notamment d'exécution (à distance) en dehors des zones de conflit[157]. Cette pratique qui se manifeste par le recours à l'usage systématique des drones s'étend à d'autres pays qui ont commencé à déplorer des drones armés pour résoudre des problèmes de conflits au delà de leurs frontières tels que Israël, le Royaume-Uni, l'Irak, le Nigéria et le Pakistan.

Les prix sont attractifs. La Chine vend ses appareils de la guerre d'avenir au prix fixe de 1 million de dollars.

Il n'en reste pas moins que dans sept pays (Afghanistan, Irak, Syrie, Pakistan, Libye, Yémen et la Somalie) les drones américains tuent plus de civils que de terroristes.

Le Président B. Obama dans un discours prononcé à la National Defense University, ainsi que dans une directive émise au même moment[158] a affirmé qu'il n'autorisait les exécutions ciblées en dehors des zones de guerre que si trois conditions étaient réunies : d'abord, un individu présente une menace imminente et continue pour des citoyens américains. Ensuite, il est impossible de capturer cet individu, pour éliminer cette menace, Enfin, il est quasiment certain qu'aucun civil ne sera blessé ou tué[159].

D'après le think tank New America Foundation, les premières années au pouvoir du président Obama ont été marquées par une expansion radicale du programme des drones. L'administration américaine y a autorisé 355

154 http://www.rfi.fr/afrique/20160819-algerie-frappes-drones-organisation-État-islamique-libye

155 http://www.contrepoints.org/2016/04/02/245266-les-drones-une-guerre-economique

156 *Ibidem.*

157 David Cole, « Les drones en héritage », *in The New York Review of books*, cité par *Courrier international*, Nos années Obama, bilan d'une présidence, n° 1352 du 29 septembre au 5 octobre 2016, p. 30-33.

158 Directive présidentielle de mai 2013 qui a été déclassifiée le 6 août 2016.

159 David Cole, « Les drones en héritage », *op. cit.*, p. 32.

frappes, contre 48 pour George W. Bush. Toutefois le nombre des frappes au Pakistan sous Obama a culminé en 2010 à 122 et il baisse régulièrement depuis. En 2015 il n'y a eu que 10 frappes au Pakistan, et seulement 3 en 2016. Le chiffre a également chuté au Yemen, de 47 en 2012 à 9 en 2016.

Les observateurs ont remarqué que les drones font beaucoup de victimes civiles, tenant compte du secret qui entoure ces interventions et les obstacles multiples empêchant de se rendre sur place pour vérifier le nombre exact des victimes en dehors ou à l'intérieur des zones de conflits auxquels il faut ajouter les risques de propagande.

Il en ressort donc que “La machine à tuer” a abattu des milliers de civils en dehors des zones de combats.

Un site d'investigation montre que l'administration a sous-estimé le nombre de civils tués avec ses drones, notamment en Afghanistan[160]. En 2015 et en cinq mois, les drones américains ont tué 90% de civils plutôt que des terroristes. Entre janvier 2012 et février 2013, les drones y ont tué plus de 200 personnes, dont seulement 35 étaient les cibles visées[161].

Selon le Bureau of Investigative Journalism, ONG, installée à Londres, jusqu'au 24 mai 2016, 493 à 1 168 civils avaient été tués par des drones américains au Pakistan, au Yemen et en Somalie[162].

Dans ces cas le bilan est complexe et les dégâts sont collatéraux. L'écart entre les chiffres est frappant, car les victimes civiles des sept pays installées en dehors des zones de combats anti-terroristes ne sont pas comptabilisés[163].

Aujourd'hui, les observateurs appellent à une réforme des recours à l'usage des drones dans l'exécution à distance en dehors des zones de combat par la fixation de limites rigoureuses. La cour européenne des droits de l'homme envisage d'imposer un examen des exécutions dans les champs de bataille. Car, les « exécutions secrètes sont contraire à l'État de droit. Elles sont caractéristiques d'un escadron de la mort et non d'une démocratie[164] ».

Le président américain Obama n'a-t-il pas déclaré en mai 2013 : « Les nouvelles technologies qui nous permettent de frapper à l'autre bout du monde nous imposent aussi la discipline de restreindre ce pouvoir, au risque d'en abuser. »

C'est une grande question d'éthique et de transparence qui est posée, à l'échelle mondiale, concernant le programme militaire des drones et des exécution à distance.

---

[160] Cf. le site d'investigation *The Intercept*, cité par le journal *L'EXPRESS.fr* avec *AFP*, publié le 16/10/2015 et http://www.lexpress.fr/actualite/monde/amerique-nord/en-cinq-mois-les-drones-americains-ont-tue-90-de-civils-plutot-que-des-terroristes_1726392.html

[161] *Ibidem.*

[162] David Cole, « Les drones en héritage », *op. cit.*

[163] *Ibidem*, p. 31.

[164] *Ibidem*, p. 33.

En fait, l'économie du savoir ne s'inscrit pas très loin de l'économie d'armement et de la crise de cette « machine à tuer » constituant à notre époque l'industrie et l'avenir de la guerre par excellence.

Il s'agit paradoxalement en l'occurrence de :

- promouvoir la recherche industrielle militaire pour faire face à la concurrence internationale. Le secteur d'armement est prometteur, notamment la « niche drones ». Les États-Unis et Israël y investissent énormément. Les estimations présentent un marché autour de 10 milliards de dollars, d'ici 2024, contre sept milliards de dollars en 2016. Le Département de la défense des États-Unis fournit 23 sortes de drones, en 1997, selon les marques et les constructeurs[165] ;
- faire face à l'émigration et à la réinstallation des réfugiés causées par la guerre et la violence. A titre d'illustration, les souffrances causées par la guerre en Syrie, en 2016, sont terribles en plus de 250 000 tués et des millions ont été contraints à fuir leurs foyers. Selon les Nations unies, ce sont rien qu'en Syrie plus de 13,5 millions qui ont besoin d'une aide d'urgence et 4,6 millions ont fui dans les pays voisins ou en Europe et 80% des refugiés en Jordanie vivent en dessous du seuil de la pauvreté.
- assurer la sécurité des civils devient l'une des priorités des gouvernements à travers le monde. Et ce en faisant face au terrorisme mondial[166]. Depuis 2001, les États unis, notamment, ont fortement accru leur budget militaire. Celui-ci représente entre 40 à 50% de la dépense mondiale.

Pour ce qui est de la sécurité intérieure américaine, il y a plus d'armes à feu que de population. On compte 357 millions d'armes à feu contre 320 millions d'habitants. Le risque de violence est énorme dans ce pays.

Les autres puissances disposant également d'un budget de dépense significatif (Chine, Japon, Russie, Royaume-Uni, Inde) venant très loin derrière. Les pays dont les dépenses militaires sont les plus élevées en proportion du PIB sont Israël, l'Arabie saoudite et le sultanat d'Oman[167].

3. Le développement du coût mondial des attaques terroristes

Au demeurant, selon le rapport du Global Terrorism Index, l'Institut for Economics and Peace (IEP) le coût mondial des attaques terroristes est estimé, en 2014, à 52,9 milliards de dollars, soit une augmentation de 60% par rapport à 2013[168].

---

[165] https://fr.wikipedia.org/wiki/Liste_de_drones#.C3.89tats-Unis_d.27Am.C3.Afrique

[166] Gary Dagon, *le Coût du terrorisme à travers le monde, in* Le Monde du 20/11/2015.

[167] Bruno Tertrais, *la Guerre,* Que sais-je ? PUF, 2010, p. 88

[168] Ces chiffres sont toutefois à relativiser, selon le journal Le Monde, 20/11/205, *ibidem*, le coût des crimes (homicides et autres) est 32 fois élevés. Il dépasse 1 700 milliards dollars.

Graphique n° 7
Coût mondial du terrorisme depuis 2000 en milliards de dollars

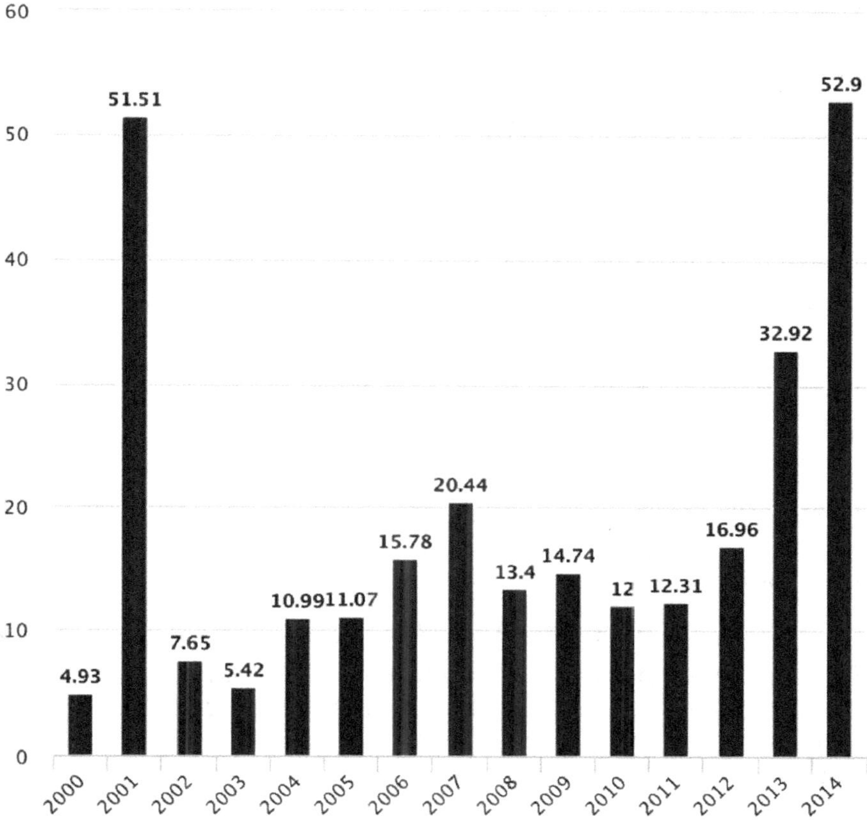

Source : Institut for Economics And Peace (IEP). Gary Dagon, « Le coût du terrorisme à travers le monde », *in Le Monde* du 20/11/2015.

Dans ce contexte de menaces hybrides et pour estimer la valeur économique de la vie des victimes de nouveaux outils d'analyse ont vu le jour, à savoir les coûts directs et indirects du terrorisme. L'IEP attribue une valeur économique aux victimes décédées et blessés en se basant sur une étude américaine de 2010 qui chiffre le coût des homicides aux USA[169].

La valeur économique d'une vie est définie par les coûts directs et tangibles (prise en charge médicale, perte de revenus) ajoutés aux conséquences immatérielles (douleur, souffrance de la perte de la vie d'un proche) estimées, selon les indemnités versées par l'État aux ayants droits[170]. Les coûts totaux sont enfin rapportés au PIB par habitant du pays de la

[169] Consuler « The Cost of Crime to Society: New Crime-Specific Estimates for Policy and Program Evaluation », *in* : http://www.ncbi.nlm.nih.gov/pmc/articles/PMC2835847/, cité par G. Dagon *op. cit.*
[170] Gary Dagon, *op. cit.*

victime. Il ressort, selon la méthodologie adoptée dans ce calcul, que la vie d'un citoyen américain aura plus de « valeur économique » que la vie d'un citoyen égyptien ou marocain.

Faut-il rappeler, à ce titre, que les dépenses afférentes aux dépenses de sécurité et de contrats d'assurance sont exclues du calcul et que le coût des morts et blessés, en 2014, représente 97 % du coût total, soient 53 milliards de dollars. Le reste (détournement, dommages matériels) ne représente que 705 milliards de dollars.

Tableau n° 3
Types de dommage en millions de dollars en 2014

Types de dommage	Montant
Mort	51 275
Explosion	918
Dommage sur les infrastructures	104
Attaque armée	99
Détournement	67
Prise d'otage	20
Attaque non armée	03
Assasinat	02

Source : l'Institut for Economics And Peace (IEP), 2014. Gary Dagon, *le Coût du terrorisme à travers le monde, op. cit.*

Parmi les limites de cette méthodologie c'est qu'elle n'inclut pas d'autres coûts supplémentaires liés au terrorisme tels que l'augmentation des prix de contrats d'assurance ou les dépenses afférentes au renforcement des services de sécurité ; en termes de recrutement en personnel et d'équipement de l'administration.

Par ailleurs, W. Kip. Viscusi estime la valeur économique moyenne d'un ouvrier américain, en 2000, dans le cadre des indemnisations d'assurance à 7,5 millions de dollars[171]. En se basant sur cette estimation pour calculer la valeur des pertes humaines lors des principales guerres impliquant les États-Unis, il est nécessaire de prendre en considération principalement l'inflation du Dollar ; d'où la pertinence de l'utilisation de l'Indice des Prix à la Consommation (coût moyen des biens de consommation).

Paul Poast avance l'équation suivante[172] :

Valeur d'une vie pendant une année de guerre = Valeur d'une vie en 2000X (IPC année de guerre / IPC 2000)

L'IPC en 2000 était de 515,8 et celui de 1968 (guerre du Vietnam) était de 104,2.

La valeur d'une vie pendant la guerre est donc 7,5 millions de dollars multipliés par 0,20201(104,2/515,8). Ce qui signifie que 7,5 millions de dollars en 2000 équivalent à près de 1,5 million de 1968. En multipliant ce

[171] Paul Poast, *Principes d'économie militaire*, Economica, Paris, 2006, p. 21.
[172] *Ibidem.*

chiffre par le nombre de militaires morts au Vietnam, soit 47 369, on obtient un coût économique environ de 71 milliards de dollars en prix de 1968.

Tableau n° 4
Valeurs des pertes humaines lors des principaux conflits impliquant les États-Unis (en $ de 2000)

Guerre	Pertes	Coût total estimé des pertes humaines
Guerre de l'indépendance	4 435	33.260.500.000
Guerre de 1812	2 260	16.950.000.000
Guerre américano-mexicaine	1 733	12.997.500.000
Guerre de Sécession	184 594	1.384.455.000.000
Guerre hispano-américaine	385	2.887.500.000
1re Guerre mondiale	53 513	401.347.500.000
2e Guerre mondiale	292 131	2.190.982.500.000
Guerre de Corée	33 651	252.382.500.000
Guerre de Vietnam	47 369	355.267.500.000
Guerre du Golfe (1991)	148	1.110.000.000

Source : W. VISCUSI.kip, *The value of life : estimats with Risks by occupatioon and industry*, Economic Inquiry, janvier 2004, cité par Paul Poast, *Principes d'économie militaire*, Economica, Paris, 2006, p. 22.

Tableau n° 5
Valeurs des pertes humaines lors des principaux conflits impliquant les États-Unis (en dollars courants de l'année du conflit)

Guerre	Année de l'IPC	IPC	IPC année considérée/ IPC2003	Valeur d'une vie (année de l'IPC)	Pertes	Coût total estimé des pertes humaines
Guerre de l'indépendance	1800	51	0,0989	741 566	4 435	33 262 500.000
Guerre de 1812	1813	58	0,1124	843 350	2 260	16950.000.000
Guerre américano-mexicaine	1848	26	0,0504	378.054	1 733	12 997 500.000
Guerre de Sécession	1863	37	0,0717	537 990	184 594	1.384 455.000.000
Guerre hispano-américaine	1900	25	0,0485	363.513	385	2.887.500.000
1ère Guerre mondiale	1917	38	0,0744	558 356	53 513	401.347.500.000
2e Guerre mondiale	1943	52	0,1004	753 199	29 2131	2.190.982.500.000
Guerre de Corée	1952	80	0,1541	1.155.971	33 651	252.382.500.000
Guerre de Vietnam	1968	104	0,2020	1.515122	47 369	355.267.500.000
Guerre du Golfe (1991)	1991	408	0,7910	5 932 532	148	1 110.000.000

Source : Federal Reserve Bank of Minneapolise, Consumer Price Index, Minneapolisfed.org/Reserach/data/us/cal/ hist1800.cfm, cité par Paul Poast, *Principes d'Economie Militaire*, Economica, Paris, 2006, p. 22.

Dans cette perspective, et dans le but d'éviter des pertes humaines, à l'ère de la fragilité et de la dégradation de la sécurité, le gouvernement français aura créé, entre 2012-2017, 9341 postes pour les forces qui concourent à la sécurité, dont 5744 pour la police et 3199 pour la gendarmerie. Les événements terroristes qu'a connus la France à Paris et à Nice vont permettre d'augmenter les charges de l'État dans les rubriques sécuritaires.

Le nouveau Premier ministre tunisien Youssef Chahed qui s'est exprimé le 26 août 2016 devant le Parlement pour présenter sa nouvelle équipe (gouvernement d'union nationale) avant le vote de confiance des députés a annoncé que la lutte contre le terrorisme est à la tête des priorités de son gouvernement[173]. La deuxième priorité c'est la lutte contre la corruption[174].

A l'instar de la France, le projet de loi de finances (PLF) de 2016 au Maroc a prévu une augmentation importante des charges de fonctionnement des ministères de la Défense et de l'Intérieur. Le ministère de la Défense a eu, en effet, un budget de 28,3 milliards de dirhams soit une augmentation de 32% par rapport à 2010. Le ministère de l'Intérieur aura pour sa part un budget de 19,7 milliards de dirhams, soit une augmentation de 48% par rapport à 2010.

Il n'en demeure pas moins que le souverain dans son discours adressé le 30 juillet 2016 à la nation à l'occasion de la fête du trône a affirmé que « le maintien de la sécurité est une grande responsabilité qui s'étend au-delà du temps et de l'espace. C'est une charge suprême qui nous incombe à tous ». En ajoutant « Nous avons conscience des conditions difficiles dans lesquelles travaillent les femmes et les hommes de la Sécurité, en raison de l'insuffisance des moyens à leur disposition. » A cet effet, il a invité le gouvernement « à assurer à l'Administration sécuritaire les ressources humaines et financières qui lui sont nécessaires pour remplir ses missions comme il se doit ».

A la même occasion le souverain a insisté sur l'intérêt qu'il faut accorder à la gouvernance du secteur ; en termes de rigueur et de fermeté envers les criminels et les apologistes de l'extrémisme et du terrorisme de coordination entre les Services de sécurité, internes et externes, avec les Forces Armées Royales dans toutes leurs composantes et avec les citoyens ». En concluant qu'il « n'y a aucun mal à ce que l'État soit fort de ses hommes et de sa sécurité, et que les Marocains soient mobilisés pour défendre les causes de leur pays ».

De surcroît, lors de son discours du 20 août 2016 adressé à la Nation à l'occasion du 63e anniversaire de la Révolution du Roi et du Peuple, le

[173] Il a promis également de faire le nécessaire pour les familles des martyrs du système sécuritaire en promulguant des lois garantissant la prise en charge de leurs familles et de fournir les moyens logistiques et les technologies nécessaires à l'appareil sécuritaire. IL s'engage également à révéler la vérité des assassinats politiques, de Chokri Belaid et Mohamed Brahmi.

[174] Il s'engage à mettre en place le cadre juridique adéquat qui facilitera l'action des institutions en place pour lutter contre la corruption.

Souverain a souligné la pertinence d'une stratégie internationale de lutte contre le terrorisme : « Face à la prolifération des obscurantismes répandus au nom de la religion, tous, musulmans, chrétiens et juifs, doivent dresser un front commun pour contrecarrer le fanatisme, la haine et le repli sur soi sous toutes les formes ».

« L'Histoire de l'humanité est la meilleure preuve que le progrès ne peut se réaliser dans toute société en proie à l'extrémisme et à la haine, lesquels constituent conjointement le principal facteur d'insécurité et d'instabilité. »

4. Les nouvelles prises en charge par l'État des victimes des catastrophes naturelles et des actes terroristes

En France, c'est le Fonds de garantie des victimes d'actes de terrorisme et d'autres infractions (FGTI), créé en 1986 et financé par une contribution prélevée sur les contrats d'assurance de biens, qui prend en charge l'indemnisation des victimes[175]. Il prend contact directement avec les victimes ou avec leur famille. Les personnes concernées doivent remplir, dans un délai de dix ans à compter de la date de l'acte de terrorisme, le formulaire de demande d'indemnisation et fournir des justificatifs sur l'attentat (date, lieu, autorité de police ou de gendarmerie intervenue), son état civil et ses dommages corporels (certificat médical initial, bulletins de salaires, avis d'imposition, état des premiers frais médicaux engagés).

A l'instar de l'expérience française, le Maroc vient de mettre en place un régime mixte d'indemnisation des victimes contre les catastrophes naturelles et les attentats terroristes[176]. La loi régissant ce régime de couverture, publiée au *Bulletin officiel*, est une véritable avancée dans le domaine de la solidarité sociale[177]. Cette loi définit les modalités d'organisation et de fonctionnement du fonds ainsi que ses ressources et les critères de base qui permettent aux victimes de catastrophes naturelles et d'attentats terroristes d'être indemnisées. Cependant, il faut préciser que, selon l'article 5 de la loi, l'indemnisation ne s'étend pas aux autres catastrophes telles que les attaques nucléaires, biologiques, électroniques ou encore les guerres civiles ou les crimes électroniques.

De même, il est énoncé qu'une commission sera mise en place afin d'assurer le suivi et de formuler un avis sur l'opportunité de déclarer l'événement catastrophique. Ensuite, la loi prévoit la création d'un Registre national de recensement des victimes des catastrophes concernées. Sur le plan procédural, pour bénéficier des indemnités, la victime doit être

---

[175] Guillaume Erraed, « Comment se faire indemniser après l'attentat à Nice ? », *Le Figaro* du 17/07/2016 http:// www.lefigaro.fr/economie/le-scan-eco/explicateur/2016/07/17/29004-20160717ARTFIG00078-comment-se-faire-indemniser-apres-l-attentat-a-nice.php.

[176] Dahir n° 1.16.152 portant loi n° 110-14 concernant la création d'un régime de couverture des conséquences des catastrophes naturelles *B.O.* n° 6502 du 22/09/2016, p. 6830.

[177] http://fr.le360.ma/politique/un-fonds-pour-indemniser-les-victimes-du-terrorisme-et-des-catastrophes-naturelles-89343

préalablement inscrite sur ce registre, et une demande doit être introduite auprès dudit fonds de solidarité.

5. La faiblesse de l'investissement des organisations internationales dans la paix et la sécurité

D'après les données disponibles, l'aide internationale affectée au renforcement des secteurs de la sécurité dans les États fragiles est très faible[178]. Elle représente 1,4 % de l'ensemble de l'aide dans les situations de fragilité. Or, si l'on retire les dépenses de sécurité en Afghanistan et en Irak, l'investissement ne dépasse pas 1 %. La fragilité, selon l'OCDE, est définie à travers cinq groupes d'indicateurs : 1. la violence ; 2. l'accès de tous à la justice ; 3. des institutions efficaces, responsables et ouvertes ; 4. l'intégration économique et la stabilité ; 5. les capacités nécessaires pour empêcher les chocs et catastrophes d'ordre social, économique et environnemental, et s'y adapter.

[178] Le comité d'aide au développement, vers un développement efficace, États de fragilité 2015, OCDE, p. 13.

Graphique n° 8
Indicateurs de la fragilité, selon l'OCDE

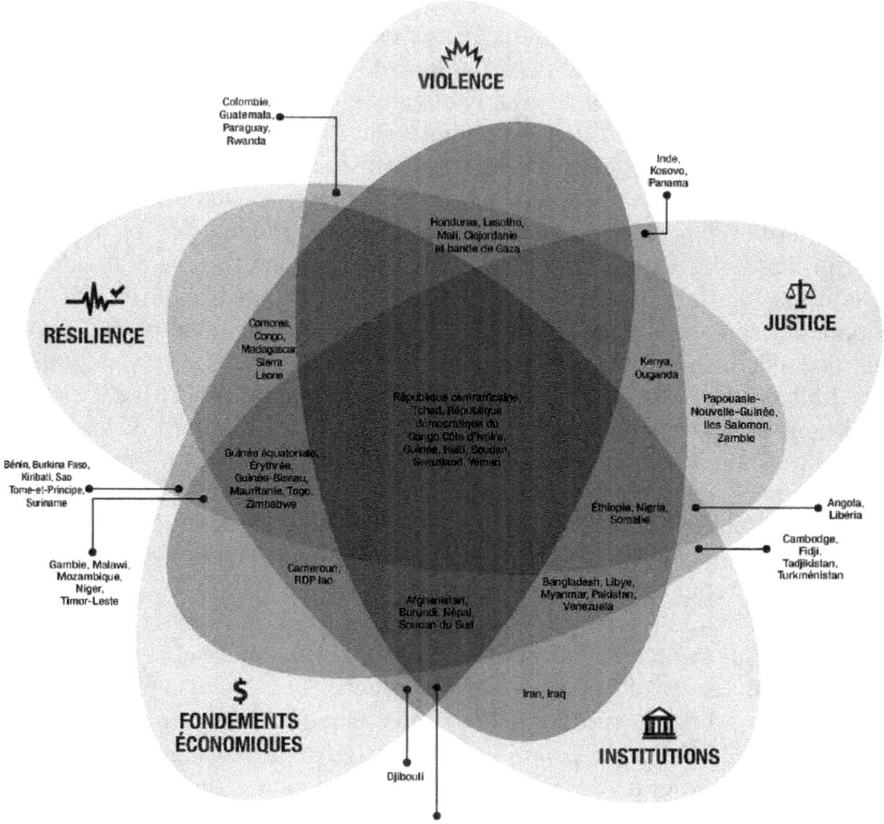

Selon le rapport de l'OCDE de 2015, les investissements dans la paix et la sécurité peuvent contribuer à remédier à la fragilité. À l'exception notable du maintien de la paix, il n'existe pas de système convenu au niveau international pour mesurer les dépenses de sécurité qui favorisent la stabilité mondiale. Ce rapport recommande de[179] :

- convenir de normes pour la notification et la collecte des dépenses liées à la paix et à la sécurité et charger des institutions mondiales de superviser cette notification et cette collecte ;
- mettre au point des indicateurs de l'impact des dépenses consacrées à la paix et à la sécurité ;
- convenir d'une méthodologie permettant de suivre les dépenses afférentes à la prévention des conflits et de déterminer le montant des dépenses de prévention des conflits par rapport au montant des dépenses d'intervention dans les situations de conflit et de crise existantes.

---

[179] *Ibidem*, p. 13.

6. La crise du capital et des finances publiques au XXIe siècle : la grande fracture des sociétés inégalitaires

La crise a légitimé l'intervention régulatrice de l'État. La grande crise de 1929, à l'instar de ce qui s'est passé dans d'autres pays, a permis au président Roosevelt aux États Unis d'adopter le New Deal pour combattre le chômage par une politique de grands travaux publics.

Aujourd'hui, la répartition des richesses constitue l'une des questions les plus débattues, à l'échelon mondial. Au rassemblement annuel de l'élite mondiale à Davos, en 2014, Oxfam[180] a présenté une image forte de l'ampleur de l'inégalité en pleine ascension dans le monde. Si l'on mettait 85 multimilliardaires dans un autobus, il contiendrait une fortune équivalente à celle de la moitié la plus pauvre de la planète, environ trois milliards de la population. Un an plus tard, l'autobus a rétréci : il n'a que 80 places. Oxfam fait une découverte spectaculaire en montrant que 1 % de la population mondiale détient, en 2015, prés de la fortune mondiale. En 2016, il est bien parti pour posséder autant que les 99 % restant réunis[181]. Il en découle donc que 80 personnes les plus riches posséderont autant que les 3,5 milliards les plus pauvres.

De surcroît, selon le FAO, 795 millions de personnes souffrent de sous-alimentation, un chiffre qui a baissé de 2016 millions depuis 1990-1992 et de 167 millions depuis 2005.

Amartya Sen, Prix Nobel d'économie en 1998, a focalisé ses travaux notamment sur la famine, sur la théorie du développement et sur l'économie du bien-être. Il est l'initiateur de l'approche par les « capabilités » ou capacité ou « liberté substantielle » dans laquelle il a mis en relief la pertinence de l'évaluation de la liberté effective dont jouit un individu et ses impacts sur le projet de développement d'une société et surtout les rapports entre démocratie et développement[182]. Cette approche a connu par la suite, d'importants développements notamment dans les travaux de la philosophe américaine Martha Nussbaum qui relie l'approche des capabilités et la politique du Care[183] prenant racine dans la théorie du choix social.

A cet égard, parmi les principaux résultats obtenus par Thomas Piketty, en 2013, on cite notamment les conclusions suivantes[184] :

- l'histoire de la répartition des richesses est toujours une histoire profondément politique. La remontée des inégalités survenues depuis les années 1970-1980 « doit beaucoup aux retournements politiques

[180] Organisation internationale qui se propose de mobiliser le pouvoir citoyen contre la pauvreté (cf.www.oxfam. org/fr).

[181] J. Stiglitz, *la Grande fracture*, éd. Les liens qui libèrent, 2015.

[182] A. Sen, *l'Economie est une science morale*, éd. la Découverte, Paris, 1999.

[183] Cette notion appelée parfois éthique du care (*ethics of care*) constituant une réflexion morale est employée selon une acception particulière alliant attention, soin, responsabilité, prévenance, entraide tout en valorisant le fait de vivre les uns avec les autres que les uns contre les autres.

[184] Th, Piketty, *Le Capital du XXIe siècle*, éd. Seuil, Paris, 2013.

notamment en matière fiscale et financière[185] ». En l'occurrence, « cette histoire des inégalités, souligne Piketty dépend des représentations qui se font des acteurs économiques, politiques, sociaux et ce qui est juste et de ce qui ne l'est pas » ;

les mécanismes permettant la réduction ou la compression des inégalités trouvent leur force de convergence, selon l'expression de l'auteur, dans le processus de diffusion des connaissances et d'investissement dans la formation[186]. Il dépend pour une large part des politiques suivies en matière d'éducation et de la formation. Ce facteur est déterminant dans la croissance générale et la productivité lorsqu'il est fondé sur l'ouverture commerciale et le partage du savoir. Dans ce cas, les inégalités deviendraient plus méritocratiques et moins figées au fil de l'histoire. Car la rationalité économique déboucherait mécaniquement sur la rationalité démocratique[187]. Les forces de divergences les plus inquiétantes, c'est-à-dire, les facteurs qui favorisent les inégalités résident dans les processus de décrochage des plus hautes rémunérations, d'accumulation et de concentration des patrimoines dans un monde caractérisé par une croissance faible et un rendement élevé du capital[188] : $r < g$. Cette inégalité exprime une contradiction logique et fondamentale du capitalisme[189]. « Ce processus, note l'auteur, est plus déstabilisant que le premier, et constitue sans doute la principale menace pour la dynamique de la répartition des richesses à très long terme ». Il est lié au fait que le taux de rendement privé du capital peut être fortement et durablement plus élevé que le taux de croissance de revenu et de production g[190] ;

- le caractère imprévisible et arbitraire des rendements du capital et des formes d'enrichissement qui en découlent constituent également une forme de remise en cause de l'idéal méritocratique et par conséquent, elle revêt en elle-même une force puissante vers un niveau élevé d'inégalité extrêmement élevé[191]. A cet effet, Piketty prône la mise en place et le renforcement de l'impôt progressif sur le capital. Cette solution exige un très haut degré de coopération internationale et d'intégration politique régionale, ainsi que l'émergence d'une économie politique historique permettant d'énoncer et de savoir quel

185 *Ibidem*, p. 47.
186 *Ibidem*.
187 *Ibidem*, p. 48.
188 *Ibidem*, p. 50.
189 *Ibidem*, p. 942.
190 L'auteur conclut que « l'inégalité plus grande qui implique que les patrimoines issus du passé se recapitalisent plus vite que le rythme de progression de la production et des salaires (...) l'entrepreneur tend inévitablement à se transformer en rentier, et à dominer de plus en plus fortement ceux qui ne possèdent que leur travail. Une fois constitué, le capital se reproduit tout seul, plus vite que s'accroît, la production. Le passé dévore l'avenir », *ibidem*, p. 942.
191 *Ibidem*, p. 56.

doit être le rôle de l'État dans l'organisation économique et sociale et des politiques en nous rapprochant le plus d'une société idéale[192], par le biais de l'animation du débat publique. Cet engagement doit s'incarner dans des choix, des institutions et des politiques précises, qu'il s'agisse de l'État social, des impôts ou de la dette[193].

Ces nouvelles découvertes devraient être opérées, à travers l'orientation des études vers des questions concrètes, moyennant la connaissance du terrain et l'utilisation modérée des modèles mathématiques de la part des économistes[194]. Cela oblige, selon l'auteur, à étudier l'État, l'impôt et la dette dans leurs dimensions concrètes, et à sortir des schémas simplistes et abstraits sur l'infrastructure économique et la superstructure politique[195].

Cet ouvrage volumineux, Best-Seller, devenu la nouvelle bible de la gauche et d'une partie de la droite a fait l'objet de critiques acerbes de la part d'un front constitué sous le nom « anti-Piketty » en regroupant les critiques d'économistes, historiens et fiscalistes qui apportent de nouvelles approches diamétralement différentes réfutant la thèse de Piketty[196] tout en démontrant, parmi d'autres critiques que les inégalités ne sont pas explosées et quelles sont réduites à de nombreux égards en considérant que la vision de Piketty est pessimiste[197] ou idéologique[198] à l'endroit du capitalisme et que l'humanité n'a jamais connu une situation aussi égalitaire[199]. Ils soulignent également que les riches détenteurs du capital sont des entrepreneurs qui prennent des risques dans leur processus de création de richesse[200]. Le groupe anti-Piketty réfute aussi la méthodologie et les concepts utilisés par l'auteur tout en remettant en cause même la solidité empirique de l'ouvrage[201] concernant notamment la fiabilité des données[202], le patrimoine et l'impôt progressif. Bref, ils considèrent que les réformes alternatives proposées par Piketty auront des conséquences négatives sur le système productif, car elles réduiraient la liberté personnelle et la croissance économique[203].

---

192 *Ibidem*, p. 945.
193 *Ibidem*, p. 949.
194 *Ibidem*, p. 947.
195 *Ibidem*, p. 950.
196 Nicolas Lecausin, Jean-Philippe Delsol, *Anti Piketty : vive le Capital au XXIe siècle*, S/C d'Emmanuel Martin, éd. Libre échange, Paris, 2015.
197 *Ibidem*, p. 31.
198 *Ibidem*, p. 65.
199 *Ibidem*, p. 53.
200 *Ibidem*, p. 85.
201 *Ibidem*, p. 139.
202 *Ibidem*, p. 179.
203 *Ibidem*, p. 357.

VI. La dynamique des finances publiques et les imperatifs d'integration regionale et de controle democratique

Cette dynamique peut être abordée à travers l'analyse des trois composantes suivantes :

- l'accroissement considérable des financements publics ;
- le poids des organisations internationales de contrôle et d'évaluation ;
- le processus d'intégration régionale.

A. Finances publiques et accroissement considérable des financements publics

Cet accroissement est dû à l'adoption de deux ordres de politique, d'abord, la politique sociale qui permet à l'État d'intervenir en apportant l'assistance nécessaire aux catégories sociales défavorisées (allocations de chômage, aide au logement, etc.).

Ensuite, la politique économique qui se manifeste notamment par des aides financières ou des incitations fiscales (subvention, prêt, etc.) et des commandes publiques accordées aux entreprises privées. Ces aides peuvent être attribuées pour soutenir des secteurs industriels en crise ou des activités sensibles (agricoles).

Les finances publiques occupent toujours le centre de la réflexion. Car, nous vivons dans une période de crise où l'État régule encore la vie socio-économique[204] et sociale ; seulement elles font aujourd'hui l'objet d'une série de mutations.

B. Organisations internationales de contrôle et d'évaluation des finances publiques

L'apport considérable des organisations internationales (Banque mondiale, FMI, NU, INTOSAI, GAFI, TI) à la codification et à la standardisation des normes de gouvernance financière. A cet effet, la tendance d'humanisation de l'économie politique de contrôle des finances publiques apparaît comme un phénomène d'ordre universel[205].

C. Finances publiques et processus d'intégration régionale

Le dépérissement et le démantèlement des finances de l'État se manifestent par le développement d'une part, des finances publiques à l'échelon des regroupements régionaux (U.E.),à titre d'illustration, ce géant économique et démographique de la planète représente 30,42 % du PIB

---

[204] Sophie Baziadoly, *les Finances publiques*, QSJ ? PUF, n° 415, p. 3.

[205] Voir plus en détail chapitre I de la 2e partie de cet ouvrage.

mondial, en 2008, avec prés de 500 millions d'habitants (troisième espace le plus peuplé au monde après la Chine et l'Inde).

Ainsi, malgré une monnaie unique, des institutions de gouvernance, des frontières consolidées, un niveau de vie élevé et un fort potentiel technologique l'Europe est restée dans un schéma politique peu encore indépendante et souveraine[206]. Les défis des grands États-Unis d'Europe, écrit Victor Hugo, couronnant le vieux monde comme les États-Unis d'Amérique couronnent le nouveau, se sont multiples en vue de défendre leurs intérêts face aux USA et à l'émergence de nouvelles grandes puissances mondiales. Il s'agit notamment de l'ébauche d'une politique extérieure commune et la mise en place d'une défense européenne.

A l'heure de la globalisation et des intégrations régionales la situation du Maghreb est affligeante[207].

Comment intégrer dès lors, en position de force, l'Union du Maghreb Arabe (UMA) dans ces processus ? Quel est l'apport de cet édifice au développement humain durable ?

Dans quelle mesure l'édification des finances publiques maghrébines transparentes peut constituer un pilier de développement de la démocratie, de l'économie du savoir et de l'innovation dans cette région ?

Il s'agit, à cet effet, de dépasser les blocages et les contraintes auxquelles se heurtent le démarrage du projet de l'UMA dans les meilleurs délais possibles. Selon les experts le non Maghreb coûte un prix fort que les peuples de la région paient cash : 2 % de croissance annuelle[208]. Le non Maghreb transparaît à travers le volume commercial entre les pays de la région. Le commerce intermaghrébin représente à peine 2 % et il n'est pas besoin d'évoquer l'investissement régional, d'ailleurs marginal. Le véritable défi qui hante tous les pays du Maghreb est le chômage qui tourne au tour de 16 %.

Dans cette optique, l'UMA pourra contribuer à redéfinir les rapports avec l'Union européenne (ou avec l'Union africaine) en privilégiant la logique de coresponsabilité à celle de l'aide qui a prévalu jusqu'à ce jour ; ce qui peut apporter la dimension qui manquait au processus de Barcelone. C'est vers une accélération de l'histoire que le débat devra converger et ce pour conjurer tous les risques susceptibles d'éloigner les deux rives[209].

Plus particulièrement l'audit des finances publiques Maghrébine devra constituer la base de l'intégration régionale. Il s'agit de reconstruire et repenser le système de l'audit (social et financier) les démarches et les approches d'évaluation[210]. Ensuite, d'humaniser l'audit. Enfin, d'assurer

---

206 Editorial *Revue de Géopolitique européenne* n° 1, novembre-janvier 2009, p. 3.

207 Mohamed Harakat, « Audit social et impératifs de la nouvelle gouvernance démocratique au Maghreb : à quant la fin de chacun pour soi ? », *REMA* n° 26, 2008, p. 7 et s.

208 *Ibidem.*

209 *Ibidem.*

210 Mohamed Harakat, « Du gouvernance à la gouvernance démocratique globale des entreprises au Maghreb », Avant-propos, *in Audit social et gouvernance des entreprises*, *REMA* n° 27, 2009, p. 7 et s.

l'évaluation des systèmes de gouvernance en vue d'apprécier leur impact tant sur le vécu de la population que sur le processus de développement dans sa globalité. Il est question de passer de l'audit des finances publiques à l'audit de l'État.

D. Autres mutations institutionnelles

D'autres mutations institutionnelles peuvent être avancées, nous citerons notamment :

- la mondialisation comme phénomène multidimensionnel[211]. Celle-ci peut être définie dans une perspective sociologique comme un « processus social dans lequel les contraintes géographiques sur les arrangements sociaux et culturels disparaissent » dans une perspective politique, elle sera parfois analysée comme un processus rendant l'État nation de plus en plus non pertinent ». Dans une perspective économique, elle sera définie comme une internationalisation ou une interpénétration croissante des économies[212]. En l'occurrence, la mondialisation comporte un ensemble de contraintes aux chocs multiples[213] et complexes : humains (chômage, menaces terroristes, instabilité, migration internationale), chocs commerciaux (émergence de nouvelles puissances économiques, BRICS), chocs industriels (délocalisation, firmes multinationales, crise financière) et chocs technologiques (NTIC, R&D, innovation, e-gouvernance) ;
- le processus de la décentralisation et régionalisation économique et financière : il se manifeste par l'accroissement des actes budgétaires décentralisés (collectivités territoriales) ;
- nécessité de l'émergence et de la vulgarisation des finances publiques des regroupements régionaux (UE), ainsi que l'introduction des techniques modernes de gestion et de contrôle à l'espace des organisations publiques[214].

Plusieurs facteurs militent en faveur de ces développements qui sont d'ordre géostratégique, démocratique, technique et pédagogique : ils résident dans les deux éléments essentiels ci-après :

- le phénomène de la désinformation des citoyens[215] (dysfonctionnement du marché et irrespect des droits de propriété, processus de concession et de privatisation, bureaucratie

---

[211] Jean-Louis Mucchielli, *La Mondialisation : chocs et mesure*, Hachette Supérieur, Paris, 2008, p. 5.
[212] *Ibidem.*
[213] *Ibidem.*
[214] « Évaluation des politiques publiques », *Revue marocaine d'audit et de développement* (*REMA*), n° 15, 2002.
[215] J.E. Stiglitz, *Quand le capitalisme perd la tête*, Fayard, 2003, p. 171.

administrative) accompagnée d'une tendance de développement de l'économie rentière et de la corruption ;

- le déclin de l'enseignement et la recherche au Maghreb sur les finances publiques, à l'heure de la réforme, universitaire, notamment dans les facultés de droit et des sciences économiques et dans les grandes écoles (manque de cours sur la comptabilité publique, la sociologie fiscale, la gouvernance financière, etc.).

En Algérie, à titre d'illustration, « Les finances publiques constituent indubitablement le parent pauvre de la recherche juridique. Ce désintérêt s'explique en partie par la réforme de la licence en droit de 1971 qui a réduit l'enseignement des finances publiques à un semestre. Malgré les correctifs apportés par la suite aux programmes d'enseignement avec l'introduction de la fiscalité au second cycle de la licence, l'engouement pour les finances a été très faible. L'aspect économique des finances publiques a eu plus de succès auprès de nos collègues économistes mais il possède (enseignement des finances publiques) peu d'intérêt juridique, sauf peut être au plan institutionnel[216] ».

216 Mohamed Tahar Bouara, « Les finances publiques : l'évolution de la loi de finances en droit Algérien », *Les Pages bleues internationales*, Alger, 2007, p. 3.

CHAPITRE IV

Développement historique des finances publiques dans le processus de la réforme de l'État au Maroc

« Il vaut mieux éviter d'aborder "l'Orient compliqué" avec des idées simples. »
Général de Gaulle

Les finances publiques constituent constamment un outil de réforme de l'État, du fait qu'il existe une corrélation très étroite entre souveraineté et finances publiques. Une épigramme très célèbre disait « l'argent est le nerf de la guerre » Dans tous les temps, il est difficile de mener une guerre lorsque les caisses sont totalement vides, l'argent étant cette « partie essentielle » sans laquelle la guerre ne peut qu'être perdue face à un ennemi mieux équipé, car ayant plus de moyens financiers.

Méthodologiquement parlant, l'éclairage historique sur le développement de l'organisation des finances publiques au Maroc dans le cadre de son environnement socio-économique et culturel[217] s'impose avec acuité. Il s'agit dans ce chapitre de traiter les aspects suivants:

- principes de l'organisation islamique des finances publiques et chez les auteurs arabo-musulmans ;
- crise financière et pénétration impérialiste au Maroc ;
- contraintes et limites de l'organisation financière à travers les dynasties marocaines ;
- spécificités de l'organisation des finances publiques au Maroc avant et durant le protectorat et après l'indépendance.

[217] Mohammed Ennaji, *le Sujet et le mamlouk, esclavage, pouvoir et religion dans le monde arabe*, préface de Régis Debray, Essai Mille et une nuits, 2007, p. 62 et *Soldats, domestique et concubins, l'esclavage au Maroc au XIXe siècle*, Préface de Ernest Gellner, Editions Eddif, 1994.

I. Principes de l'organisation islamique des finances publiques

Il s'avère utile de faire une distinction entre les principes régissant l'organisation islamique, ses sources, sa teneur, ainsi que ses limites dans la doctrine et chez les auteurs arabo-musulmans avant de traiter sa pratique au Maroc.

Ibn Khaldoun apporte des développements importants dans ses Prolégomènes en matière de l'organisation financière au XIVe siècle lorsqu'il traite dans le cadre du chapitre III intitulé : « Dynasties, monarchie, califa et fonction publique » parmi d'autres éléments, le ministère des Finances, les mécanismes d'impôts, la douane et les rapports entre pouvoir et richesse.

A juste titre, il écrit : « Le ministère des Opérations financières et des Contributions (*jibayat*), est une fonction (*wazifa*) indispensable à l'exercice du pouvoir royal. Il s'occupe des services de l'impôt. Il veille aux droits de l'État en matière de recettes et de dépenses. Il tient à jour la liste nominative des militaires, fixe leur solde et paie leur traitement en temps voulu. Dans toutes ces opérations, il se fonde sur les règlements établis par les percepteurs et les intendants du gouvernement. Ces règlements figurent dans un registre qui contient tous les détails concernant les recettes (*dakhl*) et les dépenses (*kharj*). Tout cela repose sur beaucoup de calculs, que ne savent exécuter que les plus habiles dans ces opérations. Ce genre de registre est un diwan[218] ».

En précisant que « le premier qui a introduisit l'administration financière dans l'empire musulman fut le khalife Omar et cela, dit-on, pour la raison qu'About Horaire avait apporté de Bahreïn une somme d'argent tellement importante que l'on ne savait pas comment s'y prendre pour en faire le partage entre les musulmans. Cela fit souhaiter un moyen de tenir compte de ces sommes, d'enregistrer les paiements de la solde et de sauvegarder les droits de l'État. Khalid Ibn El Oualid, recommanda l'établissement d'un diwan tel qu'il l'avait vu fonctionner chez les princes de la Syrie et Omar agréa ce conseil[219] ». Cette création a eu lieu en l'an 20 de l'hégire (décembre-janvier 643-641 av. J.C.)[220].

En fait, « l'administration du Bit El Mal appartient de droit au Khalif, c'est-à-dire, le Sultan qui doit disposer des biens des musulmans selon les mêmes principes qui règlent la conduite du Ouali relativement aux biens

---

[218] Ibn Khaldoun, *Discours sur l'histoire universelle*, traduction nouvelle, préface et notes par Vincent Monteil, t. 2, commission libanaise pour la traduction des chef d'œuvre, Beyrouth, 1968, p. 498.

[219] *Ibidem*, p. 499 et s. Cf. également Ibn Khaldoun, *Prolégomènes*, t. 2 p. 20 et 21, traduction De Slan, cité par Michaux Belaires, « L'organisation des finances au Maroc », t. XI, n° 11, *in Archives Marocaines*, éd. Michaux Bellaires, Ernest Leroux, Paris, 1907, p. 175 et s.

[220] *Ibidem*, Ibn Khaldoun, *Discours sur l'histoire, op. cit.*, p. 500.

d'un orphelin ». « En vérité, disait Omar Ibn El Khattab, je me considère, par rapport aux biens du Très Haut, comme le Ouali d'un orphelin[221]. »

II. Crise financiere et penetration imperialiste au Maroc

Jean-louis Miège distingue entre deux sortes de crise auxquelles s'est confrontée le Maroc entre le XIVe et le XIXe siècle : la révolution économique et intellectuelle de l'Europe du XVIe au XIXe siècle qui avait provoqué la première crise marocaine. La révolution industrielle et l'expansion européenne au XIXe siècle qui allaient provoqué la deuxième grande crise[222].

Cette expansion n'a pas permis au Maroc d'échapper aux convoitises des puissances impérialistes dans le cadre du partage du monde qu'elles ont « décrété ».

Ainsi, « l'histoire coloniale, écrit Abdallah Laroui, ne peut construire son concept que dans l'ordre des finalités (...) où les lois du marché mondial jouent avec la plus grande rigueur[223] ».

En effet, la pression étrangère multiforme (pénétration commerciale, financière, militaire, actions de monopole) conjuguée aux multiples révolutions autonomistes exprimant une opposition de plus en plus violente à la fois aux intérêts étrangers et au Makhzen qui ne les combattait pas efficacement ont provoqué une grave crise économique et financière qui ne fit qu'approfondir une crise politique latente depuis le début du siècle. Cette crise à laquelle il fallait ajouter les phénomènes de famine très grave (1850) ou les catastrophes naturelles et épidémies qui se succèdèrent durant la période postérieure à 1860 au Maroc.

Ces crises ont une répercussion directe sur la population. « Car tous les malheurs qui frappent la population sont liés dans les esprits à la pénétration étrangère (...) et chaque fois que le sultan fait une concession aux consulats, il perd une partie de son prestige et de son autorité. Les revenus des douanes étant limités, soit affectés au service de la dette extérieure, le sultan est obligé de créer de nouvelles taxes qui frappent durement les populations urbaines et qui leurs semblent vexatoires, puisque les étrangers en sont toujours exemptés[224] ».

Le Sultan Moulay El Hassan (1876-1894) cherchant à limiter la pénétration européenne procéda à la réduction des pratiques de la « protection » et revenant sur un certain nombre de privilèges, jusqu'alors accordés aux étrangers. De même, il parviendra à l'assainissement complet

---

[221] El Maourdi, *AL Ahkam Es-soulthaniya*, p. 164, note 7, traduction Ostrorog cité par Michaux Bellaires, *op. cit.*, p. 174 et 175.
[222] J.L. Miège, *Le Maroc*, Que Sais-je ?, n° 423, PUF, Paris, p. 19-20.
[223] A. Laroui, *L'Histoire du Maghreb*, t. II, FM/Petite collection Maspero, 1976, p. 66.
[224] *Ibidem*, p. 93.

de ses finances, rendant par là très faible la marge de manœuvre de l'impérialisme[225].

Avec l'arrivée au pouvoir du jeune Sultan Abdel Aziz, ce sont à nouveaux les intrigues étrangères qui vont se multiplier[226]. A ce propos, A. Ayache, écrit : « Le jeune souverain (Abdelaziz) plein de bonne volonté, mais d'une grande naïveté, tomba sous la coupe de conseillers étrangers qui l'entraînèrent à dilapider les réserves abondantes de son trésor et ruinèrent son autorité auprès de ses sujets qui lui reprochaient sa légèreté, ses allures peu orthodoxes et ses gaspillages[227]. »

Le souverain en procédant à la réforme fiscale voit ses recettes diminuer considérablement ce qui l'amena à faire recours à l'endettement extérieur.

Dés lors, et « à partir de 1880 et jusqu'à la grande crise de 1929, écrit A. Laroui, la colonisation triomphe ; car elle n'a pas de limite que celles qu'elle veut bien imposer : l'idéologie d'une mission civilisatrice[228] (...) et l'exigence d'une économie des moyens. Et bien entendu, le symbole de ce triomphe c'est la réaction de ses victimes : révoltes sans espoir ou résignation au destin[229] ».

Ainsi, il serait fastidieux de citer tous les emprunts que le Maroc devait contracter auprès des puissances étrangères. Nous n'en présentons que les plus importants :

Tableau n° 6
Quelques emprunts contractés par le Maroc entre 1860 et 1928

Année	**Montant**		**Pays créditeurs**
1860	20,0	milliards	Angleterre
1893	7,5	milliards	BPPB
1905	62,5	milliards	France

Année	**Montant**		**Pays créditeurs**
1910	101	millions	Consortium des banques français
1914	170	millions	Consortium des banques français
1916	70 millions supplémentaires		Consortium des banques français
1920	744	millions	Consortium des banques français
1928	819	millions	Consortium des banques français

Source : Divers documents.

Ces emprunts garantis par le gouvernement et pris en charge par le budget marocain étaient destinés à financer les grands travaux publics (ports, routes et chemins de fer) généralement concédés à de grandes sociétés

225 Walter B. Harris, *le Maroc du Sultan Moulay Hassan*, cité par Ch. A. Julien, *Histoire de l'Afrique du Nord*, Paris, 1931, tome 2, p. 728, cité par S. Benzakour, *Essai sur la politique urbaine au Maroc (1912-1975)*, Les éditions Maghrébines, Casablanca, 1978, p. 34.

226 S. Benzakour, *Essai sur la politique urbaine au Maroc (1912-1975), ibidem.*

227 A. Ayache, *Le Maroc, bilan d'une colonisation*, éd. Sociales, Paris, 1955, p. 57 et s, cité par S. Benzakour, *op. cit.*, p. 34.

228 Traduction française du *White Man's Burden.*

229 A. Laroui, *L'Histoire du Maghreb, op. cit.*, p. 100.

françaises (Schneider, Hersent), malgré les stipulations de l'acte d'Algésiras[230]. La colonisation trouve alors sa vérité dans l'administration technocratique[231].

III. Contraintes et limites de l'organisation financiere a travers les dynasties marocaines

L'étude historique de la doctrine sur l'organisation des finances publiques durant le règene des différentes dynasties marocaines soulève quatre remarques fondamentales :

- la contradiction entre les besoins réels des empires et les limites de financement. Cette contradiction se manifeste entre les besoins d'argent, exigeant la création d'impôts nouveaux et les prescriptions religieuses qui interdisent de le faire. A cet égard, Ibn khaldoun écrit « tant que la dynastie régnante suit les voies (*sunun*) de la religion, elle n'applique que les taxes prévues par la loi religieuse, les aumônes (*sadaqat*), la contribution foncière (*kharaj*) et la capitation (*jiziya*). Or, il s'agit là de taxes en elles-mêmes peu élevées : la dîme (*zakat*) de l'argent monnayé est basse, celle des grains et des troupeaux n'est pas lourde, et il en va de même pour la capitation ou la contribution foncière. Tous ces impôts sont limités et leur taux ne peut être augmenté[232] »;
- manque d'adhésion de la population, complexité et faiblesse de l'organisation financière. Celle-ci se caractérise par l'absence de bases solides et durables permettant d'assurer une stabilité des recettes pour faire face aux dépenses nécessaires au fonctionnement de l'État. Une telle complexité du système fiscal donne parfois aux interprétations musulmanes différentes ou contradictoires. Ibn Khaldoun considère « qu'une tribu, ne consent jamais à payer des impôts tant qu'elle ne se résigne pas aux humiliations. Les impôts et les contributions sont un fardeau déshonorant qui répugne aux esprits fiers. Tout peuple qui aime mieux payer ces tributs que d'affronter la mort a beaucoup perdu de cet esprit de corps qui porte à combattre ses ennemis et à faire valoir ses droits[233] ». En revanche, Michaux Bellaires avance dans le Sahih que le Prophète s'écria : « Dieu nous préserve des impôts ! » On lui demande pourquoi il faisait cette prière, et il répondit : « L'homme qui paie un impôt parle et dit des mensonges ; il promet pour ne pas tenir »[234]. Bien entendu, des impôts qui ne sont pas conformes aux prescriptions religieuses ;

---

[230] *Ibidem*, p. 107.
[231] *Ibidem*, p. 66.
[232] Ibn khaldoun, *Discours sur l'histoire universelle*, p. 570.
[233] Michaux Bellaires, *L'Organisation des finances au Maroc*, *op. cit.*, p. 177.
[234] *Ibidem*.

- manque de transparence et faiblesse du contrôle et de l'équité fiscale. Cette situation se traduit par des tendances multiples, de révocation, d'emprisonnement et surtout de phénomènes de confiscation des biens des hauts fonctionnaires et responsables (Gouverneur, Cadi, Caïd, Amine) ou des ministres qui s'enrichissent des deniers publics[235] tels que cités par plusieurs auteurs lors des abus commis[236]. Prévoyant ces risques, Ibn Khaldoun a fait remarquer que « beaucoup de gens essaient d'échapper à la fonction publique. Ils voudraient se soustraire au contrôle du pouvoir et gagner l'étranger avec l'argent du gouvernement. Ils espèrent aussi qu'ils pourront jouir en paix de leur fortune. Mais ils se trompent grandement et préparent leur propre ruine[237] ».
- l'arbitraire marquant également le prélèvement fiscal qui entraînera particulièrement l'aggravation de la situation des paysans des tribus de Makhzen et leurs misères.

Le souci du Makhzen de disposer de ressources et d'éviter la constitution de puissants féodaux le pousse à adopter un comportement destiné à maintenir ces féodaux » dans un état de dépendance et de relative faiblesse (par rapport au pouvoir central). De leur côté, ces derniers répercutent cette attitude au niveau des paysans[238]. » Ce qui pousse E. Aubin à écrire : « c'est un principe de la politique Makhzen. On pense influer ainsi sur leur docilité par la constante menace du règlement de l'arriéré ; le caïd fait le même raisonnement et suit un système analogue à l'égard de ses contribuables ».

A cet égard, Narcisse Cotte, présente une illustration édifiante de la situation horrible prédominant en 1860 : « Si l'empereur demande 1 000 piastres, le pacha demande autant de fois 1 000 piastres qu'il a de caïds sous sa dépendance ; les caïds autant de fois qu'ils ont d'administrés[239]. » Rien n'est fixé ou limité à ce sujet.

---

[235] *Ibidem*, p. 187.

[236] A titre d'illustration, Ezziani écrit en 1170 de l'hégire (1757), « Le souverain Mohammed Ben Abdellah alla dans le Haha à cause du thaleb Essalah, qui s'était empiré du pouvoir à Agadir et qui percevait à son profit les revenus de ce port. Arrivé à Agadir, (...) il fit arrêter ce gouverneur, confisqua ses biens et le fit ensuite égorger dans la prison où il l'avait fait enfermer », cf. *Le Maroc de 1631 à 1812*, extrait de l'ouvrage intitulé *Ettorjeman Elmoarib an Douel El mghrib* de Aboulqasem Ben Ahmed Ezziani, publié et traduit par O. Houdas, éd. Dar Alaman, Publication de l'Ecole des Langues orientales vivantes, 11e série V.XVIII, 2013, p. 126.

[237] Ibn Khaldoun, *Discours sur l'histoire universelle*, *op. cit.*, p. 580.

[238] Driss Ben Ali, *Le Maroc précapitaliste*, SMER, Rabat, 1983, p. 159-162.

[239] *Op. cit.*, p. 159.

Tableau n° 7
Schéma synthétique de la dynamique de l'impôt, selon la dynastie, la nature de l'impôt et son objet (1121-1912)

Dynastie	Organisation financière	Principaux impôts	Objet
Almohade (1121-1269)	Établie sur une base administrative Administrateur de l'impôt (chef de douane)	Kharaj (impôt payé par les populations conquises pour conserver la jouissance de la terre)	Financement des guerres
Mérinide (1269-1465)	Percepteurs locaux (Fès, Taza, Meknès, Qçar Ktama, Qçar El kebir). Concéder du territoire à chaque famille mérinide (fiefs). Trésor Makhzen.	Kharaj Mekes (droits de marché Institution d'Elfetra (remise directement aux pauvres) Habous	Création d'un grand nombre d'institutions (hôpitaux, merdersa) Grande Académie de Fès
Saadienne (1549-1661)	Répartition sur la base de Kheima Ferradia de la tribu. Neïba et Harka répartis sur la base de nombre de Kheima.	Naïba (impôt basé sur la terre) Taxe sur les denrées alimentaires Mouna (fourniture de vivres aux armées du Sultan)	Accroître les forces militaires (la bataille d'Oued El Makhazen (guerre des 3 Rois) Réunir d'énormes impôts
Alaouite (1664-1912)	Fondation du Port d'Essaouira (1765) pour encourager le maritime (autonomie fiscale). Institutionnalisation progressive de la « protection » étrangère et intensification des échanges à partir de 1856. Augmentation du nombre des censaux soustraits à l'autorité du sultan et de l'impôt. Arrangement Béclard de 1863 et convention de Madrid de 1880 : Diffusion de nouvelles habitudes de consommation (thé, café, sucre, cotonnades). Extraversion de l'économie ? Centralisation de l'organisation financière.	1. Aumônes religieuses (Zekat, Achour, Hediya, Djezya, Neïba, impôts extraordinaires (Qnatar, prélevés sur les tribus insoumis) 2. Droits des Meks (droits de marchés) Tartib (1903)	Défaite d'Isly (1861) Lutte du Makhzen contre Bou Hmara 1893 indemnisation de l'Espagne (raide de tribut sur Mellilia) Endettement extérieur Dépenses supportées par Dar Adyil

Alaouite (1664-1912) (suite)	Organisation de Bit El mal (sommes provenant des contributions conformes aux prescriptions religieuses). Dar Adyil (recettes provenant des Meks n'ayant aucun caractère religieux). Séparation du trésor particulier du Sultan et le Bit El Mal. Bit El Mal Eddakhil (fortune personnelle du sultan). Création Banque d'État. Recours à l'endettement extérieur. Fermage. Accroissement des dettes extérieures.		

Source : Une synthèse de publications et d'ouvrages divers.

Pour caractériser l'État marocain précolonial, J. Berque avance une expression symptomatique qui traduit la situation, à l'époque, selon laquelle « le pouvoir est absolu dans son principe mais limité dans ses moyens, voire impuissant[240] ».

Cette crise vient de l'incapacité du Makhzen à s'étendre sur l'ensemble du territoire, du fait que le Maroc est resté partagé entre ce que l'on appelle le Bled Makhzen (région soumise au pouvoir central) et le Bled Es-Siba (région de dissidence)[241].

A juste titre, « le Makhzen, écrit H. Terrasse, ne constituait qu'une coalition d'intérêts et ne représentait ni une pensée constructive ni une volonté positive commune. Tout son idéal consistait à se maintenir pour le plus grand profit des collectivités et des individus qui le composaient[242] ». « L'une des constantes du Maroc précolonial, affirme D. Ben Ali, est l'insécurité et la violence. Tous ceux qui ont décrit le Maroc pendant ces quatre siècles (XVIe-XIVe siècles) ont relevé cette caractéristique[243] ».

IV. Specificites de l'organisation des finances publiques au Maroc

De multiples considérations et raisons historiques et institutionnelles ont marqué l'organisation financière marocaine[244].

Avant le protectorat, « le système fiscal marocain présente la particularité que les redevances n'y sont pas strictement définies. Chaque Sultan instaure de nouveaux impôts et augmente les anciens ». Le souverain n'a de compte à

240 *Ibidem*, p. 162.
241 *Ibidem*, p. 164.
242 *Ibidem*, p. 165.
243 *Ibidem*, p. 160.
244 Mohamed Harakat, *Le Droit du contrôle supérieur des finances publiques au Maroc : essai sur les techniques d'audit à l'heure de l'ajustement structurel*, tome 1, Babel, 1992, p. 8.

rendre à personne. Le despotisme et l'arbitraire caractérisant les actions du Makhzen renforcé par la sacralisation et la divinisation du pouvoir. En l'occurrence, « aucun mécanisme de contrôle ni de surveillance ne s'exerce dans ce régime et aucun partage des pouvoirs n'est admis[245] ». « Cela signifie absence de mécanismes de contrôle et de surveillance ».

La médiocrité frappe également la comptabilité des commerçants qui demeure archaïque[246]. Il s'agit d'une comptabilité simpliste qui ne favorise par la transparence. Faut-il encore préciser que ce type de comptabilité n'a été utilisé généralement qu'à partir du XIXe siècle[247].

L'appareil technico-administratif est constitué de deux niveaux administratifs : les grands caïds dans les campagnes, les pachas dans les villes, les cheikhs dans les campagnes, les *oumanas*, les *mouhtassib* dans les villes. Or, leur recrutement ne reposent pas sur la compétence : il n'y a ni concours ni critère de sélection, seules les relations personnelles comptent dans le choix du fonctionnaire et du responsable[248]. Ce qui traduit le manque de contrôle interne de l'administration, selon l'expression admise aujourd'hui en matière de la nouvelle gestion publique.

Nous distinguerons quatre étapes d'évolution d'organisation et de contrôle des finances publiques qui seront déclinées comme suit :

A. Les finances publiques marocaines avant le protectorat

Le point de départ pour toute approche de la formation économique et sociale précoloniale avant le protectorat demeura l'œuvre d'Ibn Khaldoun. Nombre d'auteurs soutiennent que cette formation est restée conforme au modèle khaldounien jusqu'à l'avènement du protectorat[249]. Cependant, Driss Ben Ali considère que cette interprétation est plus que discutable, car elle ne prend pas en considération les transformations qui sont intervenues dans l'organisation économique, sociale et politique depuis le XVIe siècle[250].

Néanmoins, il semble que les développements apportés par Ibn Khaldoun sur les mécanismes des impôts de la douane et des contribuables et comment l'injustice détruit la civilisation[251] sont présentés de façon souvent très « modernes ». Ses principes sur l'organisation fiscale ont été forgés, à partir d'une réalité sociale particulière celle du Moyen Âge maghrébin. Dans ce

---

245 Driss Ben Ali, *Le Maroc précapitaliste, op. cit.*, p. 163.

246 *Ibidem*, p. 97.

247 Cette comptabilité, selon Ben Ali comporte quatre types d'instruments :
– *Konnach d'e-dakhil* : Livre des entrées
– *Konnach Del-Kharej* : livre des sorties
– *Yawmiya* : Journal
– *Konnach D'el-Oussakh* : Livre des brouillons
– *Konnach d'el-Khobiya* : Recueil des copies et lettres.

248 *Ibidem*, p. 165.

249 *Ibidem*, p. 114.

250 *Ibidem.*

251 Ibn Khaldoun, *Discours sur l'histoire universelle, op. cit.*, p. 569-584.

sens, ils nous permettent d'appréhender les spécificités de l'organisation financière du XIVe siècle. Ils couvrent, de ce fait, un ensemble de facteurs qui aident à saisir les multiples et complexes raisons qui ont abouti à la stagnation maghrébine de l'époque.

Ainsi, pour comprendre les composantes historiques, concrètes du pouvoir marocain avant la colonisation et pour appréhender le rôle de chacune d'elles, il est nécessaire comme l'écrit Ben Ali de remonter jusqu'à la période au cours de laquelle ce pouvoir a vu le jour[252].

En effet, c'est au cours de la décadence mérinide (XIV e siècle) et de façon cohérente, sous les dynasties saadienne et alaouite que la classe au pouvoir s'est structurée et s'est dotée d'un appareil d'État[253].

Ce n'est qu' à partir de Mohamed III (1757-1790), fin du XVIIIe siècle et surtout sous Moulay Sliman[254] (1792-1822) que les *tujjars* (commerçants) accédèrent au pouvoir. Désormais, c'est parmi eux que se recrutent les hauts fonctionnaires du Makhzen (Vizirs, Amin, Mohtasseb, Cadi, etc.) et forment ce que l'on appelle la bureaucratie makhzanienne provenant de certaines familles, qui ont le privilège et le monopole[255].

La caractéristique importante du Makhzen est qu'il constitue un organisme d'exploitation fiscale au profit de la minorité constituant le pouvoir[256]. « Les conséquences qui découlent de cette situation, écrit Ben Ali, sont que les charges, au lieu d'être réparties sur toute les populations marocaines, ne pèsent que sur les parties de celles-ci et, plus précisément, la plus misérable. Si nous mettons de côté les régions Es-siba – qui représentent entre la moitié et les deux tiers de la population qui ne paie pas d'impôt – le système comporte une foule de privilégiés qui sont complètement exemptes d'impôts ou qui, même, les perçoivent pour leur propre compte ; à cette exemption importante il faut ajouter une foule d'autres concernant les personnages plus ou moins religieux (marabouts, zaouia, chorfa, etc.), des tribus guich qui ne paient que des impôts religieux (achour, zekkat) puisqu'ils accomplissent le Service militaire en contre partie des autres impôts ; les négociants, enfin, se sont à peu prés soustraits aux impôts directs vu la difficulté d'estimer leurs revenus (...). L'essentiel du fardeau pèse sur les paysans des tribus[257]. »

La philosophie fiscale se cristallise dans les propos du vizir Feddoul Gharnit, au XIXe siècle en résumant sans détour « la théorie fiscale » du Makhzen : « Il faut plumer le contribuable comme on plumerait une poule, si on le laisse s'enrichir, il se révolte[258]. »

---

[252] Driss Ben Ali, *Le Maroc précapitaliste..*, *Ibidem*, p. 141.

[253] *Ibidem*.

[254] Moulay Slimane était un des cinq fils de Mohammed III qui se bâtait pour le contrôle du royaume. Il sortit victorieux de la guerre civile qui l'opposa à ses frères en 1795.

[255] Driss Ben Ali, *Le Maroc précapitaliste*, *Ibidem*, p. 147.

[256] *Ibidem*, p. 157.

[257] *Ibidem*.

[258] *Ibidem*.

A ces prélèvements s' ajoutent d'autres plus lourds et surtout plus arbitraires (Sokhra, Rerama, Mouna, H'dia, Ed d'Haira).

Le Sultan qui exerce un pouvoir absolu sur le budget dans le but de couvrir les dépenses de fonctionnement de l'État concernant notamment la force armée[259] dispose d'un système fiscal spécifique fixé soit par le Coran soit par l'usage[260].

Le premier impôt le plus ancien concerne les paysans, il est fixé au quarantaine du revenu des produits de sol et des troupeaux. Cet impôt suffisait au besoin de l'État avant l'établissement des armées soldées. Le deuxième impôt direct, le Naïba est levé sur ordre du Sultan[261], il est fixé de 6.000 à 60.000 piastres par an, suivant la fortune des contribuables[262].

Une autre source de revenus importante[263] – répartis sans aucune équité et dépendant des caprices des gouverneurs – est constituée des impôts sur les denrées alimentaires et droits de douane et dans les patentes que paient les écopes, les fours, les magasins, les moulins, l'orfèvrerie. Ces impôts servent à l'entretien des bâtiments publics, des murailles, des rues, des fontaines, etc.

Les historiens citent également les droits d'importation de la cochenille, du souffre et du fer constituant une source de revenus importante[264] et dont l'importation est interdite mais elle est soumise à l'autorisation du Sultan auxquels s'ajoutent les loyers de chameaux, chevaux, mules, ânes, magasins, maisons, jardins, terrains, pâturages qui sont la propriété soit du Sultan soit du domaine impérial[265].

Enfin, faut-il ajouter les amendes exigées des personnes ou des communes où on a pas pu arrêter les voleurs et criminels, ainsi que les confiscations ou héritages de personnes décédées et sans héritiers et les cadeaux reçus dans des audiences publiques accordés au prince quatre fois

---

[259] Vers 1789 l'armée comptait 32.000 hommes, dont 22500 noirs répartis en huit régiments logés dans 14 garnisons différentes, 4000 Ludajas ou arabes du grand désert et 5600 cavaliers maures. Cf. J.L. Miège, *Le Maroc*, *op. cit.*, p. 196-197

[260] Jean-Louis Miège et Romain H. Rainero, *le Maroc, écrits de Graberg de Hemso (1776-1847)*, Edition La Porte, Rabat, 2002, p. 192.

[261] Le prince Almohade Yacoub el-Mansour avait été le premier à percevoir les deux impôts coraniques, *l'achour* et la *zakkat* ; quant à la *naïba* c'est, en principe, un impôt supplémentaire, destiné à parer aux frais extraordinaires de la guerre, que les Almohades et les Mérinides avaient déjà commencé de percevoir. Cf. Eugène Aubin, *Le Maroc d'aujourd'hui*, Librairie Armand Colin, 1905, p. 242 et tous les mois, toutes les semaines, des sommes variables étaient exigées des contribuables qui se trouvaient pour ainsi dire ne rien posséder en propre et ne travailler que pour s'acquitter des nombreuses *naïbas* qui n'avaient d'autres causes que les besoins des gouverneurs, (*Archives marocaines*, 1927, vol. 27, p. 139), https://fr.wiktionary.org/wiki/naïb

[262] « Or, ceux qui refusent de payer, énonce Miège, le Sultan envoie contre eux un détachement de nègres qui leur enlève, en argent, en chameaux, en chevaux, en mules, etc., le triple en valeur de la somme due. Il arrive parfois que les différentes tribus se coalisent, c'est ce qui est arrivé en 1819, ce qui provoqua une véritable révolte ». cf. J.L. Miège *et al.*, *le Maroc…*, *op. cit.*, et D. Ben Ali, *Le Maroc précapitaliste*, *op. cit.*, p. 193.

[263] *Ibidem.*

[264] Romain H. Rainero, *Le Maroc, écrits de Graberg de Hemso (1776-1847)*, *op. cit.*, p. 194.

[265] *Ibidem.*

par semaine[266]. Dans ce contexte, la caisse de l'État (Bait El Mal) est la propriété personnelle du Souverain[267].

Les historiens affirment également que le Sultan durant son règne marqué par des troubles et des révoltes étant très économe, il fera en sorte de ne pas amoindrir son trésor, ni diminuer les économies[268]. A titre d'illustration de la structure budgétaire, en l'an 1821, furent élevés les revenus et les dépenses du Sultan Moulay Slimane, lors de son séjours de deux mois à Tanger.

---

[266] *Ibidem.*

[267] A l'ère du sultan Moulay Sliman ce trésor est abrité à Meknès, dans un bâtiment solidement bâti, entouré d'une muraille très forte et gardé par 2000 noirs. Il comporte des bijoux, des bars d'or, d'argent et de monnaie, piastres espagnoles et mexicaines qui sont également dissimulés soit un montant de 50 millions de piastres. Cf. J.L. Miège, *Le Maroc...*, p. 194.

[268] *Ibidem.*

Tableaux n° 8
Revenus et dépenses du souverain en 1821 (en piastres)

Revenus	
Achoura au dixième	450.000
Naïba ou impôt direct	280.000
Djizia et autres tributs juifs	30.000
Elankés ou droit réunis	950.000
Kesb-ed-drubb ou droits sur la monnaie	50.000
Auaid el jumruk ou droits de douanes à Tétouan	40.000
Tanger	35.000
Azila	3.000
El Araisch	20.000
Mamora	4.000
Salé et Rabat	70.000
Dar-el-Beida	20.000
Azamour	10.000
Mazagan	15.000
Revenus	
Asfi	10.000
Suira	170.000
Agadir	3.000
Tahhuit ou monopole	25.000
Keraa ou loyers et fermages	3.000
Deiat ou droits fiscaux	150.000
Subsides	225.000
Total	**2.600.000**
Dépenses	
Frais d'entretien de la cour (Harem, Hars, Apanage, solde, etc.)	110.000
Amélioration des palais et résidences impériales	65.000
Dons et cadeaux à la Mecque, aux chérifs de Tafilet, aux lieux saints, mosquées, etc.	65.000
Paiements de quelques gouverneurs et caïds pour la représentation à Tétouan, Tanger, Suira	50.000
Or, habillement et nourriture du souverain	650.000
Entretien de la marine de guerre	30.000
Or des consulats en Europe, les souverainetés et le Levant	15.000
Porteurs de courriers, messagers, etc.	5.000
Total	**990.000**

Source : J.L. Miège et R.H. Rainero, *Le Maroc, écrits de Graberg, op. cit.*, p. 195 et 196.

1. La vision intégrée de réforme (financière) introduite par Moulay El Hassan dans le processus de réduction de l'influence de la caïdalité

Depuis le règne de Moulay El Hassan (1873-1894) comme le soulignent de nombreux historiens, une série de réformes ont été initiées touchant l'administration, l'armée[269]et l'acquisition des sciences et techniques

[269] Bahija Simou, *Les Réformes militaires au Maroc de 1844 à 1912*, publication de la Faculté des Lettres et des Sciences humaines, Rabat, 1995.

modernes ce qui a permis de transformer remarquablement la structure étatique marocaine[270].

Plus particulièrement, « il s'attaqua résolument aux vestiges de la féodalité. Ses grandes expéditions dans le Sud marocain et en particulier dans le Souss visaient la réduction de ces grands féodaux retranchés dans leurs châteaux forts et pouvant servir de pions aux intrigues étrangères[271] ».

Dans le domaine administratif, il substitua aux 18 grandes principautés féodales, 330 circonscriptions, à la tête de chacune il plaça un caïd dont les velléités féodales sont d'autant plus réduites et aléatoires[272].

Sous Moulay El Hassan, le gouvernement marocain se composait de cinq *ouazirs* (ministres) qui sont[273] :

- *l'Ouazir El A'dham* disposant de compétences générales. Il est en quelque sorte le ministre de l'Intérieur du Sultan et en même temps son "conseiller d'État" ;
- *Ouazir El Bahr* (ministre de la Mer) : il s'occupe des relations avec les puissances étrangères (questions commerciales, protection, indemnités) ;
- *Ouazir El Harb* (ministre de la Guerre) : l'objectif de cette innovation est de mettre en place les bases d'une industrie militaire locale par la création d'une poudrerie à Marrakech et d'une fabrique d'armes à Fès, connue sous le nom de "la Makina"[274]. Pour répondre aux besoins de l'armée en fusils et en munitions[275]. Le Sultan a compris que sans une industrie et une armée disciplinée et organisée et pourvue de moyens nécessaires, il était impossible de sauvegarder l'indépendance et la souveraineté du pays[276]. Ainsi, l'idée de promouvoir une industrie locale d'armement au Maroc permet de mettre fin à la situation de dépendance militaire et technique à l'étranger dont la facture d'achat d'armes (d'ailleurs hautement onéreuse) impacte fortement les finances publiques ;
- *Ouazir Ec-Chikayat* : Il s'agit d'une institution particulière, elle n'est pas une instance judiciaire mais elle tient à la fois du Conseil d'État en matière de gestion administrative et d'une chambre des recours hiérarchiques contre les abus des fonctionnaires locaux[277]. Ce vizirat

---

[270] Voici le portrait que fait de lui Charles-André Julien : « Intelligent et pieux, de grande culture arabe et soucieux de la pureté de la langue, il impressionna les étrangers qui l'approchèrent par son ouverture d'esprit, sa conscience du devoir et sa générosité teintée d'humour. Il eut par dessous tout le sens de l'État. », *Le Maroc face aux impérialismes*, p. 33.

[271] Mohamed Lahbabi, *Le Gouvernement marocain à l'aube du XX*[e] *siècle*, préface de Mehdi Ben Barka, les Editions Maghrébines, 1975, Casablanca, p. 145.

[272] *Ibidem*.

[273] *Ibidem*, p. 139.

[274] Bahija Simou, *les Réformes militaires*, *op. cit.*, p. 232.

[275] Abdelouahab Benmansour, « Historiographe du Royaume du Maroc », préface à l'ouvrage de Bahija Simou, *Les Réformes militaires au Maroc*, *op. cit.*, p. 10.

[276] Mohamed Lahbabi, *Le Gouvernement marocain…*, *op. cit.*, p. 165.

[277] *Ibidem*, p. 174.

constitue, en fait, les premiers rudiments d'une justice administrative contre les abus d'autorité et contre la mauvaise gestion publique[278] ;

- *Ouazir el Malia* (ministre des Finances) : concernant ce ministère Moulay El Hassan a procédé à des réformes profondes des finances publiques tout en cherchant à moraliser et motiver ses fonctionnaires. Ce ministre coiffant toutes les affaires financières du pays a vu ses attributions bien définies. C'est lui qui dresse chaque année la liste contenant les commerçants dans les grandes villes commerciales du pays (Tétouan, Salé, Rabat, Fès) susceptibles de remplir les fonctions d'*Amine*. Il est, d'ailleurs, d'usage de ne pas laisser en place un *amine* au delà de deux ou trois ans. Le ministre des Finances contrôle et dirige, depuis Moulay El Hassan les divers *oumanas* du pays[279] :
  - les *oumanas* des douanes : ils sont installés dans les ports ouverts et qui reçoivent les droits d'exportation. Les douanes constituent la majeure partie des ressources recouvrées par le trésor jusqu'à l'émergence des emprunts et de l'organisme chargé du contrôle de la dette ;
  - les *oumanas el Moustafad* : Ils sont placés dans toutes les villes comme receveurs des contributions indirectes. Ils sont institués depuis la guerre avec l'Espagne (guerre de Tétouan), en 1860. Ce sont des chefs de service financiers qui centralisent en particulier les droits de porte (*hafer*) et de marché (*nekas*) et administrent les biens Makhzen et leur entretien. En 1895 un dahir fut promulgué par Moulay El Hassan portant création d'un registre comportant l'état des biens Makhzen afin d'empêcher tout abus ;
  - les *oumanas El-Khers* : ils sont chargés de l'évaluation d'*achour*. Ils estiment les récoltes et encaissent l'impôt. Ils remettent à chaque contribuable une note indiquant l'impôt en nature.

A la veille du Protectorat, l'*Ouazir el Malia* disposait d'une béniqua spéciale au *méchouar* et dirigeant les services financiers ci-après[280] :

1. amine ed-Dakhil, administrateur des entrées qui inscrit toutes les sommes versées au *Bit Elmal* sur son registre par les soins de deux *adoul*. Les sorties font l'objet des mêmes écritures ;

2. amine El-Sayar, administrateur des dépenses. Il est chargé des payements des traitements des vizirs, la solde des troupes du guiche et des dépenses de l'État ;

3. amine el-Hassab : il est chargé de l'établissement des comptes de l'État ;

4. d'autres services sont contrôlés par *Ouazir El Maliya*[281], il s'agit de :

[278] *Ibidem*, p. 187.
[279] *Ibidem*, p. 159.
[280] *Ibidem*, p. 160.
[281] *Ibidem*.

- Trésor de Dar Adyle : ce service collecte le produit des droits de marchés, des droits de porte, de la régie des Tabacs, du kif, du soufre, c'est-à-dire les *meks*. C'est l'*Amine El-Mostafad* qui est chargé des *meks* : après paiements des dépenses courantes le reliquat est transmis au trésor de Dar Adyel. Celui-ci est dirigé par *Amin El mostfad* de Fés qui est chargé de payer les dépenses de la maison royale. En cas d'insuffisance les *oumanas* de Dar Adyel font recours à *Ouazir El malia* qui en réfère au Conseil des ministres ;
- Fonds spéciaux administrés par des *oumanas* spéciaux : ils concernent par exemples l'achour payé par nature par les tribus des environs de Fès. Ainsi, le ministre des Finances disposant d'une quinzaine de secrétaires principaux est chargé de la gestion et du contrôle du Trésor public (*Bit Elmal*) par opposition au Trésor privé du souverain. Le Trésor public est financé des recettes publiques telles que les impôts (*Zakat* et *Achour*) douanes, *meks* et revenus des biens Makhzen. Il s'agit de faire une distinction entre les dépenses courantes déduites (douanes, appointement du personnel qui n'exigent pas d'autorisation spéciale du ministre des Finances et celles afférentes aux dépenses extraordinaires (dettes extérieures).

Bref, les dépenses sont exécutées selon une procédure spécifique fondée sur l'autorisation préalable et le contrôle réciproque. C'est le ministre des Finances qui accorde les autorisations aux divers *Allafs* (payeurs) des corporations des fonctionnaires.

Le payeur établit une liste justificative des dépenses effectuées correspondant aux appointements. Cette liste est présentée pour visa par *El Allaf El Kebir* (payeur principal) qui est en même temps ministre de la guerre. Les listes visées sont ensuite transmises au ministre des Finances, qui délivre un « bon à payer ». Il s'agit d'une sorte d'ordonnancement de la dépense accordée aux payeurs. Ceux-ci se présentent menus de leur bons à la Beniqua d'*amine es-Sayar* (ou *amine El Kharaj*) pour paiement des fonds de *Bit El mal.*

2. La domination impérialiste, l'endettement et la destruction des finances publiques et de l'armée marocaines

Selon l'expression célèbre du deuxième président des États-Unis, John Adams, « il y a deux manières de conquérir et d'asservir une nation : l'une par les armes, l'autre par la dette ».

Ainsi, en dépit de l'ambition de doter le Maroc d'une organisation financière solide et prometteuse durant le règne de Moulay El Hassan, il n'en reste pas moins que plusieurs facteurs ont favorisé la ruine des finances marocaines[282]. Derrière le somptueux décor de l'apparente organisation d'*El*

[282] Cf. Bellaire M., *L'Organisation des finances au Maroc*, p. 224.

oumana initiée par le Sultan se cache combien d'abus, d'exactions, de concussions et même de crimes[283].

Plus particulièrement, les recettes des douanes constituant la grosse partie qui alimente *Bit el mal* furent hypothéquées par l'emprunt de 1904, à concurrence de 60% de leur produit « ce qui revenait à mettre les douanes marocaines entre les mains de la France[284] ».

De même, la constitution de l'administration du contrôle de la dette a permis d'appliquer les fameuses clauses du contrat garantissant les deux emprunts de 1904 et de 1910 dans les huit ports marocains. Désormais, cette instance de contrôle s'est étendue à la gestion du domaine public et à l'accaparement des recettes des marchés.

Ainsi, les lourdes dépenses causées par les expéditions militaires, l'accumulation de la dette, les questions relatives à la protection et les multiples indemnités excessives payées par le gouvernement (dans tous les cas où un préjudice est prouvé par un étranger) ont représenté une grosse charge pour le Trésor public.

« Avec en outre l'effritement des finances marocaines, conclut Lahbabi, dû aux multiples perturbations et empiétements (...) l'*Ouazir El Harb* ne pourra plus payer même les quelques contingents, les quelques bataillons de la grande armée de jadis (...) ; la destruction des finances marocaines s'accompagnait de la destruction de l'armée marocaine[285] ».

A juste titre, A. Benmansour écrit : « La création d'une armée moderne et solidement organisée s'est heurtée en vérité à d'innombrables difficultés. Celles-ci ne résidaient pas uniquement dans le retard des mentalités et l'absence de cadres et des moyens financiers. Elles découlent aussi, en effet, de la politique de puissances étrangères qui ne voulaient pas que le Maroc soit un État fort, doté d'une armée régulière moderne, bien équipée, et capable de tenir en échec leurs convoitises sur tout ou partie de son territoire[286] ».

Le *Bait El mal* qui ne doit, en principe, être employé qu'à la guerre sainte et à l'agrandissement du territoire de l'Islam a été employé dans la pratique à des usages frivoles et le trésor a été si mal géré qu'il s'est trouvé très rapidement vide[287]. En fait, c'est l'endettement extérieur, l'acte d'Algésiras (1906) et la création de la Banque d'État qui ont fait entrer le Maroc dans le régime des avances et crédit.

A titre d'illustration, précise M. Bellaires, la lutte du Makhzen contre Rougui Bou Hmara et le paiement de quelques dettes ont absorbé l'emprunt

---

[283] Michaux-Bellaire, Introduction de la traduction française de l'ouvrage *Morocco that was* (*le Maroc disparu*), de Walter B. Harris, Dar Al Aman, p. 8.

[284] M. Lahbabi, *Le Gouvernement marocain*, *op. cit.*, p. 162.

[285] *Ibidem*, p. 172.

[286] Abdelouahab Benmansour, « Historiographe du Royaume du Maroc », préface à l'ouvrage de Bahija Simou, *Les Réformes militaires au Maroc*, *op. cit.*, p. 10

[287] Michaux-Bellaire, Introduction de la traduction, *Ibidem*.

de 62,5 millions de mark de 1904 consenti par l'Allemagne qui doit être remboursé en septembre 1907.

Cet emprunt est garanti par le produit des douanes, recettes sûres et faciles, hier comme aujourd'hui.

En 1905, un autre emprunt a fait appel à 2 millions de francs. Enfin, pour que le Sultan puisse quitter Fès il a dû avoir recours à la Banque d'État qui lui a fait une avance d'un million.

Par ailleurs, l'article 33 de l'Acte d'El Gésiras stipule que le gouvernement marocain doit prendre des mesures nécessaires pour faire verser à la Banque d'État les 40% non engagés pour l'emprunt de 1904, des revenus des douanes et le produit des autres revenus qu'il désignera.

En 1910, le gouvernement marocain émettait un emprunt pour plus de 101 124 000 francs. Il s'agit du fameux emprunt de 5 % qui a exigé des garanties sur les produits des tabacs et du kif qui figurent en tête des listes des garanties avant « les *Mostafadets* dans tous les ports et des *sakkats* », avant « les revenus des biens domaniaux dans tous les ports », et avant la portion revenant au gouvernement impérial dans le produit de la taxe urbaine dans les ports ».

Faut-il rappeler qu'en 1893, la Banque de Paris et des Pays-Bas a accordé au Maroc un prêt de 7,5 millions de Francs et ce pour pouvoir indemniser l'Espagne lors du raid de tribus sur Melilla qui avait fait 40 blessés et 18 morts[288].

3. Les prémices de la Constitution de 1908 aux intrigues de la colonisation

Pour échapper aux convoitises des européens et dépasser les contraintes internes des tentatives de modernisation de l'État, par le biais de l'organisation des pouvoirs publics, le projet de constitution du 11 octobre 1908 a prévu un ensemble de mesures de réformes concernant les droits et les devoirs des marocains, la création du Conseil consultatif se composant de deux organes, l'un appelé le Conseil de la Nation et l'autre le Conseil des Notables (représentativité populaire).

Concernant les finances publiques les articles de ce projet stipulent :

- À la fin de chaque mois le ministère des finances doit présenter au Conseil consultatif un rapport détaillé des recettes et des dépenses, contresigné par le Grand Vizir » (art. 67.)
- En aucun cas il n'est permis au gouvernement de dépenser les finances de l'État si le Conseil consultatif ne l'approuve pas. » (art. 68.)
- Le Conseil de la Nation désigne parmi ses membres un corps d'inspecteurs composé de six membres et d'un président. Ce corps se subdivise en deux parties : chacune d'elles fait en permanence des tournées d'inspection des affaires administratives ; elle visite chaque

[288] Cf. livre réalisé en 1972, à l'occasion du centenaire de la Banque de Paris et des Pays-Bas sur la « question marocaine » cité par Khalid Belyazid, *l'Economiste* du 2-10-1997, n° 298.

ville et chaque tribu une fois tous les quarante jours au moins, ensuite, elle envoie ses rapports au président qui a son siège au sein même du Conseil de la Nation. Ces inspecteurs doivent entendre les plaintes des particuliers et recevoir les cahiers de doléances. » (art. 69.)

- Ce corps d'inspecteurs a le droit de suspendre n'importe quel fonctionnaire pour mauvaise gestion, à l'exception des délégués à Tanger et Marrakech. Il peut mettre à la place du fonctionnaire suspendu un remplaçant provisoire jusqu'à la réception de la réponse du Conseil consultatif sur son cas » (art. 70) .

Plus particulièrement, et pour dépasser les abus marquant la gestion des affaires publiques avant le protectorat une série d'articles sont énoncés dans ce projet de constitution mettant fin à certaines pratiques irrégulières dans la gestion publique. On cite notamment :

- Tout sujet du Royaume doit obéissance à l'Imam chérifien et respect à sa personne parce qu'il est l'héritier de la Baraka » (art. 7).
- Le Sultan n'est pas responsable des affaires de l'État, intérieures ou extérieures. Ce sont ses ministres qui le sont devant lui » (art. 38).
- Un analphabète ne doit pas occuper une fonction du Maghzen. Un fonctionnaire doit bien lire et écrire la langue arabe » (art. 18).
- Les obligations fiscales de l'État pèsent sur chaque individu de la nation selon sa force et ses possibilités » (art. 19).
- Les fonctionnaires du Maghzen, grands ou petits, sont dans la même condition que les autres sujets et supportent les impôts et les obligations fiscales » (art. 21).
- (...) Les obligations doivent être générales à l'ensemble de la nation, à toutes les parties du Royaume et en tout moment » (art. 22).
- Il n'est permis de séquestrer, pour une raison quelconque, la fortune ou la propriété d'un individu ou toute autre chose lui appartenant, qu'après décision du Conseil consultatif et approbation expresse du Sultan » (art. 24).
- Sont abolis dans tout le royaume le fouet et la torture par n'importe quel moyen, et tout procédé contraire à la civilisation » (art. 27).
- Sont abolies dans tout le royaume les corvées, les obligations fiscales ou autres, non décidées par le Conseil consultatif » (art. 28).
- Il n'est pas permis de couper les têtes des rebelles tués au cours des combats avec les forces du Maghzen, de les emporter à Fès ou autre ville, et de les pendre sur les remparts, comme il est de coutume » (art. 30).
- Il n'est pas permis aux troupes du Maghzen de piller les biens d'une tribu avec laquelle elles sont en combat et de se les partager, comme il est de coutume. Tout caïd ayant commis un tel acte sera responsable devant le Conseil consultatif et le Sultan » (art. 31).
- Il n'est jamais permis de tuer les prisonniers et les blessés, de les dépouiller de leurs vêtements, comme il est de coutume. Tout caïd

ayant commis un tel acte sera responsable devant le Conseil consultatif et le Sultan » (art. 32).

- Tout fonctionnaire du Maghzen, grand ou petit, tout sujet du royaume ayant contrevenu aux dispositions des articles 23, 24, 25, 26, 27, 28, 29, 30, 31, 32, sera responsable devant le Conseil consultatif et le Sultan » (art. 33).

Concernant le gouvernement c'est « Le Sultan qui nomme le Grand Vizir, le Grand Cadi de Fès, ses représentants à Tanger et Marrakech, son khalife et désigne la résidence de celui-ci dans la capitale. Ce khalife ne doit pas être le Prince héritier ou un membre de la famille royale » (art. 37).

- Le gouvernement est composé de six membres seulement (...) : le Grand Vizir, ministre des Sciences, et cinq ministres qui sont : le connétable ministre de la Guerre, le grand trésorier, appelé ministre des Finances, le ministre de la Marine, le ministre des Affaires étrangères, le ministre des plaintes, appelé ministre de l'Intérieur (...) » (art. 59).
- C'est au grand vizir qu'appartient le choix des cinq ministres et la présentation de leurs noms au Conseil consultatif. Si un accord intervient sur eux, ils sont présentés au Sultan qui approuve leur nomination » (art. 58).

« Chaque ministre connaît des affaires de son ministère entrant dans le cadre de sa fonction. S'il se présente une affaire n'ayant aucun rapport avec l'un des ministères, l'avis du Grand Vizir est requis. Chaque ministre est responsable personnellement des affaires de son ministère. Quant au Grand Vizir, il est responsable de tous les ministres » (art. 61).

S'agissant des protections le projet de constitution énonce que « Il n'est permis à un sujet de l'État marocain de se mettre sous la protection d'un autre État que dans les cas particuliers énumérés dans l'article 79 » (art. 75) et que « tout individu s'étant mis secrètement sous la protection d'un État étranger, sans en avertir le Maghzen et sans son autorisation verra cette protection, non prise en considération et sera passible d'une peine prévue par le Code » (art. 76).

Ainsi « Tout sujet du Royaume marocain qui s'est placé sous la protection d'un autre État ne peut accéder aux fonctions du Maghzen » (art. 77). Par conséquent « Tout fonctionnaire de l'État qui s'est placé secrètement sous la protection d'un autre État, est immédiatement révoqué de sa fonction, sans que la protection étrangère soit prise en considération. Une peine prévue par le Code lui sera appliquée » (art. 78).

Or, en dépit de ces tentatives de réforme apportées par le projet de constitution de 1908 et compte tenu de la crise financière et les autres situations de fragilité qu'a connues le pays, le Maroc est acculé à une situation difficile, à savoir la signature, en 1912, de l'accord du protectorat, ce qui a engendré par conséquent la soumission directe des finances publiques à la tutelle française, ensuite, leur organisation et leur contrôle sur la base d'un modèle différent[289].

4. La nouvelle organisation des finances publiques durant le Protectorat : l'impact de la colonisation et de « l'empire des grands caïds »

L'organisation du protectorat français sur le Maroc est fondée sur deux piliers : l'économie des forces françaises et l'utilisation des forces indigènes ce qu'on appelle politique des grands caïds (El Glaoui, Mtouggi, El Ayadi, Souktani, Goundafi, et autres).

En fait, il n'est pas possible de traiter les finances publiques durant le protectorat sans s'interroger sur l'ascension des grands caïds et leur importance socio-politique dans l'organisation et la répartition des richesses nationales.

Certes, la connaissance de leurs statuts, leur rapports avec le Makhzen, leurs symboles[290], leurs adversaires, leur comportement pendant les crises et les troubles, leur richesse accumulée et de leur environnement constitue une source précieuse d'information et une excellente école de connaissance de l'histoire du pays[291], de ses acteurs, de sa population[292] et de ses fragilités.

a. La fortune d'El Glaoui, l'accaparement des grands espaces fiscaux et le rôle de la caïdalité dans la consolidation de la domination étrangère

Paul Pascon constate qu'il était difficile de connaître l'étendue exacte de la fortune du Pacha El Glaoui[293]. L'essentiel de sa fortune foncière est accaparée dès les premiers mois du protectorat (caractère flou de l'appropriation, souvent sans titre foncier, accaparement des eaux pour l'irrigation[294], cession en contrepartie de valeur locative symbolique, endettement).

---

[289] Mohamed Harakat, *le Droit du contrôle supérieur*, *op. cit.*, p. 9.

[290] Le caïd Goundafi raconte « Quelques jours, mon père me dit: – qu'as-tu dit à ta mère ? Je le lui répétai. Puis il me dit : – Dis-moi… Quant tu étais au Dar El Maghzen, le Sultan… avec quels yeux te regardait-il ? – Avec de bons yeux. Pendant trois jours encore, le père garda le silence. Puis il rassembla la famille et fit connaître sa décision de se rendre auprès du Sultan », cf. Colonel Justinard, *un Grand chef berbère : le caïd Goundafi*, Dar Al Aman, Mémoire Retrouvé, Rabat, 2015, p. 43.

[291] Cf. pour plus de détails l'ouvrage de l'historien marocain Abou El Abbas Ahmed Ben Khaled En Naciri, *Kitab El Istiqsa*, *Recherche sur l'histoire des dynasties du Maroc*, 9 tomes, Dar El kittab, 1996 (en arabe).

[292] Cf. Colonel Justinard, *Un grand chef berbère : Le caïd Goundafi*, Dar Al Aman, Mémoire retrouvé, Rabat, 2015, p. 92.

[293] Paul Pascon, *Le Haouz de Marrakech*, Rabat, 1983, t. I, p. 326.

[294] Paul Pascon avance une étude selon laquelle il a été établi que El Glaoui confisquait des eaux et les redistribuait autrement pour les faire cheminer au golf. Ce qui cause la perte de volumes considérables d'eau par évaporation ou encore par infiltration dans des conduits à sec comme les séguia de crue cf. P. Pascon, *le Haouz…*, *op. cit.*, p. 331.

b. Les sources de la fortune du pacha El Glaoui

Elle provient de trois sources : le déguerpissement des Mesfioua, les terres d'apanage du Guich, le domaine de l'État[295]. Il s'agit là, de la plus grande concentration foncière du Maroc et de loin, distançant largement la propriété du souverain durant le protectorat[296]. Ses participations dans les affaires industrielles et commerciales ont été estimées à deux milliards de francs[297], en 1956. Le Pacha a administré, par l'intermédiaire de ses fils, durant 44 ans une population dépassant en 1955 un million de personnes[298].

Le déguerpissement dans un contexte colonial peut se définir comme une expulsion collective (tribus) et contrainte d'individus par le recours à la violence, physique ou symbolique. Les déguerpis sont le plus souvent déplacés par la force, ou brutalement sommés de quitter leur lieu de résidence et leur propriété. Dans le cas du Pacha, très tôt il visait la destruction des Mesfioua pour les englober avec les Touggana de manière à disposer d'une bande de territoire continu complémentaire depuis Ouarzazate jusqu'à Marrakech[299].

Aux alentours de 1930, il est devenu une grande puissance financière et économique, c'est le grand empire. Sa fortune politique lui a permis au lendemain de 1912 d'accaparer des grands espaces fiscaux (terres occupées par les tribus) et l'essentiel des terres de Haouz de Marrakech.

Un recensement de sa fortune immobilière (propriété disposant d'un titre foncier) est estimée à 139 millions de francs (francs de 1974). l'inventaire approximatif des biens mobiliers dégage des valeurs de dividendes dans le secteur des mines évaluées à 53 millions en 1953. Dans les mines de l'Imini (manganèse) le Pacha obtient des revenus évalués à 38 millions la même année.

Ainsi, s'est construit autour de ce personnage dans la mémoire populaire aux dimensions des grands êtres mythiques, tel que Sidi Rahal ou le sultan Noir[300]. L'étude de profil psycho-sociologique[301] de ce mythe retient l'expression de violence oppressive, confisquant à son profit personnel le moindre signe de richesse apparente ou l'image de protecteur respectueux de ses engagements et sa parole.

Thami EL Glaoui est décédé le 23 janvier 1956. Le 20 juillet 1957, un dahir bloqua les transactions sur les terres de notabilité impliquées dans la participation au coup de force de 1953. Le 27 mars 1959 la confiscation des biens d'El Glaoui est déclarée[302].

---

[295] P. Pascon, *Ibidem*, p. 328.
[296] *Ibidem*, p. 300.
[297] *Ibidem*.
[298] *Ibidem*.
[299] *Ibidem*, p. 328.
[300] *Ibidem*, p. 300.
[301] *Ibidem*.
[302] *Ibidem*, p. 326.

La politique ambiguë des grands Caïds adoptée par le protectorat répond à des objectifs stratégiques dont le but est d'assurer sa domination politique et économique sur le Maroc. Certes, c'est la colonisation qui est responsable de l'accentuation et de la brutalité de l'établissement du caïdalisme[303] et du soutien tactique de la « république de la féodalité[304] » ou des empires caïdaux tel que celui d'El Glaoui[305].

Au niveau de la forme également, il n'est pas douteux, fait constater P. Pascon, que l'administration coloniale a donné au caïdalisme un statut, un cadre légal, qu'il n'aurait jamais eu sans elle, tant du point de vue réglementaire que du point de vue symbolique même.

Le grand animateur de cette politique le colonel de Lamothe écrit, à juste titre « la politique des grands caïds, on est souvent porté à méconnaître ses fruits, pour n'en avoir que les inconvénients et les abus exagérés encore par notre mentalité de français du XXe siècle. Ces inconvénients et ces abus sont malheureusement, même réduits à leur juste proportion, très réels et très condamnables. Mais ils ne sauraient entrer en comparaison avec les avantages et les facilités que nous a procurés l'existence des grands caïds ».

Ces personnages avaient dans le Souss des intérêts contradictoires. C'était entre eux une rivalité intransigeante qui empêchait toute action sérieuse contre El Hiba ».

Le principe directeur de notre politique restait de ne nous engager à aucun prix dans le Sous. Pas d'occupation nouvelle au sud de Marrakech, pas d'action militaire au sud de l'Atlas[306]. »

La plus remarquable illustration de cette philosophie est fournie par le général Lyautey lui-même lorsqu'il déclare en avril 1913 que « l'action des harkas du Sous repose essentiellement sur l'intervention des indigènes seuls, opérant pour le compte de Moulay Youssef contre El Hiba, à l'exclusion de toute intervention directe de notre part, de façon à ne pas donner aux dissidents un nouveau prétexte à tirer de la guerre sainte contre le chrétien… il y a donc intérêt à ce que nous n'apparaissons pas pour le moment, de façon, soit à ne pas compromettre le succès des caïds, soit à ne pas nous trouver englobés dans leur insuccès[307] ».

En fait, les rapports des tribus avec le Makhzen sont toujours marqués par la méfiance réciproque. Leur soumission lorsque celui-ci est fort se manifeste par des égards, des visites, de grosses offrandes à l'occasion des fêtes, des contingents pour les harkas[308].

En revanche, écrit Justinard « un début de règne, une régence, une guerre prolongée, servaient d'occasion aux tribus qui profitaient de ces périodes de troubles pour courir sus à leurs seigneurs, pour les chasser et démolir leurs

---

303 *Ibidem*, p. 298.

304 Colonel Justinard, *op. cit.*, p. 194.

305 Paul Pascon, *Le Haouz de Marrakech*, *op. cit.*, p. 299.

306 Colonel Justinard, *Un Grand chef berbère : le caïd Goundafi*, *op. cit.*, p. 84.

307 Ibidem, p.85.

308 Ibidem p.27.

kasbahs, alors que le Makhzen affaibli ne pouvait plus les soutenir. C'était la « Siba »[309] ».

Ainsi, peu de Kasbahs du sud ont échappé à la ruine, soit lors de la mort de Moulay El Hassan (1894) ou pendant la harka contre le Rougui Bou Hmara.

Ces ruines de Kasbah si nombreuses[310] dans le pays ont été illustrées par des vers significatifs chantés par le folklore : « Plus de châteaux démolis que des châteaux bien assis – Plus de crasse que de savon et plus de faim que de farine – Et plus de souliers percés que de bons souliers – Et plus de tolbas menteurs que de véridiques[311] ».

c. L'abus dans la collecte des contributions fiscales

De plus, ces rapports sont caractérisés par l'abus dans la collecte des contributions fiscales comme le traduit des vers Chleuh ci-après : « Le Sultan dit : un quintal ; le Caïd dit deux ; le Cheikh dit trois, les coups de bâtons sans interruption ».

Les tributaires, les *nouaïb* étaient toujours « mangés » jusqu'au jour où ils trouvaient l'occasion favorable pour régler leurs comptes avec leurs maîtres[312].

Une autre raison de la méfiance des caïds du Makhzen se manifeste par « la menace perpétuelle des intrigues du palais, de la surenchère des candidats à la succession, de la prison, dont la sortie coûtait cher quant en sortait. Un qui est plus fort que toi – c'est une faveur s'il te laisse en vie[313] ».

Dans une lettre adressée par le Président du gouvernement provisoire français George Bidault datée le 14 août 1953 au Pacha El Glaoui en se référant au traité du Protectorat précise que « la réforme fondamentale des institutions marque le terme de l'absolutisme archaïque. Si le pouvoir souverain demeure incarné dans la personne du monarque, ce pouvoir ne pourra plus dorénavant être exercé que selon les règles qui garantissent pleinement les dignitaires et les sujets de l'empire contre l'arbitraire et les abus de l'omnipotence[314] ».

---

309 Ibidem, p.28.

310 Le colonel Justinard précise que les kasbahs de Telouet et de Tagountaft respectivement appartenant à El Glaoui et à Goundafi n'ont pas été forcées à l'époque. El Glaoui plus particulièrement avait défini une conscience étrange de son inviolabilité. Il disait souvent qu'il bénéficiait d'une protection surnaturelle. Cf. Abdessadeq El Glaoui, *Le Ralliement, le Glaoui, mon père, Récit et témoignage*, Edition Marsam, Rabat, 2004, p. 222.

311 Colonel Justinard, *Un Grand chef berbère : le caïd Goundafi*, *op. cit.*, p. 28.

312 *Ibidem*, p. 27.

313 *Ibidem*, p. 28.

314 Abdessadeq El Glaoui, *Le Ralliement, le Glaoui, mon père, Récit et témoignage*, *op. cit.*, p. 216.

d. Les prémices du Traité du protectorat du 30 mars 1912

L'article 1er du traité du 30 mars 1912 portant sur l'organisation du protectorat français dans l'empire chérifien stipule :

« Le Gouvernement de la République française et Sa Majesté le sultan sont d'accord pour instituer au Maroc un nouveau régime comportant les réformes administratives, judiciaires, scolaires, économiques, financières et militaires que le Gouvernement français jugera utile d'introduire sur le territoire marocain ».

5. Les innovations du protectorat en matière de réforme budgétaire et financière

Le but est de réformer l'organisation du Makhzen en fonction des intérêts des puissances étrangères ce qui traduit un nouveau mode de surveillance de la métropole sur les affaires financières et budgétaires du Maroc. Ainsi, la doctrine des finances publiques est intimement liée à la conception des exigences des politiques coloniales[315].

Désormais, de multiples innovations et mesures ont vu le jour tant dans la structure organisationnelle des finances publiques que dans son système de contrôle, telles que l'introduction du principe de séparation des pouvoirs, l'élaboration de la loi de finances dans le cadre de l'année civile, la fondation du *Bulletin officiel* et la production de nouveaux dispositifs de contrôle interne, *a priori* ou *a posteriori*, selon une rationalité différente du passé. C'est le processus de la réforme de l'État par le budget et le contrôle efficace des finances publiques.

Cette brutale mutation peut prouver également l'inutilité des efforts successivement tentés par les souverains pour créer une organisation financière s'accordant avec les principes religieux de l'Islam.

a. Les éléments d'attaque du modèle arabo-musulman de gestion et de contrôle des finances publiques

Le modèle arabo-musulman d'organisation et de contrôle a subi une double attaque[316] :

- Sa désorganisation interne (détournement de fonds, gaspillage, l'arbitraire marquant le prélèvement fiscal, exemptions et privilèges, fraude, violence et instabilité) et son incapacité de résister devant la rationalité européenne de contrôle dans une période d'endettement et de ruine des finances marocaines.

[315] M.T. Bouara, *Les Finances publiques : l'évolution de la loi de finances en droit algérien*, *op. cit.*, p. 53.

[316] *Ibidem.*

C'est le manque de transparence et de l'information pertinente qui caractérise la gestion du patrimoine de l'État. Certes, « la confusion entre le domaine de l'État et celui du souverain, écrit Paul Pascon, avait déjà été attaquée par les puissances européennes lorsque, voulant gager le prêt et trouvant le revenu des douanes insuffisant, les pays participants à la conférence de Madrid avait exigé du Makhzen l'établissement d'un Registre des biens fonciers urbains et ruraux. Ce sommier fut établi par les fonctionnaires du Makhzen, mais avec des indications de contenances jugées insuffisantes ou vagues par les agents chargés du contrôle de la dette[317] ».

Au surplus, Pascon rapporte que les agents français à la veille du protectorat n'ont cessé de signaler à leur légation la fonte des biens makhzaniens : « La dilapidation des biens de Makhzen dans la ville de Marrakech et dans les environs a pris ces derniers mois une grande ampleur. Le Sultan donne en toute propriété un certain nombre d'immeubles domaniaux à des personnes de sa famille ou de ses amis (...)[318]. Moulay Hafid incorpore une partie des biens Makhzen à son domaine particulier, vend le reste ou le donne à ses familiers[319].

En poursuivant « ... le souverain et ses courtisans se gorgent de richesses privées et publiques à tel point que nous ne trouverons plus une parcelle domaniale disponible le jour où nous en aurons besoin. Pour couper court à de tels abus, il faut que nous prenions en main sans tarder, l'administration intégrale de tout le bled Makhzen. Cela est très urgent, en particulier à Fès et à Marrakech[320] ».

Quelques jours après, même cri : « Moulay Hafid vient de donner des ordres pour faire disparaître des propriétés Habous des registres pour les incorporer à son bien propre... cette extraordinaire dilapidation des biens domaniaux à Fès comme à Marrakech montre qu'il est urgent que l'administration du bled Makhzen soit confiée à des fonctionnaires capables d'assurer la conservation de ce qui est encore disponible et, au besoin, de revendiquer les immeubles aliénés ou mépris de tout droit. Les accaparements auxquels le Sultan et les gens de son entourage procèdent avec tant de hâte depuis quelques semaines, montrent bien leur intention de ne laisser aucune parcelle domaniale à la disposition de la puissance protectrice le jour où celle-ci voudra exercer les droits qu'elle tient des derniers accords[321] ».

---

317 Paul Pascon, *Le Haouz de Marrakech*, Rabat, 1983, t. II, p. 450 et 451.

318 Au nombre des bénéficiaires cite la note : Moulay Boubker, khalifa du Sultan, à Marrakech, Haj Ahmed El Krissi hajib, Taieb El Mokri, Les adouls ont été également charges de vendre les terres (makhzanienne) dans les tribus Dir;les oliveraies domaniales de Damnat auraient été cédés à des allemands.

319 Paul Pascon, *Le Haouz de Marrakech*, *op. cit.*, p. 451.

320 Général Moinier, Casablanca à Ministre de la guerre, Paris, SR. n° 59 du 03/12/1911 MG. Vincennes EM 2. Nous sommes à cette date à 8 mois de l'entrée de Mangin à Marrakech cité par Paul Pascon, *Le Haouz de Marrakech*, *op. cit.*, p. 452.

321 *Ibidem.*

Ainsi, fut promulguée une circulaire le 28 septembre 1912, signée par Lyautey, au sujet des transactions immobilières prescrivant d'étroites mesures de surveillance visant à protéger le domaine public (immeuble habous, domaine privé à l'État, forêt, mines, terre de jouissance collective des tribus), afin d'empêcher toute aliénation frauduleuse[322].

Cette ruine est due à plusieurs facteurs structurels notamment l'extension continue des privilèges capitulaires[323] qui a permis l'augmentation du nombre des censaux couverts par la protection étrangère et donc soustraits à l'autorité du souverain et à l'impôt[324] et aux traditions de corruption acceptée et tolérée aggravant encore la crise[325].

Le chapitre des créances préoccupait sérieusement le Makhzen[326] et pour faire face, compte tenu de la médiocrité de ses ressources, l'État était obligé de négocier constamment des moratoires. Véritables tonneaux de Danaïdes, le chapitre des dépenses également était d'autant plus éprouvant que le Trésor ne couvrait pas uniquement les frais d'indemnisation aux titre de dommages réels ou supposés des seuls protégés, mais devait aussi effectuer des versements au profit de ceux qu'ils « parrainaient », (parents, relations, clients, etc.)[327].

A cet égard, « l'affaiblissement général de l'État, la corruption de ce dernier, fait remarquer M. Kenbib, accentuait le problème posé par les réclamations des étrangers et des protégés. Grâce à leur complicité, il devenait possible de confectionner toutes sortes de faux contrats, de créances fictives et de titres de reconnaissance de dettes imaginaires[328] ». C'est la faillite totale de l'État.

– Celle de colonialisme qui fait de la dépendance une condition fondamentale pour imposer de nouvelles structures financières de gestion et de contrôle.

C'est avec l'instauration du protectorat que le Maroc a connu la naissance de multiples contrôles (contrôle a *priori*, IGF, cour des comptes, contrôle

---

322 *Ibidem.*

323 La protection liée à l'exercice des capitulations est généralement définie comme « le privilège d'une puissance... de soustraire certains indigènes à l'autorité de leur souverain et de substituer vis-à-vis d'eux sa juridiction à la sienne », cf. L. Martin, *Le Régime de la protection au Maroc*, Archives Marocaines, VX, Paris, cité par Mohamed Kenbib, *Les Protégés : contribution à l'histoire contemporaine du Maroc*, préface de Daniel Rivet, Publications de la Faculté des Lettres et des Sciences humaines, Rabat, 1996, p. 40.

324 Mohamed Kenbib, *Les Protégés : contribution à l'histoire contemporaine du Maroc*, *op. cit.*, p. 29.

325 Walter B. Harris, *Le Maroc disparu, anecdotes sur la vie intime de Moulay Hafid, de Moulay Abde El-Aziz et de Raissouli*, traduit de l'anglais par Paul Odinot avec une préface du Général Gouraud et une introduction de Michaux-Bellaire, Dar Al Aman, 2011, p. 83.

326 Mohamed Kenbib, *Les Protégés...*, *op. cit.*, p. 185.

327 *Ibidem*, p. 183.

328 *Ibidem*, p. 185.

politique, etc.) qui s'opèrent selon les mêmes règles qui régissent ce système dans la métropole[329].

b. L'émergence d'une nouvelle rationalité dans la gestion et le contrôle des finances publiques

Durant le protectorat (1912-1956), le contrôle supérieur des finances publiques est effectué par la cour des comptes française. Le contrôle s'opérait sur pièce et sur place[330]. D'abord, il est opéré sur pièce de deux façons : par le contrôle des comptes du Trésorier Général et des comptes des ordonnateurs et au moment du règlement du budget.

Le Trésorier Général est le seul comptable de l'État qui doit établir annuellement son compte de gestion développant toutes les opérations de dépenses et de recettes effectuées par le compte du protectorat. Ce compte est produit à la cour des comptes française, à Paris par le ministre des Finances[331].

De même les ordonnateurs sont tenus de produire par le biais du Ministre des Finances leurs comptes administratifs à la cour des comptes, pour que celle-ci puisse rapprocher ultérieurement les résultats exprimés par le compte de gestion adressé par le Trésorier Général et le compte administratif adressé par les ordonnateurs. Sur cette base, la cour peut adresser des demandes d'observation ou référés à ses justiciables sur des points qui lui semble irréguliers[332].

Quant au règlement du budget, il intervient après le contrôle de la cour des comptes.

Il est promulgué par Dahir. Il arrête définitivement les dépenses et recettes de l'année. Il est enfin publié au *Bulletin officiel* du protectorat, fondé en 1912.

Ensuite, le contrôle est opéré sur place. A titre d'exemple, la cour française a procédé, à la fin du printemps de l'année 1947, à des vérifications sur place. Les résultats de ses investigations ont été connus lors de la publication du rapport annuel de 1948[333].

Pour adapter la nouvelle organisation financière et budgétaire aux impératifs de la réforme de multiples textes ont vu le jour. On peut mentionner, à cet égard, notamment[334] :

- le Dahir du 20 décembre 1921 portant sur le contrôle des engagements de dépenses (CED) institué sur insistance de la cour des comptes française ;

---

329 Milleron J. & Provedal L., *Législation budgétaire et comptabilité administrative chérifienne*, Louis Proveda, Rabat, 1949, p. 83.

330 *Ibidem*, p. 86.

331 Mohamed Harakat, *le Droit de contrôle supérieur…*, *op. cit.*, p. 10.

332 *Ibidem*.

333 Milleron J. & Provedal L., *Législation budgétaire et comptabilité administrative chérifienne, op. cit.*, p. 86.

334 Mohamed Harakat, *le Droit de contrôle supérieur…*, p. 10.

- le Dahir du 20 avril 1925 sur le cautionnement des comptables, modifié par le Dahir du 4 juillet 1927 ;
- le Dahir du 20 juillet 1932 portant création de la commission locale marocaine des comptes chargée d'apurer certains comptes secondaires et qui laissait la cour française des comptes exercer de larges attributions sur les comptes principaux ;
- le Dahir du 9 novembre 1942 sur la prestation de serment des comptables publics ;
- le Dahir du 6 mars 1946 concernant les comptes des établissements publics, des municipalités et des collectivités locales ;
- le Dahir du 2 avril 1955 sur la responsabilité des comptables publics.

A l'échelon local et avant le protectorat, les tribus et les villes constituent les seules divisions administratives du pays[335]. Or, ni les unes ni les autres n'avaient une base territoriale nettement définie. Le pouvoir central y était représenté par les pachas et caïds chargés essentiellement du maintien de l'ordre. Ce qui a entraîné la création d'une situation locale embryonnaire dans les villes et plus active dans les tribus[336].

C'est à partir de 1912 que le Maroc fut divisé en régions, territoires, cercles, circonscriptions. Le Dahir du 8 avril 1917 constitue la première charte municipale applicable à des villes, localités et centres désignés par arrêtés viziriels.

Pour les collectivités rurales la France trouva que la vie tribale est organisée et très intense[337] pour cela elle a reconnue la structure des Jemaas (1916) tout en élargissant leur rôle et leur compétence, en vertu du dahir du 6 juillet 1959, par lequel les jemaas sont devenus des assemblées élues[338].

Le Dahir du 7 juillet 1914 qui va transformer la jouissance collective de certaines terres en propriété. De même, la gestion de ce patrimoine rendait nécessaire l'institution d'une représentation officielle des groupements de possesseurs, ce fut l'objet du dahir du 21 novembre 1916[339]. Or, le Dahir du 19 octobre devait retirer à ces *jemaas* la gestion des terres collectives pour les confier à des groupements spécialisés, de même nom.

Faut-il préciser que la reconnaissance de la structure de *Jemaa* s'était vue comme une condition nécessaire pour faire face à l'autorité traditionnelle des grands caïds. Ce qui pourrait donner à croire le Colonel Hubert qui écrit : « Les jemaas étaient avant tout le moyen d'affranchir le peuple de l'oppression des caïds contre lesquels le chef de bureau est souvent impuissant. Il fallait pour cela réduire le caïd du rôle d'agent du pouvoir

---

335 Abdelaziz Cherkaoui, *Le Contrôle de l'État sur la commune*, Edition la Porte, Faculté des Sciences juridiques, économiques et sociales, Rabat, 1968, p. 13.

336 *Ibidem*, p. 14.

337 *Ibidem*.

338 *Ibidem*.

339 *Ibidem*, p. 16.

exécutif et organiser contre la féodalité caïdale les communautés rurales marocaines[340]. »

c. *Limites de la réforme budgétaire et financière introduite par le protectorat*

Sur un autre registre, les réformes de gestion et de contrôle des finances publiques introduites durant le protectorat n'ont pas eu des impacts positifs tant sur la stabilité politique que sur la performance économique et sociale du pays. Car une telle réforme n'a fait que consolider la dépendance du Maroc à la métropole, c'est-à-dire qu'elle n'a fait que d'exercer des fonctions organisationnelles sur l'ensemble du pays qu'elle domine.

La France s'est illustrée au Maroc **grâce** à l'intelligence politique de Lyautey[341]. L'épisode d'El Glaoui et l'aventure Ben Arafa constituent l'une des graves erreurs historiques de la IVe république qui a entrainé le Maroc dans la marasme par la sottise politique d'un personnage trouble, à savoir son Résident général, le Général Augustin Guillaume[342]. Le mandat de celui-ci tel que ordonné par le président de la République Vincent Auriol a été clair « Arrangez-vous avec votre Sultan et faites des réformes démocratiques. »

Ce personnage trouble qualifié de « chef de bande » par complicité de l'administration coloniale s'efforçait d'y faire obstacle. Il manœuvrait, grâce au soutien du Pacha de Marrakech[343], en vue d'obtenir la destitution du Sultan et l'accord d'un cousin relativement proche du Sultan, le prince Mohamed Ben Arafa pour le remplacer sur le trône[344].

Le Pacha El Glaoui fut l'un des instruments privilégiés dont se servait la colonisation contre le Sultan[345]. En février 1953 il réunit 23 pachas et 323 caids. Il leur fait signer un document exigeant la destitution du Sultan. Seuls six (6) caïds et quatre (4) pachas refusèrent[346]. Ces informations ont été confirmées par René Janon qui écrit que « El Glaoui avait effectué des tournées à travers tout le Maroc avec le Cheikh El Kitani pour réunir plus de 300 signatures au bas de la pétition demandant que le Sultan fut destitué »[347]. En ajoutant que « la suppression par l'ancien Sultan de la cérémonie de la Hddyia de l'Aid Es-Seghir a donné aux conjurés d'El Glaoui et du Cheikh

---

340 Jacques Romieu, *Les Jemaas*, 1953 ? p. 2, cite par A. Cherkaoui, *le Contrôle de l'État…*, *op. cit.*, p. 17.

341 Jean-Claude Martinez, *Le Roi stabilisateur*, Jean-Cyrille Godefroy, 2015, p. 34.

342 *Ibidem.*

343 Abdessadeq El Glaoui, *Le Ralliement, le Glaoui, mon père, récit et témoignage*, *op. cit.*, p. 210.

344 Jean-Claude Martinez, *Le Roi stabilisateur*, *op. cit.*, p. 35.

345 *Ibidem.*

346 *Ibidem.*

347 René Janon, *Sultan Glaoui and C°... une enquête sur le drame marocain*, Dar Alaman, Rabat, 2016, p. 96.

Kittani un argument religieux de poids auprès des signataires de la pétition pour la destitution. »[348].

L'aventure se termina par un chèque ! Le gouvernement sous la pression des résistants marocains n'a pas pu maintenir les choses en l'état, força Ben Arafa à se retirer, en échange d'une somme de 30.000.000 de Francs[349].

L'indépendance du Maroc a été inévitable grâce aux mouvements de résistance du peuple. Mohamed V rentra en triomphe une semaine après, auréolé du statut de père libérateur de la Nation.

Abdessadeq El Glaloui dans ses témoignages fait remarquer que « le Pacha El Glaoui n'avait jamais pensé que le départ en exil de Sidi Mohamed Ben Youssef allait provoquer une insurrection au Maroc[350] ».

En revanche, A. Belkabir souligne que « c'était le féodalisme local (Les Caïds) et la classe moyenne qui ont préparé le terrain au colonialisme. Le Makhzen n'a fait que se joindre à eux par la suite dans le cadre d'une ruée vers le pouvoir pour l'un et de la lutte pour la survie pour l'autre ». En affirmant que « le phénomène "El Glaoui" est loin d'être un personnage simple ou superficiel. Il mérite d'être traité comme un personnage composite et complexe. Il a cherché à concilier toute sorte de contradictions (…). Seulement il a échoué à la croisée des chemins qui est l'indépendance ».

C'est pourquoi, poursuit l'auteur en indiquant que « ce personnage ne mérite d'être évoqué qu'en tant que traître d'une patrie, d'un peuple et d'une histoire[351] ».

En ajoutant que « El Glaoui avait accumulé une énorme fortune par voies illégales (violence, coercition, accaparation, monopole commercial, traite blanche au niveau national et international). Ceux qui défendent aujourd'hui ce type de personnage en profitant de l'ignorance (…) et en exploitant le désespoir d'autre part (complaisance et impunité (…). Ils ne visent au fonds, par cette entreprise, que de reproduire un despotisme "moderniste", "démocratique" et "colonial", et ce à travers une opération esthétique qui embellie le visage du passé récent de ce despotisme[352] ».

6. Les enjeux de la réforme : la consolidation de la dépendance économique et financière

La colonisation a eu des conséquences économiques de taille. Et oblige à ne pas oublier ses leçons.

---

348 *Ibidem*, p. 99.

349 Jean-Claude Martinez, *Le Roi stabilisateur*, *op. cit.*, p. 36.

350 Cf. *Le Ralliement, le Glaoui, mon père…*, *op. cit.*, p. 222.

351 Gustave Babin, le Maroc sans masque, Son excellence, Le Maroc est un opéra comique. Propos de table d'un diplomate 1932, Edition Itisalat Sabou, Marrakech, 2010.

352 *Ibidem*.

a. Banque de Paris et des Pays-Bas et conférence d'Algésiras de 1906

Au début du siècle dernier comme aujourd'hui il a fallu que la politique et les grandes ambitions économiques coloniales s'en mêlent. C'est la conférence d'Algésiras de 1906.

« Parmi les moyens de domination indirecte étrangers à l'égard du Maroc, écrit Magali Chappert, s'élabore progressivement celui de création d'une Banque d'État détentrice de tous les monopole financiers du gouvernement chérifien, mais dont le capital serait financé par la France, et les structures et le personnel soumis au contrôle de la France, un tel organe deviendrait la clef de voûte de prépondérance française au Maroc qui ne garderait de son ancienne indépendance qu'une façade traditionnelle[353]. »

Ainsi, la Banque de Paris et des Pays-Bas (BPPB)[354] qui lève des fonds pour le Maroc dés 1902 s'impose dès sa création, en tant que chef de file de l'émission des emprunts de libération du territoire destinés à couvrir le paiement de l'indemnité de guerre due par la France à l'Allemagne à la suite de la guerre de 1870[355].

Il s'agit d'une grande puissance financière internationale[356] qui s'étend aujourd'hui au financement des marchés pétroliers, par des relations notamment avec la Standard Oil. Cela explique certainement sa participation active au financement de l'accord "Pétrole contre nourriture" décidé par l'ONU pour alléger l'embargo sur le peuple irakien.

M'hamed Sagou démontre dans sa thèse que l'ampleur du contrôle exercé sur les entreprises industrielles permet à la BPPB d'agir de façon décisive dans la régulation de la croissance industrielle et d'intervenir dans le système politique et économique français comme un véritable centre de décision et de planification industrielle. En vue de redéfinir les relations qui s'instaurent, dans le capitalisme contemporain, entre la banque et l'industrie.

Cet ouvrage fournit une réflexion pertinente sur le pouvoir financier de ce groupe d'affaires qui contribue par son action à façonner la structure économique et financière du Maroc durant plus d'un siècle.

Ce groupe a connu une période de prospérité entre 1872 et 1914. La BPBP dirige de nombreux syndicats d'émission d'emprunts d'États ou de collectivités. Dans le même temps, elle constitue un important portefeuille-titres, en France et surtout à l'étranger, notamment dans les entreprises industrielles et les services publics, (chemins de fer, tramways, électricité)[357].

---

[353] Magali Chappert, « Le Projet français de banque d'État du Maroc (1889-1908) », *in Revue française d'Outre mer*, n° 229, 1975, p. 567.

[354] La Banque de Paris et des Pays-Bas est née en 1872 de la fusion entre la Banque de crédit et de dépôt des Pays-Bas et la Banque de Paris dans le processus de concentration bancaire lancé au milieu du XIXe siècle.

[355] Consulter pour plus de détails le livre édité par la BPPB à l'occasion de son centenaire (1872-1972).

[356] Consulter pour plus de détails M'hamed Sagou, *Paris-Bas : anatomie d'une puissance*. Presse de la Fondation nationale des xciences politiques, Paris, 1981.

[357] http://adr.bnpparibas.com/wp-content/uploads/2012/04/Paribas.pdf.

L'Europe représente, en 1913, plus de la moitié du portefeuille-titres avec la création ou la prise de participations dans de nombreuses banques. Hors d'Europe, la Banque participe, dès la fin du XIXe ou au début du XXe siècle à la création d'établissements de crédit en Amérique du Nord (Crédit foncier franco-canadien, Banco nacional de Mexico), et du Sud (Banque française et italienne pour l'Amérique du Sud Sudaméris), ainsi qu'en Asie (Banque franco-japonaise) et en Afrique (Banque d'État du Maroc)[358].

Ce groupe jouera un rôle leader dans la création de cette dernière qui sera installée à Tanger et aura le monopole de l'émission monétaire des emprunts et de la gestion des finances publiques naissantes[359].

Pour échapper à la nationalisation prévue par la loi du 2 décembre 1945, la BPPB opte pour le statut de banque d'affaires. Elle oriente son activité vers les entreprises et participe au développement et à la restructuration du tissu industriel français.

Après l'instauration du Protectorat et la guerre 14-18, le groupe va se lancer dans des opérations de privatisation des services publics d'eau et d'électricité.

Dés les années 20, il y a eu la création du "Syndicat d'étude des Forces Hydrauliques du Maroc", d'énergie électrique au Maroc, de la compagnie d'Eclairage et de Force au Maroc"[360].

La BPPB participe aussi, et dés 1910, à la juteuse concession des tabacs, ce pôle comporte entre autres " les moulins du Maroc" les "Brasseries du Maroc", la "compagnie des Boissons Hygiéniques de Casablanca"[361]. La période a été également marquée par la création en 1920 de l'OCP.

Après la deuxième guerre mondiale, la BPPB diversifie ses activités pour s'étendre aux sociétés des ports de Casablanca, Agadir, Tanger, Mehdia dans les chemins de fer, les pétroles (avec la SCP), dans la communication (Radio-Télévision : Telma et la télégraphie sans fil, et dans l'immobilier (avec la CIFM).

En 1948, la BPPB prend des participations dans l'Omnium Nord Africain, qui donnera la naissance à l'ONA et ouvre en 1950 une succursale qui fusionnera avec Worms en 1974 pour donner la SMDC[362].

Cette œuvre ne s'achèvera pas avec la proclamation de l'indépendance[363]. La BPPB poursuivra ses implantations dans plusieurs secteurs tel que la construction, l'hôtellerie, le tourisme et l'industrie.

---

[358] *Ibidem.*

[359] Khalid Belyazid, « Avant, pendant et après le protectorat », *in l'Economiste,* n° 298 du 2/10/1997.

[360] *Ibidem.*

[361] *Ibidem.*

[362] *Ibidem.*

[363] *Le livre centenaire (1872-1972),* cité par N. Belyazid, *op. cit.*

b. Poids des investissements et efficacité des dépenses publiques caractérisant l'économie coloniale

Aziz Belal fournit une approche évaluative critique des politiques et des programmes de développement durant le protectorat et après l'indépendance[364]. Il considère qu' il est opportun d'apprécier tant l'efficacité des dépenses publiques[365] que les investissements publics et semi-publics pour en évaluer les rendements sur la société et le processus du développement.

A titre de comparaison, André Gunder Franck a développé également une argumentation cohérente concernant la nature et les mécanismes du sous-développement en Amérique latine en rapport avec la domination américaine[366].

A cet égard, Belal a fait remarquer que le volume d'investissement durant la période du protectorat (1912-1956) évalué à un montant de 700 à 750 milliards de francs (valeur 1959) parallèlement à l'investissement public et semi-public a contribué à la naissance et au développement d'un secteur moderne, de type capitaliste[367], au sein de l'économie marocaine ce qui a permis aux grands groupes financiers français d'y occuper une position dominante[368].

Prés de la moitié des investissements étrangers sont constitués de capitaux français. Le mouvement d'investissement privé a été particulièrement important au cours de la période 1946-1956 dont la moyenne annuelle représente plus de trois fois celle de la période 1912-1932[369]. Ces investissements sont focalisés, en premier lieu, sur les activités de crédit d'échange, de transaction et de spéculation immobilière. D'autres secteurs absorbèrent des investissements significatifs telles que les mines, l'agriculture et l'industrie en certaines de ses branches qui ont façonné la croissance de l'économie dont devait hériter le Maroc indépendant[370].

C'est ainsi que la dépendance économique à l'égard de l'étranger n'a pas été éliminée après l'indépendance[371]. « Force est de constater, affirme Youssef Belal, que le néo-colonialisme aujourd'hui est bien plus présent

---

364 Mohamed Harakat, « Capital immatériel, gouvernance et création de la richesse dans la pensée d'Abdelaziz Belal », *in La pensée d'Aziz Belal, l'économiste et l'humaniste*, *REMA*, n° 39, 2015, p. 37-45.

365 Abdelkader Berrada, « Dépenses publiques et exigence du développement durable », *in Les Finances publiques au Maghreb : défis et enjeux de la reddition des comptes et de la transparence*, *REMA* n° 37, 2014, p. 29-64.

366 A. André-Gunder Franck, *Le Développement du sous développement en Amérique Latine*, Paris, Maspero, 1969.

367 A. Belal, *l'Investissement au Maroc (1912-1964)*, Les Editions Maghrébines, Casablanca, 1976, p. 34.

368 *Ibidem*, p. 35.

369 *Ibidem*.

370 *Ibidem*, p. 6.

371 Cf. Abdelaziz Belal et Youri Popov, *La Formation du sous-développent : passé, présent, future*, Editions du Progrès, Moscou, 1987.

qu'il ne l'a été dans les années 1960 et même qu'il ne l'a jamais été dans l'histoire du Maroc indépendant[372] ».

Cette dépendance se manifeste par la collusion des intérêts étrangers, notamment français dans presque tous les secteurs de l'économie (banque, tourisme, transport, télécommunication, industrie, distribution commerciale, services délégués, assainissement[373].

Un des exemples les plus frappants est le cas des sociétés concessionnaires de l'eau et de l'électricité (la lyonnaise de Casablanca (Lydec), la société Redal, filiale de Veolia Environnement à Rabat). Ces deux sociétés dont on connaît les tarifs scandaleux d'eau et d'électricité, réalisent des profits colossaux rapatriés à l'étranger[374].

Dans d'autres secteurs, les entreprises françaises sont largement parties prenantes de la corruption pour obtenir des marchés juteux[375]. Celui conclu de gré à gré pour la construction du TGV est considéré comme un gouffre financier qui ne répond pas aux critères de la transparence et aux priorités nationales[376]. Une telle collusion avec le capital étranger permet au capital autochtone d'accroître considérablement sa fortune[377].

c. *Objectifs de la politique administrative et fiscale coloniale*

Faut-il remarquer que l'administration, l'organisation financière et la fiscalité ont été au service des entreprises françaises ? Plus particulièrement, le système fiscal (tertib, taxe urbaine, patente, PTS) a été réaménagé maintes fois au service du capital étranger[378].

N. Bensouda a fait remarquer, à cet égard, « qu'il y avait un déséquilibre flagrant entre les contributions des Marocains dans le budget et les dépenses publiques dont ils bénéficient. Pis encore, ce sont les taxes de consommation qui prédominent[379] ».

A titre d'exemple, les taxes sur les sucres représentent, en 1938, 16 % du budget et 14 % en 1952. Globalement les 4/5e des recettes provenaient des impôts indirects[380]. De toutes les façons, la part des impôts indirects est restée prépondérante dans le système fiscal marocain depuis le Protectorat jusqu'à nos jours.

---

372 Youssef Belal, « La pensée émancipatrice d'Aziz Belal, face au néocolonialisme dans le Maroc contemporain », *in REMA*, n° 39, 2015, p. 29.
373 *Ibidem.*
374 *Ibidem.*
375 *Ibidem.*
376 *Ibidem*, p. 30.
377 *Ibidem.*
378 Consulter Anas Bensalah Zemrani, *La Fiscalité face au développement économique et social du Maroc*, Editions La Porte, Rabat, 1982, et Noureddine Bensouda, *Analyse de la décision fiscale au Maroc*, Edition La Croisée des chemins, Casablanca, 2009, p. 124.
379 *Ibidem*, p. 125.
380 N. Bensouda, *op. cit.*, p. 125.

Tableau n° 9
Évolution de la fiscalité directe et indirecte (1921-1981) (en %)

Année	Impôts directs	Impôts indirects
1921	35,70	64,30
1936	31,20	68,80
1946	40,70*	59,30
1951	25,40	74,60
1959	25,00	75,00
1966	28,80	71,20
1970	26,53	73,47
1971	27,40	72,60
1981	26,56	73,44

Source : A.B. Zemrani, *La Fiscalité face au développement, op. cit.*, p. 39.

Le développement important de la fiscalité directe entre 1936 et 1976 est dû en grande partie à l'institution d'impôts nouveaux après 1939, particulièrement productifs.

Les objectifs de la politique fiscale coloniale sont multiples et complexes :

- assurer un financement régulier et croissant contenu du budget dont la grande part est supportée par les marocains[381] ;
- maintenir une fiscalité directe assez modérée accompagnée d'exonération au service du capital ;
- dégager des fonds importants pour couvrir les dépenses militaires[382].

L'impulsion donnée à la croissance de l'économie marocaine sous le protectorat a permis de créer une économie "satellite", caractérisée par des secteurs d'investissement privilégiés (infrastructure, chemins de fer, ports, industrie d'exportation)et des secteurs de sous-investissement (agriculture, artisanat, industrie lourde, éducation, culture)dont la distorsion est aggravée par la faiblesse des effets d'entraînement, de multiplication et d'induction des investissements réalisés dans l'infrastructure et les activités productives[383].

Ainsi, en dépit de l'accroissement du capital social obtenu grâce à l'introduction de nouvelles formes et méthodes de production notamment dans l'infrastructure économique moderne, la distorsion ou la "déformation" du système productif demeure permanente[384], en raison du sous-investissement dans les secteurs dits "intellectuels" sous diverses formes (éducation, recherche, innovation), ce qui a constitué des freins puissants à la création des conditions d'un véritable développement économique et social cohérent et homogène[385].

---

381 *Ibidem.*
382 A.B. Zemrani, *La Fiscalité face au développement, op. cit.*, p. 25.
383 A. Belal, *L'Investissement*, p. 170.
384 *Ibidem*, p. 172.
385 *Ibidem*, p. 173.

B. Tentatives de réforme de l'État et du système budgétaire et financier après l'Indépendance : un essai d'évaluation

Après l'Indépendance, d'innombrables réformes ont été opérées tant au sein des structures administratives et financières qu'au sein des grands corps de l'État marocain, nettement inspirées du modèle français. Cependant, ce qui marque ce processus de la réforme, c'est le manque d'une culture d'évaluation des systèmes de gouvernance[386].

Au lendemain du Discours royal du 20 août 2003 qui, conscient du vide théorique et pratique d'évaluation des programmes et politiques publiques, est venu pour appeler à un effort d'évaluation rétrospective et d'élaboration d'une vision d'avenir aussi probante que mobilisatrice.

« Il nous appartient de faire du Jubilé de l'Indépendance un moment historique privilégié, et de marquer une pause pour évaluer les étapes franchies par nôtre pays durant un demi-siècle, en matière de développement humain, en faisant le point des succès, des difficultés, et des ambitions, et en tirant les enseignements des choix opérés durant cette période historique, et des grands tournants qui l'ont marquée. Notre objectif est de consolider nos choix et orientations d'avenir, clairement et en toute confiance, en soulignant au passage, en toute objectivité, les efforts extraordinaires qui ont été consentis pour mettre le Maroc sur la voie de l'édification de l'État moderne. Telle est la plus belle manière d'être fidèle à la mémoire éternelle des artisans de l'indépendance de la patrie ».

Or, il semble que le rapport du cinquantenaire de développement[387] n'a pas accordé de développement suffisant à la dynamique de la réforme de l'État par les finances publiques notamment, en termes de fragilité de sa gouvernance et de sa transparence.

Dans ce paragraphe, nous tenterons d'apporter quelques éléments de réflexion sur l'évaluation des réformes apportées en la matière en rapport avec celles de la Constitution et du système de gestion publique après l'indépendance.

1. Les réformes constitutionnelles

Depuis l'Indépendance, le Maroc a connu la promulgation de six constitutions.

Chacune de ces six constitutions, cependant, porte un cachet spécifique qu'il convient de mettre à jour, dont cinq ont été élaborés durant le règne du roi Hassan II :

- **la Constitution de 1962**, c'est avec celle-ci que le Maroc a connu l'ère du droit constitutionnel formel, selon l'expression du professeur Khalid Naciri ;

[386] Cf. Mohamed Harakat, *Paradoxes de la gouvernance de l'État…*, L'Harmattan, *op. cit.*, p. 183-220.

[387] Cf. 50 ans de développement humain, Le Maroc possible : une offre de débat pour une ambition collective, Rapport du Cinquantenaire, Casablanca, 2006, p. 144158.

- **la Constitution de 1970,** adoptée après cinq ans d'état d'exception, reprend les grandes lignes de la Constitution de 1962, elle se caractérise par le passage du Maroc du système parlementaire bicaméral au système monocaméral ;
- **la Constitution de 1972,** dans laquelle se trouve élargi le domaine de la loi pour toucher dorénavant notamment « le Statut de la fonction publique, le régime électoral, la création des établissements publics, la nationalisation d'entreprises et les transferts d'entreprises du secteur public au secteur privé »;
- **la Constitution de 1992 :** vingt ans après la promulgation de la Constitution de 1972, le Roi propose une révision de la Constitution de 1992 qui devait donner lieu à un engagement plus résolu dans la voie de la démocratisation institutionnelle de l'État. La formule monocamérale fut retenue, avec de substantielles modifications. A cet égard, l'article 40 de la Constitution devait introduire une innovation de taille : ce fut l'institution des commissions parlementaires d'enquête. Il y a été, en effet, stipulé, pour la première fois dans l'histoire du Maroc que « outre les commissions permanentes (...), peuvent être créées, à l'initiative du Roi ou à la demande de la majorité de la Chambre des Représentants, des commissions d'enquête formées pour recueillir les éléments d'information sur des faits déterminés et soumettre leurs conclusions à la Chambre des Représentants » ;
- **la révision constitutionnelle de 1996 :** en plus du système du bicaméralisme, cette révision a apporté de multiples innovations institutionnelles telle que la régionalisation, la liberté d'entreprendre, la constitutionnalisation de la cour des comptes (art. 96 à 99), la création du conseil économique et social. Plus particulièrement, l'institutionnalisation de deux chambres au sein du Parlement répond au souci de permettre à l'ensemble des composantes de la Nation et à ses forces vives d'être représentées au sein de l'instance législative, ce qui est de nature à répondre aux exigences de la dynamique du développement économique et social du Maroc ;
- **la Constitution de 2011 :** à la suite des manifestations du mouvement du 20 février, s'inscrivant dans le cadre d'une dynamique locale et régionale, le roi Mohammed VI a annoncé une réforme de la Constitution, soumise au référendum ; cette Constitution a permis d'introduire de nouvelles innovations en matière de la gouvernance, des droits de l'homme et de l'évaluation.

Au sommaire, pour Khalid Naciri, la lecture du droit constitutionnel marocain montre qu'il s'agit d'un système complexe et un processus progressif d'institutionnalisation[388] investissant des références multiples (juridique, politique et institutionnelle diverses). D'où son caractère riche et dense. Il est frappé du sceau de l'évolution progressive, soucieuse de concilier deux impératifs majeurs[389] : assurer d'une part, la pérennité du système et d'autre part, le cap fermement orienté vers une modernisation irréversible.

De même, Amine BenAbdellah considère que la nouvelle constitution « promulguée le 29 juillet 2011 apporte de profondes modifications à toutes les précédentes dans les domaines les plus variés en se présentant à plusieurs égards comme une nouveauté par rapport au passé[390] ».

Toutefois, selon les disciples d'*Al adl wal ihsan* (Justice et bienfaisance) qui appellent au boycott des législatives du 7 octobre 2016 et qui voient que cette nouvelle Constitution bien qu'elle soit intervenue suite à une dynamique locale et régionale, ayant poussé le pouvoir à concéder une part de son autorité, reste despotique incapable de régir des élections démocratiques[391]. En affirmant qu'il « s'agit d'une Constitution qui consacre l'hégémonie du « Makhzen » au sein du système politique marocain[392] ».

2. Etapes des réformes des finances publiques et de la planification du développement

Nous distinguons quatre étapes significatives qui ont marqué profondément aussi bien la réforme des finances publiques que la planification du développement et, par ricochet, la réforme de l'État d'une manière globale après l'indépendance politique du Maroc.

a. Réforme de l'État et réforme des finances publiques (1956-1979)

Après l'indépendance une série de réformes institutionnelles et législatives ont vu le jour au Maroc.

Le Roi Mohammed V, dés son retour d'exil, manifesta son intention d'instaurer au Maroc un régime de monarchie constitutionnelle, dans le cadre duquel les Marocains participeraient à la gestion des affaires publiques[393]. « Notre première préoccupation, déclarait-il en 1956, a toujours été d'associer Notre peuple à la gestion des affaires publiques par l'intermédiaire de représentants qualifiés. Mais il est nécessaire de procéder par étapes pour asseoir la démocratie politique que Nous voulons instaurer

---

388 Cf. Khalid Naciri, « Le droit constitutionnel marocain ou la maturation progressive d'un système évolutif », *in* http://jurismaroc.vraiforum.com/t111-Le-droit-constitutionnel-marocain.htm

389 *Ibidem.*

390 Mohammed Amine Benabdallah, « L'institution gouvernementale dans la Constitution marocaine de 2011 », *REMALD*, numéro double 112-113, septembre-décembre 2013, p. 10.

391 Quotidien (arabophone) *Al Massae*, mardi 20 septembre 2016.

392 *Ibidem.*

393 Louis Fougère, « La Constitution marocaine du 7 décembre 1962 », *in* http://aan.mmsh.univ-aix.fr/Pdf/AAN-1962, p. 155.

sur les bases de la maturité politique, de l'éducation politique, de l'éducation civique et de la promotion sociale[394] ».

Ainsi, la Constitution du 7 décembre 1962 soumise au référendum par le Roi Hassan II fut approuvée par le peuple marocain à une très forte majorité (80 % de votants ; 3 706 732 oui contre 112 879 non)[395]. Il s'agit de la première Constitution écrite qu'a connue le Maroc dans son histoire.

Dans son message adressé à la Nation au lendemain des résultats du référendum, le Roi souligne : « Ce vote unanime s'adresse à ma personne, à l'institution que je représente, à la haute mémoire de Mon regretté Père. Le Maroc a renouvelé sa confiance en la monarchie, symbole de l'unité et de la grandeur de la Nation. Il l'a fait garant de son avenir au nom de son passé[396] ».

Ce texte, qui entrera en vigueur à la fin de 1963, a fait l'objet de jugements contradictoires. Certains affirment qu'il s'agit d'une révolution profonde des institutions et de la vie politique du Maroc[397], en substituant à une monarchie absolue et théocratique un régime constitutionnel démocratique de type moderne d'autres ne voient au contraire, qu'un simple décor à l'abri duquel le Roi continuera d'exercer un pouvoir sans limites.

D'autres critiques acerbes ont porté sur le caractère secret marquant l'élaboration de la Constitution reprochant notamment au Roi d'avoir fait appel au concours de juristes étrangers, plus ou moins suspects d'esprit « réactionnaire »[398].

M. Lahbabi écrit, à juste titre, « dans notre recherche du Parlement, de l'étendue de l'exercice de ses droits, nous avons partout rencontré le Roi. Au bout du compte, le Parlement peut légiférer, si le Roi le permet et dans les limites où il le permet. Notre recherche de la démocratie nous fait déboucher sur les institutions d'une « démocratie » du bon plaisir, sur la catégorie des « Constitutions-Mon Bon Plaisir »[399].

Par opposition à ces déclarations Allal El Fassi recommanda vivement l'adoption du projet qui selon lui « va dans le sens des traditions et de l'esprit du Maroc monarchique... ».

Au surplus, Il semble que les décisions de justice dans le cadre du nouveau régime ne s'éloigne pas de l'influence royale lorsqu'elles se fonderont sur des déclarations du Souverain, comme l'a fait l'arrêt prononcé

---

394 *Ibidem*, p. 156.

395 Cette Constitution, rédigée de manière claire et précise comporte 110 articles et un préambule, est répartie en douze titres : dispositions générales (des principes fondamentaux ; des droits politiques du citoyen ; des droits économiques et sociaux du citoyen) ; de la Royauté ; du Parlement (organisation, pouvoirs, fonctionnement) ; du Gouvernement ; des rapports entre les pouvoirs ; de la Justice ; de la Haute Cour de Justice ; des collectivités locales ; du Conseil supérieur de la promotion nationale et du plan ; de la Chambre constitutionnelle de la Cour suprême ; de la révision de la Constitution ; dispositions transitoires.

396 *Ibidem*, p. 163.

397 *Ibidem*, p. 156.

398 *Ibidem*, p. 157.

399 *In Maroc-Informations*, cité par louis Fougère, *ibidem*, p. 162.

en 1960 avançant les motifs justifiant les raisons de la dissolution du parti Communiste marocain :

« Attendu que S.M. le Roi Mohammed V a, à plusieurs reprises, proclamé que toute idéologie qui se réclamait du matérialisme était contraire aux principes religieux dont Il est le gardien spirituel... que, notamment, dans le discours qu'Il a prononcé à l'occasion du 32e anniversaire de Son accession au Trône, Sa Majesté s'est ainsi exprimée... qu'Il a ainsi désigné directement et sans ambiguïté les doctrines s'inspirant du marxisme léninisme et les a proscrites comme portant atteinte aux principes religieux dont il a proclamé qu'ils étaient à la base même de la vie du pays... ».

S'agissant des pouvoirs budgétaires du Parlement celui-ci vote la loi de finances et approuve le plan. Mais si le budget n'est pas voté le 31 décembre, le Gouvernement ouvre, par décret, les crédits nécessaires à la marche des services publics en fonction des propositions budgétaires soumises à approbation. Quant aux dépenses d'investissement résultant de l'application du Plan, elles ne sont votées qu'une seule fois lors de l'approbation de celui-ci et sont reconduites automatiquement pendant la durée de son exécution.

Parallèlement à ces réformes constitutionnelles, d'autres réformes d'ordre économique, financier et comptable ont été initiées. Nous mettons l'accent, à cet égard, sur les éléments ci-après :

- l'adoption du système de planification du développement[400] : sur le plan technique les budgets annuels constituent le moyen le plus efficace et pratique pour contrôler la majorité des dépenses publiques. Les déboursements prévus dans un plan doivent être inscrits dans ces budgets. L'expression d'un plan de développement en une série de budgets annuels est la gymnastique la plus compliquée tant à l'échelon politique que technique. En l'occurrence, il s'agit de la phase la plus importante du processus du développement[401]. Durant la période 1956-1981, le Maroc à connu dix (10) plans de développement économique et social[402] :
- Plan biennal d'équipement (1958-1959) : Il est promulgué durant le gouvernement Abdellah Ibrahim (quatrième gouvernement du Maroc depuis l'indépendance) formé le 24 décembre 1958 et dissous le 21 mai 1960 ;
- Plan quinquennal (1960-1964) : ce plan a fixé trois objectifs fondamentaux : l'industrialisation, le développement du secteur agricole et la formation des cadres ;
- Plan triennal (1965-1967) : il s'agit d'une rupture par rapports aux deux premiers plan car il s'est caractérisé par la consolidation de l'ouverture sur extérieur : le plan a fixé comme priorités : la

[400] Albert Waterston, *La Planification du développement*, Tendances Actuelles, 1974.
[401] *Ibidem*, p. 221.
[402] Cf. Mohammed Jbilou, *La Planification au Maroc*, https://overdoc.files.wordpress.com/2009/08/la-planification-au-maroc.pdf

croissance de l'agriculture (politique des barrages), le développement des industries exportatrices et la formation des cadres. Or, ce plan n'a pas pu réaliser les objectifs qui lui sont assignés en raison notamment de l'aggravation des dettes extérieures et de la stagnation agricole. Lyautey disait : « pleuvoir c'est gouverner ». ;

- Plan quinquennal (1968-1972) : il s'est focalisé sur les mêmes priorités ;
- Plan quinquennal (1973-1977) : ce plan a été plus ambitieux. Il a prévu une croissance économique accélérée d'un taux annuel de 7% et un accroissement des investissements de 18% annuellement. Mais il n'a pas également réalisé ses objectifs, à cause de la chute des prix des phosphates et des nouvelles dépenses d'armement pour la protection de l'intégrité territoriale. La Marche verte en tant que grande marche pacifique organisée en 20 jours et lancée le 6 novembre 1975 par le roi Hassan II vers le territoire dit alors « Sahara espagnol » dans le but de le récupérer a nécessité, selon le récit de cette marche, 120 trains, 7 813 camions, 6 600 tonnes d'eau, 34 000 tonnes de nourriture, 470 médecins, 10 000 cadres et 220 ambulances[403] ;
- Plan triennal 1978-1980 : c'était un plan d'austérité. Ses orientations principales résident dans la réduction des importations par l'interdiction de l'importation des produits susceptibles d'être produits localement et dans le soucis d'amélioration des équilibres internes et externes ;
- Plan quinquennal 1981-1985 : il était considéré comme « plan de relance économique et sociale » dans la mesure où il visait en plus de la défense de l'intégrité territoriale, l'augmentation des investissements et des exportations, la lute contre le chômage et la réforme fiscale ;
- Plan d'orientation 1988-1992 : il consiste à favoriser la libéralisme en tant que choix stratégique de l'État, se concrétisant notamment par le désengagement de l'État du secteur public. Conséquence, la priorité sera donnée à l'encouragement de l'initiative privée, à travers la privatisation, le développement des petites et moyennes entreprises (PME), et la réforme des entreprises publiques[404] ;
- Plan quinquennal 1996-2000 : ce plan dont les objectifs prévus résident dans la promotion du secteur privée et le maintien dés équilibres fondamentaux et le développement rural n'a pas vu le jour compte tenu des nouvelles mutations qu'a connues le pays (arrivée du gouvernement d'alternance et la promulgation du texte sur la régionalisation) ;

---

403 Cf. Aherdan, *Mémoires, 1975-1999*, tome 3, édition du Regards, Paris, 2014, p. 7 et s et J.C. Marinez, *Le Roi stabilisateur, op. cit.*, p. 15.

404 Plan d'orientation pour le développement économique et social :1988-1992, 1er ministre, Ministère du Plan.

- Plan 2000-2004, promulgué par le Dahir n° 1-00-267 du 1 er septembre 2000) portant promulgation de la loi n° 37-00 approuvant le plan de développement économique et social 2000-2004[405]. La lettre royale adressée au Premier ministre concernant l'adoption de ce plan a fixé les fondements nécessaires dans la conception de la stratégie de développement résidant dans quatre éléments[406] : premièrement : la promotion des régions défavorisées et leur intégration dans la dynamique du développement ; deuxièmement : l'intégration de la jeunesse dans le processus du développement économique et social du pays ; troisièmement : l'association de la femme aux activités de développement et quatrièmement : la lutte contre la pauvreté, la marginalisation et l'exclusion, par le biais du renforcement de la solidarité, de l'entraide et la préservation de la dignité.

Parallèlement au processus de réforme cumulative qu'a connue la planification d'autres reformes législatives et juridiques ont vu le jour : il s'agit de :
- la réforme de la comptabilité et de la reddition publiques, en vertu du dahir du 6 août 1958 portant règlement de la comptabilité publique, modifié par le décret du 21 avril 1967 ;
- la mise en place de la première constitution financière après l'indépendance, en vertu du dahir de la loi organique des finances du 9 novembre 1963[407] : L'élan de modernisation enclenché par la Constitution de 1962 et de la loi organique des finances de 1963 avait été arrêté durant la période de l'état d'exception[408] intervenu en 1965[409]. Les événements de Casablanca du 23 mars 1965 ont montré, selon une enquête que des adultes avaient participé aux côté des élèves à ces événements. La crise économique battait son plein, 10 000 ouvriers étaient congédiés à Casablanca[410]. Le souverain a mis en

[405] *Bulletin Officiel,* n° 4828 du 07/09/2000, p. 752.
[406] Lettre Royale du 28 septembre 1999 adressée au Premier ministre Abderrahmane El Youssoufi, Le Plan de développement économique et social 2000-2004, volume 1, les orientations et les perspectives globales de développement économique et social, direction de la Programmation, Ministère de la prévision économique et du plan, *op. cit.*, p. 3-7.
[407] Dahir n° 1-63-326 du 9 novembre 1963 portant loi organique des finances. *B.O.* n° 2264 du 15/11/1963.
[408] Décret royal n° 136-65 du 7 juin 1965 proclamant l'état d'exception, *B.O.* n° 2745 du 9 juin 1965.
[409] État d'exception désigne, de façon générale, des situations où le droit commun est suspendu, ce qui peut se référer à des cas juridiques distincts, tels que l'état d'urgence, l'état de guerre, etc. Pour des exemples de motifs et de dispositions adoptées par des États qui ont prorogé un état d'exception proclamé avant juin 2003 (Algérie, Égypte, Israël, République arabe syrienne) et par des États qui ont proclamé un état d'exception entre juin 2003 et mai 2005 (Irak, Jamaïque, Népal, Pérou, Royaume-Uni), voir le Rapport du Haut-commissariat des Nations unies aux droits de l'homme contenant la liste d'État qui ont proclamé ou proroge un état d'exception.
[410] Abderrahman Amalou, *Droit constitutionnel*, Dar Elkitab, Casablanca, 1977, p. 274.

relief les aspects économiques de la crise. Le parlement a directement était accusé d'avoir failli à sa mission. La Constitution a été mal appliquée, selon le souverain[411].

Dans son discours du 29 mars 1965 le souverain a confié à son peuple ce qui suit :

« J'ai eu honte et ressenti une réelle inquiétude pour le prestige de mon pays [...]. Rares sont les pays où les dirigeants et le pouvoir suprême veillent autant à assurer de meilleurs lendemains pour le peuple et sa prospérité [...]. Il n'est pas digne de toi que ton bon sens se disloque, que tu te fasses une réputation qui n'est guère la tienne[412]. »

En ajoutant, « Il n'y a pas de danger aussi grave pour l'État que celui d'un prétendu intellectuel. Il aurait mieux valu que vous soyez tous des illettrés [...]. Je vous mets à nouveau en garde contre une éducation désorientée de cette génération future à qui nous devrons épargner l'indiscipline et l'anarchie. [Il faut] décourager les trublions et préserver l'intangibilité de nos traditions, de nos tempéraments et de nôtre équilibre[413] ».

Quelques mois plus tard, il donne les premiers cours de religion de son règne à l'occasion du ramadan. Hassan II veille en personne à l'éducation « saine » de son peuple[414].

Faut-il également ajouter, l'enlèvement et l'assassinat de Ben Barka (1920-1965) la même année des émeutes, le 29 octobre 1965 et le putsch de Skhirat (10 juillet 1971) et celui du 16 août 1972.

L'état d'exception a duré cinq ans, du 7 juin 1965 au 31 juillet 1970 (jour de la promulgation de la deuxième Constitution du pays). Durant cette période, l'institution parlementaire a été suspendue, marquant ainsi, le retour à des budgets de l'État sans autorisation budgétaire accordée par le parlement.

En effet, la loi organique de 1963 constitue la première constitution financière au Maroc qui est venue pour définir les conditions d'élaboration, d'exécution et de contrôle des lois de finances[415]. En revanche, la deuxième constitution financière du 18 septembre 1972[416] a prolongé le délai de présentation du projet de la loi de règlement à deux ans au lieu d'une année comme prévu dans le cadre de la loi organique de 1963. Au surplus, la loi

---

411 *Ibidem.*

412 Youssef Belal, *le Cheikh et le calife : sociologie religieuse de l'islam politique au Maroc*, Tarik Editions, 2012, p. 76.

413 Discours du 29 mars 1965, *op. cit.*

414 Youssef Belal, *le Cheikh et le calife*, *op. cit.*

415 Cf. Chapitre 1 de la 2e partie de cet ouvrage sur la loi organique des lois de finances.

416 Le dahir n° 1-72-260 du 9 chaabane 1392 (18 septembre 1972) portant loi organique des finances est complété par le Dahir n° 1-95-226 du 6 rejeb 1416 (29 novembre 1995) portant promulgation de la loi organique n° 29-95 modifiant le dahir n° 1-72-260 du 9 chaabane 1392 (18 septembre 1972) portant loi organique des finances *in B.O.* n° 4336 du 06/12/1995, p. 817.

organique n° 29-95 énonce que « le projet de loi de finances de l'année est déposé sur le bureau de la Chambre des représentants, au plus tard, soixante jours avant la fin de l'année budgétaire en cours » (article 9, 1er alinéa)).

L'article 4 de cette loi précise : « Il sera voté un projet de loi de finances transitoire édictant les dispositions nécessaires pour la période courant du 1er janvier au 30 juin 1996. Cette loi fera l'objet d'une loi de règlement concernant cette période. Le projet de loi de finances transitoire sera déposé avant le 1er décembre 1995 sur le bureau de la Chambre des représentants. Le projet de loi de finances de l'année budgétaire qui commence le 1er juillet 1996 devra être déposé sur le bureau de la Chambre des représentants au plus tard le 1er mai 1996. ».

L'article 14 de la loi organique de 1963 tel que modifié énonce que « le projet annuel de la loi de règlement constate le montant définitif des encaissements de recettes et des ordonnancements de dépenses se rapportant à une même année ».

« Ce projet doit être déposé au plus tard, à la fin de l'année qui suit l'année d'exécution du budget. Il est accompagné d'un rapport de la Commission nationale des comptes. »

Des annexes explicatives peuvent être, en tant que de besoin, adressées à la Chambre des représentants ».

- la mise en place de la première instance embryonnaire de contrôle supérieur des finances publiques résidant dans la création de la Commission nationale des comptes, en vertu du Dahir du 14 avril 1960 modifiant certaines dispositions du dahir n° l-58-041 du 6 août 1958 portant règlement sur la comptabilité publique du Royaume[417] tel que abrogé par la loi du 14 septembre 1979 sur la cour des comptes ;
- la création de l'inspection générale des finances par le Dahir n° 1-59-269 du 14 avril 1960[418] ;
- la promulgation du Décret Royal n° 331-66 du 21 avril 1967 portant sur l'application des dispositions de la loi organique relative à la loi de finances, relatives à la présentation des lois de finances[419] ;
- l'organisation des finances locales en vertu du décret du 20 août 1959 portant règlement de la comptabilité des collectivités locales refondu par le décret du 27 octobre 1967 et abrogé par le décret du 30 septembre 1976 ;
- la promulgation d'une série de textes réglementaires portant sur la comptabilité, la gestion et le contrôle des collectivités locales et leurs groupements :
  - décret n° 2-75-839 du 30/12/1975 relatif au contrôle des engagements de dépenses de l'État[420] ;

[417] *B.O.* n° 2478 du 22/04/1960, p. 845.
[418] *Bulletin Officiel* n° 2478 du vendredi 22 avril 1960.
[419] *B.O.* n° 2843 du 26/04/1967, p. 460.
[420] *B.O.* n° 3297 du 07/01/1976.

- décret n° 2-76-576 du 30/09/1976 portant règlement de la comptabilité des collectivités locales et de leurs groupements[421] ;
- décret n° 2-76-577 du 30/09/1976 relatif au contrôle de la régularité des engagements de dépenses des collectivités locales et de leurs groupements[422].

b. Réforme de l'État et réforme des finances publiques (1979-1998)

Le début de la décennie 80 a été marqué par une détérioration prononcée des équilibres internes et externes[423], trouvant sa justification non seulement dans les faiblesses structurelles de l'économie marocaine, mais également dans une conjoncture internationale défavorable (facture pétrolière, flambée du dollar, hausse des taux d'intérêt...). Pour faire face à cette crise aiguë, le Maroc s'est lancé, en septembre 1983, avec l'appui du Fonds Monétaire International et de la Banque Mondiale, dans un programme d'ajustement structurel[424].

En effet, la restructuration du secteur public, qui devrait aboutir au désengagement de l'État de certaines activités est le fruit d'une réflexion entamée depuis les années 1980[425].

A titre d'illustration, le Plan d'orientation pour le développement économique et social 1988-1992 énonce que « les entreprises publiques dont certaines sont à l'origine des lourdes charges pour le budget de l'État doivent être confrontées à la réalité du marché et à la vérité des prix et des coûts. Inspirée du libéralisme économique, la pratique de l'État dans ce cadre vise l'assainissement des finances publiques et son désengagement progressif de certaines activités économiques.

« Seules les activités jugées stratégiques (…) demeureront à la charge de l'État, les autres seront progressivement transférées au secteur privé[426]. »

Par ailleurs, il semble que cette restructuration est entamée dés 1978. D'abord, par la nomination d'un ministre délégué auprès du premier ministre chargé d'étudier le secteur public et de proposer des axes de réforme. Ensuite, une année après une cour des comptes est mise sur pied[427].

Depuis 1983, un Comité de vigilance fut constitué pour se pencher sur l'étude de la question des arriérés de paiement aussi bien entre l'État et les entreprises publiques qu'entre ces dernières. Les travaux effectués ont abouti à l'élaboration d'un programme global de restructuration, soutenu par la

---

[421] *B.O.* n° 3335 Bis du 01/10/1976.

[422] *B.O.* n° 3335 du 01/10/1976.

[423] Cf. Bilan du Programme d'Ajustement, Document de Travail n° 1, ministère de l'Economie et des Finances, DEPF, octobre 1995, https://www.finances.gov.ma/Docs/1995/depf/bilan_du_programme_d_ajustement_structurel _ octobre_1995_pdf

[424] *Ibidem.*

[425] M. Harakat, *Le Droit du contrôle supérieur*, *op. cit.*, p. 285.

[426] Plan d'orientation pour le développement économique et social : 1988-1992, *op. cit.*

[427] *Ibidem.*

BIRD, appelé « programme de rationalisation des entreprises publiques (PERl) » tout en donnant lieu à 150 recommandations[428].

L'ensemble de ces mesures préconisées permettent d'améliorer la situation financière des entreprises publiques et de stabiliser surtout leurs montant des arriérés qui ont atteint 6 milliards de dirhams ; d'où l'idée de faire recours à un emprunt de 240 millions de $ USA financé par la Banque mondiale[429].

Ainsi, le PAS a imposé au Maroc, en l'absence d'une comptabilité patrimoine, la nécessité d'inventorier le patrimoine étatique (portefeuille de l'État) et son poids[430]. En l'occurrence, c'est la première fois qu'une enquête bien élaborée, entreprise en 1985 par le ministère des finances, est rendue publique en 1988[431].

Une autre étape décisive dans ce processus de restructuration fut l'adoption de la loi autorisant le transfert d'entreprises publiques au secteur privé par le Parlement qui a posé le cadre général dans lequel se fera la privatisation tout en précisant les organes et instruments nécessaires à son application (Commission des Transferts, organisme d'évaluation, mode de cession, audit, suivi post-privatisation, etc.)[432]. Cette loi n° 39-89 publiée en 1990 a prévu la privatisation de 114 unités avant 1998. Conséquence, l'opération se trouve intensifiée entre 1993 et 1997, comme l'illustre le tableau ci-après :

Tableau n° 10
Nombre d'opérations de privatisation par année (1993-2005)

Année	Nombre d'opérations
1993	14
1994	21
1995	16
1996	8
1997	12
1998	9
1999	3
2000	1
2001	5
2002	2
2003	4
2004	1
2005	6
Total	**102**

428 *Ibidem.*
429 *Ibidem*, p. 286.
430 *Ibidem.*
431 *Ibidem.*
432 Dahir n° 1-90-01 du 11 avril 1990 portant promulgation de la loi no 39-89 autorisant le transfert d'entreprises publiques au secteur privé. *B.O.* du 18/04/1990, n° 4042, p. 277-282 telle que modifiée par la loi n° 45-94 (février 1995) prorogation du délai de privatisation au delà de 1998 puis modifiée par la loi n° 31-04 concernant la cotation des entreprises privatisables à l'étranger et réduction de la valeur nominale

Source : Ministère des Finances et de la Privatisation, DEPP, 2005.

Le processus a été marqué par l'importance de cession opérée par le capital étranger notamment français qui accapare 57,17% du total contre 18,20 % pour le capital marocain.

Tableau n° 11
Recettes de privatisation selon le type d'investisseur (2005)
(en millions de dirhams)

	Recettes de la privatisation (en millions de Dh)	**% total des recettes**
Investisseurs étrangers	62 921	81,8
Investisseurs marocains	13 985	18,2
Total des recettes	**76 906**	**100,0**

Dont :

Bourse	12.226	15,9
Salariés et retraités	514	0,7

Source : Ministère des Finances et de la Privatisation, DEPP, 2005.

Tableau n° 12
Les opérations de la privatisation selon la nationalité et le montant des recettes

Nationalité	**Recettes (MDh)**	**%**
France	43.965	57,17
Maroc	13.999	18,20
Espagne	7.222	9,39
Arabie Saoudite	4.224	5,49
Royaume-Uni	2.518	3,27
USA	1.092	1,42
E.A.U	958	1,25
Koweït	903	1,17
Suisse	732	0,95
Autres pays étrangers	1.293	1,69
Total	**76.906**	**100,00**

Source : Ministère des Finances et de la Privatisation, *op. cit.*

Les recettes de la privatisation ont connu une évolution importante à partir de 2001 et surtout entre 2003 et 2005 comme le démontre le graphique ci-après :

Graphique n° 9
Recettes de privatisation entre 1993 et 2005 (en millions de dirhams)

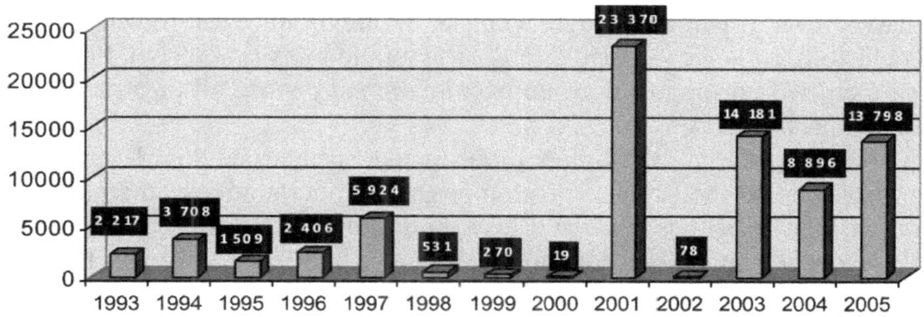

Source : Ministère des Finances et de la Privatisation, *op. cit.*

Si le gouvernement considère la privatisation comme le moyen d'optimiser la modernisation de l'économie marocaine et d'alléger les charges du budget de l'État en matière de soutien aux entreprises publiques celle-ci a permis une plus grande ouverture sur l'économie mondiale. A titre d'illustration, Ittissalat Al Maghrib a été cédée à 35% du capital au prix record de 23,34 milliards de dirhams à Vivendi Universal. En 2005 la cession de 16% du capital est cédé à Vivendi Universal au prix de 12,4 milliards de dirhams et la Régie des Tabacs a fait l'objet, en février 2003, de la cession de 80 % du capital au groupement franco-espagnol « ALTADIS » avec une Recette de 14,08 milliards de dirhams. De même 38 % du capital de SOMACA est cédé au profit de Renault en deux tranches. La première tranche de 26 % a été transférée, en juillet 2003.

Le reliquat, soit 12 % a été cédé, le 27 octobre 2005. Cette transaction d'un montant total de 95 millions de dirhams, sera accompagnée par la réalisation par Renault au Maroc, d'un important projet industriel dénommé « véhicule familial ».

Faut-il remarquer que la politique de privatisation n'a jamais fait l'objet d'évaluation institutionnelle[433]. Une telle approche vise à apprécier les réalisations par rapport aux objectifs en vue de mesurer les coûts et les avantages. Le but est d'informer objectivement l'opinion publique sur les conditions dans lesquelles s'effectue la politique de privatisation et ses effets sur le projet de développement économique et social[434]. En l'occurrence, les interrogations fondamentales qu'on est en mesure d'émettre résident dans les éléments suivants :

Dans quelle mesure les droits de l'État ont été garantis dans le processus de privatisation ?

Quel est le capital qui a bénéficié du transfert notamment national ? est ce le moyen ou le grand ?

---

[433] Mohamed Harakat, *Le Droit du contrôle supérieur, op. cit.*, p. 291.
[434] *Ibidem*, p. 293.

Quel est l'impact du processus sur le développement économique et social du Maroc ?

A titre de comparaison, il convient de préciser que la loi du 2 août 1987 relative à la privatisation, en Tunisie, a prévu que les travaux et les conclusions de la Commission de Restructuration des Entreprises Publiques font l'objet d'un rapport dont un exemplaire est déposé au prés de la cour des comptes[435].

Bref, l'impact de la Politique d'ajustement structurelle dont le processus de privatisation constitue une composante importante est marquée par l'austérité et le gel des salaires. Elle a eu des effets désastreux sur le niveau de vie de la population, notamment la classe moyenne et les secteurs de l'enseignement, la santé et la culture.

En revanche, les années 1990 ont été caractérisées par les réformes opérées au sein de l'État pour faire face à l'ère du PAS qui se sont manifestées par la mise en place d'autant de dispositions institutionnelles, législatives et juridiques relatives à la rationalisation et à la démocratisation de la gestion des organisations publiques (État, collectivités locales et établissements publics) : on note notamment :

- l'énoncé dans le préambule de la constitution de 1996 de l'attachement du Maroc aux droits de l'homme tels qu'ils sont universellement reconnus[436]. Dans cette perspective un organisme dit 'Instance équité et réconciliation'(IER) est mis en place le 12 avril 2004 par le roi Mohammed VI. Le but de cette instance est de réconcilier le peuple marocain avec son passé durant les années de plomb sous le règne du roi Hassan II ;
- la création de la cour des comptes en 1979 par une loi ordinaire et son institutionnalisation par la Constitution de 1996 et la définition de ses missions[437] et ce conformément aux recommandations des organisations internationales des institutions supérieures de contrôle des finances publiques (Déclaration de Lima). Parmi les innovations apportées par cette nouvelle Constitution figurent la revalorisation de la cour des comptes et la création des cours régionales des comptes ;
- la promulgation de la loi n° 47-96 sur l'organisation de la région[438] ;

---

435 M. Midoun, « La privatisation des entreprises publiques : cas de la Tunisie », *in RMFP*, n° 6, 1990, p. 149.

436 Le Préambule stipule : « Conscient de la nécessité d'inscrire son action dans le cadre des organismes internationaux, dont il est un membre actif et dynamique, le Royaume du Maroc souscrit aux principes, droits et obligations découlant des chartes des-dits organismes et réaffirme son attachement aux droits de l'Homme tel qu'ils sont universellement reconnus. »

437 Cf. Mohamed Harakat, « Transparence, mondialisation et démocratie : bref regard sur la cour des comptes à l'heure de la réforme », propos introductif à l'ouvrage, *Les Cours régionales des comptes : quelle pratique de la magistrature financière à l'aube du XXIe siècle ?* Publication de la *REMA*, série Management stratégique, 1999, p. 5-13.

438 Dahir n° 1-97-84 du 2 février 1997 relatif à la loi n° 47-96 sur l'organisation de la région, *B.O.* n° 4470 du 3 avril 1997.

- la promulgation de la loi n° 1-76-584 relative à l'organisation des finances des collectivités locales et de leurs groupements[439] ;
- la promulgation la loi n° 17-95 du 30 août 1996 sur les sociétés anonymes (contrôle légal, audit interne)[440] tel que modifié[441] ;
- la création des tribunaux administratifs, en vertu de la loi n° 41-90 instituant des tribunaux administratifs[442] ;
- la promulgation de la loi n° 53-95 instituant des juridictions de commerce[443] ;
- l'adoption du décret du 20 octobre 1993 sur la déconcentration administrative[444].

La philosophie de toutes ces réformes qualifiées de révolutionnaires par certains juristes marocains consiste à répondre à deux objectifs fondamentaux : d'abord, de renforcer la vocation libérale du pays ; ensuite, l'adaptation des structures socio-institutionnelles et socio-économiques aux exigences de la mondialisation (concurrence, décentralisation, mise à niveau, modernisation, contrôle).

En outre, la campagne dite « d'assainissement » qui s'est lancée le 24 décembre 1995 pour lutter contre les contrebandiers a eu des impacts psychologiques déplorables sur l'économie. Elle s'est élargie pour frapper aussi bien des innocents que des coupables, des industriels que des hauts fonctionnaires ou des trafiquants de drogue[445]. Ses dégâts ont eu des effets négatifs sur l'économie et les des hommes d'affaire dont la psycose étant grande.

Le 9 février 1996, le Premier ministre Abdellatif Filali, personnellement opposé à l'initiative de son ministre de l'Intérieur Driss Basri transmet au patronat un message royal dans lequel il mentionne : « Vous n'êtes pas des contrebandiers. Vous pouvez recommencer à travailler sereinement »[446]

Parmi les conséquences de cette campagne font remarquer certains auteurs[447] la signature du contrat de concession au bénéfice de la lyonnaise des Eaux pour la ville de Casablanca et elle a également précipité l'alternance.

---

[439] *B.O.* du 1er octobre 1976.
[440] *B.O.* n° 4422 du 17 octobre 1996, p. 661.
[441] Tel que Modifié et complété par le Dahir n° 1-08-18 du 17 joumada I (23 mai 2008) portant promulgation de la loi n° 20-05, *B.O.* n° 5640 du 19 juin 2008, p. 384.
[442] Dahir n° 1-91-225 (22 rebia I 1414) portant promulgation de la loi n° 41-90 instituant des tribunaux administratifs *B.O.* du 3 novembre 1993.
[443] Dahir n° 1-97-65 du 4 chaoual 1417 (12 février 1997) portant promulgation de la loi n° 53-95 instituant des juridictions de commerce, *B.O.* n° 4482 du 15 mai 1997.
[444] *Bulletin Officiel* n° 4227 du 03/11/1993.
[445] Ignace Dalle, *Le Maroc (1961-1999), l'espérance brisée*, Tarik Editions, M. & Larose, 2001, p. 161.
[446] Ibidem.
[447] Mouhcine Ayouche cité par Ignace Dalle, *Le Maroc (1961-1999), l'espérance brisée*, *op. cit.* p. 166.

En fait, l'impact psychologique sur la gouvernance est déplorable, ce qui fait écrire à Béatrice Hibou « les campagnes d'assainissement ne peuvent être comprises comme l'expression, même, rudimentaire, de réformes ou comme le préambule à la définition d'une politique économique. Elles révèlent au contraire une stratégie politique et sociale destinées à mieux contrôler la société. Autrement dit, c'est moins la nécessité de faire des réformes que les nouveaux accords et les nouvelles contraintes extérieures ont contribué à révéler que l'urgence, pour le pouvoir, d'éviter l'épanouissement des potentiels de dissidence et de tenter de redessiner de nouvelles formes d'allégeances. Si elle n'était pas maîtrisée, la nouvelle donne pourrait permettre une autonomisation plus achevée de l'économique par rapport au politique. Malgré la concentration des pouvoirs et l'apparente omniprésence de l'État-Makhzen, on peut lire la réaction actuelle du pouvoir marocain à la fois comme la prise de conscience de l'autonomisation croissante de la société et comme une tentative de reprise en main[448] ».

[448] Béatrice Hiboun *in* Centre d'Etudes et de Recherches internationales (CERI), n° 15, avril 1996, p. 39 cité par Ignace Dalle, *Maroc..., op. cit.*, p. 166.

c. Réforme de l'État et réforme des finances publiques (1998-2002)

Cette période se démarque par :

- l'arrivée du gouvernement de l'alternance au pouvoir ;
- la promulgation de la loi sur le plan de développement économique et social (2000-2004). En vertu de la lettre adressée par le souverain au Premier ministreAbderrahmane El Youssefi ce plan vise à concevoir une stratégie de développement intégré consistant à promouvoir le pays dans tous les domaines économiques, sociaux, culturels et politiques et l'édification de son développement, de telle manière que l'ensemble de ses composantes puissent bénéficier des fruits du progrès, fondé principalement sur :
  - premièrement : la promotion des régions défavorisées et leur intégration dans la dynamique du développement tout en luttant contre le retard dont souffre le monde rural en matière d'équipements socio-économiques, et en trouvant des solutions à la baisse du revenu, à l'analphabétisme et à l'insuffisance des prestations sociales.
  - deuxièmement : l'intégration de la jeunesse, particulièrement celle instruite en l'incitant à la créativité, à l'innovation, en comptant sur elle-même, sans négligence.
  - troisièmement : l'association de la femme aux activités de développement en lui permettant d'exercer tous ses droits, en tant qu'élément agissant et influent au sein de la société.
  - quatrièmement : la lutte contre la pauvreté, la marginalisation et l'exclusion, par le biais du renforcement de la solidarité et de l'entraide et la préservation de la dignité.

Par ailleurs d'autres organismes de contrôle ont vu leur statuts renforcés : il s'agit notamment de :

- la promulgation de la troisième constitution financière du Maroc, Loi n° 7-98 du 26 novembre 1998 portant loi organique relative à la loi de finances[449] contenant une série d'innovations[450] ;
- la définition des responsabilités des ordonnateurs et des contrôleurs, en vertu de la loi n° 61-99 du 3 avril 2002[451] ;
- la promulgation de la loi n° 69-00 du 11 novembre 2011 relative au contrôle financier de l'État sur les entreprises publiques et autres organismes[452] ;

[449] Dahir n° 1-98-138 du 26 novembre 1998 portant promulgation de la loi organique n° 7-98 relative à la loi de finances, *B.O.* n° 4644 du 3/12/1998.

[450] Cf. Dossier, *La Nouvelle loi organique des finances*, *REMA*, n° 8-9, décembre 1998.

[451] Dahir n° 1-02-25 du 03/04/2002 portant promulgation de la loi n° 61-99 relative à la responsabilité des ordonnateurs, des contrôleurs et des comptables publics. *B.O.* n° 5000 du 02/05/2002.

- Dahir n°1-00-175 du 28 moharrem 1421 (3 mai 2000) portant promulgation de la loi n° 15-97 formant code de recouvrement des créances publiques[453] ;
- du décret n° 2-98-482 du 11 ramadan 1419 (30 décembre 1998) fixant les conditions et les formes de passation des marchés de l'État ainsi que certaines dispositions relatives à leur contrôle et à leur gestion[454] ;
- du décret n° 2-01-2676 du 31 décembre 2001 modifiant et complétant le décret du 26 avril 1999 relatif à l'élaboration et à l'exécution des lois de finances ;
- la Circulaire du Premier ministre du 25 décembre 2001 relative à l'adaptation de la programmation et de l'exécution budgétaire de l'État au cadre de la déconcentration ;
- la Circulaire du ministre chargé des Finances du 28 février 2002 concernant l'application des nouvelles dispositions relatives aux virements de crédit ;
- le guide de gestion axée sur les résultats accompagnant la Circulaire du Premier ministre de décembre 2001.

d. Réforme de l'État et réforme des finances publiques (2002-2011)

Cette période fut marquée par la mise en place d'une série d'institutions et la promulgation des textes visant la modernisation de l'État, la transparence dans la gestion publique et la concrétisation des droits de l'Homme. Nous citons à cet effet :

- la création de l'Instance Equité et Réconciliation (IER) : il s'agit de l'organisme mis en place le 12 avril 2004 par le roi Mohammed VI. Le but de cette instance est de réconcilier le peuple marocain avec son passé durant les années de plomb sous le règne du roi Hassan II ;
- la promulgation du texte sur les juridictions financières ;
- le décret n° 2-05-1369 du 2 décembre 2005 fixant les règles d'organisation des départements ministériels et de la déconcentration administrative[455].

e. Réforme de l'État et réforme des finances publiques après la Constitution de 2011

Cette période est marquée par la dynamique suscitée par le mouvement du 20 février 2011 suite aux multiples contestations populaires, d'ampleur et

---

452 Dahir n° 1-03-195 du 11/11/2003 portant promulgation de la loi n° 69-00 relative au contrôle financier de l'État sur les entreprises publiques et autres organismes. *B.O.* n° 5170 du 18/12/2003.

453 Dahir n°1-00-175 du 28 moharrem 1421 (3 mai 2000) portant promulgation de la loi n° 15-97 formant code de recouvrement des créances publiques, *B.O.* n° 4800 du 01/06/2000, p. 357.

454 *B.O.* n° 4654 du 07/01/1999, p. 4.

455 *B.O.* n° 5386 du 12/01/2006.

d'intensité variables, qui se produisent dans de nombreux pays arabes (Algérie, Tunisie, Égypte, Yémen), à partir de décembre 2010 relevant le slogan « Dégage » devenu le symbole de ces révolutions[456]. Certains vont jusqu'à parler d'une révolution Facebook. Les populations arabes réclament dans leurs slogans des revendications diverses (départ des dictateurs, instauration de la démocratie). Les manifestants dans leur majorité des jeunes (souffrant de marginalisation et de chômage) revendiquent plus particulièrement le partage des richesses, la lutte contre la rente qui leur assurent de meilleures conditions de vie, des emplois, et la dignité.

Au Maroc, le souverain dans son discours historique adressé au peuple le mercredi 9 mars 2011 a promis, après les manifestations, des réformes constitutionnelles et politiques fondées sur sept points :

1. La consécration constitutionnelle de la pluralité de l'identité marocaine unie et riche de la diversité de ses affluents, et au cœur de laquelle figure l'amazighité, patrimoine commun de tous les Marocains, sans exclusive.

2. La consolidation de l'État de droit et des institutions, l'élargissement du champ des libertés individuelles et collectives et la garantie de leur exercice, ainsi que le renforcement du système des droits de l'Homme dans toutes leurs dimensions, politique, économique, sociale, culturelle, environnementale et de développement.

Cela devrait se faire notamment à travers la constitutionnalisation des recommandations judicieuses de l'IER, ainsi que des engagements internationaux du Maroc en la matière.

3. La volonté d'ériger la Justice au rang de pouvoir indépendant et de renforcer les prérogatives du Conseil constitutionnel, le but étant de conforter la prééminence de la Constitution et de consolider la suprématie de la loi et l'égalité de tous devant elle.

4. La consolidation du principe de séparation et d'équilibre des pouvoirs et l'approfondissement de la démocratisation, de la modernisation et la rationalisation des institutions, à travers :

- un parlement issu d'élections libres et sincères, au sein duquel la prééminence revient à la Chambre des représentants – avec une extension du domaine de la loi –, tout en veillant à conférer à cette institution de nouvelles compétences lui permettant de remplir pleinement ses missions de représentation, de législation et de contrôle,
- un gouvernement élu, émanant de la volonté populaire exprimée à travers les urnes, et jouissant de la confiance de la majorité à la Chambre des représentants ;

[456] https://fr.wikipedia.org/wiki/Printemps_arabe

– la consécration du principe de la nomination du Premier ministre au sein du parti politique arrivé en tête des élections de la Chambre des représentants et sur la base des résultats du scrutin ;
– le renforcement du statut du Premier ministre en tant que chef d'un pouvoir exécutif effectif, et pleinement responsable du gouvernement, de l'administration publique, et de la conduite et la mise en œuvre du programme gouvernemental ;
– la constitutionnalisation de l'institution du Conseil de gouvernement, la définition et la clarification de ses compétences.

5. Le renforcement des organes et outils constitutionnels d'encadrement des citoyens, à travers notamment la consolidation du rôle des partis politiques dans le cadre d'un pluralisme effectif, et l'affermissement du statut de l'opposition parlementaire et du rôle de la société civile.

6. La consolidation des mécanismes de moralisation de la vie publique et la nécessité de lier l'exercice de l'autorité et de toute responsabilité ou mandat publics aux impératifs de contrôle et de reddition des comptes.

7. La constitutionnalisation des instances en charge de la bonne gouvernance, des droits de l'Homme et de la protection des libertés.

Il ne reste pas moins que le souverain lors de son accession au trône, en 1999, a promis une série de réformes visant le développement humain, la démocratisation de l'État, l'évolution du statut de la femme et l'ouverture du débat sur les années de plomb.

A titre d'illustration, faut-il mentionner le lancement de l'Initiative nationale pour le développement humain (INDH). Il s'agit d'un projet royal domicilié au ministère de l'Intérieur visant la lutte contre la vulnérabilité, la réduction de la pauvreté, la précarité et l'exclusion sociale, à travers la promotion des actions génératrices de revenus, le développement des capacités et l'accès aux infrastructures et services de base.

Ce projet qui est basé sur une démarche participative, déconcentrée permettant d'instaurer une dynamique cohérente avec les objectifs du millénaire fixés par les Nations unies.

L'appui aux programmes de l'INDH est éstimé à 32,4 milliards de dirhams d'investissement, au titre de la période 2005-2015 (10 millions de bénéficiaires, dont 50 % relèvent du milieu rural et un relèvement du taux d'accessibilité de 5 % pour atteindre 85 % au profit de 810.963 ménages répartis sur 207 communes[457].

Par ailleurs, et parallèlement à ces réformes institutionnelles et économiques le PIB est passé de 21 milliards de dollars en 1980, à 107 milliards en 2014.

[457] Budget citoyen, Ministère de l'Economie et des Finances, 2017, p. 12.

Tableau n° 13
Evolution du PIB en milliards de dollars au Maroc (1980-2014)

Année	PIB
1980	21
1984	14
1994	34
1998	40
2004	56
2009	90
2014	107

Or, en dépit de cette évolution du PIB celui-ci n'a pas eu des effets positifs sur la population. Le moins que l'on peut dire c'est qu'il s'agit d'une croissance sans développement. Le bilan social est désastreux[458], l'enseignement public en ruine, la santé publique malade, la justice inefficace et corrompue, une administration bureaucratique et l'économie ne parvient pas à décoller auxquels il faut ajouter le chômage des jeunes diplômés, le déficit de l'économie du savoir et de l'innovation, ainsi que la prédominance de la culture et de l'économie de la rente[459].

Certes, sans croissance, il n'ya pas de redressement économique ni de création d'emploi. Une telle croissance se manifeste par l'accroissement du PIB établissant la somme des richesses accumulées, ou de valeurs ajoutées produites par l'ensemble des secteurs de l'économie monétaire[460]. Mais, comme l'expliquait malicieusement le sénateur démocrate Robert Kennedy en 1968 « le PIB mesure tout… sauf ce qui fait que la vie vaut d'être vécue ».

S'agissant des orientations de réformes déclarées dans le discours royal du 9 mars 2011, elles sont traduites par la nomination d'une Commission chargée de présenter le projet de constitution pour le référendum du 1er juillet 2011 avec un taux de participation de 75,5 % au vote débouchant sur l'adoption de la Constitution du 29 juillet 2011[461]. Parmi les innovations introduites par cette nouvelle Constitution, en matière de la réforme budgétaire et financière, on peut mentionner notamment :

- la consécration du principe de bonne gouvernance et de la corrélation entre la responsabilité et la reddition des comptes (art. 1) ;
- l'élaboration, mise en œuvre, exécution et évaluation des politiques publiques (art. 13) ;
- le droit à la sécurité des personnes (art. 21) ;
- l'appui au développement de la création culturelle et artistique et de la recherche scientifique et technique (art. 26) ;
- le droit d'accéder à l'information (art. 27) ;

---

458 Ignace Dalle, *Le Maroc, 1961-1999, l'espérance brisée*, *op. cit.*

459 Mohamed Harakat, *Triade de la tyrannie, de la corruption et du terrorisme*, *op. cit.*

460 J. Gadrey, La croissance, c'est la prospérité, *in Manuel d'économie critique*, *Monde Diplomatique*, *op. cit.*, p. 28.

461 Dahir n° 1-11-91 du 27 chaabane 1432(29 juillet 2011) portant promulgation du texte de la constitution, cf. *B.O.* n° 5964 bis du 30 juillet 2011.

- le vote est un devoir national (art. 30) ;
- la sanction des infractions relatives aux conflits d'intérêt, aux délits d'initié et toutes infractions d'ordre financier (art. 36) ;
- la prévention et répression des délinquances liées à l'administration et les organismes publics, à l'usage des fonds et à la passation et à la gestion des marches publics (art. 36, 2e paragraphe) ;
- la sanction du trafic d'influence, de privilèges, l'abus de monopole et des pratiques contraires aux principes de la concurrence (art. 36, 3e paragraphe) ;
- la création d'une instance nationale de prévention et de lute contre la corruption (art. 36 même paragraphe) ;
- l'égalité devant l'impôt (art. 39). ;
- la solidarité et l'égalité devant les charges que requiert le développement du pays proportionnellement aux moyens (art. 40) ;
- le Parlement vote les lois, contrôle l'action gouvernementale et évalue les politiques publiques (art. 70) ;
- la délibération du conseil des ministres sur les orientations stratégiques de la politique de l'État, les orientations générales du projet de loi de finances (art. 49) ;
- le vote la loi de finance dans les conditions prévues par la loi organique (art. 75) ;
- la présentation de la loi de règlement (art. 76) ;
- l'équilibre budgétaire, irrecevabilité des propositions ou amendement formulés par le parlement (art. 7) ;
- la délibération du gouvernement sur la politique générale de l'État, les politiques publiques et les politiques sectorielles (art. 92) ;
- le contrôle supérieur des finances publiques et juridictions financières (consolidation des principes de bonne gouvernance, de transparence, et de reddition des comptes) : art. 147, 148, 149, 150 ;
- les principes de la bonne gouvernance (art. 154, 155, 156, 157, 158, 159, 160).

Par ailleurs, dans la perspective de la mise en œuvre de la Constitution, d'autres réformes législatives et juridiques ont vu le jour (instances de gouvernance, loi organique des finances, régions[462], marchés publics[463], etc.

462 Dahir n° 1-15-83 du 7 juillet 2015 portant promulgation de la loi organique n° 111-14 relative aux régions, *B.O.* n° 6440 du 18/02/2016, p. 197.
463 Décret sur les marchés publics *B.O.* n° 6140 du 04 avril 2013.

CHAPITRE V

Fondements méthodologiques des finances publiques et des disciplines voisines dans l'approche des situations de fragilité

Les finances publiques constituent une véritable science, c'est ce qui résulte de la définition même donnée de science par Lalande dans son "vocabulaire de philosophie" « un ensemble de connaissances et de recherches ayant un degré suffisant d'unité, de généralité et susceptibles d'amener les hommes qui s'y consacrent à des conclusions concordantes résultant de relations objectives ».

Les finances publiques répondent à cette définition parce que les recherches sur "les opérations" de deniers publics revêtent un degré de généralité très poussé. Les experts des finances doivent, à cet égard, chercher des relations objectives entre les phénomènes financiers qui permettent d'amener à des conclusions concordantes.

I. METHODOLOGIE ET APPROCHE DES FINANCES PUBLIQUES

La recherche nous apparaît comme une rupture d'équilibre, comme un conflit intérieur qui ne peut être apaisé que par la découverte. », Rémy Collin, *Message social du savant*, A. Michel, 1941, p. 295.

Le processus de l'étude scientifique des finances publiques distingue trois phases dans la recherche financière.

A. L'observation des phénomènes financiers

Les finances publiques constituent, comme les autres sciences sociales, une science d'observation. Cependant, en matière financière l'observation se heurte à de multiples obstacles :

1. Le secret qui couvre les opérations individuelles et globales

L'observation directe des opérations financières établies selon les règles de la comptabilité publique ne peut être suivie directement à l'entrée ou à la sortie des caisses publiques et par conséquent elle dépasserait les possibilités de la recherche financière.

2. Les contraintes stratégiques, structurelles et culturelles des instances de contrôle

Les comptes ne peuvent être utilisés pour les recherches financières que dans la mesure où ils sont publiés. Cependant plusieurs ISC n'arrivent pas à maîtriser leur tâche de contrôle et d'évaluation, faute de stratégie et de moyens humains et matériels suffisants[464]. Ainsi, par exemple, le législateur marocain a été prudent lors de la création de la cour des comptes, en 1979. Il n'a pas prévu de rapport public[465].

De même, le retard constaté dans la présentation de la déclaration de conformité des comptables et les comptes généraux de l'État et le projet de la loi de règlement fait perdre de l'utilité à cette information financière.

En réalité, on peut considérer, comme l'a noté Stéphane Thébault, que cette ISC a été victime d'une conception qui ne lui permettait pas de faire preuve d'un fonctionnement efficace. Confrontée à de multiples obstacles concernant sa compétence et sa procédure, elle a fait l'objet de retouches successives qui n'ont jamais apporté les effets escomptés[466].

3. La complexité et la lourdeur des procédures financières

Il s'agit de centraliser et ventiler sur le plan national toutes les opérations effectives requises par les divers postes comptables, ainsi que par les exigences du contrôle (projet de loi de règlement). Ce retard dans l'établissement des comptes constitue souvent un véritable handicap pour les observateurs financiers qui veulent utiliser ces informations à des fins pratiques (évaluation de la politique économique, analyse coût/avantage, etc.).

En effet, dans un système démocratique tout citoyen a le droit de savoir comment sont utilisés les deniers publics. Cette tâche n'est certes pas aisée et l'omniprésence de l'État moderne la rend, d'année en année plus complexe et plus difficile. Les secours attendus de la généralisation de l'informatique (e.goverance), l'implication de plusieurs acteurs dans le contrôle des deniers publics permettront peut-être, de mieux contrôler l'emploi des contributions publiques et de donner ainsi une portée réelle à la promesse faite en ce sens par l'article 14 de la déclaration française des droits de l'Homme et du

---

464 Mohamed Harakat, *Contribution à une théorie générale du contrôle supérieur des finances publiques : le cas du Maroc*, thèse pour l'obtention du doctorat d'État en sciences économiques, Université Mohammed V, 1991-1992.

465 Loi n° 12-79 du 14/9/1979 portant création de la Cour de comptes.

466 Stéphane Thébault, *L'Ordonnateur en droit public financier*, *op. cit.*, p. 14.

citoyen, restée jusqu'à ce jour du domaine de l'espérance. Cet article dispose : « Tous les citoyens ont le droit de constater par eux-mêmes ou par leurs représentants, la nécessité de la contribution publique, de la consentir librement, d'en suivre l'ampleur et d'en déterminer la quotité, l'assiette, le recouvrement et la durée. »

4. La dynamique des regroupements régionaux et le développement des finances communautaires, régionales et locales

A tous les niveaux, la problématique de l'observation des phénomènes financiers devient délicate, il s'agit de réfléchir sur les soubassements juridiques, techniques, institutionnels et culturels sur lesquels se basent ces finances pour bien appréhender leur sincérité, leur crédibilité et leur teneur tant à l'échelon local, régional et international. Les gouvernements, les parlements, les citoyens, les ONG, les universités et les organisations Internationales devront jouer un rôle capital dans ce processus

B. L'explication des informations financières

Une telle explication suppose la connaissance de l'environnement, la maîtrise des techniques d'établissement des opérations financières et leur contrôle, le développement des approches d'EPP et des programmes ; par exemple déterminer le poids de l'évasion fiscale par rapport au budget et ses effets socio-économiques, évaluer les effets de la politique de départ volontaire des fonctionnaires, mesurer l'impact des concessions, les expropriations et le transfert de propriété.

La recherche en sciences sociales suit une démarche analogue à celle du chercheur de pétrole. Ce n'est pas en forant n'importe où que celui-ci trouvera ce qu'il cherche. Au contraire, le succès d'un programme de recherche dépend de la démarche suivie (étude du terrain, forage, pluridisciplinarité des chercheurs…). Le processus est comparable en matière de finances publiques.

L'étude suppose la connaissance de l'environnement, la maîtrise des techniques de l'établissement des opérations financières et leur contrôle. Cependant, l'étude scientifique ne s'arrête pas au stade de l'observation, elle suppose que les opérations observées soient rapprochées les unes des autres de manière à faire apparaître et dégager certaines corrélations significatives entre elles.

Un autre exemple : déterminer le poids des marchés publics (commandes publiques) le volume de la corruption ou des détournements des fonds publics par rapport au budget de l'État et ses effets socio-économiques ou mesurer l'impact des dépenses budgétaires ou des programmes de développement sur le vécu de la population.

Ce sont surtout les rapports entre les phénomènes économiques et les opérations financières qui éclairent la connaissance des finances publiques.

D'autres corrélations peuvent être recherchées : finances publiques et économie du savoir ou signes extérieures de la richesse et rendement fiscal.

Bref, l'observation financière doit s'accompagner d'autres observations d'ordre politique et économique ou sociologique, pour aboutir à des conclusions scientifiques (concordantes et savantes).

C. La formulation des conclusions

Une telle formulation doit adopter une approche globale et comparative d'analyse permettant la compréhension des multiples aspects du phénomène financier.

Dans la formulation des conclusions le chercheur doit faire preuve de prudence. Dans cette optique il doit adopter une approche comparative d'analyse tenant compte de l'histoire, de l'environnement socio-économique et culturel ; d'où le recours aux disciplines auxiliaires permettant la compréhension des multiples aspects de la société : contexte constitutionnel et politique, contexte mental et social, contexte historique et culturel, etc.

D. Approches complexes et diverses des finances publiques

Le rôle de l'expert financier consiste à observer objectivement l'évolution des faits et à en donner une explication cohérente tenant compte des transformations du domaine qu'elle observe. L'objet de la science doit s'adapter à l'évolution des faits et adopter ou inventer des orientations nouvelles qui en rendent compte. Nous distinguons plusieurs approches d'analyses des finances publiques :

- conception juridico-technique ;
- conception économique ;
- conception psychosociologique ;
- conception managériale.

1. La conception juridique des finances publiques

C'est la conception qui a prévalu durant le XIXe siècle jusqu'au début du XXe siècle. Elle s'est réduite à une conception purement technique qui consiste à étudier les règles juridiques, administratives ou constitutionnelles régissant les finances publiques (règles et techniques d'établissement du budget, procédures d'exécution des dépenses et des recettes publiques, les règles de répartition des charges fiscales, règles d'organisation et de fonctionnement des institutions de contrôle).

On a beaucoup critiqué cette approche qui réduit la réalité financière à une dimension purement technico-juridique. Ainsi, « jusqu'à la première guerre mondiale, les « finances publiques, comme l'a constaté, à juste titre, P. Lalumière n'ont posé ni problèmes politiques, ni problèmes économiques.

Les affinités entre les institutions financières et le régime politique du parlementarisme étaient évidentes et ne prêtaient pas à discussion[467] ».

---

[467] P. Lalumiére, *Finances publiques*, Armand Colin, Paris, 1978, collection U, p. 20.

La conception juridique permet l'étude des éléments suivants :

La nature juridique des normes et standards internationaux de transparence des finances publiques (FMI, OCDE, Banque mondiale, INTOSAI, TI).

La déclaration des droits de l'Homme (Constitution de 2011).

La Constitution[468]**.**

La Constitution de 2011 a permis d'ouvrir de nouvelles perspectives de modernisation de l'État marocain par le biais de la mise en place de principes de bonne gouvernance et de transparence dans la gestion et la réforme des finances publiques.

Toutefois la réforme de l'État et des finances publiques ne se décrète pas. Ce processus se heurte toujours à des contraintes et des fragilités multiples et complexes afférentes au développement humain global de la population notamment en matière de l'éducation, la santé, l'économie du savoir et de la pauvreté.

Les lois.

- la loi organique des finances n° 130-13 du 2 juin 2015 relative à la loi des finances ;
- la loi n° 62-99 du 13 juin 2003 formant code des juridictions financières ;
- la loi n° 15-97 portant code de recouvrement des créances publiques du 3 mai 2000 ;
- les lois des finances comportant des dispositions permanentes.

Le règlement.

- le décret royal du 21/04/1967 sur la comptabilité publique ;
- le décret du 31/07/1968 fixant les modalités d'application du décret royal du 21/04/1967 ;
- arrêtés, instructions, circulaires, décisions, notes...

La jurisprudence financière, constitutionnelle, administrative et commerciale :

- les arrêts de la Cour de cassation ;
- les arrêts des juridictions financiers ;
- les décisions de la cour constitutionnelle ;
- les arrêts des tribunaux administratifs et de commerce.

---

[468] Dahir n° 1-11-91 du 29 juillet 2011 portant promulgation du texte de la Constitution. *Bulletin officiel* du Royaume du Maroc. Édition de traduction officielle, le 17 juin 2011, n° 5952 bis, p. 1765.

2. La conception économique des finances publiques

Cette conception est enrichie à travers la succession, au cours du début du 20 e siècle, de trois étapes de pensée économique : la phase de l'interventionnisme étatique (trop d'État avec Keynes), la phase de moins d'État avec les néo libéraux, à partir des années quatre vingt du siècle dernier), et mieux d'État, à partir du début du 21e siècle, surtout avec l'apparition des phénomènes de gouvernance.

Avec la généralisation de l'interventionnisme étatique, le développement des idées sur la rationalisation des choix budgétaires et les principes de gouvernance, les finances publiques furent dans l'obligation de modifier leurs recherches pour aboutir à une meilleure compréhension des phénomènes financiers.

Cette conception qui a prévalu depuis la crise de 1929, en passant par la Deuxième Guerre mondiale, et les années quatre vingt à ce jour, consiste à étudier les moyens d'intervention de l'État (dépenses et recettes). Les recherches ont porté sur l'appréciation des effets productifs des dépenses publiques, les effets du prélèvement fiscal sur l'activité des agents économiques, l'évaluation des politiques budgétaires et publiques, en termes de coûts et avantages.

Les finances publiques se sont préoccupées de tous les aspects de la gestion des organisations publiques afin d'apprécier la réalisation des objectifs assignés, les moyens utilisés, les coûts des biens et services produits, les prix pratiqués et les résultats financiers. Par conséquent, il s'est constitué une discipline nouvelle, l'économie financière qui étudie l'activité économique issue des rapports de contrainte. Selon A. Barrière « l'objet propre d'études de cette discipline résulte du développement rapide d'une économie publique ».

L'approche économique des finances publiques s'est développée actuellement grâce aux travaux introduits, en 1999, permettant d'évaluer les analyses institutionnelles et de gouvernance (*Institutional and Governance Reviews*) s'avérant particulièrement utiles pour analyser l'économie politique des finances publiques et des processus budgétaire[469] en se concentrant sur l'apport de la bonne gouvernance à la lutte contre la corruption, le chômage et la pauvreté.

En effet, l'économie politique de contrôle des finances publiques notamment représente un enjeu majeur pour les économies émergentes désireuses d'améliorer leur gouvernance et de prévenir la corruption[470]. Le contrôle des finances publiques est une composante essentielle de la démocratie. C'est aussi un enjeu économique majeur par l'importance des

---

[469] Carlos Santiso, « Combattre la corruption et améliorer la gouvernance : les institutions financières internationales et le renforcement du contrôle budgétaire dans les pays en développement », *in RFFP*, n° 119, p. 472.

[470] Mohamed Harakat, « De la réforme budgétaire à la réforme de l'État : les enjeux de l'économie politique du contrôle des finances publiques », *in Réforme budgétaire et gouvernance financière au Maghreb*, *REMA*, n° 25, 2008, p. 11.

fonds en cause qui peuvent être mobilisés dans le processus de développement humain global des pays en développement.

Un tel diagnostic mis en évidence dans les pays en développement (Maghreb, Amérique latine, notamment au Pérou, en Argentine et au Paraguay) consiste à évaluer le contexte institutionnel et des contraintes politiques pour une gestion saine et efficace des dépenses publiques et pour la reddition des comptes en matière financière[471].

« Les IGR complètent les CFAA dans la mesure où ils mettent en évidence, souligne la Banque mondiale, des lacunes dans les systèmes formels de gestion des finances publiques dues à des compétences, des motivations ou des signaux inadéquats[472]. »

En fait, il existe une convergence graduelle entre l'approche économique traditionnelle de la gestion des finances publiques et celle qui prend en compte l'économie politique de la gouvernance budgétaire notamment en ce qui concerne l'influence du système et des règles électorales sur les motivations des acteurs politiques en matière de politique budgétaire[473].

Bref, la conception économique porte sur l'appréciation de la conjoncture et de l'environnement sur les finances publiques, ainsi que l'évaluation des politiques budgétaires et publiques ; en termes de stratégie, de structures, de performance, de compétence et d'innovation ; d'où trois fonctions :

a. Les fonctions de régulation de la vie financière et économique

Par le biais des finances publiques, l'État peut limiter les troubles conjoncturelles (inflation, récession, crise) par plusieurs moyens :

- limiter la pression fiscale afin d'accroître la production et la consommation ;
- faire jouer les lois du marché ;
- diminuer la part des dépenses publiques dans l'économie nationale ;
- assurer une bonne gouvernance ;
- assurer une stratégie de l'innovation et de l'économie du savoir.

A titre d'illustration, le projet de loi de finances 2010 présenté au conseil de gouvernement table sur un taux de croissance de l'économie nationale de 3,5 % et une inflation contenue à 2 %. Une telle croissance est basée essentiellement sur le renforcement de la demande intérieure et de l'investissement. Elaboré sur la base d'un baril de pétrole à 75 $, le projet prévoit un déficit budgétaire de 4 % et la stabilité des dépenses de fonctionnement au même niveau de 2009. Le gouvernement œuvrera à activer la cadence des investissements publics pour les porter à 160 milliards de dirhams soit une augmentation de 20 % et l'appui au pouvoir d'achat et

---

471 *Ibidem.*

472 World Bank, *Country financial accountability assessment : Guidelines to staff*, Washington, 27 may 2003.

473 Carlos Santiso, *op. cit.*

l'amélioration du rythme de réalisation des grands projets de développement pour soutenir la demande interne tout en consacrant la solidarité et la cohésion sociale.

Ce soutien concerne également les ménages (rabattement de l'Impôt sur le Revenu (IR) ainsi que la mise en œuvre de la dernière tranche de l'augmentation des salaires, tel que décidé à l'issue des différents rounds du dialogue social) et le monde rural. A peine dévoilé ce projet de budget a fait l'objet de critiques acerbes de la part des opérateurs économiques[474]. Son architecture ne comporte pas d'innovation, ni de proposition particulières pour faire face à l'impact de la crise mondiale (augmentation de la masse salariale en dépit de l'opération de départ volontaire, recul des recettes publiques, déficit de la balance commerciale).

b. Une mission d'allocation des ressources

Cette mission se concrétise par :

- la rationalisation de la gestion des finances publiques (pacte de la bonne gouvernance présentée par le gouvernement dit de l'alternance, gestion axée sur le résultat) ;
- la dynamisation du système productif national (consolider la culture de partenariat, accord de coopération technique ou financière, relance de l'investissement, améliorer la performance des entreprises, modernisation de l'arsenal juridique régissant l'activité économique, etc.) ;
- la reconversion des dettes en investissement direct ;
- la privatisation, transparence dans le processus de transfert des entreprises publiques au secteur privé ;
- l'instauration de nouvelles méthodes de gouvernance dans le processus de la prise de décision.

c. Une mission de redistribution

Elle se manifeste par le prélèvement des ressources (impôt sur le capital, impôt sur la richesse) en affectant des dépenses à des activités stratégiques par exemple : l'industrie, la recherche scientifique, les couches sociales les plus défavorisées. Cette démarche permet de redistribuer une partie des revenus à des secteurs stratégiques.

La stratégie de lutte contre la pauvreté consiste à développer des opportunités matérielles et des mesures publiques permettant de répondre aux besoins des pauvres et d'assumer leur sécurité matérielle[475] permettant d'atténuer la vulnérabilité de cette couche sociale aux chocs économiques, aux catastrophes naturelles, à la mauvaise santé, à l'invalidité et à la violence

---

[474] « Le budget 2010 dans le détail », *in l'Economiste*, n° 3129 du 15 octobre 2010, p. 2.

[475] Mohamed Harakat, « Du gouvernement à la gouvernance de la sécurité des citoyens arabes », lecture dans le rapport de développement humain, PNUD, 2009.

en vue d'encourager l'investissement dans le capital humain et de prévenir et maîtriser les risques.

3. La conception psychosociologique : approfondissement souhaitable de l'étude des finances publiques

Compte tenu de l'état de crise théorique où se trouve actuellement plongées les finances publiques, plusieurs auteurs envisagent l'étude de ces dernières dans une approche pluridisciplinaire intégrant diverses disciplines et approches permettant de rendre compte de la complexité de la vie financière de l'État moderne dans toute sa globalité et sa complexité.

En fait, les finances publiques sont « souvent vues comme une boite noire de la contrainte technique, une technique instrumentée par les spécialistes, alors qu'elles constituent un noyau dur de l'action publique et de la vie sociale[476] ».

L'objet de cette approche fondée, dés le début du XXe siècle par Godscheid (1917), Schumpeter (1984), Manne (1943) défendue parmi d'autres par P. Lalumiére (1976) et G. Schmolders (1973) et M. Leroy (2007) se déplace ainsi vers l'étude des contraintes et des logiques des acteurs des décision budgétaires[477], la régulation financière de l'action publique, l'information et la gouvernance financières (résolution des conflits dans les prises de décisions, EPP et stratégies, tensions entre les groupes chargés de l'exécution, le comportement de l'administration, la désinformation du citoyen, les lacunes législatives et juridiques, culture du flou, etc.).

La sociologie des finances publiques dialogue avec les approches dominantes de droit et de l'économie qui en raison de leur dimension normative, ne suffisent pas à rendre compte de la réalité des phénomènes financiers[478]. Cette approche s'appuie sur des disciplines voisines (science politique, histoire, gouvernance, stratégie). Comme sociologie des budgets et de la reddition des comptes publics, elle traite les dépenses et les recettes dans leur relation avec l'environnement de contrôle, l'État, le parlement et le citoyen. La sociologie fiscale se focalise sur l'impôt principal ressource budgétaire dans sa relation avec son environnement social. En fait la « fiscalité est à l'État ce que l'éthique est à la démocratie ».

Le grand espoir de l'étude de ces phénomènes financiers est tributaire du développement d'une imagination sociologique[479] chez les chercheurs concernés par ces phénomènes. Ce dont ils ont besoin, ce dont ils éprouvent le besoin. C'est une qualité d'esprit[480] qui leur permet de tirer profit de l'information disponible et des outils des sciences sociales.

---

[476] Marc Leroy, *Sociologie des finances publiques*, La Découverte, 2007, p. 5.
[477] *Ibidem*, p. 3.
[478] *Ibidem*.
[479] C.W. Mills, *l'Imagination sociologique*, Collection Maspero, Paris, 1977.
[480] *Ibidem*, p. 7.

L'imagination sociologique permet à celui qui est doué de comprendre le théâtre élargi de l'histoire de la reddition des comptes, la transparence et les enjeux de ces phénomènes financiers ; d'ailleurs assez complexes et diversifiés.

La psychosociologie des finances publiques dévoile donc les pratiques de régulation des institutions, en rejetant tout déterminisme des contraintes financières et toute instrumentalisation technique ou idéologique[481]. La construction d'une science sociale financière est un vaste chantier pour la connaissance (approche cognitive et disciplinaire collective) et l'amélioration de la société démocratique de demain ; d'où la pertinence de sa finalité sociologique et humaine et son intention globalisante.

4. La conception managériale

Elle met l'accent sur les éléments essentiels ci-après :

- les systèmes de gouvernance et les conditions de prise de décisions financières ;
- les procédures d'organisation financière ;
- les structures juridiques institutionnelles, financières et environnementales d'évaluation des risques ;
- l'évaluation des systèmes de gouvernance dans le cadre de la mondialisation. Dans ce contexte les finances publiques ne sont plus des problèmes nationaux. En effet, plusieurs facteurs militent en faveur du développement d'une nouvelle approche managériale, en la matière.

On peut citer notamment la mondialisation des projets de développement, la crise de la dette, la libéralisation économique (la privatisation et concession des services publics), l'internationalisation des problèmes de transparence. Cette conception nécessite d'abord, l'adaptation de l'État à de nouvelles missions, ensuite, le renforcement et l'adaptation de ses capacités institutionnelles et stratégiques au changement.

a. Adapter le rôle de l'État aux nouvelles missions de développement

L'État de droit peut favoriser l'essor du marché en donnant une définition claire des droits de propriétés et en garantissant un cadre réglementaire d'exploitation et d'arbitrage. Selon une enquête réalisée par la Banque mondiale, en 1997, auprès de 3 600 entreprises dans 69 pays. Les entrepreneurs de 27 pays estimaient qu'un triple fléau : corruption, criminalité et imprévisibilité des décisions judiciaires font monter le coût des transactions et découragent par conséquent les investisseurs.

A titre d'illustration, le rapport annuel de Diwan Al Madalim, au titre de l'année 2006, énonce la nature des questions qui préoccupent les citoyens

---

[481] M. Leroy, *op. cit.*, p. 99.

marocains. Elles résident notamment dans l'accroissement de la corruption, l'irrespect de la propriété et le refus d'exécution des décisions de la justice, de la part de l'administration. Ces requêtes ont enregistré un accroissement remarquable passant de 29 % en 2004 à 46 % en 2005 et de 78 % en 2006 à 91 % en 2007 et ce comme l'illustre le tableau suivant :

Tableau n° 14
Nature des affaires soulevées dans les requêtes adressées à Diwan Al Madalim

Nature des affaires soulevées	Effectif des requêtes (2006)	Effectif des requêtes (2007)	Total
Administrative	1 386	1 386	3 704
Foncière	807	594	1 401
Financière	259	175	434
Secteur de la justice	617	6	623
Inexécution des décisions de justice	146	90	236
L'impôt et l'enregistrement	110	54	164
Droit de l'Homme	108	91	199
Corruption	40	12	52
Autres	111	41	152
Total	**4 520**	**2 445**	**6 965**
Source : Diwan al Madalim			

Le rapport montre également que sur un total de 6 965 requêtes adressées à cette institution environ 58 % concerne le fonctionnement interne de l'administration et la régularisation des situations administratives des fonctionnaires (promotion, salaire, indemnités, demande de mutation).

A cet effet, l'institution recommande la nécessité de « l'élaboration d'une vision claire et méthodologique permettant la valorisation de la situation administrative des fonctionnaires sur la base de la compétence et la rentabilité dans le but d'améliorer la qualité et la performance des services publics rendus aux citoyens[482] ».

Il ressort donc de ce rapport que le développement des capacités stratégiques publiques est tributaire de l'élaboration et la diffusion d'une culture d'analyse stratégique et d'évaluation au sein de la société et de l'implication des think tanks dans le processus de prise de décision.

b. Accroître les capacités stratégiques publiques

L'accroissement des capacités stratégiques publiques résident dans le développement des capacités de prévision et de planification participatives et dans l'amélioration des conditions de fonctionnement des administrations publiques et l'évaluation de la mise en œuvre des stratégies de développement (indépendance de la justice, gouvernance parlementaire, efficacité des institutions formelles de contrôle, dynamisme de la société civile). Selon la Banque mondiale trois instruments essentiels peuvent être

[482] Diwan Al Madalim (ou médiateur) est crée en vertu du dahir n° 1-01-298 du 9/12/2001. Il s'agit d'une institution indépendante des trois pouvoirs exécutif, législatif et judiciaire.

envisagés : renforcement des contre pouvoirs institutionnels et des pouvoir de décision des acteurs et l'amélioration de la mise en œuvre des stratégies (qualité et fiabilité des systèmes d'information comptables et d'audit).

II. ROLES DES FINANCES PUBLIQUES DANS LA CONSOLIDATION DES VALEURS DE LA TRANSPARENCE ET DE L'EVALUATION DES SYSTEMES DE GOUVERNANCE

Il incombe aux finances publiques de remplir trois sortes de missions :

- la consolidation des valeurs de la reddition démocratique et du contrôle dans tout le processus d'élaboration, et d'exécution du budget ;
- l'évaluation du systèmes de gouvernance budgétaire ;
- combattre les situations de fragilité.

A. De la consolidation du contrôle et de la reddition des comptes

Les finances publiques ont longtemps vécu, et continuent de vivre. Il serait injuste de les réduire à une pure technique. Les finances publiques revêtent plusieurs aspects juridique, économique, politique, sociologique et culturel. De plus il n'y a pas d'État sans finances, il n'y a pas de démocratie sans règles du jeu. Ce sont précisément ces dernières qui régissant l'organisation et le contrôle de l'argent public qui constituent les véritables enjeux du pouvoir et de la démocratie.

A cet égard, une évaluation attentive des développements actuels des systèmes de gestion des actions publiques, de leurs structures mais aussi des valeurs qu'ils comportent, permet de faire apparaître en pleine lumière les bouleversements profonds qui sont à l'œuvre en matière de la gestion des finances publiques. Ces bouleversements se manifestent notamment par l'adoption d'une nouvelle approche de gouvernance des risques basée sur les hypothèses et les éléments suivants :

- La définition des objectifs stratégiques permettant de maîtriser un environnement international à haut risque (combattre la pauvreté, aider les pauvres à gérer les risques, mobiliser les forces mondiales en faveur des pauvres, repenser la coopération pour le développement dans la lutte contre la pauvreté) ; ceci se traduit sur le terrain des objectifs par un souci partagé et par un engagement collectif, à l'échelon mondial, régional et local en vue de rationaliser, d'évaluer et de mieux contrôler la gestion de l'argent public. Sous cet angle on doit relever qu'une véritable culture de contrôle s'impose ainsi, peu peu, au pouvoir politique ;
- La mise en place de nouvelles structures organisationnelles de l'architecture financière : la réforme des finances publiques, dans le cadre d'une solidarité à l'échelon international, s'impose avec acuité,

au regard des impératifs qui découlent de la globalisation des échanges et du phénomène de la mondialisation (pénurie, pauvreté, terrorisme, maladie, Sida, pollution). Les finances publiques se trouvent placées au cœur d'une question qui intéresse toutes les sociétés contemporaines, celle du développement de la bonne gouvernance à tous les échelons national, international et régional. L'enjeu est de taille, compte tenu de l'inégalité qui caractérise le système productif mondial.

Le rapport de la Banque mondiale sur l'année 2000-2001 constate déjà que « la pauvreté extrême avoisine dans le monde l'abondance, sur les 6 milliards d'habitants de la planète, 2,8 milliards soit presque la moitié ont moins de 2 dollars par jour pour vivre, et 1,2 milliard (un cinquième) dont 44 % habitent en Asie du Sud, ont moins d'un dollar par jour ». Force est de constater qu'il s'agit d'éviter que cette inégalité flagrante conjuguée à l'instabilité politique, économique et sociale mondiale ne conduise à une succession de crise voire même à un effondrement global du système ! Les théories de Karl Marx au moment où s'accélèrent la crise actuelle et la mondialisation – qu'il avait prévues – redeviennent d'une extrême actualité[483].

La crise mondiale actuelle note l'Institut Royal des Etudes Stratégiques (IRES) a surpris les gouvernements de la planète par son ampleur et sa brutalité. Et que l'horizon de sortie de crise reste ainsi incertain.

Selon Jacques Attali la « cause profonde de cette crise qui est loin d'être résorbée réside dans l'incapacité de l'Occident à maintenir son niveau sans s'endetter[484] ». Pour survivre à cette crise, il propose l'adoption d'une stratégie positive à caractère politique s'organisant autour de sept principes[485] : le respect de soi-même, donner de l'intensité au temps, l'empathie, la résilience, la créativité, l'ubiquité et la pensée révolutionnaire.

Ainsi, « qu'il soit misérable ou qu'il s'estime puissant, conclut-il, nul ne pourra vivre, survivre sans le vouloir, sans se servir de connaissances nouvelles accumulées en maints domaines, sans ne compter que sur soi, sans opérer sa propre révolution ».

Comme l'écrit, à juste titre, Mahatma Ghandi : « Soyez vous-même le changement que vous voulez dans le monde. »

– L'évaluation des risques : la mondialisation des échanges confrontée à une pauvreté atroce de la population dans les pays en voie de développement a pour conséquence d'aggraver les risques du système productif mondial. Des réactions en chaîne peuvent en effet s'y produire qui, si elles ne sont pas maîtrisées assez tôt, sont susceptibles

---

483 Jacques Attali, *Karl Marx ou l'esprit du monde*, Le Livre de poche, Fayard, 2005.
484 Jacques Attali, *Survie aux crises*, Fayard, 2009, p. 17.
485 *Ibidem*, p. 245 et s.

d'avoir des conséquences dommageables et d'entraîner de graves crises.

Il est donc nécessaire de repenser les actions publiques en vue de développer des systèmes de contrôle interne permanent permettant de détecter les risques et de repérer les dysfonctionnements socio-économiques.

L'IRES propose, à cet effet, quatre orientations majeures, pouvant constituer la base d'une feuille de route nationale au Maroc dans le but de résoudre les problématiques structurelles dont le caractère critique a été exacerbé par la crise actuelle et préparer avec détermination l'après crise.

- Consolider le lien social à travers une refonte des politiques sociales.
- Améliorer la gouvernance des politiques publiques dans le sens de plus de cohérence, d'efficacité et de pro-activité.
- Relever le défi de la compétitivité et porter une vigilance accrue sur la préservation de certains équilibres macro-économiques.
- Approfondir l'ancrage régional du Royaume.

Un système efficace de contrôle permanent des risques suppose :

- un environnement de contrôle sain ;
- une économie fondée sur le savoir et les compétences du savoir ;
- un système fiable d'information et de communication ;
- un processus d'évaluation des risques fiables ;
- des activités de contrôle opérationnelles et solides ;
- un système de suivi et d'évaluation efficace.

Or, le meilleur contrôle est la culture créée par la direction (leadership).

Plus particulièrement, un système fiable d'information et de communication nécessite la mise en place des codes et des chartes de bonne conduite. L'information pertinente doit être identifiée, recueillie et diffusée sous une forme et dans des délais qui permettent à chacun d'assumer ses responsabilités (données produites par l'organisation et son environnement). Ces informations sont nécessaires à la prise de décision pertinente (reporting). Il existe également un besoin plus large de communication efficace, impliquant une circulation multidirectionnelle des informations (ascendante, descendante et transversale). Le management doit transmettre des messages très clairs à l'ensemble de la population sur l'importance des responsabilités de chacun en matière de contrôle interne (relations intérieures et extérieures).

B. Évaluation des systèmes de gouvernance budgétaire

La vie de tous les citoyens est marquée par les opérations financières (emploi, majoration des traitements et allocations diverses, couverture médicale, octroi de bourses aux étudiants, équipement, impôt, etc.). En effet, dans l'État moderne les finances publiques permettent de jouer plusieurs fonctions économiques et sociales.

Les finances publiques permettent aux organisations publiques (État, collectivités locales, établissements publics) d'assurer leurs attributions par des moyens financiers à un moindre coût. Ils leur appartiennent donc de préciser les règles et les mécanismes juridiques et institutionnels qui assurent la gestion financière de ces organisations, en déterminant les organes chargés de l'élaboration, l'exécution et le contrôle des opérations financières publiques.

Or, avec le développement qu'a connu l'État actuellement dans le cadre de la mondialisation et de la bonne gouvernance, l'objet des finances publiques s'est élargi.

Aujourd'hui la gouvernance stratégique et démocratique et le contrôle interne des affaires publiques sont au cœur du débat sur la modernisation de l'État. C'est un grand sujet d'actualité qui coïncide avec la mise en place d'une série de dispositions juridiques, législatives institutionnelles et managériales relatives à la démocratisation de la gestion des organisations publiques par référence aux normes et standards internationaux de bonnes pratiques.

1. De la consolidation des valeurs de la transparence financière

La transparence financière peut être définie par le fait de « mettre à la disposition du public sans réserve l'information sur la structure et les fonctions des administrations publiques, les visés de la politique de finances publiques, les comptes du secteur public et les projections budgétaires ».

Il existe une corrélation entre la transparence (reddition des comptes, information, reporting) et la qualité de gouvernance. Les études opérées par Kaufmann (2005) suggèrent que la transparence est associée à de faibles niveaux de corruption, à de meilleurs indicateurs socio-économiques et de développement humain et à une compétitivité économique[486].

Selon le code de bonnes pratiques en matière de transparence des finances publiques (FMI), on distingue quatre grands principes de transparence. Le premier grand principe énonce une définition claire des attributions et des responsabilités au sein des administrations publiques (répartition des compétences, coordination et gestion des activités budgétaires, ouverture sur le reste de l'économie, cadre juridique et administratif favorable). Le deuxième grand principe – l'accès du public à l'information – exprime l'importance de l'information complète sur les finances publiques (activités budgétaires et extrabudgétaires) selon un calendrier clairement spécifié. Troisième grand principe – préparation, exécution et information budgétaire, se rapporte au type d'information à diffuser sur le processus budgétaire. Le quatrième grand principe – garantie

[486] IBP, *Ouvrir les budgets…*, *op. cit.*, p. 10.

d'intégrité – a trait à la qualité des données budgétaires et à la nécessité d'un examen indépendant des informations sur les finances publiques[487].

2. L'évaluation des politiques et des programmes de gouvernance

La rationalisation de la gestion publique et la gouvernance sont intiment liées. On peut définir la gouvernance comme l'exercice de l'autorité politique, économique, financière et administrative pour gérer à tous les niveaux les affaires d'un pays, dont le but est de délimiter les pouvoirs (espace discrétionnaire) et d'influencer les décisions des dirigeants[488]. Elles comprennent les processus, les mécanismes, les institutions, les valeurs au moyen desquels les citoyens et les divers groupes articulent leurs intérêts, exercent leur droit, assument leurs responsabilités et négocient leurs différents. L'espace de la gouvernance n'est pas limité à l'État mais englobe aussi le secteur privé et la société civile.

L'évaluation des systèmes de gouvernance et du contrôle interne consiste à examiner les structures de gestion des organisations publiques dans leur environnement (interne et externe) en termes de vision, de structures, de ressources financières et humaines, d'évaluation continue de risque et de valeurs culturelles.

C. Combattre les situations de fragilité

La bonne gouvernance des affaires publiques constitue actuellement un défi crucial pour toutes les sociétés et notamment les pays en développement en vue de soutenir le développement et de lutter contre la pauvreté. Dans cette perspective, elle s'assure que les priorités politiques, économiques et sociales ont été retenues sur la base d'un large consensus et que la voix des plus démunis (classe défavorisée) a été prise en considération, dans le processus de prise de décision. Selon le rapport de la Banque mondiale, la pauvreté au milieu de l'abondance constitue le plus grand défi du monde contemporain.

1. Combattre la pauvreté

La pauvreté revêt plusieurs dimensions. Elle se caractérise par un profond dénuement.

« Par leurs témoignages, les pauvres en donnent une définition éloquente, être pauvre, c'est avoir faim, ne pas avoir un toit ni de vêtements décents, être malade et ne pouvoir se faire soigner, c'est être illettré et sans instruction. Plus que ça les personnes démunies sont souvent maltraitées par les institutions de l'État et par la société, et elles n'ont les moyens ni de se

[487] FMI, *Manuel sur la transparence des finances publiques*, *op. cit.*, p. 2.
[488] Peter Wirtz, *Compétences, conflits et création…*, *op. cit.*, p. 190.

faire entendre par ces institutions ni d'exercer une influence quelconque sur leurs décisions. »

Toutes ces formes de dénuement limitent considérablement ce qu'Amartya Sen (Prix noble en économie, en 1998) décrit comme les « capacités dont dispose un individu, c'est-à-dire les libertés fondamentales qui lui permettent de mener le genre d'existence auquel il ou elle aspire ».

Les causes de la pauvreté, selon les témoignages des pauvres, résident dans les dimensions suivantes :

- l'insuffisance des revenus et des actifs pour se procurer l'essentiel (nourriture, logement, vêtement, santé, éducation) ;
- le sentiment psychologique de ne pas compter aux yeux des institutions de l'État et de la société ;
- la vulnérabilité aux chocs défavorables due à l'incapacité d'y faire face.

Les déterminants de la pauvreté résident dans les actifs des pauvres : Actifs humains (qualification, santé) actifs naturels (terre), actifs physiques (infrastructures), actifs financiers (épargne), actifs sociaux (réseaux de contacts).

Le rendement de ces actifs dépend de l'accès aux marchés et d'autres facteurs d'ordre mondial, national et local qui influencent sur ce rendement. De même il ne faut pas négliger d'autres facteurs sociologiques (performances des institutions) juridiques (droits de propriété) et culturels. Dans cette perspective la Banque mondiale propose un ordre d'action dans trois domaines essentiels :

- Développer les opportunités matérielles : cette action consiste d'abord à accumuler des actifs fonciers et créer des infrastructures (emploi, crédit, services publics), ensuite réformer les institutions et les structures locales.
- Faciliter l'insertion : il s'agit de rendre les institutions de l'État plus responsables et plus attentives aux pauvres, par le renforcement de la participation des pauvres à la vie politique et à la prise de décision tout en éliminant les barrières sociales par les distinctions de sexe d'appartenance ethnique et en renforçant les rôles des institutions (démarche politique et fiscale). A ce titre, les finances publiques doivent répondre aux besoins des couches sociales les plus démunies. Dans la note de présentation du projet de la loi des finances 2002, la stratégie adoptée par le gouvernement vise trois objectifs : la réalisation d'une croissance forte et durable, le renforcement de la cohésion de la société par une répartition plus équitable des fruits de la croissance en faveur des couches sociales vulnérables et des zones déshéritées. Enfin l'approfondissement des réformes structurelles par le biais de l'amélioration de la performance de la gestion publique afin d'en améliorer la compétitivité. Il reste à savoir quel est l'impact des efforts déployés par les gouvernements successifs, à travers les

budgets et les finances publiques, sur l'amélioration de la situation de la population, notamment les couches vulnérables (jeunes, classes défavorisées, éducation, santé, économie du savoir).
- Améliorer la sécurité matérielle : atténuer la vulnérabilité des pauvres aux chocs extérieurs (catastrophe, épidémie, violence, terrorisme).

2. Vers une approche intégrée de lutte contre la pauvreté

Elle consiste à :
- encourager des investissements publics et privés rentables ;
- développer les actifs des pauvres ;
- remédier à l'inégalité de la répartition des actifs entre les sexes, les groupes ethniques, les races et les catégories sociales ;
- fournir des infrastructures et du savoir aux zones de pauvreté ;
- prendre des mesures mondiales en faveur des pays pauvres (aides extérieures, ouverture des marchés extérieurs) ;
- assurer la transparence dans la gestion des finances publiques. Il incombe dans ce sens au gouvernement, au parlement aux organisations internationales et à la société civile de coopérer et contribuer ensemble au développement des informations budgétaires et des valeurs de reddition des comptes.

La bonne gouvernance est un mode participatif de la gestion des affaires publiques qui s'appuie sur la participation des différents acteurs politiques, économiques et sociaux (secteur public, secteur privé et société civile) pour assurer un mieux être durable à tous les citoyens.

Tableau n° 15
Récapitulatif des caractéristiques des pauvres en 1990-1991 et en 1998-1999 au Maroc

1990-1991	1998-1999
Nombre de pauvres	
Pauvres : 3,4 millions d'individus	Pauvres : 5,3 millions d'individus
Lieu	
Milieu rural : 73 % des pauvres	Milieu rural : 66 % des pauvres
Milieu urbain : 27 % des pauvres	Milieu urbain : 34 % des pauvres

Caractéristiques socio-démographiques

Grands ménages (7,5 membres)

Ratios élevés enfant/adulte (1,31 par ménage) Absence de scolarisation (73 % des pauvres ne sont pas instruits)

Grands ménages (7,7 membres)

Ratios élevés enfant/adulte (10,9 par ménage) Absence de scolarisation (64 % des pauvres ne sont pas instruits)

1990-1991	1998-1999
Occupation	
Employés	*Employés*
Urbain : 49 % indépendants, 38 % salariés Rural : 58 % indépendants, 30 % salariés	Urbain : 53 % salariés, 45 % indépendants Rural : 68 % indépendants, 31 % salariés
Chômeurs	*Chômeurs*
Urbain : 13,0 % Rural : 6,4 %	Urbain : 10,3 % Rural : 3,7 %
Inactifs	*Inactifs*
Urbain : n.d. Rural : n.d.	Urbain : 32 % infirmes ou malades, 19 % retraités 18 % personnes âgées Rural : 41 % personnes âgées, 28 % handicapés 21 % ménagères
Secteur d'activité	*Secteur d'activité*
Urbain : 65 % services, 23 % industrie, 10 % BTP Rural : 83 % agriculture, 7 % services, 5 % BTP	Urbain : 58 % services, 21 % BTP, 13 % industrie Rural : 75 % agriculture, 13 % services, 9 % BTP

Note : n.d. (non disponible) lorsque le nombre d'observations ne permet pas des estimations fiables.

Source : Banque mondiale, 30 mars 2001. Rapport n° 21506-Mor.

La bonne gouvernance suppose :

- l'existence d'un système de valeurs impliquant la primauté du droit et l'égalité devant la loi ;
- la participation et l'implication des citoyens au processus de la prise de décision ;
- la transparence de la gestion des affaires publiques (la non rétention et la non diffusion de l'information, l'équité, l'efficacité et l'efficience) ;
- le développement d'une culture de reddition des comptes à tous les niveaux de la responsabilité.

La bonne gouvernance exige également un environnement favorable permettant un développement humain durable qui se concrétise par :

- un système crédible de planification, de suivi, et d'évaluation ;
- un contexte sociologique et mental favorable à la participation à la production, à la croissance et à la compétitivité ;
- un appareil administratif et judiciaire efficace, efficient et déconcentré ;
- un système fiable de valorisation des ressources humaines basé sur la formation continue, la mobilité et le mérite.

3. Le rôle de l'État dans la consolidation des systèmes de gouvernance

Le développement durable ne peut être réalisé qu'à travers un système de gouvernance efficace. L'expérience montre qu'il n'existe pas de gouvernance sans un État et un gouvernement forts, rigoureux et rationnels[489].

La consolidation des institutions de gouvernance (parlement, Administration, instances d'évaluation et de contrôle) renforce également le processus de démocratisation. Dans cette optique, le rôle de l'État dans le renforcement de la gouvernance devient fondamental.

L'État peut être défini, dans ce contexte, comme l'expression institutionnalisée de la volonté sociale, laquelle s'exprime par le biais d'un cadre juridique et institutionnel qui comprend la Constitution, le corpus législatif et réglementaire, le système judiciaire, le système politique, les assemblées représentatives élues, le parlement, les collectivités locales, la société civile et le gouvernement.

Les fonctions institutionnelles de l'État permettent de définir le régime d'appropriation, d'échange et de la valorisation du patrimoine. Les fonctions économiques fondamentales consistent à assurer le respect du régime de propriété, l'établissement des contrats d'échange et le financement de l'économie. L'État est à la fois une condition d'existence et une condition de fonctionnement du marché, d'où sa fonction de régulation. Le terme de "régulation" aujourd'hui très en vogue, est au départ un terme américain "regulation", que l'on traduirait en français par réglementation.

La régulation selon les dictionnaires français est l'action qui consiste à régler, à mettre au point, à assurer le fonctionnement correct d'un système complexe (Petit Robert). Ainsi, l'équivalent fonctionnel de la régulation tel qu'elle a été pensée par Roosevelt aux États Unis, en 1933, à l'occasion du New Deal ; en terme de surveillance du marché financier pour assurer le bon fonctionnement de la concurrence et éviter les abus de position dominante – l'équivalent a été en Europe, soit la nationalisation soit la mise en place d'institutions administratives dépendantes du pouvoir d'État.

C'est ainsi sans s'étendre longuement sur le concept de politique d'attractivité, la mission régulatrice de l'État dans le cadre de la bonne gouvernance, signifie les nouvelles missions assignées à l'État en matière de création des conditions favorables, voire incitatives pour que les différentes catégories d'acteurs socio-économiques expriment leur capacité d'initiative et de création de richesses (qualité de l'environnement, qualité de vie, qualité des infrastructures matérielles ou immatérielles, etc.). Ainsi, l'État se dépouillerait progressivement de ses missions classiques (système de sécurité sociale, financement de retraite, etc.), se concentrerait sur des missions régulatrices (assurer ses grands équilibres et tracer le cadre juridique et institutionnel de l'activité économique…).

L'État devient alors au-delà de la stricte fonction hiérarchique ou d'intégration politique, un régulateur des risques sociaux, un médiateur arbitrant entre les intérêts contradictoires des partenaires sociaux et un acteur

489 N. Florack, T.G. Runden, K. Rodolf Korte, « No governance without government », *in Governance and legitimacy in a globalized world*, Nomos, 2008, p. 59 et s.

stratégique de développement humain durable soit en tant que facilitateur soit en tant que stratège.

L'indicateur du développement humain (IDH) mesure le niveau atteint par pays en termes d'espérance de vie, d'instruction et de revenu réel corrigé.

Le rapport, au titre de l'année 2009, ppour l'IDH, intitulé « Lever les barrières : mobilité et développement humains[490] » illustre que sur 182 pays membres de l'ONU classées, le Maroc arrive en 130e position et perd quatre places par rapport à 2008, où il était 126e.

Le PNUD a par ailleurs prévenu que la crise « devrait avoir des répercussions massives sur les résultats en matière de développement humain dans de nombreux pays ». Il faudra donc s'attendre certainement à de plus mauvais résultats dans les années à venir.

L'IDH pour le Maroc, en 2009, est 0,654. Dans la région MENA, le Maroc vient après le Koweït (31e), le Qatar (33e), les Emirats arabes Unis (35e), le Bahreïn (39e), la Libye (55e), Oman (56e), l'Arabie Saoudite (59 e), le Liban (83e), la Jordanie (96 e), la Tunisie (98e), l'Algérie (104e), la Syrie (107e), les territoires palestiniens (110e) et l'Egypte (123e). Au niveau du Maghreb, le Royaume précède seulement la Mauritanie (154e). Enfin sur le plan continental, l'île Maurice (81 e), le Gabon (103e), la Guinée équatoriale (118e), le Cap-Vert (121e), le Botswana (125e), la Namibie (128e) et l'Afrique du Sud (129e), devancent tous le Maroc.

Ce classement a fait couler beaucoup d'encre. Le Maroc a officiellement rejeté la position qui lui avait été attribuée. Le Haut commissariat au plan (HCP) avait contesté en août 2008, les méthodes de calcul du PNUD, appelant l'institution onusienne à actualiser ses données.

Quelques semaines plus tard, en octobre lors de la dernière session du Conseil d'Association Maroc-UE tenue à Luxembourg, le ministre des Affaires étrangères et de la Coopération[491] affirmait qu'« à l'heure où l'Union européenne décide de faire confiance au Maroc à travers un Statut avancé, et à l'heure où la Banque mondiale et le FMI se félicitent de la politique macro-économique suivie par le Maroc, nous constatons avec regret que le PNUD continue dans sa tentative d'établir un classement mondial en adoptant un indice incomplet et statistiquement non fiable, qui se base seulement sur trois critères : le PIB par tête d'habitant, la santé à travers un seul agrégat et l'éducation en donnant davantage d'importance à la question de l'analphabétisme[492] ».

Le classement du Maroc au 130e rang, en 2009 a fait l'objet également de critiques acerbes de la part du gouvernement marocain. A coté des responsables du HCP qui veulent coûte que coûte que soit changé le mode de

---

[490] Publié à Bangkok le lundi octobre2009.
[491] Taieb Fassi Fihri, Rapporté par la MAP.
[492] Rapports de développement humain PNUD, site Web.

calcul de l'indice de développement humain (IDH). La diplomatie s'en mêle aussi une autre fois[493].

Le Secrétaire général du ministère des Affaires étrangères et de coopération dans le cadre d'une conférence de presse consacrée au débat du Rapport considère que le score du Maroc au niveau de cet indice « ne traduit ni les efforts que le pays fournit dans le cadre de développement humain, ni le processus de démocratisation que le pays a lancé, ni les efforts consentis pour lutter contre les inégalités hommes-femmes, ni même la dynamique culturelle et artistique » qui fleurit dans le pays[494] » en s'adressant à Alison Kennedy, responsable du PNUD, venue spécialement de New York à Rabat, le 11 octobre 2009, pour expliquer le contenu du rapport 2009.

Pour elle, l'IDH ne prétend en aucun cas mesurer le niveau de développement humain. C'est une analyse plus profonde des indicateurs liés à la qualité de vie et la richesse individuelle » en démontrant que « si le Maroc n'avance pas rapidement dans le fameux classement, c'est par ce que le palier qui le sépare avec ses concurrents est trop important pour être dépassé en une seule année[495] ».

D'après *la Vie économique*, la première contestation remonte au début des années 80. Ainsi, chaque année, c'est le même rituel en cas de mauvais score. Mais sur ce plan, le Royaume n'est pas le seul pays à contester son classement. Beaucoup de pays dits à « faible développement humain » protestent contre leur rang[496].

III. Finances publiques, anciennes et nouvelles disciplines voisines

Les finances publiques s'intègrent dans le cadre d'une vision cohérente tenant compte des besoins et des contraintes financières. Ceci découle de la nécessité de renforcer l'épargne publique et de maintenir le déficit budgétaire à un niveau soutenable, tout en assurant la concrétisation des objectifs de développement équilibré fixés par le Plan[497] ».

La science des finances publiques, les praticiens le savent bien, revêt des dimensions pluridisciplinaires[498]. Par conséquent elle se trouve au carrefour de multiples disciplines voisines :histoire, droit, économie politique, comptabilité nationale, planification, comptabilité publique, sciences politiques, phénomènes de gouvernance globale, jurisprudence administrative et financière.

---

[493] Nouaim Skalli, « Critiques de l'IDH : la diplomatie s'en mêle ». journal *le Soir*, n° 419 du 12 octobre 2009, p. 15.
[494] *Ibidem.*
[495] *Ibidem.*
[496] PNUD – Rapports de développement site web.
[497] *Le plan de développement économique et social 2000-2004*, Direction de la programmation, ministère de la Prévision économique et du Plan, p. 111.
[498] F. Adam, O. Ferand, R. Rioux, *Finances publiques*, Dalloz, 2003, p. 1.

A. Finances publiques et histoire, le démon des origines

L'histoire est généralement définie comme la connaissance du passé et d'un passé hantant le problème des origines[499]. Ce « démon des origines » constitue un avatar de la connaissance financière. En effet, l'histoire exerce sur les sciences sociales une indiscutable fascination qui ressemble à celle qui exerce l'enfance sur la vie des Hommes[500]. Les jargons de la psychosociologie avec Freud affirme que « l'enfant est le père de l'Homme ».

Il semble que l'individu comme les science sociales cherche à la fois, à travers la nostalgie du passé, la justification de leur être et de leur destin. L'influence du scientisme a orienté l'histoire dans deux directions différentes : l'une technique (critique des documents) l'autre philosophique (la recherche des grandes lois).

Depuis la révolution française l'histoire va se chercher de nouvelles valeurs de contrôle et de reddition des comptes. « Elle n'est plus, comme le dit fort justement G. Gusdorf, celle des rois et des seules batailles ; elle est devenue celle des peuples ».

L'étude des finances publiques s'appuie sur l'histoire. Comme le dit C. levi-Strauss, « tout est histoire, dans la mesure où l'histoire est en quelque sorte l'ombre de l'humanité, inséparable d'elle ».

L'histoire s'appuie sur la documentation, c'est –à-dire l'écrit authentique. Les finances publiques ne font pas l'exception. La psychologie apporte le plus précieux soutien à l'historien dans le cas des documents comme des attitudes et des tendances quantitatives et qualitatives. Les sources documentaires pour l'étude des finances publiques sont multiples on peut citer notamment[501] :

- documents officiels (archives publiques et privées, statistiques) ;
- ouvrages, presse, œuvres littéraires, etc. ;
- enregistrement, cinéma, radio, télévision ;
- documentation d'une autre nature (chansons, proverbes, contes). Les problèmes auxquels se heurte l'étude des documents financiers résident tant dans la pertinence et la fiabilité de l'information collectée que dans la méthode et la neutralité de l'analyse et de l'interprétation ;
- techniques vivantes (interview, entretien, questionnaire, test, mesure des attitudes et des changements, technique de panel, enquête sur le terrain, sondage d'opinion).

Les développements historiques sur les finances publiques dans ce livre nous ont montré l'ampleur de la complexité du projet(écrits historiques, écrits coloniaux). Il est question de dépasser les interprétations établies qui contribuent à reproduire l'ordre des choses afin de faire apparaître de

---

[499] Madeleine Grawitz, *Méthodes des sciences sociales*, Précis Dalloz, Paris, 1999, p. 214.
[500] *Ibidem*, p. 215.
[501] *Ibidem*, p. 521-791.

nouvelles significations des phénomènes financiers étudiés qui soient plus éclairantes et plus pénétrantes[502] et critiques.

Ainsi, comme l'a fait remarquer Pierre Vidal-Naquet de certains principes de l'histoire critique : « L'historien n'accepte aucun dogme, ne respecte aucun interdit, ne connaît pas de tabous. Il peut être dérangeant. L'histoire n'est pas la morale. L'historien n'a pas pour rôle d'exalter ou de condamner, il explique. L'histoire n'est pas l'esclave de l'actualité. L'historien ne plaque pas sur le passé des schémas idéologiques contemporains et n'introduit pas dans les événements d'autrefois la sensibilité d'aujourd'hui[503] ».

De tels principes définissent l'ambition de cet ouvrage en précisant l'apport de l'histoire à la compréhension des phénomènes financiers contemporains dans toute leur complexité et pertinence.

B. Finances publiques, droit, sciences et sociologie politiques

Les finances publiques sont une science sociale. Au préalable cette discipline mérite d'être approchée en ses rapports avec le droit. A cet égard, différents auteurs considèrent qu'elles constituent une branche du droit public. Le droit constitutionnel le droit administratif, le doit budgétaire constituent les principales matières du droit public interne ou national[504].

Ce particularisme correspond, selon les auteurs, à une véritable autonomie du droit financier et budgétaire qui lui donne une base scientifique dont l'objet d'étude sont les règles de la comptabilité publique. Il n'en reste pas moins qu'il existe entre le droit budgétaire, le droit constitutionnel et le droit administratif[505] de multiples rapports qu'il s'agit d'éclaircir. Les finances publiques apparaissent d'ailleurs régies par l'ensemble des prescriptions constitutionnelles, légales ou réglementaires (obligatoires). Elles se situent ainsi, à tous les niveaux de la hiérarchie des normes juridiques :

- **Droit international**, encore peu élaboré en matière financière mais il connait avec la convention européenne des droits de l'Homme de nouvelles mutations juridiques. En effet, la cour européenne des droits de l'Homme dans son arrêt du 12 avril 2006 invite dans ses dispositions les juridictions financières, touchant au fond l'arrêt Martinie et l'arrêt Baumetc/France du 24 juillet 2007, de se conformer aux exigences de l'article 6-1 de la convention européenne des droits

[502] R. Quivy & L.V. Campenhoudt, *Manuel de recherche en sciences sociales*, Dunod, Bordas, Paris, 1988, p. 40.

[503] Cité par Serge Halimi *in* éditorial du *Manuel d'histoire critique, le Monde Diplomatique*, Hors-série, 18 septembre 2014.

[504] Mohammed Jalal Essaid, *Introduction à l'étude du droit*, Imprimerie Fedala, Mohammedia, 1992, p. 32.

[505] Hassan Ouazzani Chahdi, *Droit administratif*, imprimerie Najah El Jadida, Casablanca, 2003, p. 17.

de l'homme concernant tant le caractère public des audiences, la composition de formation de jugement que le rôle du ministère public et de l'équité de la procédure devant la cour des comptes française et ses institutions associées[506].

- **Droit constitutionnel :** il englobe « l'ensemble des règles qui fondent l'État dans son existence en déterminant les formes, lui procurent ses structures et son organisation ». Il se compose de quatre parties distinctes : la collectivité humaine, l'organisation de leurs autorités supérieures ou gouvernantes, l'organisation des collectivités et autorités intermédiaires et l'organisation de la justice. La Constitution marocaine de 2011 se réfère à l'attachement du pays aux droits de l'homme tels qu'ils sont universellement reconnus et à la primauté des conventions internationales dûment ratifiées sur le droit interne du pays. C'est la Constitution qui définit les modalités de dépôt, de vote et de contrôle des finances publiques, la préservation de l'équilibre des finances de l'État (articles : 75, 76 et 77 de la Constitution) ainsi que les procédures de contrôle et de poursuite devant les juridictions financières.
- **Droit administratif :** les finances publiques apparaissent comme un des aspects des interventions administratives. Elles constituent les moyens financiers de l'action des administrations publiques. Cette constatation est applicable également aux tribunaux et instances judicaires et de contrôle qui ne peuvent accomplir leurs missions sans être dotés de moyens financiers suffisants.
- **Droit budgétaire :** il a pour objet de permettre aux collectivités publiques de remplir toutes leurs attributions par des moyens financiers. Il lui appartient de fixer des règles particulières de la gestion financière de ces collectivités en déterminant les organes, les procédures d'élaboration et d'exécution du budget (discipline budgétaire). En principe, c'est la constitution financière, c'est-à-dire, la loi organique des lois de finances, qui se charge de la détermination de toutes les conditions d'élaboration, d'exécution et de contrôle des lois de finances. Ainsi, ce droit se trouve élargi considérablement l'étendu du problème budgétaire en débordant le cadre des disciplines juridiques dans la mesure où l'action publique de la collectivité publique vient se mettre au service de la vie privée. Car le fisc (nerf de la guerre) puise sa substance dans la vie privée par l'impôt.
- **Droit fiscal :** il recouvre l'ensemble des règles de droit relatives aux impôts[507] régissant l'imposition de l'activité économique des particuliers et des entreprises, cette activité économique étant, cependant envisagée dans ses diverses manifestations (activités industrielles et commerciales, activités non commerciales, activités

[506] *Grands arrêts de la jurisprudence financière*, Dalloz, 2014, p. 95-109.
[507] https://fr.wikipedia.org/wiki/Droit_fiscal

agricoles, activités immobilières, activités boursières ou environnementales. Ce droit comporte les branches suivantes[508] :

- la fiscalité des personnes, qui concerne l'imposition des particuliers à l'impôt sur le revenu ;
- la fiscalité des affaires, qui englobe la fiscalité des entreprises, ainsi que les règles fiscales applicables aux activités commerciales, comme la taxe sur la valeur ajoutée, par exemple ;
- la fiscalité immobilière, qui concerne l'imposition des transactions immobilières (ventes d'immeubles) ;
- la fiscalité patrimoniale, qui comporte l'imposition de la détention et de la transmission d'un patrimoine (successions, donations, impôt sur la fortune) ;
- la fiscalité environnementale ;
- les procédures fiscales, dont les règles régissent les relations contentieuses entre l'administration fiscale et les particuliers ou les entreprises/sociétés.

A tous ces éléments, il faut ajouter les règlements de la comptabilité publique et la jurisprudence financière et administrative qui fournissent l'interprétation des règles des responsabilités et du droit budgétaire.

La comptabilité publique peut être définie comme l'ensemble des règles juridiques et techniques qui régissent l'exécution et le contrôle de l'exécution de la loi des finances.

Le droit de la comptabilité publique permet d'assurer le respect de l'autorisation budgétaire et d'empêcher tout gaspillage ou malversation par les agents chargés de l'exécution de la loi des finances[509]. Pour satisfaire à ces exigences, une série de principes comptables ont été dégagés et définis permettant d'effectuer les opérations budgétaires suivant des procédures précises :

- les principes de séparation des ordonnateurs et des comptables ;
- les techniques d'exécution de la loi des finances (exécution des dépenses et des recettes) ;
- le contrôle de l'exécution de la loi des finances.

Par ailleurs, les finances publiques nouent des relations très étroites entre les sciences et la sociologie politiques.

La science politique « aurait été la première à se séparer de la morale et de la philosophie pour former une science autonome[510] ». Définir l'objet de cette discipline permet de découvrir le dénominateur commun du politique et du financier ce qui permet de distinguer les sciences politiques des finances publiques. En effet, les sciences politiques consistent à étudier les processus

---

508 *Ibidem.*

509 J. Magnet, *Eléments de comptabilité publique*, LGDJ, Paris, 1991.

510 Madeleine Grawitz, *Méthodes des sciences sociales*, *op. cit.*, p 257.

politiques mettant en jeu des rapports de pouvoir entre les individus, les groupes, et au sein de l'État.

Cette discipline se trouve aujourd'hui divisée en de multiples sous-disciplines.

L'American Political Science Association compte 42 sections organisées[511]. Parmi les sous-disciplines les plus importantes, mentionnons : la philosophie politique, les relations ou études internationales, la politique comparée, l'étude des comportements électoraux, l'administration publique et les politiques publiques[512]. Cependant, il semble que les élus ne sont plus en mesure, dés le début des années quatre-vingt du siècle dernier, de contrôler les processus de régulation et de la mise en œuvre des politiques publiques. C'est l'incertitude qui règne sur les hiérarchies d'objectifs et des normes[513]. Les agents et les institutions de l'État ne sont que des acteurs parmi d'autres dans l'espace des communautés et des réseaux. L'État perd à la fois de sa substance et de sa centralité[514], surtout avec le renforcement des instances et des institutions internationales de financement, de contrôle et d'évaluation (FM, Banque mondiale, agences de notation, etc.).

Pour qualifier la crise de l'État, des auteurs proposent de substituer au terme de « gouvernement de l'État » désignant des modalités classiques d'action celui de « gouvernance » qui évoque en tant que concept de crise[515] une nouvelle approche d'intervention de l'État fondée sur la vision stratégique, la participation des autres acteurs (ONG, entreprise), l'évaluation et la transparence et des fragilités.

Une telle démarche nécessite, ici et maintenant, l'intervention de la sociologie politique[516] permettant d'analyser la sociologie des mobilisations collectives et les nouvelles modalités d'action de l'État, sans ignorer tout ce que cette sociologie elle-même doit à d'autres branches du savoir financier (sociologie des fragilités, psychologie de la résilience, sociologie économique). Or, aucune d'elle n'a le monopole de ce domaine d'études.

C. Finances publiques, économie politique, économie financière, pouvoir et rente

Les finances publiques constituent une richesse et relèvent par conséquent de la science qui étudie la richesse et le comportement des hommes en face de cette richesse, c'est-à-dire, l'économie politique.

---

511 https://fr.wikipedia.org/wiki/Science_politique

512 *Ibidem.*

513 J. Lagroye, B. François et F. Sawicki, *Sociologie politique*, 4e édition, Presse de Sciences Po et Dalloz, 2002, p. 544.

514 Ibidem, p. 545.

515 Mohamed Harakat, *le Concept de gouvernance, op. cit.*

516 J. Lagroye, B. François et F. Sawicki, *Sociologie politque*, Presse de Sciences Po., Dalloz, 2002.

Ibn khaldoun (1332-1406) avant A. Smith et J.S. Mill, dans ses analyses des activités économiques, deux thèses principales émergent nettement : l'imbrication de la sphère économique et des deux sphères politique et sociale, et l'horizon limité de la croissance économique dans le cadre du système de distribution[517].

Pour cet auteur, les moyens d'existence revêtant une importance primordiale, l'acquisition des richesses, les arts et les techniques forment avec le pouvoir et les sciences, « les conditions de la civilisation[518] ».

Au demeurant, l'économie politique est censée s'intéresser aux individus réels ; en termes de motivation et d'éthique.

A juste titre, A. Sen écrit « Si John Stuart Mill mérite de toute évidence d'être félicité pour réprimer avec tant de succès sa bonté naturelle, on peut en revanche se demander à quel titre on devrait admirer les prétendues exigences de l'économie politique : pour paraphraser Dante, « abandonne toute bonté, toi qui pénètres ici »[519] ».

En affirmant, « tout est surprenant est le contraste entre le caractère consciencieusement « non éthique » de l'économie moderne et son origine historique ».

En fait, l'économie est issue de deux origines, toutes deux liées à la politique : l'une s'intéresse à l'« éthique » l'autre à la « mécanique ». La tradition éthique remonte à Aristote (économie et finalités humaines, rapport de l'économie à la richesse).

Le père fondateur de l'économie politique scientifique n'était-il pas professeur de philosophie morale ?

A cet égard, l'économie politique a été pendant longtemps considérée comme une branche de l'éthique ou carrément une science morale[520].

Lutte contre la corruption, transparence, reddition des comptes citoyenneté, responsabilité sociale, développement durable, gouvernance démocratique, inclusion, cohésion sociale, font l'objet d'un intérêt croissant depuis les années 1980. La question d'éthique est devenue un enjeu central dans les organisations. Cette tendance de fond témoigne certainement de l'évolution des représentations collectives concernant le rôle des finances publiques dans la société. Les exigences du citoyen et de l'opinion publique font apparaître une demande sociale croissante en faveur de l'EPP et d'une plus grande intégration de l'éthique dans la gouvernance[521].

Même si les caractéristiques de base d'un régime politique moralement acceptable sont parfaitement claires, les économistes actuellement sont pragmatiques[522] quant il s'agit d'évaluer telle ou telle politique spécifique de

---

[517] A. Cheddadi, *Ibn Khaldoun, l'homme et le théoricien de la civilisation*, Edition Gallimard, 2006, p. 378.
[518] *Ibidem.*
[519] A. Sen, *Ethique et économie*, *op. cit.*, p. 5.
[520] A. Sen, *L'Economie est une science morale*, *op. cit.*
[521] Samuel Mercier, *L'Ethique dans les entreprises*, La Découverte, Paris, 2004.
[522] A. Sen, *L'Economie est une science morale*, *op. cit.*, p. 10 et s.

promotion du développement humain durable dans le tiers-monde telle que l'éducation, la santé ou l'économie du savoir ; en termes d'efficacité dans l'élimination de la pauvreté ou des inégalités sociales et de la répartition des richesses.

Ibn Khaldoun, à l'instar de A. Smith, lui aussi à sa manière – philosophe, moralisateur et profondément religieux soutient le fait que « le but de l'existence humaine n'est pas seulement le bien – être matériel. Ce bas monde est vanité et futilité. Il finit par la mort et l'extinction ». Mais son penchant pour la Science l'amène à une représentation et à une analyse tranchée et déjà évolué de l'Economie politique[523].

- Ibn khaldoun considère la gouvernance de l'État une lourde tâche consistant à défendre et protéger la communauté (sécurité, police mécanismes d'impôt, lutte contre la fraude, conseil, science)[524] ;
- l'injustice détruit la civilisation[525] : s'attaquer à la propriété privée, selon Ibn Khaldoun c'est ôter aux hommes de gagner davantage. L'atteinte à la propriété privée correspond à l'arrêt du travail ou à la stagnation des affaires et à la baisse de la productivité. Les gens se dispersent ou émigrent pour trouver de quoi vivre à l'étranger. Le pays se vide et ses villes tombent en ruine. Ainsi, poursuit l'auteur la « civilisation matérielle dépérit en tout va de mal en pis ». Al-Mas'udï rapporte, à propos de l'histoire des Persans, sous le règne du roi Bahrâm b. Bahrâm, le Môbed – la plus haute autorité religieuse – exprima au souverain son mécontentement. Il le reprocha le fit sous forme d'apologue[526], placé dans la bouche d'un hibou. Le roi venait d'entendre hululer un hibou et avait demandé au Môbed ce que disait l'oiseau. Voici ce que le Môbed lui répondit : « un hibou voulait se marier. Une femelle accepta, moyennant le cadeau préalable de vingt villages tombés en ruine sous le règne de Bahrâm, pour qu'elle pût y hululer à son aise. Le mâle lui donna son accord, en ajoutant » tant que ce roi régnera, je pourrai te donner mille villages en ruine. Rien n'est plus facile que de te satisfaire ». « Le roi, poursuit Ibn Khaldoun, tiré par son indifférence, par ce récit. Il passa l'inspection de ses affaires. Il reprit les terres à ses courtisans et les rendit à leurs anciens propriétaires.» « Ainsi, les faibles se fortifièrent. Les terres furent cultivées et tout le pays redevient prospère. L'argent afflua aux caisses des percepteurs. L'armée fut consolidée. L'ennemi (extérieur) fut affaibli et les garnisons équipées (…)[527] » ;
- les dépenses somptueuses entraînent la désintégration de l'État. En effet, lors de la puissance de l'État, se conjuguant avec la maturité de

[523] A. Sadik, *Ibn Khaldun*, Editions la Porte, Elmaarif Aljadida, Rabat, 1992, p. 16.
[524] Ibn Khaldoun, *Discours sur l'histoire universelle* (*al–Muqaddima*), traduction nouvelle, préface et note par Vincent Monteil, t. 2, *op. cit.*, p. 481.
[525] *Ibidem*, p. 584.
[526] *Ibidem*, p. 585.
[527] *Ibidem*, p. 586.

l'économie nationale et l'essor de la vie urbaine, « les gens s'habituent à quantité de choses. Leurs dépenses dépassent leurs revenus. Les plus pauvres disparaissent. Les plus riches se ruinent en dépenses somptueuses. Cette situation s'aggrave avec le temps. Les dernières générations n'arrivent pas à payer leur luxe avec leurs revenus. Quant leurs dirigeants les pressent de payer les dépenses militaires, ils ne peuvent y faire face. Les souverains doivent alors les pénaliser et leur confisquer leurs biens, soit à leur profit direct, soit à celui de leurs enfants ou de leurs partisans. De la sorte, le peuple s'appauvrit et ne peut plus conduire ses propres affaires, tandis que sa faiblesse affaiblit, à son tour, le souverain »[528] ;

- un souverain commerçant est dangereux : Ibn khaldun écrit, à juste titre que « lorsque le prince lui-même s'adonne à des activités lucratives, il commet une grave erreur. Car il nuit de plusieurs manières, à son peuple. Il en résulte malaise et mécontentement[529] » ;
- la distinction entre deux sources essentielles d'enrichissement : la source légale (exercice de l'agriculture, l'industrie ou les services) et la source illégale. Cette dernière concerne « toute personne de haut rang (*jah*) et de grand crédit qui est à tout point de vue plus fortuné et plus riche qu'un simple particulier ». « En effet, écrit Ibn khaldun, la première est servie par le travail des autres, qui veulent se rapprocher d'elle pour devenir ses protégés. Tout le monde l'aide par son travail, pour satisfaire ses besoins et combler ses désirs. Le prix de tout ce travail constitue son profit. Pour des tâches qui sont généralement payantes, l'homme puissant ne donne, le plus souvent, rien du tout. De cette façon, il s'enrichit de la sueur des autres. D'un côté, il ramasse la valeur des produits d'un travail qui ne lui coûte rien et de l'autre, il n'a pas à payer pour se procurer le nécessaire. Son influence lui permet de s'enrichir à peu de frais. Le temps passe, et sa fortune augmente. C'est ainsi qu'on peut vivre de l'exercice du pouvoir (*imara*) »[530].

Concernant la première source, « au contraire, écrit Ibn Khaldoun, celui qui a de l'argent, mais aucune influence, ne gagne davantage qu'en proportion de son capital et de ses efforts pour le faire valoir[531] ». « C'est le cas des négociants, des paysans et des artisans. S'ils n'ont aucune influence, ils n'ont que le produit de leur travail et tomberont presque tous dans la misère. En tout cas, ils ne feront pas fortune rapide. Ils arriveront tout juste à subsister, en luttant contre la pauvreté[532] ».

En revanche, Ibn khaldoun remarque que les gens qui cherchent à bénéficier des faveurs « doivent être serviles et flatteurs pour contenter leurs

---

528 A. Sadik, *Ibn Khaldun, op. cit.*, p. 91.
529 Ibn khaldun, *op. cit.*, p. 574-575.
530 *Ibidem*, p. 798 et 799.
531 *Ibidem*, p. 799.
532 *Ibidem*,p.802.

maîtres. C'est pourquoi l'obséquiosité et la flatterie permettent d'arriver à un rang qui dispense bonheur et profit(...) au contraire, les cœurs fiers et hautains ne seront jamais des gens « arrivés ».

Ils devront vivre de leur travail et se résigner à l'indigence[533] ». Le proverbe italien reconnaît que les honneurs coûtent chers » : *gli onori sono oneri*. C'est pourquoi, conclut, Ibn Khaldoun que le « savant accompli ne doit pas s'attendre aux biens de ce monde car, sa science lui en tient son propre domaine ».

Sur un autre registre, il existe, en effet, une branche de l'économie politique qui étudie les finances publiques, c'est-à-dire, la richesse sous la forme fluide de la monnaie et de crédit mises à la disposition des collectivités publiques ; cette branche c'est l'économie financière.

Si les règles juridiques et techniques tiennent une place de taille en matière de l'élaboration, l'exécution et le contrôle des opérations financières, l'économie financière s'intéresse aux finances publiques sous leur aspect global en tant que flux financiers.

A ce titre, l'économie financière étudie les différents aspects de l'intervention de l'État par le biais des transferts financiers (fiscalité, emprunt, déficit) et prélèvements (dépenses publiques). En fait, l'intervention de l'État est une intervention de type financier qui utilise des moyens de prélèvement et de moyens de distribution. Cette opération prélèvement/distribution est une opération dite de transferts financiers.

A cet égard, l'économie financière se positionne comme une discipline de synthèse qui fait appel à d'autres disciplines voisines parce que l'intervention de l'État est globale et concerne par conséquent tous les secteurs et branches (économie monétaire, trésor, répartition des revenus, etc.). L'économie financière cherche à vérifier les efforts du prélèvement fiscal global sur l'économie ou les conséquences du déficit budgétaire sur la conjoncture ou enfin les répercussions des dépenses et recettes publiques sur la croissance économique.

Bref, les finances publiques et économie financière se complètent et s'enrichissent mutuellement en matière de la gouvernance globale.

IV. Finances publiques et comptabilite nationale

Celui qui pense qu'une croissance exponentielle infinie est possible dans un monde fini est soit fou, soit un économiste. », Kenneth Boulding.

La comptabilité publique (CN) est une représentation schématique globale, détaillée et chiffrée de l'économie nationale d'un pays dans le cadre d'un plan comptable[534].

Elle consiste en une mesure des flux monétaires représentatifs pendant une année. Elle les regroupe dans des totaux nommés agrégats dans un but

---

[533] *Ibidem.*

[534] Jean-Paul Piriou, *La Comptabilité nationale*, La Découverte, Repères, 2001, p. 4.

analytique et synthétique direct. Il s'agit de multiples indicateurs tels que le PIB, le déficit budgétaire, le taux d'inflation, le taux d'endettement public global, la FBCF, etc.

Les premiers systèmes de CN datent de la seconde guerre mondiale, tout d'abord avec l'économiste britannique J.M. Keynes qui, avec la parution en 1936 de son œuvre la « Théorie générale de l'emploi, de l'intérêt et de la monnaie[535] » dans laquelle, bousculant les théories classiques, montre que l'État est capable, par ses recettes et ses dépenses, de réguler l'économie. Cette découverte n'a rien perdu de son actualité[536]. De même, il a développé, dés 1941, des instruments de mesure de l'économie pour opérer des états de la prévision à long terme qui dépend de la confiance. Celle-ci exerce, selon Keynes, une influence considérable sur l'efficacité marginale du capital et de l'évaluation des rendements escomptés[537].

Ensuite, Jan Tinbergen et Wassily Leontief sont considérés comme de véritables inventeurs de la comptabilité nationale. Celle-ci s'est développée par la suite dans les pays développés (système monétaire européen (SME), Système européen de comptabilité (SEC)) ainsi que dans les pays en développement considérant les exigences d'harmonisation des systèmes de comptes nationaux dans des normes internationales communes[538].

A cet égard, le Maroc en application des recommandations du Système de Comptabilité Nationale (SCN 2008), adopté par la commission statistique des Nations unies, a procédé à l'établissement d'une année de base de ses comptes nationaux, en l'occurrence 2007. Les principaux changements apportés par le SCN 2008 ont pour but d'adapter les comptes nationaux aux changements que connaissent les structures productives et la contribution des secteurs d'activités institutionnels à la création de la valeur ajouté.

Cette nouvelle base a introduit, selon le Rapport économique et financier de 2016, des changements concernant les méthodes de comptabilisation édictées par la SCN 2008 en capitalisant sur les modifications introduites dans l'ancienne base 1998 qui ont présenté des différences importantes par rapport aux anciens comptes établis dans la base 1980 (concepts, nomenclatures, valorisation des productions et des valeurs ajoutés)[539].

---

535 Keynes, *Théorie générale de l'emploi, de l'intérêt et de la monnaie*, Petite Bibliothèque Payot, Paris, 1979.

536 M. Stewart, Keynes, Edition du Seuil, Paris, 1973.

537 Keynes, *Théorie générale*, *op. cit.*, p. 159 et s.

538 Le système international de comptabilité nationale établi par les Nations unies, pour la première fois, au début des années 50 a connu une série de révision vers les années 60. Cette révision a abouti en 1968 à l'adoption du système de comptabilité nationale (SCN68). En février 1993, la commission statistique des Nations Unies a adopté une nouvelle norme mondiale (le SCN 1993) plus approfondie et substantielle du système précédent qui sera suivie de celle de 2008. Consulter, à cet effet, pour plus de détails : *Le Nouveau système de comptabilité nationale*, Direction des Statistiques, ministère de la Prévision économique et du Plan, 1993.

539 *Rapport économique et financier*, PLF 2016, ministère de l'Economie et des Finances, p. 35.

Les apports de la nouvelle base 2007 résident en particulier dans les modifications introduites dans la capitalisation des dépenses de recherche et développement, dans les base de données et des dépenses engagées pour acquérir des équipement à usage exclusivement militaire[540].

Le passage à la nouvelle base 2007 a généré une réévaluation à la hausse des niveaux de la croissance économique. Sur la période 2008-2013, le taux de croissance annuel moyen du PIB est supérieur de 0,2 points pour la nouvelle base (4,5%) par rapport à la base précédente (4,3%)[541].

En outre, en dépit de ces développements les agrégats issus du système de comptabilité nationale ne laissent point apparaître les mutations qui s'opèrent à l'intérieur des différents secteurs[542] à cause de l'absence de la FBCF ventilée par secteur, la structure de la valeur ajoutée agricole et par sous branche, structure de la valeur ajoutée industrielle, par sous branche. Or, ces mutations peuvent être perceptibles à travers des indicateurs divers tel que l'évolution de la balance commerciale, IDE, taux de croissance).

Lors de la préparation du budget le décideur politique se sert des données de la CN.

La tenue des documents budgétaires et comptables est une condition nécessaire d'une bonne gestion financière.

On associe au mot budget quelques notions qui paraissent proches sinon équivalentes. Par exemple, celle du bilan. Mais le bilan succède, alors que le budget précède, le bilan, enregistre le passé tandis que le budget décrit l'avenir.

Plus précisément, le budget a des liens étroits avec CN, l'objet de tout système de comptes nationaux est de fournir une vue synthétique et complète de la situation ou de l'activité économique.

La CN constitue, à ce titre, une représentation globale, suivant un cadre comptable précis, de l'ensemble des informations chiffrées relatives à la vie économique du pays. Elle fournit dans ce sens une description des phénomènes fondamentaux de la production, de la distribution, de la répartition et de l'accumulation des richesses.

La CN constitue un outil indispensable lors de la fixation des objectifs de l'évaluation des moyens. Les concepts véhiculés par la CN sont multiples. On avance, à ce titre, le PNB, revenu national, agrégat, valeur ajoutée, etc.

En dépit de la richesse de ces concepts, il n'en demeure pas moins qu'ils se heurtent à de multiples critiques. Le « plus souvent, note Edmont Malinvaud[543], la considération des grandeurs agrégées est source d'incertitude ou d'erreurs dont il convient de bien apprécier l'importance » en affirmant que « la partie empirique (...) est particulièrement difficile, puisque, la collecte et le traitement des données visent normalement à fournir surtout des informations macro-économiques et conduisent rarement

---

540 *Ibidem.*

541 *Ibidem.*

542 *Ibidem*, p. 36.

543 Directeur de l'INSEE de 1974 à 1987.

à une observation précise des unités micro-économiques ; les contraintes de faisabilité limiteront donc l'étendue des tests et estimations[544] ».

Ainsi, les « risques d'erreur sont fréquents sur les meilleures modalités de l'agrégation.

Car la précision avec laquelle l'économétrie estime des lois de comportement, même les principales reste médiocre. Les nombreuses influences secondaires agissant sur telle grandeur importante restent mal identifiées, tantôt parce qu'elles sont ignorées, tantôt parce que l'échantillon des données utilisées conduit à une estimation non significative car affectée d'un fort écart type[545] ».

La mise en application du système comptable national (1993) au Maroc s'est opérée en 1998 sur la base d'une refonte approfondie de la CN marocaine[546] en se basant sur une série d'enquêtes structurelles effectuées par la Direction de statistique (Haut-Commissariat au Plan) auprès des :

- entreprises disposant de comptabilité ;
- entreprises ne disposant pas de comptabilité (activités informelles) ;
- ménages (enquête sur le niveau de vie et enquête sur les dépenses de consommation) ;
- entités administratives (investissement).

Selon les auteurs de ces enquêtes, les statistiques sont d'une nécessite absolue parce qu'elles « permettent l'élaboration permanente de l'ensemble des comptes d'entreprises et le suivi de leur performance et comportement économique dans le temps[547] ».

Mais quel est l'apport de la CN à l'élaboration et à la présentation des chiffres budgétaires à la détermination des choix budgétaires ?

1. L'apport de la Comptabilité nationale à l'élaboration des choix budgétaires

Cet apport est enrichissant. Il s'agit de déterminer d'abord l'apport de la comptabilité nationale à l'établissement du budget. Ensuite son aide à la présentation des chiffres budgétaires.

a. Comptabilité nationale et établissement du budget

La CN peut aider à évaluer les dépenses et les recettes à inscrire au projet de budget.

Plus particulièrement les dépenses d'investissement sont conditionnées par les comptes prospectifs à court terme. Les agrégats de la CN permettent l'évaluation du produit des principaux impôts sous réserve que l'estimation

---

[544] Edmont Malinvaud, *Voies de la recherche macro-économique*. Editions Odile Jacob, 1991, p. 184.
[545] *Ibidem*, p. 219.
[546] *Le Nouveau système de comptabilité nationale au Maroc*, Direction de la statistique, 2002.
[547] *Ibidem*.

de ces agrégats soit exacte. En France, en 1996, la croissance du PIB avait été prévue de 2,8 % pour n'être en fait que 1,8 %.

L'extrapolation de l'évolution attendue des revenus, des bénéfices, de la production et surtout des prix devrait déterminer les prévisions pour l'IGR, l'IS, ou la TVA, avec, il est vrai, des erreurs de prévision. En 1997, en France, la marge d'erreur sur les recettes fiscales brutes a été de 2,3 % en sous-estimation, pour les droits d'enseignement cette marge a été de 8,7 %. Il est question de réfléchir sur ces marges d'erreur chez les décideurs publics dans les pays en développement.

b. L'aide de la Comptabilité nationale à la présentation des chiffres budgétaires

Il y a une liaison juridique entre les comptes de la nation et le budget de l'État. Elle a été établie en France pour la première fois, par le décret du 19 juin 1956 réglementant la présentation du budget. Ce décret prévoyait la présentation de deux rapports (un rapport financier et un rapport économique). Le rapport économique est fondé précisément sur les comptes de la nation. Autrement dit, le budget de l'État s'élaborait dans l'environnement économique retracé par la CN. Au Maroc, parmi les innovations de la loi organique n° 7-98 du 26 novembre 1998 relative à la loi des finances[548], on cite surtout sa mention relative à l'équilibre économique. Celui-ci n'a pas été prévu dans le cadre de la loi organique des finances du 18 septembre 1972[549].

L'article 33 de la loi organique de 1998[550] dispose « le projet de la loi de finance de l'année est déposé sur le bureau de l'une des deux chambres du Parlement, au plus tard, soixante dix jours avant la fin de l'année budgétaire en cours. Il est accompagné d'un rapport exposant les grandes lignes définissant l'équilibre économique et financier, les résultats connus et les perspectives d'avenir ainsi que les modifications apportées en ce qui concerne les recettes et les dépenses (...) ».

Ce rapport est établi en fait à partir des données de la CN. En France, en annexe du rapport économique et financier figure les comptes prévisionnels de la nation et le budget économique.

Le rapport économique et financier est aussi accompagné d'un rapport sur les comptes de la nation ou comptes rétrospectifs. Depuis 1992, il est tenu en 2 volumes : Tome I qui présente l'économie financière pour l'année précédente, l'année d'adoption du budget (TVA chômage, prix, dette). Tome II : Il comporte les comptes et indicateurs économiques. C'est là où se trouvent les grands tableaux de synthèse : TOF, TES.

---

[548] *La Nouvelle loi organique des finances*, *REMA*, n° 8-9, 1998.

[549] Abdelkader Berrada, « La loi organique des finances du 26 novembre 1998 est elle réellement l'aboutissement d'une réforme en profondeur du texte du 18 septembre 1972 ? », *REMA*, n° 25, 2008, p. 23.

[550] Telle qu'elle est abrogée par la loi organique n° 130-13 relative à la loi de finances du 2/06/2015.

Selon l'article 48 de la nouvelle loi organique de 2015, le projet de la loi de finances est accompagné, entre autres rapports et documents, du rapport économique et financier.

Énonçant l'agenda d'une nouvelle génération de réformes et la consolidation du modèle de développement économique et humain à la lumière des principes de la Constitution de 2011, le Rapport économique et financier de 2016 comporte trois parties :

- partie I : le Maroc dans son environnement mondial et régional (position mondiale de l'économie nationale ; en termes d'attractivité et de compétitivité, balance commerciale, partenariat).
- partie II : consolidation du modèle de développement national : vers une croissance inclusive créatrice d'emploi, réductrice des disparités sociales et spatiales (analyse rétrospective de l'économie, stratégie sectorielle et transformation structurelle de l'économie, nouveaux relais de croissance, capital humain).
- partie III :orientations budgétaires à la faveur d'une soutenabilité des finances publiques (tendances des finances publiques, réforme fiscale, réforme de la loi organique des finances, réforme du système de compensation, contexte du PLF 2016).

Graphique n° 10
Évolution de la croissance économique au Maroc (%)

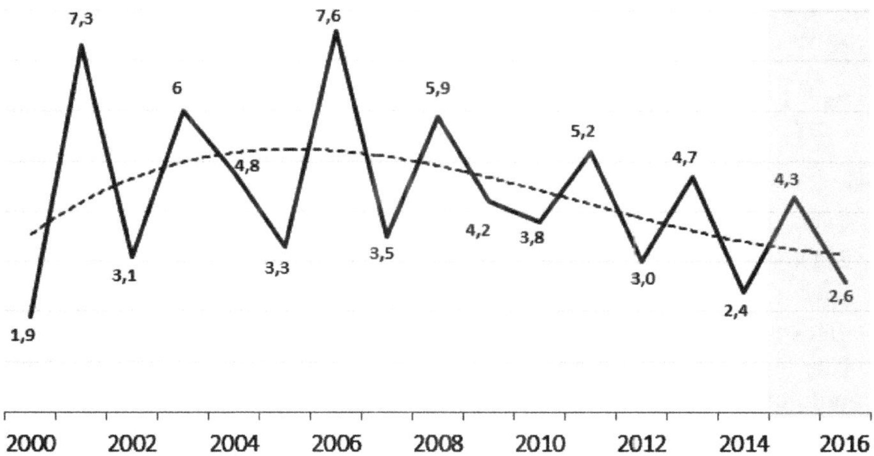

Source : HCP.

Au Maroc, les prévisions économiques de la croissance, en 2014, montre la diversité des chiffres, qui varient entre 2,3% et 4,2%.

Tableau n° 16
Prévisions du taux de croissance en 2014, selon les instances

Instances	Taux de croissance prévu
Banque mondiale	3,6 %
FMI	4,0 %
Gouvernement	4,2 %
HCP	2,3 %
BAM	3,0 %
CMC	2,7 %

Graphique n° 11
Prévisions de la croissance du PIB au Maroc (FMI 2012-2019)

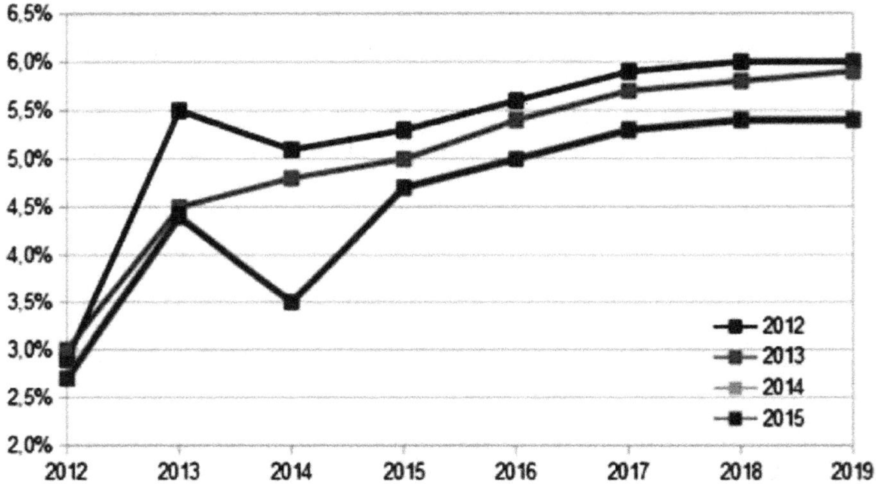

Source : Rapports PLL du FMI 2012-2015.

2. Comptabilité nationale et budget économique

Au Maroc l'élaboration et la préparation du budget économique sont confiées à l'autorité gouvernementale chargée du plan depuis 1989, en vertu de la loi n° 39-87 portant approbation du plan de développement économique 1988-1992. L'article 2 de cette loi charge le ministère du Plan à préparer un rapport définissant les résultats connus et les perspectives d'avenir. En fait, depuis 1975, l'organigramme de la Direction de la planification avait inclus un service de la conjoncture et du budget économique.

Ainsi, dés 1989 c'est la division du budget économique dépendant de la direction de programmation (Haut Commissariat au Plan actuellement) qui élabore le budget

économique dans une double optique : prévisionnelle et prospective.

Ce budget économique présente :

– une vision globale sur l'environnement économique international ;

- la situation économique nationale ;
- un programme d'investissement à l'échelon sectoriel et national.

Sur le plan pratique, c'est le ministère chargé des Finances (DPEG) qui monopolise[551] aujourd'hui l'élaboration du budget et l'information du Parlement. Or, la nouvelle approche de planification suppose l'implication et la participation de tous les acteurs socio-économiques.

a. Le budget économique exploratoire

Aujourd'hui c'est le HCP qui publie chaque année au mois de juin à la veille du lancement des travaux de préparation de la loi des finances, le budget économique[552] dit exploratoire. Ce budget fournit les estimations de la croissance économique, nationale de l'année en cours et les réunions pour l'année suivante. Le budget économique établit des hypothèses d'évolution de l'environnement international et de la situation économique intérieure.

Tableau n° 17
Indicateurs du budget économique exploratoire et situation macro-économique (2014-2017)

Indicateurs	2014	2015	2016	2017
Croissance économique	2,5%	3,7%	1,5%	3,5%
Accroissement de la valeur ajoutée des activités non agricoles	3,1%	3,7%	2,3%	2,6%
Inflation	1,1%	1,7%	1,7%	1,8%
Déficit courant des échanges extérieurs	7,1%	7,4%	2,1%	1,9%
Taux d'endettement public global	79,7%	80,2%	81,4%	81,1%
Taux d'endettement du trésor	66,4%	64,1%	65,5%	65,7%

Source : Budget économique exploratoire, HCP.

Sur le plan pratique, le budget économique prospectif est préparé avant le budget prévisionnel. Il permet de faire l'état des lieux (diagnostic) de la situation économique et des programmes de développement tels qu'ils sont prévus dans le plan de développement économique et social. Le budget économique exploratoire qui sert à l'élaboration de la loi des finances comporte :

- l'analyse des données relatives à la politique économique et financière qui peut être adoptée dans la loi des finances et présentée sous formes de scénarios ;
- la conception de la politique générale à adopter dans le cadre de la loi des finances ;

[551] Deux rapports sont généralement annexés au projet de la loi des finances présenté au Parlement : le rapport économique et social élaboré par la Direction de la politique économique générale et celui de la Direction des établissements publics et de participation (DEPP).
[552] HCP, Budget économique exploratoire 2010, juin 2009, p. 1.

- les données macro-économiques permettant l'étude des scénarios possibles :
  - scénario moyen : Il constitue l'état de référence dans l'évaluation des variables économiques et financières dans le court terme des différents secteurs de l'activité économique.
  - scénario haut : Il est basé sur une bonne année agricole qui entraîne des effets positifs compte tenu de leurs actions dans les différents secteurs de l'économie nationale.
  - scénarios bas : Il prend en considération certains événements de la nature conjoncture telle que la sécheresse et ses effets sur la production agricole ou la faiblesse du taux de croissance dans les autres secteurs.

b. Le budget économique prévisionnel

Le budget économique prévisionnel présente une estimation des principaux agrégats de l'économie nationale en situation (n) et les prévisions de leurs évolutions en (n+1). Il se base sur les résultats des enquêtes trimestrielles et les travaux de suivi et d'analyse de conjoncture menés par le HCP et intègre les nouvelles tendances de l'environnement international, ainsi que les principales dispositions de la loi de finances n+1.

Le budget économique prévisionnel de 2017 présente une révision du budget économique exploratoire 2017 publié au mois de juin 2016. Il s'agit d'une nouvelle estimation de la croissance de l'économie nationale en 2017 et de la révision des perspectives économiques de 2017 et leurs effets sur les équilibres macro-économiques internes et externes et sur le financement de l'économie.

Ces nouvelles perspectives prennent en compte les dispositions de la loi de finances 2017, les résultats des comptes nationaux et des enquêtes et études réalisées par le HCP aux niveaux trimestriels ainsi que les données monétaires et financières fournies par les services du ministère des Finances et la Banque centrale. Il est établi après l'élaboration du projet de loi des finances, d'où l'importance des données, des indicateurs et des mesures prises par le gouvernement, dans le cadre du budget en cours, qui peuvent être exploités par le budget économique prévisionnel. Celui-ci comporte en ce qui concerne le domaine macro-économique les aspects suivants :

- les réalisations annuelles détaillées ;
- l'analyse de la situation économique et ses contraintes ;
- la description précise de la politique économique et sociale adoptée dans la loi des finances ;
- les prévisions des comptes et des agrégats ;
- les réalisations et les perspectives des secteurs productifs en termes d'actions et de mesures d'accompagnement tout en comparant la situation par rapport à l'année antécédente.

A titre d'illustration, le budget économique prévisionnel de 2015 comporte trois parties :

- l'environnement international (commerce mondial, marché mondial des matières premières, marché de change) ;
- l'évolution de l'économie nationale en 2014 (croissance économique sectorielle, secteur primaire, secondaire et tertiaire, la valeur ajoutée de l'ensemble des branches) ;
- les perspectives économiques en 2015 (croissance économique, évolution de la demande, financement de l'économie[553]).

c. Objet et caractéristiques du budget économique

Le budget prévisionnel vise à clarifier les effets de la loi de finances proposée sur les aspects économiques et sociaux, notamment les catégories sociales. A ce titre on remarque que :

- le budget économique permet de présenter les comptes nationaux prévisionnels pendant une année. Par conséquent il constitue un outil indispensable d'analyse dans le processus de prise de décision ;
- il constitue une base fondamentale d'élaboration de la loi des finances, parce qu'il permet de prendre en compte l'environnement économique et social ;
- il permet de relier l'économie à son environnement national et mondial par le biais de l'évaluation de la conjoncture et l'analyse des effets de certaines décisions sur l'équilibre comptable et le développement de l'économie nationale dans le court terme.

d. Méthodologie de préparation du budget économique

La méthodologie de préparation du budget économique[554] se distingue par les éléments caractéristiques suivants :

- l'évaluation de la conjoncture et de la situation prévisible :
  - l'exploitation des données, des rapports des organisations internationales (Banque mondiale, OMC, FMI) ;

---

[553] Les finances publiques auraient été marquées en 2014, fait noter le HCP « par un allégement du déficit budgétaire qui aurait été de prés de 45 milliards de Dh, représentant 5% du PIB au lieu de 48 milliards de Dh et 5,5% du PIB en 2013. Le solde budgétaire non compris les intérêts de la dette publique aurait dégagé un déficit de l'ordre de 2,3% du PIB en 2014 au lieu de 2,9% en 2013 et 4,5% en 2012 ». Cet allégement du déficit budgétaire est dû, selon le HCP, en particulier, à la réduction des dépenses de compensation, qui seraient passées à 33 milliards de Dh au lieu de 41,6 milliards de Dh en 2013 et à l'amélioration de la collecte des recettes fiscales et non fiscales (transferts reçus du Conseil économique du Golfe, estimés à prés de 11 milliards de Dh, recettes de privatisation de prés de 2 milliards de Dh, contribution libératoire estimées à prés de 2,3 milliards de Dh. Ces recettes exceptionnelles auraient totalisé prés de 15 milliards de Dh représentant 1,7% du PIB.

[554] Préparation du budget économique, Direction de planification, ministère du Plan, Rapport doc ronéo, 2000.

– l'évaluation de l'activité économique nationale : données de la Direction de statistique, des départements de l'agriculture, des pêches maritimes… ;
– les données de la CN (production, investissement, financement, prix) ;
– le recours à la modélisation dans l'élaboration du budget économique ;
– l'appréciation de l'importance des mesures opérées par les différents départements et secteurs concernés.

3. Critiques de la Comptabilité nationale

Les critiques adressées aux fondements techniques et méthodologiques de la CN en tant qu' outil du budget économique sont multiples. On cite notamment :

a. Le PIB est-il un bon indicateur du bien-être ?

La CN qui mesure en termes monétaires la création et l'échange des richesses n'est pas en mesure d'évaluer le bien – être, le bonheur et la satisfaction sociale[555]. En effet, le PIB n'arrive pas à enregistrer l'ensemble des biens et services produits ; d'où les critiques sur la fiabilité des chiffres, parce qu'il s'agit de relativiser les chiffres, les concepts et les agrégats de la CN. Le PNUD, pour manifester que la mesure du développement ne peut être réduite au PIB calcule depuis 1990 un indicateur du développement humain (IDH). Il s'agit d'un indicateur composite qui est la moyenne de trois indicateurs pondérés de façon égale :
– la longévité, mesurée par l'espérance de vie à la naissance ;
– le niveau d'éducation, mesuré à partir du taux d'alphabétisation des adultes (2/3 de l'indicateur) et du taux haut de scolarisation (tous niveaux d'études confondus (1/3 de l'indicateur) ;
– le niveau de vie (richesse), mesuré par le PIB réel corrigé par habitant.

Certes, l'approche de mesure par le PIB dont l'utilisation fut universelle se heurte donc d'emblée à « une barrière dont le franchissement requiert des investissements importants ; en termes de communication et de collecte de données[556] ».

Or, les experts sont optimistes, cette opération est possible comme le témoigne le succès de l'IDH lancé par le PNUD en 1990, grâce au travail de l'économiste pakistanais Muhbub Ul Haq (1934-1998). Ainsi, sans surprise, l'IDH est corrélé au revenu par habitant.

Il est aujourd'hui question de compléter le PIB et l'IDH par une batterie d'indicateurs prenant en compte l'environnement (biodiversité, rejet de gaz à effet de serre, utilisation de l'eau potable). A cet effet, on a assisté depuis

---

[555] *Le Rapport arabe sur le développement humain 2002*, PNUD, Jordanie, 2002.
[556] P. Jacquet, « Les Acteurs de l'économie : Mahbug Ul Hak, l'âme du développement humain », *in le Monde Economie*, 8 septembre 2009.

1994 à une floraison d'initiatives[557] en la matière dans de nombreux pays : le canada, l'Allemagne, le Royaume-Uni, l'Autriche, les Pays Bas et la Suède. Les organisations internationales fournissent également une source appréciable sur le développement des indicateurs environnementaux[558].

A titre d'exemple, parmi les innovations apportées par l'Indice de bien économique durable (IBED) on trouve trois révisions, qui concernent respectivement le traitement des inégalités de revenus, l'évaluation des dommages liés au réchauffement climatique, et le coût de destruction de la couche d'ozone[559].

Plus récemment, les 11 dimensions et 23 variables de l'indicateur de vivre mieux en 2016 du nouvel agenda des Nations unies à l'horizon de 2030 avance de nouveaux éléments caractéristiques d'évaluation[560].

b. Les critiques sur la fiabilité des chiffres

Celui qui pense qu'une croissance exponentielle infinie est possible dans un monde fini est soit fou, soit un économiste », Kenneth Boulding.

Le PIB qui est égale à la somme des valeurs ajoutées par les différentes unités produisant sur le territoire national ne donne pas un chiffre exact sur la réalité économique parce qu'il ne comptabilise que les transactions officielles, dès lors il manque dans le chiffre du PIB :

- la production domestique effectuée à la maison (bricolage, services, quotidiens) par des femmes ou par des hommes. A titre d'illustration, on considère que le tiers de l'investissement global en Inde est réalisé par bricolage. On estime que la prise en compte de ces services majorerait le PIB de 30 à 40 % en France soit 2 000 milliards en franc de plus.
- le travail au noir, de l'économie informelle évaluée entre 4 et 5 % du PIB en France, contre 6 à 24 % en Italie ou 2 à 26 % aux États Unis ;

---

557 On peut citer notamment les recherches de Clifford Cobb et John Cobb publiées la même année, Le manuel des Nations unies de comptabilité économique et environnemental intégrée, Nations unies, 2003, les travaux de la Banque mondiale, l'épargne véritable (*Genuine savings*), les travaux de l'ONG (*Friends of Earth*, (les amis de la terre)).

558 J. Gadrey, F Jany-Catrice, *les Nouveaux indicateurs de richesse*, La Découverte, n° 404, Repères Economie, 2007.

559 *Ibidem*, p. 58.

560 A titre d'exemple :
– logement : le nombre de pièces par occupant (toilette, chasse d'eau) ; – revenu : patrimoine financier disponible ;
– emploi : taux de chômage de longue durée ;
– éducation : pourcentage de la population ayant au moins le baccalauréat ;
– environnement : qualité de l'air et de l'eau dans les grandes villes ;
– gouvernance : taux de participation aux éléctions ;
– sécurité : taux d'agression, nombre d'opération terroriste, etc.
Cf. J. Gadrey, F. Jany-Catrice, les nouveaux indicateurs de richesse, La Découverte, 2016, p. 92.

- la comptabilisation matérielle des activités et des richesses sans tenir compte de la multiplication des nuisances qu'elles entraînent (drogue, tabac, alcool, cancer, maladie, suicide, pollution) ;
- l'épuisement et la dégradation des ressources naturelles et environnementales ne sont pas mesurés et comptabilisés.

C'est dans cette perspective qu'une commission sur la mesure de la performance économique et du progrès social a été constituée (en 2009) en France sous la présidence du Prix Nobel Joseph Stiglitz pour engager une réflexion sur « les moyens d'échapper à une approche trop quantitative, trop comptable de la mesure de la performance collective ».

E. Finances publiques, planification et programmation

Les imprécisions du plan et des programmations en relation avec le budget traduisent énormément de difficultés de la distinction prévisions-objectifs et leurs impacts réels[561] sur le processus de développement économique et social.

1. Liens et interdépendance entre planification, suivi et évaluation

Il existe des liens étroits entre planification, suivi et évaluation. Sans une planification efficace et une articulation bien définie des résultats espérés le suivi et l'évaluation ne peuvent pas être faits correctement. En revanche, le suivi facilitera l'évaluation[562].

En fait, une bonne connaissance des techniques de planification permettrait de mieux identifier les contraintes auxquels se heurte aujourd'hui le processus d'élaboration des politiques publiques.

2. Échouer dans la planification, c'est planifier son échec

La citation « échouer dans la planification, c'est planifier son échec ». Car tout porte à penser qu'avoir un plan bien établi permet d'avoir une meilleure efficience et d'être plus efficace. « Ne pas avoir un plan serait, Selon le PNUD, dans une certaine mesure, identique à vouloir construire une maison sans cahier des charges, il sera difficile de prédire à quoi ressemblera la maison, combien celle-ci coûtera, combien de temps et quelles seront les ressources nécessaires à sa construction et si le produit fini (l'architecture) répondra aux satisfactions aux habitants[563] ».

En bref, la planification peut aider à déterminer ce qu'un État, un programme ou un projet cherche à réaliser et par quels moyens. Il existe une

---

[561] A. Babeau & P.H. Derycke, *Problèmes de développement*, Préface de Pierre Bauchet, Sirey, Paris, 1967, p. 8.

[562] *Guide de la planification, du suivi et de l'évaluation axée sur les résultats de développement*, PNUD, 2009, New York, p. 8.

[563] *Ibidem*, 9.

relation très étroite entre le budget et le plan[564]. En effet, le budget n'est que la tranche annuelle et chiffrée du plan économique et social en cours.

3. La liaison plan-budget

Le plan est une intervention. Le budget constitue une autorisation. La différence entre les deux (approches) réside dans les modalités administratives et méthodologiques d'élaboration des deux documents. Techniquement ce sont les autorisations de programmes qui allongent la durée du budget jusqu'à lui faire atteindre la durée du plan.

4. Différences entre plan, budget et programmation

Si le budget comporte l'ensemble des recettes et des dépenses de l'État pour une année le plan comporte l'ensemble des orientations et la perspective globale de développement économique et social. Ainsi, si le budget permet de réajuster la politique économique en fonction de la conjoncture à court terme, le plan permet d'agir sur le moyen terme. Dans cette optique et en vue d'instaurer cette liaison le budget économique est utilisé en tant qu'instrument précieux de prévision et d'évaluation en vue d'assurer une meilleure coordination entre le plan et le budget.

Or, en l'absence du plan de développement économique et social[565] il devient nécessaire de placer la programmation budgétaire des actions correspondantes dans une perspective pluriannuelle glissante facilitant ainsi leur déclinaison dans la loi de finances et l'affectation des ressources indispensables à leur exécution.

Selon la Banque mondiale[566], l'objectif de l'intégration des politiques des plans et des budgets est de gérer efficacement les conflits entre les « besoins » et les « ressources ». La mise en place d'un cadre de dépense à moyen terme (CDMT) permet de faciliter la gestion des conflits entre les politiques et les réalités budgétaires.

Le CDMT permet d'accroitre la prévisibilité des flux de ressources et de clarifier les décisions de financement surtout dans les pays en développement où les incertitudes du processus d'allocation des ressources (excès d'optimisme des prévisions, contradiction entre les décisions de politique publique et les ressources disponibles) constituent un véritable problème[567].

---

[564] Mohamed Harakat, *le Droit du contrôle supérieur des finances publiques au Maroc*, *op. cit.*, p. 271 et s.

[565] Le dernier plan de développement économique et social adopté remonte à 2000-2004.

[566] Banque mondiale, *Manuel de gestion des dépenses publiques*, Washington, 2000, p. 55.

[567] *Ibidem.*

F. Finances publiques et évaluation des politiques publiques

Les finances publiques permettent de financer les politiques publiques. Celles-ci se complètent par la planification, la programmation, le suivi, le contrôle interne, et l'évaluation de l'impact, en termes de coût et avantage. Dans ce travail nous revenons amplement sur ce paradigme au cours de nos développements ultérieurs.

Nous soulignerons au départ que l'EPP constitue une démarche cognitive, pédagogique et démocratique qui la met en débat publique, critique et permanent pour améliorer la performance de la gouvernance. L'attitude est toujours créatrice, constructive, mais aussi interactive et interdisciplinaire[568]. Il s'agit d'une activité de nature institutionnelle qui a vocation à s'intégrer à la gestion publique tout en devenant un corpus politique et professionnel[569]. Dans une société démocratique fondée sur le savoir, l'évaluation constitue un outil incontournable d'aide au processus de prise des décisions stratégiques.

Dés lors, l'EPP se heurte constamment à une série d'handicaps afférents à l'environnement culturel et social dominant, c'est à dire à la mentalité et notamment à la nature des tâches immatérielles marquant le fonctionnement de l'État.

G. Finances publiques, contrôle et évaluation de l'économie des finances militaires

Il s'agit de tenir compte, lors du contrôle des dépenses de la défense, de la spécificité de l'économie des finances militaires[570] et de leur impact sur les finances publiques dans leur globalité et leurs priorités, à la lumière des expériences des démocraties occidentales, dans la perspective d'assurer plus de transparence et d'efficacité et davantage d'information aux citoyens.

Cet ouvrage a pour but de contribuer aux débats actuellement menés, à travers le monde, sur les situations de fragilité. Notre analyse ne se limite pas, par conséquent au seul budget militaire.

1. Spécificité de l'économie des finances militaires

Les dépenses de la défense nationale sont budgétivores. Du fait de la cherté des équipements militaires, compte tenu de leur haute technologie et leur entretien. La multiplication des foyers djihadistes constitue une menace pour toutes les démocraties dans le monde[571].

---

[568] Maurice Baslé, *Economie, conseil et gestion publique : suivi et évaluation des politiques publiques et des programmes*, Economica, Paris, 2008, p. 9.

[569] *Ibidem*, p. 25.

[570] Paul Poast, *Principes d'économie militaire*, Economica, Paris, 2006.

[571] François Fillion, « La défense de la France, une priorité de l'État », *in RDN*, n° 794, novembre 2016, p. 18.

En dépit du secret qui caractérise généralement sa gestion et ses rapports avec la souveraineté de l'État, rien n'empêche leur rationalisation pour garantir leur efficacité.

La réorganisation autant des services et des dépenses de la défense et de la sécurité revient en réalité à poser l'une des éternelles questions qui jalonnent les débats sur les finances militaires : « Qui doit faire quoi ? ».

La défense, ce sont avant tout des valeurs qui sont aujourd'hui indispensables à la cohésion sociale[572] par le biais de l'inculcation de la transparence, l'intégration des jeunes, la formation et la sécurité. Dans une période de crise et de fragilité de l'État le contrôle des dépenses occasionnées par la défense s'impose avec acuité. L'enseignement de cette discipline devrait développer des outils spécifiques de contrôle de la défense ; en termes de contrôle, d'évaluation et d'impact.

2. Comment maîtriser les dépenses de la défense nationale en « dépensant mieux » ?

Au delà de la nature et de la spécificité de ces dépenses et leur rapport avec la souveraineté de l'État rien n'empêche de mettre en place un système de contrôle interne des dépenses de la défense permettant d'explorer les possibilités de réaliser des gains d'efficacité en réorganisant ses structures, par le biais de l'amélioration et de la coordination des dépenses nationales dans le même sens préconisé par des études savantes sur la question[573].

Un tel contrôle ne devrait pas se contenter premièrement, de regarder ce qui se passe à l'échelle des rubriques budgétaires, mais prend en considération les dépenses d'ensemble de l'État et étudie les synergies possibles entre d'autres dépenses budgétaires stratégiques (économie du savoir, recherche, éducation, santé).

En fait, le contrôle va au-delà de la question du « dépenser plus ou dépenser moins » et aborde la question du « dépenser mieux ». Dès lors, au lieu de se concentrer sur le montant dépensé ou potentiellement économisé, les contrôleurs et les évaluateurs se penchent sur la définition appropriée des interventions budgétaires dans un domaine donné et sur les vertus des dépenses au regard d'autres types d'interventions publiques.

Ainsi, si le contrôle des dépenses de la défense nationale constitue un tabou dans les pays en développement (pays arabes et africains notamment) dans d'autres pays démocratiques ce contrôle fait l'objet de développement important et de débat significatif.

---

[572] Nicolas Sarkozy, « Défense et sécurité nationale », *in RDN*, n° 794, *op. cit.*, p. 11.

[573] Fabio Liberti, « Les dépenses de défense en Europe : peut-on faire mieux sans dépenser plus », *Policy Paper*, n° 46, 2011.

3. Les leçon des expériences démocratiques étrangères

La question qui se pose est de savoir quant commence et cesse le secret de contrôle des dépenses de défense ?

En France, le rapport annuel du Conseil d'État pour 1996 a été consacré aux difficiles relations de la transparence et du secret[574]. Le rapport public particulier de la cour des comptes française concernant la gestion budgétaire au ministère de la Défense (juin 1997) a permis d'examiner les séries statistiques de ce département, depuis les années 1970 (budget, prévision, autorisation de programme, tenue de comptabilité, paiement). Parmi les observations relevées par cette cour en l'occurrence, on peut mentionner notamment :

- la mauvaise maîtrise des dépenses de rémunération et dépassements de crédits[575] ;
- les retards de paiement aux fournisseurs (engendrent des surcoûts non négligeables pour les biens et prestations qui lui sont livrés se manifestant notamment par les intérêts moratoires versés)[576] ;
- le manque de visibilité et de suivi inhérent à l'organisation des responsabilités dans ce domaine[577].

Les constatations sévères de cette institution appelent à une réflexion approfondie pouvant être résumées comme suit[578] :

- le cadre budgétaire et comptable ne se prête ni à une gestion rigoureuse ni à des contrôles efficaces ;
- les écarts entre prévisions et réalisations budgétaires sont excessifs ;
- les crédits sont gérés selon des méthodes défectueuses ;
- les difficultés de la programmation des activités.

Ces signes de fragilité du département de la défense ont fait ressortir[579] :

- les défauts des procédures budgétaires et comptables du ministère de la défense, dont les inconvénients n'apparaissaient pas avec autant d'évidence dans les périodes de relative aisance financière ;
- un budget peu lisible qui, notamment, ne permettait pas de suivre le financement des grands programmes d'armement et d'établir le lien avec la programmation ;
- une gestion déficiente des crédits d'équipement, dont les dysfonctionnements ont aggravé les effets de la régulation budgétaire ;

---

574 Bertrand Warusfel, « Le contrôle du secret de la défense nationale : une exigence de l'État de droit » *in Revue Droit et défense*, n° 4, 1996 p. 23.
575 Cour des comptes, *Rapport public particulier*, juin 1997, p. 29.
576 *Ibidem*, p. 73.
577 *Ibidem*, p. 76.
578 *Ibidem*, p. 116.
579 Cour des comptes, Rapport au président de la République, suivi des réponses des administrations, collectivités, organismes et entreprises, 1999, p. 48.

– le déploiement du contrôle interne budgétaire au ministère de la défense est nécessaire.

Le contrôle interne budgétaire est constitué de l'ensemble des dispositifs formalisés et permanents permettant aux responsables, à tous les niveaux de la gestion, de disposer d'une assurance raisonnable sur la qualité des informations financières mises à leur disposition et sur la soutenabilité budgétaire de leurs décisions (programmation pluriannuelle, organisation financière et comptable, formation, suivi, etc.). Une telle démarche de restructuration, de déploiement et d'animation du contrôle interne budgétaire repose sur une formalisation des processus de maîtrise des risques. Le graphique ci-après illustre les différentes composantes d'une démarche de contrôle interne et de management des risques pour le secteur de la défense.

Graphique n° 12
The Three Lines of Defense Model

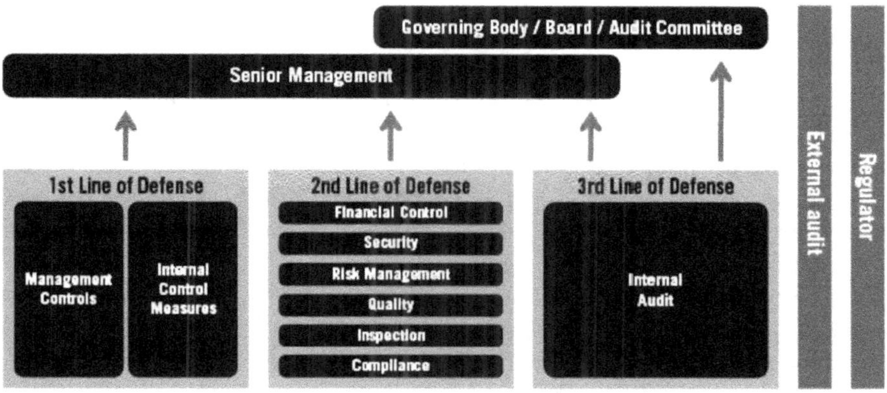

Adapted from ECIIA/FERMA *Guidance on the 8th EU Company Law Directive, article 41*

Source : The three lines of defense in effective risk management and control, The Institute of Internal Auditors, January 2013, p. 2.

Bref, ce n'est qu'à l'issue d'un audit approfondi[580], global et intégré, tenant compte des multiples défis démocratiques et sociaux de l'État et fondé sur l'évaluation continue du contrôle interne qu'une transparence et une restructuration du secteur de sécurité pourraient être conçues.

Un autre exemple édifiant est fourni par les États-Unis dont le budget annuel du Pentagone est estimé à 718 milliards de dollars, en 2020. Dans ce pays le contrôle interne des dépenses de la défense est fonctionnellement et fortement bien structuré[581]. Il est confié au Defense Contract Audit Agency

[580] François Fillion, *La Défense de la France*, *op. cit.*, p. 13.
[581] Consulter DCAA Contract Audit Manual Department of defense – Defense Contract Audit Agency, January 2010, v1 & 2 Washington fournissant le statut, les standarts, l'objet et les

(DCAA). Il s'agit d'une agence fédérale qui fournit tous les services d'audit et de conseil financier au département de la Défense (DoD) et à d'autres entités fédérales chargées de l'acquisition et de l'administration des contrats. La DCAA fonctionne sous l'autorité, la direction et le contrôle du sous-secrétaire de la Défense (contrôleur)/chef de la Bureau financier (Chief Financial Officer).

Avant 1965, chaque section militaire des États-Unis possédait des fonctions distinctes d'audit contractuel et des règlements. Les entrepreneurs et le personnel gouvernemental ont reconnu la nécessité d'établir la cohérence dans les activités d'acquisition et de gestion des contrats militaires. A cet effet, le secrétaire de la Défense Robert S. McNamara a institué le « projet 60 » en mai 1962 pour examiner s'il était possible de gérer centralement l'administration des contrats et les activités d'audit. D'où la décision d'établir une seule structure d'audit de contrat unique, la « Defense Contract Audit Agency ». Le 1er juillet 1965, la DCAA a commencé à fournir des services de vérification et de consultation financière aux responsables des marchés publics.

Par ailleurs, le Pentagone qui fait recours constamment à la diversification de ses sources de conseil pour améliorer l'efficacité de ses décisions avait commandé une étude intitulée « Transforming DoD's Core Business Processes for Revolutionary Change » histoire de pouvoir réinvestir les économies éventuelles dans les forces de combat.

L'étude, réalisée en 2015 par le Conseil des affaires (Defense Business Board, un comité consultatif fédéral composé de cadres supérieurs) et des consultants de McKinsey and Company[582].

Or, le rapport d'étude de 77 pages réalisé en 2015 a d'abord été publié sur le site du Pentagone, avant d'en être supprimé à la hâte[583] a montré que le département de la Défense engageait un nombre stupéfiant d'employés, à savoir plus d'un million de personnes, civiles et militaires, pour assurer l'activité d'environ 1,3 million de soldats en service actif, le plus petit nombre depuis 1940.

Le rapport a établi que le Pentagone avait consacré près d'un quart de son budget de 580 milliards de dollars à des frais généraux et à des opérations commerciales, comme la comptabilité, les ressources humaines, la logistique et la gestion immobilière.

---

responsabilités des auditeurs en matière de contrôle des finances et des contrats de la défense aux USA.

[582] Defense Business Board, Transforming DoD's Core Business Processes for Revolutionary Change, January 22, 2015.

[583] En savoir plus : https://fr.sputniknews.com/international/201612061029028143-usa-pentagone-gaspillage/

Graphique n° 13
Bloated bureaucracy in the internal Pentagon study (2015)

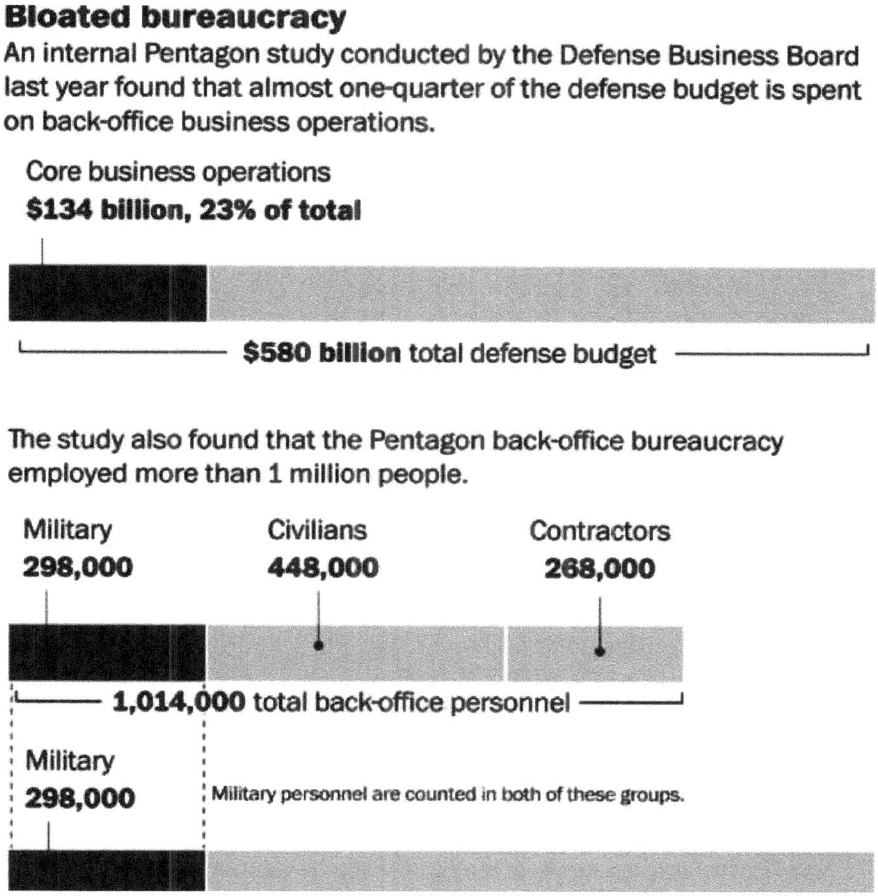

La bureaucratisation des dépenses du Pentagone, fait remarquer la consultation, se manifeste par l'emploi de 1 014 000 personnes qui sont employés dans six processus administratifs au détriments des forces du combat[584].

Le Pentagone a « enterré » ce rapport faisant la lumière sur le gaspillage de 125 milliards de dollars en son sein par crainte que le Congrès n'utilise ses résultats comme prétexte pour réduire le budget de la défense[585]. L'étude avait été commandée par l'ancien numéro deux du Pentagone, Robert Work, qui a qualifié d'«irréalistes» les économies anticipées par le groupe

584 Qui sont : RH et management ; Gestion des soins de santé ; Gestion des flux financiers ; Chaîne d'approvisionnement et logistique et Achat et marché.

585 Craig Whitlock and Bob Woodward, « Pentagon buries evidence of $125 billion in bureaucratic waste », T*he washington Post*, December 5, 2016.

consultatif composé de dirigeants d'entreprises et de conseillers de la société McKinsey[586].

L'article du washington Post laisse cependant croire que l'administration républicaine de 2017 pourrait ressortir l'étude de la filière 13 dans l'espoir de réaliser la promesse de Donald Trump de renforcer les forces armées en réduisant « le gaspillage ».

Bref, l'énoncé des deux modèles de contrôle et leurs contraintes permet, à notre sens, de promouvoir le débat sur le développement dans nôtre région d'une culture démocratique de contrôle des finances militaires ;en termes d'efficacité et d'efficience et de transparence, ainsi que la production d'information fiable, à mettre à la disposition des citoyens.

H. Finances publique et e-gouvernance

Etymologiquement « Finer » en ancien français signifie payer et on ne saurait payer, ni recevoir en paiement sans calculer, compter (latin : computare) d'où « computer »[587].

Dès lors, l'informatique constitue la science et la technique du traitement de l'information dont le but réside dans l'automation du calcul, le traitement des informations en quantité et l'aide à l'élaboration des décisions stratégiques[588]. Mais, c'est aussi un domaine surveillé notamment par les groupes de pression qui interviendront pour faire en sorte qu'en matière de recettes publiques ou de dépenses publiques tout ne devienne pas trop transparent et en tout cas trop aisément contrôlable[589]. D'où la pertinence d'une psychosociologie des TIC dont l'internet est l'une des inventions les plus révolutionnaires qui aient bouleversé nôtre rapport à l'information. Les différentes plate-formes offertes par les réseaux se révèlent à la fois source d'information, de manipulation et de fragilité[590].

Selon l'Institut Forester Research, le monde devrait compter en 2013 quelque 2,2 milliards d'internautes. Ce qui représenterait une progression de 45% en cinq ans.

L'évaluation recensait 1,5 milliard d'utilisateur de la Toile en 2008[591].

A cet égard, la cyber-sécurité constitue une nécessité vitale pour l'État étant donné les rapports étroits existant entre cyber-guerre et cyber-terrorisme[592]. Le Président Américain Barak Obama a indiqué dans son discours prononcé à la Maison Blanche le 29 mai 2009 que l'infrastructure numérique du pays doit être traitée comme un « bien stratégique national »

---

586 *Ibidem.*

587 L. Mehl, « Les enjeux du développement de l'informatique dans les finances publiques », *in RFFP*, n° 11, 1986, p. 8.

588 *Ibidem.*

589 *Ibidem*, p. 18.

590 L. Ifrah, *L'Information et le renseignement par internet*, Que sais-je, n° 3881, PUF, Paris, 2010, p. 13.

591 N. Arpagian, *La Cybersécurité*, Que sais-je, n° 3891, PUF, Paris, 2010, p. 13.

592 *Ibidem*, p. 24.

(a strategic national asset), sa défense devant être considérée comme une priorité de sécurité nationale[593]. En dehors d'un contrôle interne et d'un audit stratégique intégré ce secteur demeure l'une des situations de fragilité les plus flagrantes de l'État moderne. Car il peut incarner une arme des conflits dits « hybrides et asymétriques » où les parties prenantes n'y sont pas de la même nature juridique. Il peut s'agir d'un État, d'une entreprise, d'un mouvement terroriste ou d'une personne isolée conduisant des cyber-attaques ou cyberagressions dans la Toile.

Dans une économie de la connaissance, l'information constitue un actif convoité. Selon le rapport d'audit KPMG international en 2009, 110 millions personnes ont été affectées directement ou indirectement par des « pertes de données ». Dans 10% des cas, ces vols ont été commis par des collaborateurs[594].

Les finances publiques constituent un champs privilégié d'intervention des TIC et ce pour des considérations multiples : techniques et démocratiques et stratégiques. A juste titre, J. Frayssinet fait remarquer l'ancienneté de la pénétration de l'automatisation dans le domaine de la gestion des finances publiques puisque dés 1939 des machines électroniques furent utilisées par la Direction générale de l'enregistrement en France[595].

Face à la mutation que connaissent les finances publiques faut-t-il s'interroger sur l'évolution des responsabilités et des compétences des gestionnaires publics (ordonnateurs, comptables, contrôleurs) à la lumière des principes de l'e.gouvernance et les impératifs de développement des techniques modernes de gestion et de contrôle budgétaire par informatique.

L'egovernance peut être définie comme l'application des moyens électroniques (internet, facebook, twitter et d'autres TIC) d'une manière interactive entre l'administration et le citoyen (G2C) et l'administration et l'entreprise (G2B) dans le but de simplifier et d'améliorer davantage tous les aspects et formes de bonne gouvernance[596].

Plus encore, cette révolution conduit à redéfinir substantiellement les processus d'exécution budgétaire dans un environnement marqué par l'octroi de nouvelles responsabilités gestionnaires, dites « managériales », aux ordonnateurs.

L'exigence d'une performance gestionnaire telle qu'elle est prévue dans le nouveau cadre budgétaire de gestion axée sur le résultat (globalisation, contractualisation, partenariat, genre, allégement du contrôle *a priori*, audit) et dans la nouvelle loi organique des finances, nécessite le développement d'un budget ouvert ou citoyen ; d'où l'importance de l'e.gouvernance et de

---

[593] *Ibidem*, p. 16.

[594] *Ibidem*, p. 34.

[595] Frayssinet, *La Bureaucratique*, Berger-Levrault, 1981, cité par P. Beltrame, « Quelques Réflexions sur l'informatique et la gestion des finances publiques », *in RFFP*, n° 11, 1986, p. 22.

[596] Mohamed Harakat, *Les Cours régionales des comptes au Maroc : guide pratique du contrôle des finances locales*, El Maârif Al Jadida, Rabat, 2004, p. 45 et s.

l'application des moyens électroniques (GID, GIRF) dans l'amélioration des valeurs de transparence, du reporting et de la responsabilisation des acteurs dans la société.

La rationalisation de certains procédés d'exécution des dépenses laisse deviner que l'acte d'ordonnancement pourra à terme disparaître alors que cette phase emblématique du droit public financier constitue le point d'orgue des relations ordonnateurs comptables et l'origine même du sens de l'ordonnateur[597]. Or, la dématérialisation d'un acte ne signifie pas la suppression du système du droit budgétaire et financier. Il incombe à ce dernier de donner un sens à l'engagement et à l'ordonnancement[598] qui continueront à se manifester sous une autre forme.

Il s'agit de savoir dans quelle mesure les finances publiques sont prêtes à faire face à ce nouveau cadre juridique et d'encadrer de nouvelles responsabilités (des acteurs) à l'épreuve de la logique gestionnaire qui se situe à l'antipode de la logique de moyen particulièrement déresponsabilisante ?

P.M. Goudemet avance depuis longtemps une solution technique fondée sur l'investissement des vertus de l'identité fiscale dans le processus de la consolidation des valeurs de la transparence dans la société en écrivant :

« Dès lors que chaque particulier aurait un compte financier tenu par un ordinateur, le fisc pourrait en connaître automatiquement les mouvements sans qu'aucune déclaration et aucun contrôle ne soient nécessaires. Informé de tout ces mouvements, l'ordinateur fiscal central pourrait calculer la dette d'impôt de chaque contribuable. On peut même imaginer que l'impôt serait prélevé automatiquement et autoritairement sur le compte électronique du contribuable sans qu'il ait à intervenir... dès lors, la fraude et l'évasion fiscale ne serait plus guère qu'un souvenir[599] ».

Or, en dépit de la rigueur que requiert les TIC en matière de la gestion et de contrôle des finances publiques celles-ci ne peuvent constituer une panacée à la problématique de la transparence sans la prise en considération d'autres facteurs dans ce processus de modernisation de la gestion financière tels que l'environnement institutionnel, culturel, comportemental, humain et sociologique prédominant dans la société. Le reste n'est que littérature.

I. Finances publiques et gouvernance des changements climatiques

Les finances publiques jouent un rôle déterminant dans l'élaboration, l'exécution et la maîtrise des politiques publiques écologiques dans leurs complexes et multiples dimensions fiscales, économiques, sociales et

---

597 Stéphane Thébault, *L'Ordonnateur en droit public financier*, LGDJ, Paris, 2007, p. 12.
598 *Ibidem*, p. 11.
599 P.M. Goudmet, « Les relations entre le fisc et le contribuable », *in Réformes des systèmes fiscaux*, Wayn State University Press, Detroit, 1981, p. 208, cité par Beltrame, *Quelques Réflexions sur l'informatique et la gestion des finances publiques*, *op. cit.*, p. 23.

humaines. Une « finance saine est, subséquemment, une condition *sine qua non* pour doter les gouvernements des moyens nécessaires[600] ».

1. Fondements et contraintes de la gouvernance des changements climatiques

La lutte contre le changement climatique s'appuie sur la Convention-cadre des Nations Unies sur les changements climatiques, signée en 1992. Cette convention comporte quasiment tous les pays de l'ONU. Elle prévoit la tenue annuellement d'une réunion dont le but est de décider des mesures à prendre lors des Conférences des Parties (d'où le nom COP) à la Convention – cadre des Nations Unies pour les changements climatiques. La première édition, la COP 1, a eu lieu à Berlin, en 1995, la COP 20 à Lima, en 2014, la COP 21 est tenue à Paris, en décembre 2015. Enfin, la COP 22 est organisée entre le 7 et le 18 novembre 2016 à Marrakech.

La gouvernance climatique peut se heurter au risque du « Triangle des Bermudes[601] » : missions élevées (encadrement et coordination des actions mondiales pour réduire les émissions de gaz à effet de serre), une gouvernance molle (inefficacité de moyens de prise de décision et une géopolitique dure (forte divergence des intérêts des États) (cf. Gilles Finchelstein, 2015).

La convention de Paris a focalisé l'attention sur un ensemble d'aspects stratégiques et institutionnels permettant aux Parties d'énoncer, à l'horizon 2020, leurs stratégies à faible émission de gaz à effet de serre, à long terme, pour le milieu du siècle et d'adopter des règles, des modalités et des procédures applicables aux mécanismes pour le développement durable.

2. Recommandations de la COP 21 en gouvernance écologique

Elles mettent l'accent sur les éléments essentiels ci-après :

- reconnaître les efforts d'adaptation des pays en développement (amélioration de la cohérence des activités) ;
- évaluer les pertes et préjudices liés aux changements climatiques ;
- mobiliser 100 milliards de dollars par an jusqu'en 2025 pour permettre aux pays en développement de renforcer l'application de leurs politiques, stratégies, règlements, plans d'action et mesures de lutte contre les changements climatiques ;
- mise au point et transfert de technologies climatiques socialement et écologiquement rationnelles ;
- renforcement des capacités des pays en développement Parties au niveaux national, régional et infranational dans le but d'assurer la

[600] « Développement durable et finances publiques : cas de la fiscalité du secteur maritime au Maroc » *in* http:// med-eu.org/documents/MED3/HAJBI-BOUCHARTAT-CHAMI.pdf

[601] Selon la légende cette zone géographique imaginaire de l'océan atlantique aurait été le théâtre d'un grand nombre de disparition de navires.

cohérence et la coordination nécessaire des activités menées dans ce domaine (recueillir de bonnes pratiques, coopération mondiale) ;

- renforcement des institutions nationales chargées de transparence ;
- dresser le bilan mondial des contributions déterminées ;
- facilitation de la mise en œuvre et du respect des dispositions ;
- faire en sorte que les efforts d'atténuation, soient portés au plus haut niveau possible avant 2020.

3. Acquis, contraintes et perspectives de la COP 22

La COP 22 sera celle de l'innovation en matière d'adaptation et d'atténuation aux effets de changement climatique et l'occasion de développer de nouvelles idées et de nouveaux outils opérationnels dans le cadre du plan Paris – Lima et Paris – Marrakech.

Graphique n° 14
Les quinze plus gros émetteurs de CO2 dans le monde

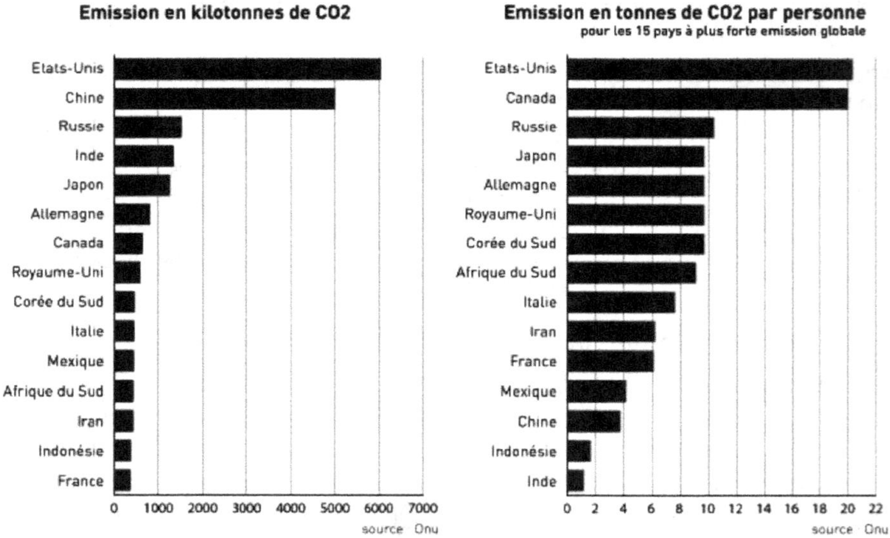

Source : Le Monde du 20 juin 2008.

La conférence de Marrakech permettra de traduire en textes juridiques toutes les règles nécessaires à la ratification et à la mise en œuvre effective du Protocole de Bonn ce qui doit déboucher sur un accord ambitieux pour contenir le réchauffement climatique notamment en Afrique (transformation structurelle des modèles de développement, consolidation des engagements, mobilisation des ressources provenant des bailleurs de fonds, mise en œuvre des mesures de coordination et de suivi des initiatives prioritaires dans le domaine de la lutte contre le changement climatique).

La COP 22 c'était une occasion opportune pour sensibiliser les acteurs des méfaits de la déréglementation climatique des attentes de l'humanité et des engagements responsables pour renforcer la solidarité intergénérationnelle[602].

En marge de cette rencontre, un sommet panafricain s'est tenu sous titre « Sommet africain de l'action » pour examiner les opportunités offertes aux pays africains dans le processus d'élaboration d'une stratégie d'influence commune dont le but est de contrecarrer la menace du changement climatique.

Ce premier sommet africain de l'action s'est clôturé par une déclaration appelée « Déclaration de Marrakech » par laquelle les participants ont remarqué paradoxalement que l'Afrique est le continent qui a le moins contribué aux émissions mondiales de gaz à effet de serre, mais c'est le continent le plus touché par les changements climatiques et que malgré leur minime responsabilité historique en matière de la déréglementation climatique que les régions africaines ont volontairement lancé des initiatives significatives d'adaptation et d'atténuation, visant à améliorer leur résilience et à promouvoir un développement durable[603].

4. Spécificités de la stratégie écologique du Maroc

La stratégie du Maroc en faveur du climat est entamée depuis plus demi-siècle. Elle s'est manifestée par la politique des barrages initiée, depuis le début des années 60, par le Roi Hassan II, ce qui a permis au Maroc de se doter de 140 grands barrages classés dont prés du tiers ont été construits au cours des 15 dernières années (discours royal prononcé lors de la COP21).

Le Maroc s'est fixé l'objectif de 52% de sa capacité électrique en énergies vertes pour 2030. Le royaume promet, selon le chiffre annoncé pendant la COP 21, de réduire les émissions de gaz à effet de serre de 13% entre 2010 et 2030. Il émet actuellement 2,1 tonnes de CO2 par habitant et par an liés aux énergies fossiles bien moins que La moyenne mondiale (4,9 tonnes) ou la moyenne européenne (7,3 %).

Pour sauvegarder cet acquis structurel et central pour l'avenir du Maroc le pays a pris une série de mesures depuis la prise de conscience de l'urgence climatique à Rio en 1992 pour s'engager en faveur du développement durable et de la protection de l'environnement.

On peut citer, à cet égard : la Charte de l'environnement le Plan Maroc Vert, le Plan d'investissement Vert, l'interdiction des OGM, la loi sur les déchets plastiques et enfin la construction de la centrale solaire Noor, à Ouarzazate, qui est entrée en service en février 2016 avec 160 MV et qui

---

602 Cf. Discours royal prononcé à l'occasion de la tenu de la COP22.

603 Nous citons, à titre d'illustration ; l'Initiative Africaine d'Adaptation, l'Initiative pour la « Sécurité, la Stabilité et la Soutenabilité, l'Initiative « Résilience Rurale » l'Initiative Africaine pour les Energies Renouvelables, l'Initiative « Forêt dans la Région Méditerranée et au Sahel ? L'Initiative « conservation de l'Ecosystème du Bassin du Lac Tchad et l'Initiative « Fonds Bleu pour le Bassin du Congo ».

devient la 7 ^{e} centrale solaire thermodynamique la plus grande du monde. Par ces réalisations notables le Maroc est devenu l'un des acteurs majeurs de la transition énergétique dans le monde et plus particulièrement sur le continent africain.

5. Perspectives de contrôle et d'évaluation des politiques écologiques à l'échelon national, régional et mondial

Les recommandations de la COP21 énoncés auparavant ont focalisé l'attention, entre autres, sur quatre éléments caractéristiques afférentes au financement, à la gestion et au contrôle des finances écologiques à savoir :

- la nécessité de mobiliser des moyens de financement suffisants des projets de lutte contre les changements climatiques notamment en faveur des pays en développement ;
- la facilitation de la mise en œuvre et du respect des dispositions ;
- le renforcement des capacités des pays en développement ;
- la consolidation des institutions nationales chargées de transparence.

Concernant les résultats de l'enquête de l'INTOSAI de 1993 sur le contrôle écologique[604] effectuée juste après le Sommet de la terre de Rio par les ISC, on souligne :

- la faible réaction de ces ISC à l'enquête sur ce genre de contrôle. Seule 50% de ces institutions ont répondu au questionnaire. Soient 83 sur 163 ISC à l'époque ;
- la limitation des rôles et des responsabilités des ISC dans le contrôle écologique : seul environ un tiers des ISC sont habilitées à évaluer l'impact ou les effets de mesures, programmes ou activités environnementaux nationaux proposés par le gouvernement et 44 % des ISC sont habilitées à vérifier les politiques et/ou programmes environnementaux ou régionaux des collectivités locales ;
- la faible part des activités de contrôle consacrées aux contrôle écologiques. « La place des contrôles écologiques dans les activités des ISC, précise l'enquête, varie de 1 à 10 %. Entre 1989 et 1993, près de 50 % des ISC ont publié un ou plusieurs rapports sur le contrôle écologique. Les sujets fréquemment mentionnés ayant fait l'objet d'un rapport des ISC sont : la pollution de l'eau, la conservation du patrimoine naturel et/ou culturel, l'agriculture, les déchets dangereux, la gestion environnementale sectorielle et/ou le respect des règlements et les mesures d'encouragement de la protection et de l'amélioration de l'environnement, par l'intermédiaire d'avantages fiscaux, de subventions ou de programmes nationaux spécifiques. » ;
- le manque d'évaluation des politiques écologiques dans les activités des ISC : La plupart des contrôles écologiques, fait noter l'enquête, étaient des contrôles de gestion. Ce contrôle ne s'étend pas à

---

604 www.environmental-auditing.org/LinkClick.aspx?fileticket...tabid=74&mid.

l'évaluation des politiques de recherche scientifiques ou d'investissement dans les énergies propres tels que préconisés par la COP22 à Marrakech.

Bref, la cour des comptes marocaine ainsi que les ISC africaines sont toutes appelées à renforcer leurs capacités institutionnelles et stratégiques dans le but d'initier des contrôles et des évaluations intégrées des politiques écologiques (régularité, contrôle interne, transparence et performance). Cette remarque fondamentale s'étend à tous les organismes de contrôle interne (inspections) ou politiques (parlement, élus locaux) ou des ONG.

J. Finances publiques et gouvernance mondiale

Il s'agit de démontrer les rapports entre finances publiques et instances mondiales de gouvernance et ce qu'elles peuvent apporter à la rationalisation de la gestion des finances publiques à l'heure de la crise de la gouvernance mondiale et de l'aggravation de l'endettement.

1. L'utilité de l'étude de la gouvernance mondiale dans la compréhension des situations de fragilité

La gouvernance mondiale revêt de multiples intérêts pour les recherches en finances publiques dans la mesure où elle permet la compréhension des facteurs exogènes explicatifs des situations de fragilité de l'État notamment ;en termes de gouvernance, des contraintes des États dans l'élaboration des politiques publiques et de leur dépendance politique, financière, militaire et technique vis-à-vis de l'extérieur..

Face à des interdépendances – à l'échelle mondiale – entre les sociétés humaines, mais aussi entre l'humanité et la biosphère. La gouvernance mondiale définit la construction de réglementations ou mieux de régulations à la même échelle. Cela ne signifie pas la mise en place d'un gouvernement mondial sur le modèle traditionnel des États mais la mise en place de réglementations publiques et privées à la hauteur des défis (*Wikipédia*). Il est trop tôt, aujourd'hui, de parler de gouvernance mondiale, au sens strict du terme. Or, Il n'existe pas de gouvernance sans gouvernement.

2. Structures et acteurs de la gouvernance mondiale et leurs limites

Les acteurs de la gouvernance mondiale sont multiples et complexes :On peut mentionner : les organisations internationales (Nations Unies, FMI, Banque mondiale, etc.), les instances de gouvernance, de contrôle et les sociétés d'audit (INTOSAI, Agences de notation et d'évaluation, société civile (ONG, presse).

Tableau n° 18
Instances de gouvernance mondiale
(selon l'organisme, la date de création, le personnel et le budget)

Organisme	Date de création	Personnel	Budget
ONU	26/06/1945 (San Francisco)	41 000	5,5 milliards $ (2013-2014) *
FMI	1945	2300	
Banque Mondiale	1946	10.000	290 milliards $ (1999)
OMC/GATT	1995/1948	500	197.203.900 francs suisses (2015)
FAO	1945	1 835	2,6 milliards $ (2016-2017)
OIT	1919	2 700	620 millions $
PNUD	1965	6 500	5 milliards de dollars par an (2010)
UNESCO	1945	2000	653 millions $ (2016-2017)
OMS	1946	7000	4 659,7 millions $ (2018-2019)
OMDI	1967		
UNCEF	1946	7.000 (2006)	2 781 millions $
FNUAP	1972		
PNUE	1972	600	
UIT	1865/1934		
Université des Nations Unies (UN U)	1973	211 (30 pays)	35.9 millions $ (2000)

* Opérations de maintien de la paix : Crédits ouverts : environ 7,87 milliards de dollars (du 1 er juillet 2015 au 30 juin 2016) – Arriérés des contributions : environ 1,60 milliard de dollars (au 31 mars 2016).

Source : synthése effectuée par l'auteur.

La structure et les acteurs de la gouvernance mondiale sont divers et complexes[605] : on peut citer notamment :

- les instances mondiales multilatérales (NU et 200 agences) ;
- les instances publiques informelles à vocation mondiale. Il s'agit de souligner l'importance des regroupements informels (G7 (1975), G8 (1997), G10 (1962), G20 (1999), G22, G33 (incluant les pays émergents et constitués par le G7) s'intéressant au fonctionnement du système financier international (prévision des crises, stabilité, transparence) ;
- les instances privées formelles (organisations religieuses, confédérations syndicales internationales, institutions sportives, associations professionnelles ;
- les instances mondiales informelles : ONG (Amnesty International, Human Rights Watch, TI, INTOSAI, Action contre la faim, Giving Pledge (40 milliardaires, budget de 600 milliards de $ (versement de 30 milliards $/an) ;
- le gouvernement mondial secret (lobby financier et pétrolier).

[605] J. Attali, *Demain qui gouverne le monde?* Fayard, 2011, et rapport du Conseil d'Analyse Economique, Gouvernance mondiale, La Documentation française, 2002.

3. Quelques critiques de la gouvernance mondiale

La gouvernance mondiale se heurte à de multiples situations de fragilité résidant dans les éléments essentiels ci-après :

- Conception plus fonctionnaliste des relations internationales (chaque organisme est spécialisé dans un domaine particulier). Le système de gouvernance est hétérogène. Les décisions de la Banque mondiale et du FMI fondées sur vote permettent aux pays industrialisés de jouer un rôle prépondérant dans l'orientation des activités. Ces deux organes disposent de larges forces de frappe financière. Généralement ils prennent des décisions indépendantes des agences des Nations Unies. Ils font l'objet de critiques acerbes de la part des experts et de l'opinion publique internationale (contestation du bien-fondé des PAS, inégalités dans le monde, pauvreté, manque de transparence dans la mise en œuvre des politiques).

Parmi les critiques adressées à la Banque mondiale on note[606] :

- l'influence politique des États-Unis sur cette institution, compte tenu de leur capacité de blocage liée à leur poids important dans l'actionnariat, lui-même résultat de leur poids dans l'économie mondiale. A cet égard, les critiques mettent l'accent sur la légitimité de la gouvernance tant de l'ONU que de la Banque mondiale en demandant plus de transparence et de démocratie (prendre des mesures anti-corruption et à organiser de véritables élections) par le biais de la remise en cause des finalités et des modes d'intervention de ces organisations ;
- les mouvements altermondialistes accusent la Banque mondiale de répondre davantage aux exigences des multinationales qu'à celles des populations locales et des pays concernés par le financement des projets de développement. Joseph Stiglitz (ancien responsable de la Banque mondiale) reproche aux pays européens de se satisfaire de cette répartition et donc d'être responsables indirectement de la mauvaise période traversée par la Banque mondiale ;
- Les difficultés de coordination et de la coopération entre les acteurs de la gouvernance mondiale notamment entre FMI-Banque mondiale et OMC.

4. Perspectives de la réforme de la gouvernance mondiale

Les études savantes avancent quatre (4) tendances majeures d'évolution de la gouvernance mondiale :

- nécessité de développement de la coordination des activités entre les États et les acteurs (environnement, réchauffement planétaire, commerce, criminalité, reddition des comptes) ;

---

[606] https://fr.wikipedia.org/wiki/Banque_mondiale#Critiques

- promotion des standards et normes internationaux (indicateurs de la gouvernance) dépassant les frontières (droits de l'Homme, corruption, indicateurs et code de bonne gouvernance) ;
- diversité et multiplicité des acteurs institutionnels dans les affaires internationales (État, organisations internationales, organisations informelles, organisations professionnelles, ONG) ;
- croissance de l'interdépendance économique (globalisation/glocal).

Bref, la réinvention et le renforcement des capacités de la gouvernance mondiale suppose :
- la création d'une nouvelle institution d'analyse stratégique (cours des matières premières, prévention des crises alimentaires, règles contre l'abus de marché et la manipulation de cours (proposition française) ;
- doter l'Assemblée générale des Nations Unies du droit de regard sur les décisions du FMI et de la Banque mondiale ;
- renforcer les pouvoirs du Secrétaire Général des Nations Unies pour mener à bien les opérations militaires (moyens, encadrement, suivi, formation des troupes, définition et clarification des tâches, nouveaux membres du Conseil de Sécurité (Rapport L. Brahimi 2000) ;
- restructurer le Conseil de Sécurité (membres permanents : représentation effective des pays du Sud (poids économique, démocratie, équilibre géographique et culturel) ;
- créer un Conseil de sécurité économique (P. Lamy, 2004, OMC) ;
- mettre en place une charte pour une activité économique durable (Angela Merkel, 2009) ;
- prévoir un agenda pour le travail décent (OIT) ;
- concevoir à l'échelon mondial un système de comptabilité patrimoine et une gestion axée sur le résultat et la performance ;
- prévoir des dispositions juridiques sanctionnant l'atteinte aux religions.

Tableau n° 19
Evolution du processus d'intégration de l'économie marocaine

Accords	**Année**
Adhésion au GATT	1987
Création de la Zone libre échange de l'UMA	1989
Participation à la création de l'OMC/ à Marrakech	1994
ALE (Union européenne)	2000
Zone Panarabe-Pan Arab Free Trade Area (PAFTA)	2005
Turquie	2006
USA	2006
Dialogue stratégique Maroc/États-Unis	2014
Accord d'Agadir	2007
Union Economique et Monétaire Ouest Africaine (UEMOA)	2008 (paraphé)
Accord avec le Canada	En cours
ALECA (avec l'UE)	3e Round
Accord de coopération avec le Conseil de Coopération du Golfe	2011
Accords de coopération avec les pays africains	1999-2016

Source : Synthèse effectuée par l'auteur.

Dans ce contexte, les finances publiques et le droit budgétaire devront s'adapter à ces nouveaux phénomènes de gouvernance mondiale ; en termes de diplomatie économique et financière tout en conciliant entre la logique disciplinaire et celle de création de richesse. Une telle adaptation est tributaire du changement à introduire aussi bien dans la philosophie d'élaboration des budgets que dans celle du contrôle et de l'EPP.

Il s'agit d'évaluer le système actuel de réforme budgétaire et fiscale, en vue de proposer une nouvelle approche de gestion et de contrôle permettant d'améliorer la performance de la gestion publique dans sa globalité et par ricochet, de parvenir à concilier entre deux logiques : une logique juridique et politique (tradition démocratique) et une logique de gestion privilégiant les compétences et l'expertise des décideurs.

En effet, en période de crise, la bonne gouvernance des finances publiques exige un nouveau dispositif de contrôle adapté afin d'optimiser l'efficacité de la gestion et d'éviter les défaillances ou les fraudes. Dans ce contexte, les approches classiques de gestion et de contrôle ont montré leurs limites.

K. Finances publiques et économie des finances islamiques

En dépit des développements théoriques apportés par les auteurs arabo-musulmans (Miskawayh, Almawardi, Ibn khaldoun, almaqrizi, Ibn Taymiya, Bakir Assadr) en matière de l'économie des finances islamiques celle-ci s'appuyant sur un modèle alternatif de production, de financement et de répartition n'a fait l'objet d'un intérêt grandissant que durant les dernières décennies.

Qu'est ce que l'économie des finances islamiques ?

En quoi consistent les missions et les fonctions de ce paradigme ?

Quels sont les rapports entre finances publiques conventionnelles et économie des finances islamiques ?

Ce nouveau paradigme peut-il constituer une chance pour l'éthique et une solution adéquate pour lutter contre la fragilité et la crise ?

Quelles sont les contraintes de gouvernance de ce nouveau système alternatif de développement ?

1. Essai de définition du paradigme de l'économie des finances islamiques

L'économie des finances islamiques « peut être définie, selon Umar Chapra, comme étant une branche de connaissances qui contribue à la réalisation du bien-être humain en permettant une affectation et une répartition de ressources limitées, conformes aux enseignements islamiques, sans trop limiter la liberté individuelle ou créer des déséquilibres macro-économiques et écologiques continus[607] ».

Cette économie fondée sur les principes de la loi islamique qui impose justice, équité et transparence se distingue nettement des pratiques financières conventionnelles par une conception différente de la valeur du capital et du travail[608]. Ainsi, ces pratiques mettent en avant l'éthique et la morale et puisent leurs sources[609] dans *le Coran*, la *Sunna*, l'*Ijtihad* et l'*Ijmaa*.

L'économie des finances islamiques se distingue nettement des approches de l'économie et des finances conventionnelles dans la mesure où elle est fondée sur un ensemble de principes répondant à la vision islamique du développement qui sont : l'interdiction de l'usure (l'intérêt), le partage des profits et des pertes, l'interdiction de l'incertitude et de la spéculation, l'adossement à un actif tangible (l'argent en tant que moyen d'échange ne remplit pas le rôle de transfert intertemporel de valeur qui lui est reconnu dans les économies occidentales), l'interdiction de certains produits et activités (jeux de hasard, du tabac, de l'alcool, de l'élevage porcin, de l'armement ou encore de la pornographie).

Le développement, selon ce paradigme, est lie plus étroitement à la rentabilité financière d'un investissement en rapport avec les résultats du projet concret associé.

2. Fonctions et missions du paradigme de l'économie des finances islamiques : la profondeur sociale, la spiritualité et l'éthique

Il est question de distinguer entre les fonctions de l'économie des finances islamiques ou strictement les finances islamiques alternatives et leurs rapports avec l'économie et les finances libérales ou conventionnelles: si ces dernières consistent à assurer la suprématie de l'État, selon des règles institutionnelles juridiques émanant du droit positif le paradigme islamique fondé sur le génie de l'Islam[610] (spiritualité et éthique) revêt cinq dimensions[611] :

- la dimension politique :elle permet d'assurer trois fonctions (justice, prévention de la corruption, répartition des richesses) ;
- la dimension sociale : elle appelle quatre aspects (redistribution des revenu, prohibition de la spéculation, interdiction de la

---

[607] Mohammad Umar Chapra, « What is islamic economics ? », IDB *Prise lecture series*, n° 9, IRTI, IDB, october 1990 cité par A. Lahlou, *Economie et finance en Islam*, Société d'Edition et de diffusion Al Madariss, Casablanca, 2015, p. 119.

[608] https://fr.wikipedia.org/wiki/Finance_islamique

[609] Kaouther Jouaber-Snoussi, *La Finance islamique*, La Découverte, n° 603, Paris, 2012, p. 5.

[610] Tarik Ramadan, *Le Génie de l'Islam, Initiation à ses fondements, sa spiritualité et son histoire*, Presse du Chatelet, 2016.

[611] A. Lahlou, *Economie et finance en Islam*, *op. cit.*, p. 75-101.

surconsommation et du gaspillage, valorisation du travail et de l'entreprenariat) ;
- la dimension environnementale : trois aspects attirent l'attention dans ce domaine (préservation de l'environnement, préservation de l'eau et développement durable) ;
- la dimension commerciale : elle revêt de multiples aspects de recommandations et d'interdictions concernant toutes les activités économiques et commerciales ;
- la dimension financière : elle se manifeste par la prohibition de l'intérêt, l'interdiction d'opérations comportant l'incertitude et l'aléas et la condamnation de la thésaurisation).

3. L'économie politique et financière chez les auteurs arabo-musulmans

Au-delà des analyses des auteurs grecs sur l'usure, l'État, les classes sociales, le travail et la propriété privée, la pensée grecque n'a pas délivré d'analyse aussi poussée et réaliste en matière des finances publiques.

L'apport des auteurs arabes sur l'impôt, les finances publiques, les cycles économiques, la masse monétaire, la monnaie, le contrôle des marchés et la gouvernance est considérable. Le tableau ci-après permet de classer les contributions scientifiques de ces auteurs selon les thématiques débattus.

Tableau n° 20
Contributions scientifiques de certains auteurs arabo-musulmans en matière de finances et de théorie de l'État, selon les principales thématiques abordées

Auteur	Année	Thématique principale débattue
Al-Muqaffa	720-756/757	Oppression fiscale dont sont victimes les paysans.
Abou Youssef (Cadi)	735-798	Histoire militaire, *Kîtâb al-Kharâdj*, remis au calife Haroun al-Rachîd sur les différents impôts, notamment le *kharâdj* (taxe sur les terres agricoles) et la *djizia* (impôt payé par les non musulmans), avec une classification des terres en fonction de leur valeur, des types de cultures pratiquées.
Abu Ubayed Al Qasim Ibn Sallam	770-832	*Kitāb al-Amwāl* Une véritable encyclopédie financière, administrative sociale et historique portant sur la classification des finances et de la fiscalité accompagnée de la jurisprudence.
Qudama Ibn Jaafar	873-932/948	Considéré comme le fondateur de la critique arabe classique. Il est l'auteur de « *Kitâb al-Kharâj* » (Le livre du kharâj), portant sur l'administration de l'État, les origines des ressources financières et fiscales. Seule une partie de l'ouvrage nous est parvenue, la partie traitant de la rhétorique étant perdue.
Miskawayh	932-1030	L'impôt, trop d'impôt tue l'impôt à chacun selon sa capacité imposable. Prise en charge de l'État des travaux publics.
Al Birouni	973-1048	Histoire des sciences et de la religion, mathématique-Cycle économique et chute de l'État.

Al-Mawardi	974-1058	Evaluation des recettes et des dépenses publiques Politique de dépenses publiques (fonctionnement et investissement). Gouvernance, théorie de l'État,
Al Ghazali	1058-1111	Théorie de l'éducation, éthique, économie du savoir
Jaafar Ahmed Ben Naceur Eddaoudi	1011	*Kitāb al-amwāl* L'organisation des finances dans l'État musulman.
Ibn Taymiya	1263-1328	Finances de l'État-Monnaie, prix-organisation et contrôle des marchés pour lutter contre le monopole
Ibn khaldoun	1332-1406	Source de la richesse, finances et déficit public – Monnaie et inflation, gouvernance et corruption
Ahmed Maqrîzî	1364-1442	Auteur de l'ouvrage *'Igatat al-Umma bikachf al-gimma*, La théorie quantitative de la monnaie. La mauvaise monnaie chasse la bonne. Relation monnaie-inflation-loi de l'offre et de la demande La crise politico-économique et la mauvaise gestion des finances publiques sont responsables de la fuite et de la disparition des métaux précieux. L'explication d'Al-Maqrîzî dépasse donc la simple dimension monétaire (R. Verrier)
Al-Kawakibi	1855-1902	Auteur de l'ouvrage capital *Tabâ'i al-Istibdâd* (Caractéristiques du despotisme) dans lequel il définit les conditions de l'instauration d'un État arabe démocratique, basé sur la séparation des pouvoirs, la transparence et la bonne gouvernance
Bakir Essader	1935-1980	Il est connu par ses écrits critiquant le marxisme. Ses deux ouvrages les plus célèbres sont : *Iqtisaduna* (Notre économie) sur l'économie islamique et *Phalsaphatuna* (Notre philosophie) Responsabilités de l'État dans l'économie islamique, sécurité sociale et équilibre social Travaux sur la gestion du patrimoine de l'État.
Hossein Marwa	1910-1987	Auteur marxiste libanais. Son ouvrage le plus célèbre est *Les Tendances matérialistes dans la philosophie arabo-musulmane*, mort assassiné.

Source : Synthèse établie par l'auteur à partir d'un ensemble de travaux.

4. Poids et répartition internationale des finances islamiques

La finance islamique basée sur les principes de l'Islam[612], connaît un fort développement. Quel est son poids ? Quelle est sa cartographie ? Comment fonctionne-t-elle ? A qui s'adresse-t-elle ?

Constituée de 395 institutions dans le monde. La finance islamique totalise 1 600 milliards de dollars, en 2014. Mais, elle demeure toujours de petite taille, car elle ne dépasse pas 1 % de l'actif bancaire mondial[613]. Or, depuis sa création en 1974, à Dubaï avec la Dubaï Islamic Bank, la finance islamique a connu relativement une croissance exceptionnelle. Elle se chiffre à 700 milliards de dollars sur le marché mondial en 2008, à 1 300 milliards en 2011 et à 1 540 milliards de dollars en 2012[614].

612 N.B. Maugiron & J.P. Bras, *La Charia*, Dalloz, Paris, 2015.
613 A. Lahlou, *Economie et finance en Islam*, *op. cit.*, p. 16.
614 https://fr.wikipedia.org/wiki/Finance_islamique

Selon les estimations du FMI, de la Banque mondiale et d'autres organismes financiers internationaux[615], les avoirs des banques islamiques ont été multipliés par neuf à 1 800 milliards de dollars entre 2003 et 2013, soit une progression de 16 % par an. Ils dépasseraient en 2016 les 2 000 milliards[616]. Soit plus de 40 millions de personnes dans le monde sont actuellement clients d'une banque islamique. Selon les experts, ce secteur va encore doubler de volume à 4 000 milliards de dollars en 2020.

Graphique n° 15
Les finances islamiques : un marché à fort potentiel

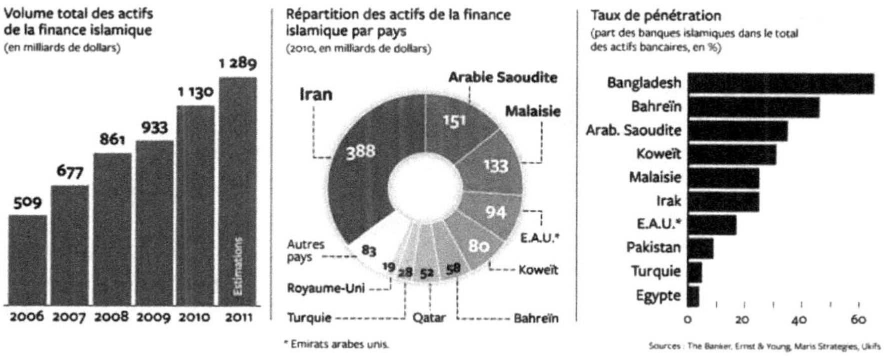

Source : l'Observateur du Maroc et d'Afrique, Londres, hub pour la finance islamique, 11 juin 2014.

La cartographie de détention de ces actifs à l'échelon mondial s'effectue en 2014 comme suit : l'Iran détient environ 40 % des avoirs des banques islamiques, l'Arabie Saoudite 12 % et la Malaisie 10 %. Globalement, les banques islamiques sont situées à 60 % dans le Golfe persique, à 20 % en Asie du Sud et à 20 % dans le reste du monde[617].

Plus particulièrement, ce paradigme permet aux pays du Golfe disposant d'énormes réserves d'investir dans les pays africains, surtout si ces derniers se convertissent aux règles financières de la Charia, selon l'agence Standard & Poor's[618]. Ces pays seront intéressés par le financement des dettes publiques (notamment en Égypte, les pays du Maghreb et de l'Afrique du Sud), dont les besoins de financement sont actuellement gigantesques par le biais de l'émission des *sukuks*.

Selon l'OCDE, les États du Golfe disposent d'énormes réserves financières à placer qui dépassent les 1 000 milliards de dollars. Leurs

---

[615] http://www.lefigaro.fr/conjoncture/2014/11/25/20002-20141125ARTFIG00010-la-finance-islamique-pese-plus-de-2000-milliards-de-dollars.php
[616] *Ibidem.*
[617] *Ibidem.*
[618] J.P. Robi, « La finance islamique part à la conquête de l'Afrique », *Figaro économie*, 5 mars, 2013.

investisseurs observent d'un très bon œil les besoins exprimés par les États d'Afrique. Le Nigéria et le Sénégal sont également sur les rangs des émetteurs potentiels de sukuks[619].

La Banque islamique de développement (BID) paraît toute désignée pour jouer un rôle de passeurs[620]. Cette institution multilatérale d'aide au développement « a pour mission première de stimuler le développement économique de ses 56 États membres, dont 22 se trouvent en Afrique, tout en respectant les principes de la Charia », note Standard et Poor's[621].

5. Facteurs militant en faveur du développement de l'économie des finances islamiques

De multiples facteurs ont favorisé l'importance accordée à cette économie. Nous mentionnerons plus particulièrement :

- les effets des crises successives de l'endettement qu'a connues l'industrie financière mondiale ont montré le besoin de modèles alternatifs porteurs de solutions nouvelles et complémentaires au système ;
- la diversité des produits financiers islamiques fournis (Mudaraba, Musharaka, Murabaha, Ijara, Istisn, Sukuk (Obligation islamique) ;
- les principes d'éthique, de transparence et spiritualité véhiculés par les acteurs des finances islamiques ;
- la résilience des finances islamiques au plus fort de la crise des subprimes (crise de 2008).

6. Contraintes de l'économie des finances islamiques

En dépit de l'essor qu'a connu le secteur des finances islamiques il ne reste pas moins que celui-ci se heurte à de multiples contraintes résidant dans les éléments caractéristiques suivants[622] :

- complexité du système de gouvernance des finances islamiques : les banques islamiques ont beaucoup à apprendre du système financier conventionnel riche en expérience, notamment en matière de la mise en œuvre des procédures de contrôle interne et de prévention des risques ;
- complexité de certains instruments financiers en absence de produits d'exposition au risque qu'ils impliquent couplés à la lourdeur et au manque d'harmonisation des procédures juridiques (Mourabaha)[623].

---

619 *Ibidem.*

620 *Ibidem.*

621 *Ibidem.*

622 Mohamed Harakat, « Le rôle de la gouvernance et du contrôle interne dans la réussite de l'expérience des banques islamiques », *in* colloque international, Les banques islamiques et leur rôle dans l'intégration économique et la bonne gouvernance, 16-17 novembre 2013, Rabat.

623 K.J. Snoussi, *La Finance islamique, op. cit.*, p. 114.

Force est de constater que le secteur n'a pas, à ce jour, su tirer tous les bénéfices des solutions offertes par la théorie et des instruments développés par la finance conventionnelle[624] ;

- manque d'une vision claire dans le domaine de la gouvernance et du contrôle interne du secteur des finances islamiques (contraintes afférentes à l'inadaptation de l'environnement législatif, institutionnel et économique, prédominance de l'économie conventionnelle et de la rente, etc.)[625] ;
- instabilité politique et économique dans certains pays arabo-musulmans (guerre, terrorisme, violence) ;
- faiblesse de la coordination entre les banques islamiques ;
- manque d'une stratégie claire et cohérente en matière de formation des gestionnaires et des auditeurs (contrôle légal, constitution d'une expertise arabo-musulmane) ;
- faiblesse de la recherche scientifique et de la jurisprudence financière islamique (manque d'harmonisation, contradiction parfois des décisions et des arrêts de contrôle) ;
- problèmes de communication, et d'échange d'information d'études et de l'utilisation de l'e-gouvernance, faiblesse de la diplomatie financière islamique.

---

624 *Ibidem.*

625 M. Harakat, « Le rôle de la gouvernance et du contrôle interne dans la réussite de l'expérience des banques islamiques », *op. cit.*

DEUXIÈME PARTIE

Dispositifs institutionnels et juridiques des finances publiques

« *Il n'y a pas de moyens plus radical d'abolir toute espèce de discours que d'isoler chaque chose de tout le reste.* »
Platon, *le Sophiste*

Il n'est point d'organisation digne de ce nom qui n'aurait pas de budget. »
Boulding cité par A.B. Zemrani

« *Pas d'argent, pas de suisses.* »
Louis XI

Cette deuxième partie de l'ouvrage, comme l'indique son intitulé, sera consacrée à l'énoncé et à l'analyse des dispositifs institutionnels et juridiques d'organisation des finances publiques ; d'où les chapitres ci après :

– Chapitre I : la loi organique des lois de finances, réforme de l'État et situations de fragilité.
– Chapitre II : Comptabilité publique, lois de finances et processus de prise de décision financière.
– Chapitre III : Exécution budgétaire et responsabilité des gestionnaires.

CHAPITRE I

La loi organique des lois de finances, réforme de l'État et fragilité

La rénovation de l'organisation financière et des procédures budgétaires peuvent constituer un véritable levier de la réforme de l'État dans le cadre de la gouvernance stratégique et démocratique dont la finalité réside dans la lutte contre les fragilités.

L'EPP suppose qu'on ait, dès l'origine fixé à celle-ci des objectifs, des structures de contrôle interne et un échéancier des réalisations

Qu'est ce qu'une loi organique des finances ? En quoi consiste son apport à la réforme de l'État, à la gouvernance des finances publiques et à la lutte contre les fragilités de la gestion publique ?

Quelles sont les raisons et les nouveautés de la réforme de la loi organique et quelles sont ses lacunes et ses imperfections ?

En quoi consistent ses procédés, ses calendriers d'exécution et ses limites ?

Dans quelle mesure les structures et procédures budgétaires actuelles permettent elles, ici et maintenant, une gestion rigoureuse des finances publiques ?

I. Essai de definition de la loi organique des lois de finances (LOLF)

On définit la loi organique des lois de finances comme l'ensemble des dispositions législatives régissant aussi bien la présentation, le vote, l'exécution que le contrôle de la loi des finances, en procédant à la détermination des ressources et des charges de l'État.

En l'occurrence, la LOLF n'est pas une fin en soit. Elle ne peut être considérée comme une panacée à tous les maux de la gouvernance, de la corruption et du clientélisme et à toutes les fragilités institutionnelles et humaines de la gestion publique.

Car, elle n'est qu'un outil de rationalisation de la gestion au service de la transparence et de la performance ; d'où la nécessité du changement des mentalités des gestionnaires et la consolidation des valeurs démocratiques dans la société.

Une telle réforme nécessite en premier lieu, la mise en œuvre de la nouvelle loi organique des finances. Ensuite, le renforcement du système d'EPP et de contrôle des finances publiques, en vue d'assurer davantage de transparence, d'efficacité et d'efficience ; d'apporter une évaluation critique sur l'apport de la loi LOLF à la réforme de l'État à la lumière des expériences étrangères et du droit comparé. C'est pour cette raison que la LOLF demeure un monument toujours perfectible.

II. Processus historique de reforme de la loi organique des lois de finances

Ce processus de réforme s'inspire largement du modèle français et notamment de l'ordonnance française du 2 janvier 1959. Cependant, une telle transposition demeure tronquée[626] comme l'a fait remarquer le professeur A. Berrada les « pouvoirs publics ont préféré laisser les choses dans un flou artistique quitte à sacrifier le fond à la forme[627] ». Cette réforme est passée par quatre étapes historiques revêtant de multiples dimensions technique, juridique et politique :

- la loi organique du 9 novembre 1963 ;
- la loi organique du 18 septembre de 1972 ;
- la loi organique de 1998 ;
- la loi organique de 2015.

A. La loi organique du 9 novembre 1963

C'est la première loi organique relative aux lois de finances qu'a connue le Royaume après l'indépendance. Elle est venue juste après la dissolution du gouvernement Abdellah Ibrahim (quatrième gouvernement du Maroc depuis l'indépendance) dissout le 21 mai 1960 et elle a coïncidé également avec la période du Plan quinquennal (1960-1964) qui a fixé trois objectifs fondamentaux de développement : l'industrialisation, le développement du secteur agricole et la formation des cadres.

Le processus de la mise en place de la loi organique des finances réside dans les éléments ci-après :

- mettre en place les conditions générales d'élaboration, d'exécution et de contrôle des lois de finances ;
- élaborer la loi de finances dans le cadre du Plan ;

---

[626] Abdelkader Berrada, « La loi organique de finances du 26 novembre 1998 est elle réellement l'aboutissement d'une réforme en profondeur du texte du 18 septembre 1972 ? La loi de 1998 : un marché de dupes », *in La Réforme de la loi organique relative aux lois de finances*, *REMA* n° 28-2009, p. 20.

[627] *Ibidem.*

- améliorer le contrôle et l'emploi des fonds publics ;
- accorder 60 jours au parlement pour se prononcer sur le projet de loi de finances ;
- présenter le projet de la loi de règlement à la fin de l'année qui suit l'exécution budgétaire (article 14),ce qui constitue un progrès par rapport à l'actuelle loi organique de 2015 qui n'autorise la présentation de ce projet qu'à la fin de la deuxième année qui suit l'exécution budgétaire.

Parmi les innovations principales de la loi organique de 1963, on cite particulièrement :
- l'énoncé, pour la première fois, de l'articulation entre la loi de finances de l'année et le plan approuvé par le Parlement (art. 21) ;
- la définition des règles et des principes budgétaires et financiers et de ceux régissant la comptabilité publique et les marchés publics ;
- la présentation du projet de la loi de règlement dans un délai d'une année. En vertu de l'article 14 de la LOLF ce projet « constate le montant définitif des encaissements de recettes et des ordonnancements de dépenses se rapportant à l'année. Ce projet doit être déposé au plus tard à la fin de l'année qui suit l'année d'exécution du budget ».

Cette disposition sera modifiée par l'adoption de la loi organique du 18 septembre 1972 tel que modifiée par la loi organique n° 29-95 du 29 novembre 1995[628].

B. La loi organique du 18 septembre 1972

Elle est promulguée à la fin du plan quinquennal (1968-1972) et après la levée de l'état d'exception qui a duré cinq ans, du 7 juin 1965 au 31 juillet 1970 (jour de la promulgation de la deuxième Constitution du pays). Durant cette période, l'institution parlementaire a été suspendue. La promulgation de cette loi est venue notamment pour mettre fin à des budgets de l'État promulgués sans autorisation budgétaire accordée par le parlement. En fait, elle constitue la deuxième constitution financière qu'a connue le Maroc après l'indépendance. Parmi ses caractéristiques, on peut souligner :
- elle s'est contenté, à l'instar de la LOLF de 1963 de donner une définition indirecte des lois de finances à travers l'indication de leurs objectif et de leur contenu ;
- la prolongation de la durée de la présentation du projet de loi de règlement de deux ans au lieu d'une année (art. 14) prévue par la LOLF de 1963 ;

[628] Dahir n° 1-95-226 du 6 rejeb 1416 (29 novembre 1995) portant promulgation de la loi organique n° 29-95 modifiant le dahir n°1-72-260 du 9 chaabane 1392 (18 septembre 1972) portant loi organique des finances, *B.O.* n° 4336 du 06/12/1995, p. 817.

- le manque de mention de l'information nécessaire à mettre à la disposition du parlement lors du vote de la loi de règlement. L'article 14 stipule que le projet de loi de règlement « est accompagné d'un rapport de la commission nationale des comptes » « Des annexes explicatives peuvent être, en tant que de besoin, adressées à la Chambre des représentants ».

C. La loi organique du 26 novembre 1998

La particularité essentielle de cette LOLF réside dans le fait qu'elle ne peut être promulguée qu'après déclaration par le Conseil constitutionnel de sa conformité à la Constitution de 1996 (art. 81).

Dans cette perspective, le projet de la loi de finances, au titre de l'année 1998-1999, n'a été présenté au parlement qu'après présentation d'une nouvelle loi organique. Cette dernière constitue le fondement légal du droit budgétaire[629]. En fait, la vérification de la constitutionnalité de cette loi peut poser des problèmes difficiles, parce qu'il s'agit d'un texte très technique revêtant plusieurs facettes et aspects socio-politiques et institutionnels.

1. Raisons et impératifs de la réforme de la loi organique des finances

Selon le professeur Abdelkader Berrada, la lecture de la loi organique du 26 novembre 1998 au Maroc indique que cette dernière ne constitue guère une avancée en ce qui concerne notamment l'organisation, la gestion et le contrôle des finances de l'État. Car, elle présente de grandes faiblesses qui empêchent de mettre les finances publiques au service d'une croissance durable et soutenue[630]. A cet égard, il faut distinguer entre deux sortes de raisons justifiant la réforme de la LOLF au Maroc, à l'instar des pays du Maghreb.

a. Raisons structurelles

Les raisons profondes de la réforme résident dans les facteurs suivants :

- un environnement international à haut risque marqué par la crise et porteur d'un ensemble de projets de réforme (codes de bonnes pratiques de gouvernance), émanant des organisations internationales (ONU, PNUD, Banque mondiale, FMI, INTOSAI) et des organisations non gouvernementales (Transparency international, GAFI, société civile) ;
- la résistance de l'Administration à la réforme (faiblesse du contrôle interne et externe, phénomène de la corruption, bureaucratie, gaspillage, détournement de fonds publics, violence) ;

---

[629] Cf. décision n° 23 du 13/12/1979 de la Chambre constitutionnelle de la Cour suprême sur la constitutionnalité de la loi organique.

[630] A. Berrada, *op. cit.*

- le classement mondial de Transparency international. Au titre de l'année 2008, les pays du Maghreb (Tunisie, Maroc, Algérie, Mauritanie et Libye) sont dans leur majorité dans le peloton de queue. Ils occupent respectivement, selon le classement mondial de Transparency International, les places suivantes : 62, 80, 92, 115 et 126 sur un total de 180 pays. Ces problèmes ne sont pas nouveaux, en 1980, Caiden écrivait « trop d'articles, trop d'études et trop d'ouvrages théoriques ont été écrits sur les problèmes budgétaires dans les pays en voie de développement, sans résultats significatifs » ;
- une opinion publique plus exigeante demandant plus de transparence et de rigueur dans la gestion publique.

b. L'influence des modèles étrangers de réforme de loi organique des finances et de la gestion budgétaire

L'origine de la réforme réside, en France, dans une initiative parlementaire. Dès 1998, un groupe de travail a été mis en place à l'Assemblé nationale pour aboutir à un rapport « Fabius-Migaud », en janvier 1999, « contrôler réellement pour dépenser mieux et prélever moins ». Il s'agit d'une réforme qui n'a rien changé au texte de 1958.

Car, d'après tout, cette nouvelle loi organique s'inscrit, en effet, dans le cadre de la Constitution de 1958 (parlementarisme rationalisé de la V e République).

La première innovation de cette réforme réside dans le fait qu'elle soit d'initiative parlementaire. Elle constitue une première dans l'histoire budgétaire de la France. On peut mesurer cette avancée démocratique par comparaison au mode d'élaboration de l'ordonnance de 1959 rédigée dans le secret des cabinets. Cette pratique dans les pays du Maghreb demeure courante dans le « processus d'accouchement de textes similaires ».

Ce qui est pratiquement contre les principes du budget ouvert.

Dans ce processus d'élaboration, les innovations en France furent nombreuses mais non suffisantes (A. Lambert, D. Migaud). L'autorisation parlementaire est profondément rénovée tant par l'introduction de la logique d'objectifs et de résultats légitimant la dépense que par l'application des nouvelles règles relatives à la recevabilité financière des amendements.

En vertu de l'article 47 de la constitution financière de 1998, le parlement peut, lors de l'examen des lois de finances, prendre l'initiative de proposer une augmentation de crédits, au sein d'un programme (à l'intérieur de la mission), voire même la création d'un programme. Il peut donc modifier la nomenclature budgétaire sans que l'article 40 de la constitution ne lui soit opposable, dés lors qu'une réduction des crédits, du même montant et au sein d'une même mission est simultanément proposée. Sachant que l'article 42 de l'ordonnance de 1959 avait fait une interprétation restrictive de l'article 40 de la Constitution, en interdisant tout amendement d'origine parlementaire ayant pour effet de majorer (aggraver) une charge publique.

Fidèle à la même philosophie et au même esprit de l'article 40 de la Constitution française, l'article 51 de la Constitution marocaine révisée par le référendum du 13 septembre 1996 stipule « les propositions et amendements formulés par les membres du Parlement ne sont pas recevables lorsque leur adoption aurait pour conséquence, par rapport à la loi de finances, soit une diminution des ressources, soit la création ou l'aggravation d'une charge publique ».

Cette disposition appliquée par le gouvernement constitue l'épée de Damoclès qui limite les pouvoirs du parlement lors de l'autorisation budgétaire et vide le débat parlementaire de toute son essence. Certes, grâce à la réforme apportée par la LOLF un parlementaire peut désormais prendre l'initiative de proposer des amendements de crédit d'un programme, dès lors que le plafond de dépenses de la mission n'est pas dépassé : toute majoration d'un programme doit cependant être compensée par la diminution des crédits d'un autre programme au sein de la même mission. Cette novation est capitale dans le processus du droit budgétaire français, certains ont vu qu'elle constitue même « le véritable cœur de la nouvelle loi organique ».

L'exposé des motifs relatifs à la proposition de la LOLF exprime un double souci : permettre une amélioration de la gestion publique et mieux assurer l'exercice du pouvoir budgétaire du Parlement, en termes de l'accroissement de la lisibilité, la sincérité des documents budgétaires et l'exercice de la fonction budgétaire (de la part du parlement) tout au long de l'année.

2. Nouveautés apportées par la loi organique de 1998

Les assemblées dans un régime parlementaire poursuivent un double objectif : d'abord, contrôler la politique générale du gouvernement à travers sa politique budgétaire. Ensuite, être en mesure d'apprécier l'activité de l'Administration, par le biais du vote du budget, tant sur le plan de la régularité que sur celui de la performance.

« Le parlement comme l'écrit, à juste titre, Amselek, après avoir été un moyen de contrebalancer l'absolutisme de la légitimité monarchique (...) est devenu le moyen de tempérer l'absolutisme de la régularité technocratique. »

L'autorisation budgétaire a-t-elle encore un sens ? Les débats budgétaires ont-ils encore un intérêt ? Le parlement n'est-il qu'une simple chambre d'enregistrement réduite à faire de la figuration ? L'autorisation budgétaire est-elle réduite à un contrôle purement formel ?

Plusieurs facteurs ont milité en faveur de la réforme de la loi organique des finances de 1972. On peut citer à cet égard :

A la nécessité d'adapter la LOLF aux nouvelles dispositions constitutionnelles de 1996, à savoir notamment le bicaméralisme (art. 58), l'institutionnalisation du plan (art. 32 et 50), le contrôle de la conformité des lois organiques par le conseil constitutionnel (art. 58 et 81), la constitutionnalisation de la Cour des comptes (Titre X) et du Conseil économique et social (Titre IX).

Plus précisément l'article 50 de la Constitution dispose « le parlement vote la loi des finances dans des conditions prévues par une loi organique ».

a. De la définition et du contenu de la loi de finances

A l'issue de longues discussions tant au sein des instances gouvernementales qu' au sein du parlement, et ce pour la première fois, sous la coupole du parlement une nouvelle définition de la loi de finances est énoncée[631] comme suit : « La loi de finances prévoit, évalue, énonce et autorise, pour chaque année budgétaire, l'ensemble des ressources et des charges de l'État, dans les limites d'un équilibre économique et financier qu'elle définit. »

En dépit de manque de l'énoncé de l'équilibre social dans cette définition, le nouveau texte consacre une évolution qualitative[632] remarquable par rapport au passé lorsqu'il met en valeur de façon précise le triple objet à savoir la prévision, l'évaluation et l'autorisation des ressources et des charges tout en limitant la validité temporelle à une année et en ajoutant la dimension économique aux critères de l'équilibre qu'il convient de prendre en considération lors de l'élaboration de la loi de finances[633].

b. Délimitation du contenu des lois de finances ou prohibition des cavaliers budgétaires[634]

Dans le but d'éviter l'introduction à tort des dispositions de droit commun dans le projet de budget afin d'obtenir facilement le vote grâce à la procédure accélérée prévue par la Constitution pour les seules lois de finances. Ainsi, le contenu de la loi de finances est nettement circonscrit, en vertu de l'article 3 de la LOLF qui précise « la loi de finances ne peut contenir que des dispositions concernant les ressources et les charges ou tendant à améliorer les conditions de recouvrement des recettes, ainsi que le contrôle de l'emploi des fonds publics ».

C'est de la même préoccupation que procède l'article 40 de la LOLF relatif aux amendements et aux articles additionnels lorsqu'il dispose que « toute autre article additionnel ou amendement doit être justifié ».

c. Confirmation de la Chambre constitutionnelle de la pertinence de certaines dispositions relatives aux recettes

Il convient de mentionner que lors de la discussion du projet de loi de finances de 2002, 97 membres de la Chambre des Représentants ont estimé que l'affectation du produit de la cession des entreprises publiques au secteur

---

631 Ministère de l'Economie et des Finances, *Budget de l'État*, Imprimerie Print.com, 2008, p. 36.

632 *Ibidem.*

633 *Ibidem.*

634 *Ibidem*, p. 37.

privé prévu par l'article 15 du projet de loi de finance, au compte ouvert au nom de l'État à Bank Al Maghrib enfreint le principe de l'unité du budget. Ils ont en conséquence saisi le conseil constitutionnel pour contester cet article en demandant de déclarer sa non constitutionnalité. En réponse à cette demande le conseil constitutionnel a pris une décision datée le 31 décembre 2001 confirmant la constitutionnalité de cet article et le cautionnement, par conséquent la pertinence de la proposition gouvernementale.

3. Volonté d'assurer la cohérence et l'articulation du budget au plan

La réforme peut traduire la volonté du gouvernement de faire de la loi des finances un outil de développement économique et social. Or, il est difficile de saisir à travers la lecture rapide de la loi organique, la volonté affichée de faire de la loi organique un mécanisme d'une meilleure gestion des finances publiques.

Les lois de finances constituent, en vertu de la Constitution et des dispositions de la loi organique n° 7-98, un moyen technique et pratique d'assurer l'exécution du plan.

L'article 50 de la constitution de 1996 dispose « les dépenses d'investissement résultant des plans de développement ne sont votées qu'une seule fois, lors de l'approbation du plan par le parlement. Elles sont reconduites automatiquement pendant la durée du plan ».

Ainsi, une fois les objectifs du plan arrêtés, ils n'attendent que leur traduction financière au niveau de chaque lois de finances. A ce stade le budget devient le principal moyen d'autorisation et de contrôle des dépenses prévues dans le cadre du plan.

Il s'ensuit que la traduction du plan en une série de budgets annuels est peut être la phase la plus importante du processus de planification, car, en bonne logique le plan devrait s'imposer au budget. Ainsi, la loi des finances devient un moyen d'évaluation, par excellence, de la conjoncture.

Trois motifs, parmi d'autres, conduisent de nouveau à engager la réflexion sur les limites de la pluriannualité budgétaire :

- la perspective d'un rééquilibrage institutionnel et stratégique incitant sans doute à l'évaluation des conditions dans lesquelles l'État peut entreprendre des actions et des planifications stratégiques de longue haleine et respecter les priorités correspondantes ;
- le succès d'une telle évaluation est tributaire de la réforme engagée en matière du système d'orientation (en termes de cohérence et de maintien des politiques à long terme), du système d'organisation budgétaire et d'information, et de la matrice de gestion courante et d'évaluation permanente du contrôle interne ;
- les contraintes extérieures (endettement, mondialisation, crise, incertitude financière) qui pèsent sur la politique budgétaire et limitent encore son horizon.

4. Adaptation du décret d'application de la loi organique des finances du 21 avril 1967 en vue de déterminer ses dispositions réglementaires ou législatives

L'adaptation de ce texte à l'évolution des conditions de gestion des finances de l'État s'impose comme une nécessité impérieuse. Les principales modifications proposées, à ce titre, sont les suivantes :

- exclusion du décret d'application des dispositions à caractère législatif, en vertu de la décision n° 237 du 19/07/1991 de la chambre constitutionnelle[635]. En application de cette décision, certains articles du décret Royal susvisé ont été insérés dans la loi organique des finances et les dispositions résiduelles de ce texte dans le décret.
- de même, les dispositions relatives au mode d'établissement des tables parafiscales et de la rémunération des services rendus par l'État ont été incorporées dans le décret d'application en raison de leur caractère réglementaire.

5. Amélioration des conditions d'élaboration, de vote et d'exécution de la loi de finances

a. Préparation de la loi des finances

Les modifications proposées visent à fixer la date limite d'envoi de la circulaire du Premier ministre (lettre de cadrage) et des propositions budgétaires.

b. Conditions d'examen et de vote de la loi de finances

Les modifications introduites par la loi organique visent à :

- réaménager le calendrier budgétaire tout en portant à soixante dix jours (70) le délai d'examen du projet de loi de finances par le parlement, fixé auparavant à soixante (60) jours (art. 33 de la LOLF) ;
- déposer le projet de loi des finances sur le bureau d'une des deux chambres qui dispose d'un délai de 30 jours pour l'adopter (art. 34 de la LOLF).

c. Modifications spécifiques

- la suppression des budgets annexes (RTM et conservation foncière) ;
- l'introduction de la notion de « services de l'État gérés de manière autonome » (SEGMA) ;
- la rationalisation de la gestion des comptes spéciaux du Trésor. Selon les auteurs de la note présentative du projet les dispositions, proposées

---

[635] Selon cette décision certains articles, (4, 5, 6, 11, 12, 13, 14, 15, 16, 18, 19, 20, 22, 23, 24, 25, 26, 27, 28, 29, 30 31, 32. 33, 34, 36, et 39) du décret Royal n° 331-66 du 21/04/1967 portant application des dispositions de la loi organique, relèvent du domaine législatif.

visent davantage de rigueur et de transparence dans la gestion de ces comptes. A cet effet, la nouvelle loi organique de 1998 a ramené à six (6) le nombre des comptes spéciaux contre neuf (9) auparavant.

- la maîtrise de l'équilibre budgétaire. Elle se manifeste par l'instauration d'un visa préalable du ministre des Finances de tout projet de texte susceptible d'avoir une incidence financière directe ou indirecte sur l'équilibre de la loi des finances ;
- la définition des modalités de dépassement de crédit en cas d'urgence (dettes publique et viagère, rémunération du personnel) ;
- la prévision de la possibilité d'ouvrir les crédits supplémentaires en cours de l'année pour couvrir des besoins urgents ou non prévus lors de l'établissement du budget (chapitre spécial) ;
- mouvements et reports de crédits.

La loi organique de 1998 interdit de façon expresse le report de crédits ouverts au budget général, à l'exception des crédits de paiements disponibles, au titre des dépenses d'investissement, tout en autorisant les virements entre articles et paragraphes à l'intérieur des chapitres relatifs aux dépenses d'investissement, par arrêté du ministre des Finances, au lieu de recourir à un décret comme le prévoyait l'ancienne loi organique. Le nouveau texte permet également les virements de crédits, à l'intérieur des chapitres relatifs à la dette publique par simple décision du ministre des Finances, ainsi que les sursis à l'exécution de dépenses en cas de conjoncture défavorable.

II. APPRECIATIONS CRITIQUES DE LA LOI ORGANIQUE DE FINANCES DE 1998

Nous avancerons, à cet égard, deux constatations fondamentales qui se subdivisent comme suit :

- l'apport de la loi à l'élargissement du territoire juridique et réglementaire au détriment du pouvoir législatif ;
- la nécessité de rendre le budget plus intelligible et intelligent.

A. Elargissement du territoire juridique du pouvoir réglementaire

La loi organique de 1998 confère au pouvoir réglementaire un domaine étendu. En effet, ce texte pose un problème de prépondérance au sein de l'exécutif.

L'article 32 dispose « sous l'autorité du Premier ministre, le ministre chargé des finances prépare les projets de lois de finances ».

Les modifications apportées aux autorisations parlementaires par la voie administrative sont de natures diverses :

- les dépassements de crédit, au titre des dépenses de la dette publique et de la dette viagère, et celles de la rémunération des personnels (art. 41) ;
- la couverture de besoins urgents ou non prévus lors de l'établissement du budget (art. 42) ;
- l'ouverture par décret de crédits supplémentaires en cas d'urgence ou de nécessité impérieuse d'intérêt national (art. 43) ;
- la transformation et redéploiement d'emploi par voie réglementaire (art. 44) ;
- le sursis à l'exécution de certaines dépenses après information des commissions parlementaires compétentes lorsque la conjoncture économique ou financière l'exige (art. 45) ;
- le report des crédits des paiements disponibles (art. 46) au titre des dépenses d'investissement par voie réglementaire.

En bref, il y a dans la réforme de 1998 de multiples dispositions qui permettent au gouvernement de modifier par voie réglementaire l'affectation des crédits telle qu'elle a été décidée par le parlement.

Dans cette optique, une note de présentation du projet de décret modifiant et complétant le décret n° 2-98-401 du 26 avril 1999 relatif à l'élaboration et l'exécution des lois de finances explique cette tendance de renforcement du pouvoir de l'exécutif en matière de la gestion des finances publiques par une volonté de « conférer aux ordonnateurs et sous ordonnateurs plus de responsabilité en matière de la dépense publique ».

« De ce fait, la globalisation des crédits, précise cette note, constitue un outil important au service d'une dynamique de modernisation de la gestion des finances publiques. » L'amendement préconisé[636] vise par dérogation aux dispositions de l'article 17 à : autoriser, par arrêté du ministre chargé des Finances, les ordonnateurs intéressés à procéder, par décision, à des virements entre lignes d'un même paragraphe et ce sans l'intervention préalable du ministère des Finances, à l'exclusion de certaines dépenses concernant notamment les redevances d'eau, d'électricité et de téléphone et le salaire du personnel occasionnel. Pour bénéficier de cette nouvelle procédure qui est basée sur le volontariat chaque ministère est censé satisfaire aux deux conditions d'éligibilité requises qui sont en l'occurrence :

- assurer la restructuration de la morasse budgétaire permettant au ministère concerné de disposer de paragraphes cohérents destinés à la réalisation d'un programme d'un projet ou d'une action homogène. Cette restructuration serait réalisée en fonction des spécificités des ministères tout en respectant les dispositions de l'article 29 de la LOLF.
- la définition d'indicateurs objectifs : Le décret du 31 décembre 2001 précise que l'autorisation donnée aux ordonnateurs est subordonnée à

[636] En vertu du décret n° 2-01-2676 du 31 décembre 2001.

la présentation en annexe des chapitres du matériel et dépenses diverses et d'investissement du budget général et des budgets des services de l'État gérés de manière autonome et des comptes spéciaux du Trésor, relevant de l'ordonnateur concerné d'indicateurs chiffrés permettant d'établir un lien entre les crédits alloués et les résultats attendus de l'utilisation de ces crédits. L'ordonnateur concerné est tenu de procéder annuellement à l'évaluation de la réalisation des indicateurs sus-indiqués par rapport aux dépenses réalisées et d'en informer le ministère chargé des Finances.

« La flexibilité d'emploi des crédits dans un même paragraphe trouve sa justification, précise la note de présentation, dans la nécessité de préserver l'efficacité et la lisibilité du budget dans la mesure où la flexibilité d'emploi des crédits dans un même paragraphe rend impératif, d'une part, la ventilation des crédits y afférents dans des rubriques budgétaires concourant à la réalisation de son objet et d'autre part la production d'indicateurs chiffrés et l'évaluation de ces indicateurs annuellement. » Ainsi en dépit des mesures préconisées en la matière, une réforme globale de la LOLF s'impose avec acuité.

Cet usage que le gouvernement, en fait, dépossède le parlement à l'évidence d'une partie de ces prérogatives. Critiquer cette situation, c'est critiquer la Constitution elle-même qui place au cœur de son dispositif la stabilité et l'efficacité de l'action gouvernementale (art. 50 de la Constitution). Un gouvernement doit avoir une autorité financière et politique, un chef qui n'est autre que le Premier ministre. L'article 32 de la loi organique stipule « sous l'autorité du Premier ministre, le ministre chargé des finances prépare les projets de lois de finances ». En effet, les rapports entre le Premier ministre et son ministre des Finances doivent être basés sur la confiance et sur une collaboration étroite dans la défense d'une politique commune.

B. Nécessité de rendre le budget plus intelligible et intelligent

Les experts et les études menées en matière de finances publiques et recommandées par la Banque mondiale et le FMI « écartent l'idée d'une révision immédiate de la loi organique relative aux lois de finances au motif qu'elle ne date pas d'il y a longtemps, ce qui implicitement veut dire qu'elle fait toujours l'affaire et qu'un certain nombre de préalables font encore défaut[637] ».

---

[637] Abdelkader Berrada, « La loi organique de finances du 26 novembre 1998 est-elle réellement l'aboutissement d'une réforme en profondeur du texte du 18 septembre 1972 ? La LOLF de 1998 : un marché de dupe ! », *In Réforme de la loi organique relative aux lois de finances, REMA* n° 28, 2009, p. 20.

En fait cette loi présente trois grandes faiblesses[638] qui empêchent de mettre les finances publiques au service d'une croissance durable et soutenue. C'est d'abord, une loi marquée au sceau de l'archaïsme et à contre-courant des exigences économiques et financières du XXIe siècle. Ensuite, une législation en mal de rigueur et de cohérence.

Enfin, un texte qui s'accommode du laxisme dans sa mise en application. La réforme de l'actuelle loi organique des finances en tant que levier de la réforme de l'État nécessite notamment :

- le passage d'une logique de moyen à une logique de résultat et de performance ;
- le renforcement des pouvoirs de contrôle du parlement ;
- le rôle de réforme de la loi organique dans l'amélioration du contrôle et de la reddition des comptes.

1. Le passage d'une logique de moyen à une logique de résultat

Durant cette LOLF, le budget de l'État demeure organisé par chapitre regroupant par nature les crédits alloués à l'Administration (rémunération du personnel, équipement, subvention), mais il est pour ainsi dire impossible de déterminer à quel programme Le crédit est alloué ? Quelle est l'utilité des dépenses publiques ? A quoi servent les impôts payés par les citoyens ? Ces interrogations sont fondamentales.

Le système d'allocation des ressources publiques entre les différents ministères n'est pas optimal. Plusieurs facteurs peuvent expliquer cette situation :

L'orthodoxie financière porte plus à s'interroger sur « comment consommer les crédits » que sur la nature des missions à remplir et les objectifs à atteindre. Ce comportement des administrations dicté par des considérations structurelles, culturelles et mentales ne va pas permettre d'expliquer l'utilité des dépenses publiques dans leur globalité, en dépit parfois de la pertinence et de la rigueur qui peuvent caractériser la gestion de certains projets de développement. Une telle réforme doit d'abord, rendre les documents budgétaires plus lisibles, cohérents et rationnels. Ensuite, le changement des comportements et des attitudes des administrations qui seront davantage tournées vers la satisfaction des besoins des citoyens.

La note de présentation du projet de loi de finances pour l'année budgétaire 2002, présentée par le ministère des finances, a défini avec précision l'environnement, la stratégie et les objectifs de la politique gouvernementale dans le cadre du projet de loi de finances 2002 ; mais il reste que les structures budgétaires ne reflètent pas clairement les mesures préconisées par le gouvernement et par ministère.

A titre d'illustration, le coût global des grandes directions et missions du ministère des Finances, lui-même, ne peut être précisément évalué, de même pour le ministère des Affaires étrangères, l'Intérieur, la justice ou le Plan. De

[638] *Ibidem*, p. 21.

surcroît les emplois budgétaires généralement sont présentés par grade, sans indication de leur répartition par service opérationnel et de leur localisation par espace. Aujourd'hui nul ne sait précisément combien de personnes sont employées dans la fonction publique et ce qu'elles font exactement. C'est un problème d'organisation (profil, tâche) fonctionnelle qui est posé. « La présentation de la répartition des emplois faite dans des annexes aux lois de finances n'est pratiquement jamais sincère, qu'il s'agisse de la répartition par corps et grade ou de la répartition par service » constate la Cour des comptes française dans son rapport sur la fonction publique en 2000.

- La défaillance des systèmes du contrôle interne et d'évaluation permanente des décisions financières. Cette défaillance se manifeste d'abord, par l'absence d'une visibilité globale de contrôle permettant d'accroître la productivité et l'efficacité du contrôle en l'adaptant au changement, compte tenu de l'augmentation des risques associés à la gestion publique qui appellent une vigilance renouvelée (priorités, méthode et thème de contrôle, etc.). Ensuite, la faiblesse ou le manque de coordination entre les institutions de contrôle. Enfin, l'absence de l'évaluation des coûts de contrôle par rapport aux résultats obtenus.
- L'insuffisance de l'utilisation ou de la généralisation des nouvelles technologies de l'information (NTIC) dans la gestion budgétaire, comptable et financière de l'État et des collectivités locales, il en est de même pour les instances de contrôle (parlement, juridictions financières, etc.).

2. Renforcement des pouvoirs de contrôle et d'évaluation conférés au parlement

Le parlement dispose de prérogatives réduites en matière budgétaire. L'article 51 de la Constitution lui interdit tout amendement entraînant une augmentation des dépenses ou une diminution de recettes. Par ailleurs, la procédure de vote du budget est très restrictive puisque les crédits votés concernant les traitements et pensions des fonctionnaires et service de la dette publique qui représentent la majorité des dépenses totales de l'État sont reconduits automatiquement d'une année à une autre et font l'objet d'un vote unique, et par conséquent ils échappent à un réel contrôle de la part des parlementaires.

De surcroît, une fois la loi des finances est votée et compte tenu de l'élargissement du territoire juridique du pouvoir réglementaire conféré au profit du gouvernement, en vertu des nouvelles dispositions de la LOLF, celui-ci est libre d'ouvrir, ou de débloquer de nouveaux crédits ou d'en annuler par décret, en dehors de la volonté du parlement.

En fait, les autorisations budgétaires, qui portent sur les emplois et sur les crédits sont constamment transgressées (virement, financement des postes sur des crédits d'investissement), une telle réforme de la procédure budgétaire devrait rétablir un équilibre entre l'exécutif et le parlement de telle sorte qu'elle favorise l'EPP, en termes d'objectif et de mission, de coût et avantage. L'article 51 continuera de s'appliquer, mais la procédure budgétaire doit assurer plus de lisibilité, de transparence et de contrôle de la part de toutes les instances d'évaluation. En outre, si le gouvernement prend l'initiative d'accroître ou d'annuler les crédits ou de les redéployer entre programmes, voire entre missions stratégiques, il sera obligé de solliciter, au préalable, l'avis des commissions parlementaires concernées.

A titre de comparaison, le conseil constitutionnel français a approuvé, le 25 juillet 2001, la nouvelle LOLF qui va permettre de renforcer le contrôle du parlement et de donner davantage de transparence et de souplesse aux lois de finances. En validant ce texte, la France tentera de sortir de l'opacité budgétaire telle qu'elle est réglementée par la fameuse ordonnance du 2 janvier 1959 à laquelle l'organisation financière marocaine se réfère constamment. Cette réforme a été applaudie par de multiples milieux. Michel Sapin n'a pas hésité à la qualifier de « vraie révolution copernicienne ». Le Fonds monétaire international lui-même y voit « une innovation très prometteuse ». A la lumière de l'expérience française, le Maroc a revu sa réglementation en la matière.

3. Le rôle de la réforme de la loi organique dans l'amélioration du contrôle et de la reddition des comptes

Dans un régime démocratique la fonction de contrôle constitue la base de la gouvernance financière. Car, la « démocratie sans compte c'est comme un cheval sans brides ». A cet effet, l'exécution de la loi des finances demeure le champ propice des irrégularités volontaires ou involontaires, directes ou indirectes sur la gestion des deniers publics. Ce qui justifie la nécessité d'une juridictionnalisation du contrôle permettant d'interpréter la pratique de l'exécution budgétaire (jurisprudence financière).

A cet égard, l'article 47 de la loi organique dispose qu'une loi dite de règlement constate le montant définitif des encaissements de recettes et des ordonnancements de dépenses, se rapportant à une même année budgétaire et arrête le compte de résultat de l'année.

Ce projet de loi doit être déposé sur le bureau d'une des deux chambres du Parlement, au plus tard, à la fin de la deuxième année budgétaire qui suit l'année d'exécution de la loi de finances. Il est accompagné d'un rapport de la Cour des comptes sur l'exécution de la loi de finances et de la déclaration générale de conformité entre les comptes individuels des comptables et le compte général du Royaume.

De même, l'article 95 sur les juridictions financières définit les conditions d'élaboration du rapport sur l'exécution de la loi des finances (documents et informations nécessaires).

Or, il semble que la LOLF de 1998 ne tient pas compte des nouvelles dispositions de contrôle interne, d'où la nécessité d'énoncer clairement :

- l'instauration du contrôle en cours de gestion ;
- la réhabilitation du contrôle *a posteriori* opéré par les juridictions financières ;

- le contrôle ne peut être effectif que s'il est effectué dans des délais appropriés ;
- le projet de loi de règlement doit être déposé au plus tard à la fin de l'année qui suit l'année d'exécution du budget ;
- les rapports critiques de la cour des comptes doivent constituer une source privilégiée d'information des députés. Ces rapports peuvent dynamiser aussi bien le débat politique que l'enseignement universitaire des finances publiques.

III. Enjeux de la reforme de la loi organique des finances a la lumiere des experiences etrangeres et du droit compare

Les capacités organisationnelles et stratégiques des États modernes en matière budgétaire résident dans leurs capacités d'entreprendre des actions collectives de développement humain au moindre coût. Ces capacités incluent les compétences politiques, juridiques, institutionnelles, humaines, sociologiques et techniques.

Les expériences des pays de l'OCDE et les études effectuées par des organisations internationales (Banque mondiale 2000) ont démontré que la pratique de bonne politique publique n'est pas suffisante pour assurer l'efficacité des dépenses publiques si les systèmes institutionnels, c'est-à-dire les règles de jeu formelles et informelles ne favorisent pas la performance à trois niveaux : la discipline financière globale, les priorités stratégiques et la performance opérationnelle.

Dans le milieu des années quatre vingt-dix du XXe siècle, plus particulièrement les institutions financières internationales ont élargi l'objet et l'étendu de la réforme à travers le renforcement des institutions chargées de l'évaluation de la gouvernance (cours des comptes) et le soutien accru apporté au parlement.

A cet effet, l'OCDE comme le FMI ont répertorié des codes de bonne conduite en matière de gouvernance financière fondés notamment sur le renforcement du pouvoir financier du parlement, la responsabilisation des gestionnaires, la transparence et la réforme comptable.

La réforme du budget est une longue entreprise démocratique, un « véritable pèlerinage » plutôt qu'un aller simple. Les développements récents de gouvernance financière soulignent l'importance des interactions entre les phénomènes budgétaires et les phénomènes sociologiques et culturels.

Si la réforme de la LOLF en France a été présentée comme une « révolution copernicienne », elle n'est sûrement pas en tout cas, une révolution silencieuse. Le nombre des ouvrages des colloques et du débat public sur cette réforme sont là pour le prouver. En fait, la loi organique suscite entre le 1er août 2001 (date de sa promulgation et l'année 2006, première année de son application) toujours un intérêt au-delà du cercle des praticiens habituels du droit budgétaire. Elle appelle un renouvellement en profondeur de la pensée classique des finances publiques. En fait, il n'existe pas d'équivalent de la LOLF dans les autres pays. Il n'en demeure pas moins qu'un certain nombre de pays se sont engagés dans cette démarche de performance, d'objectifs, de résultats ; parmi lesquels on peut notamment citer le Canada, l'Australie, la Nouvelle-Zélande, le Royaume-Uni, le Danemark, les Pays-bas, la Suède.

La nouvelle constitution financière de l'État dont s'est dotée la France avec la loi organique consacre désormais deux pratiques fondamentales de la gouvernance : la transparence financière (lisibilité du budget) et la performance de l'État dont le but réside dans l'amélioration de la gestion publique.

A. Loi organique des finances et logique de performance

La LOLF constitue l'ensemble des dispositions législatives définissant et régissant le contenu de la loi des finances et des principes budgétaires, les procédures et modalités de présentation, de l'examen et du vote de la loi des finances, l'évaluation et le contrôle de la portée de l'autorisation parlementaire.

Les lois de finances sont des lois ordinaires. A ce titre, elles relèvent en matière de contrôle de constitutionnalité de l'alinéa 3 de l'article 81 de la Constitution de 1996. En vertu de l'article 50 de la constitution « le Parlement vote la loi de finances dans des conditions prévues par une loi organique ».

Dans la doctrine, la LOLF bénéficie d'une supériorité hiérarchique sur l'ensemble des lois ordinaires y compris organiques. Et s'impose même aussi à des lois ordinaires non financières[639]. Cette loi contient des règles de procédures qui s'adressent et s'imposent au législateur ordinaire et que sa violation constitue une transgression directe de la loi organique et non de la Constitution ; ce qui fait que la LOLF ne serait que le prolongement de la Constitution.

Selon le doyen Favoreu (1975) « la méconnaissance des règle de procédures définies par cette ordonnance motive directement l'invalidation de la loi des finances » ce qui conduit, à inclure cette dernière dans les normes constitutionnelles.

Plusieurs expériences étrangères (Canada, USA, Royaume-Uni, Suède, Australie, France, Union européenne) et études émanant des organisations internationales (FMI, Banque mondiale, OCDE) conduisent au postulat de la nécessité d'une réforme profonde de la gestion des finances publiques dans le but d'assurer plus de transparence de performance et de qualité dans la gestion des services publics.

---

[639] Mohamed Harakat, « Réforme de la loi organique des finances et gouvernance démocratique », *in REMA*, n° 28, 2009, p. 10 et s.

Les leçons dressant l'état des apprentissages réalisés dans ces pays démontrent clairement les enjeux et les dimensions stratégiques, démocratiques, comptables et sociologiques de telle réforme.

Dans les pays du Maghreb adoptant le modèle français de la comptabilité publique, de reddition des comptes et de gestion budgétaire, la réforme budgétaire à des degrés divers reste toujours inscrite dans l'agenda gouvernemental, depuis une bonne dizaine d'année.

B. Nécessité d'une nouvelle approche de la gestion budgétaire

La gestion des finances publiques dans ces pays est en pleine mutation. La généralisation de la nouvelle approche de gestion budgétaire dans la perspective de substituer la logique de résultat à la logique de moyens qui prévaut actuellement, à travers la globalisation de crédit, la contractualisation, l'accélération du processus de déconcentration, le développement de la culture du partenariat, l'intégration de la dimension genre, l'exigence de transparence exprimée par l'opinion publique, l'efficacité du système fiscal sont autant de facteurs d'évolution et de réforme qui sont loin d'être achevés.

Ces processus de réforme sont envisagés pour de multiples considérations : internes liées à la nécessité de satisfaire les attentes des citoyens dans le cadre d'un État de droit et externes liées aux impératifs de la mondialisation et de la libéralisation de l'économie nationale. Cependant, ces réformes initiées ne constituent que de simples aménagements techniques. Or, il semble que les responsables maghrébins redoutent d'accorder des pouvoirs jugés parfois démesurés au Parlement.

IV. L'APPORT DE LA NOUVELLE LOI ORGANIQUE DES LOIS DE FINANCES DE 2015

Les dispositions de la nouvelle LOLF n° 130-13 ou ce qu'on appelle en doctrine la constitution financière, entrent en vigueur de façon progressive, à partir du 1er janvier 2016, dans le cadre du lancement de la troisième vague de la budgétisation par programme axée sur la performance. Cette réforme répond à de multiples objectifs, d'ordre général et d'ordre spécifique[640].

---

[640] Mohamed Harakat, *Les défis et les enjeux de la nouvelle gestion publique à l'heure de la crise des humanités*, avant propos, ouvrage collectif, Gestion publique, transparence et performance, à la lumière de la nouvelle loi organique relative à la loi de finances, REMA n° 43, 2016, pp.7-11

A. Objectifs de la réforme apportée par la nouvelle loi organique

1. Objectifs d'ordre général de la réforme

Ils se déclinent comme suit :

1. objectifs politiques : il s'agit de répondre aux nouvelles dispositions constitutionnelles fondées notamment sur l'instauration des principes de bonne gouvernance et de la corrélation entre la responsabilité et la reddition des comptes ;

2. objectifs institutionnels et démocratiques : Ils résident dans l'enrichissement de l'information communiquée au parlement pour mieux contrôler les finances publiques et évaluer les politiques publiques ;

3. objectifs culturels : ils visent la consolidation des valeurs de la gouvernance dans la société et dans la pratique administrative en vue d'améliorer la performance de la gestion publique et sa lisibilité et son contrôle par le biais du renforcement de la gouvernance financière de l'État et de l'établissement d'un nouveau système comptable revêtant de multiples dimensions permettant de donner une image fidèle du patrimoine et de la situation financière de l'État.

2. Objectifs spécifiques de la réforme

Ils seront abordés, en vertu de la Circulaire du Chef de gouvernement n° 4/2015 du 18 juin 2015 relative au lancement de la troisième vague de la budgétisation par programme dans le cadre du déploiement de la LOLF, comme suit[641] :

a. La restructuration des budgets autour des programmes consiste à :

- assurer une meilleure lisibilité des choix budgétaires ;
- favoriser l'allocation des ressources ;
- permettre au parlement d'apprécier la totalité des moyens déployés dans la mise en œuvre des politiques publiques ;
- permettre aux gestionnaires la fixation des objectifs et des indicateurs de performance ainsi que le suivi des projets par le biais de l'opérationnalisation de l'audit et de l'évaluation de la performance.

b. La démarche de performance : elle vise à :

- renforcer les responsabilités des gestionnaires qui seront appelés à décrire la stratégie du programme dans une perspective triennale ;
- définir des objectifs de performance traduisant des programmes spécifiques et des priorités de développement ;

[641] Circulaire du Chef de gouvernement n° 4/2015 du 18 juin 2015.

- identifier les indicateurs transversaux portant sur l'efficience des fonctions afférentes à la gestion des ressources humaines et à la bureautique.

c. La mise en place de la programmation budgétaire triennale

La Circulaire du Chef de gouvernement sus visée préconise l'élaboration de la part des départements ministériels des programmes budgétaires sur la période 2016-2018 de telle sorte que les données de la première année seront conformes aux données du projet de loi de finances, au titre de l'année 2016, et les données afférentes aux deux années seront fournies, à titre indicatif. Les dépenses prévues dans le cadre des trois années de la programmation feront l'objet d'examen dans le cadre des commissions budgétaires tenues lors de la préparation du projet de loi de finances de l'année 2016.

La programmation pluriannuelle fera l'objet d'actualisation annuelle.

d. L'élaboration des projets de performance

Les départements ministériels seront appelés à élaborer un projet de performance comportant les données relatives à la stratégie et les crédits qui lui sont accordés pour une période triennale pour toutes les structures budgétaires (Budget général, SEGMA, Comptes d'affectation spéciale). Les projets de performances accompagnés des budgets sectoriels seront communiqués à la Direction du Budget, en vue de leur validation lors des conférences budgétaires et de performance, avant leur transmission aux commissions parlementaires concernées. Il est prévu également que les projets de performance seront publiés sur le site dédié à la mise en œuvre de la LOLF.

e. La mise en place d'un système de pilotage de la préfiguration

Elle se manifeste par la création d'une structure de pilotage (unité administrative Najaa) dépendant de la direction du Budget assurant la coordination avec les départements ministériels ou au niveau ministériel ou chaque département est amené à mettre en place un comité de pilotage présidé par son Secrétaire Général.

En somme, les dispositions de la nouvelle loi organique composée de 70 articles proposent de :

- définir de nouvelles procédures de présentation des lois de finances ; en termes de programme, de projet et d'action ;
- tenir compte des principes d'objectifs de résultat, de performance et de l'aspect genre dans la fixation des objectifs et des indicateurs chiffrés ;
- établir de nouvelles procédures d'examen et de collaboration du gouvernement et du parlement dans le processus d'examen et d'information en matière de l'élaboration du projet de loi de finances (production de 15 rapports et documents, réaménagement des

modalités et des calendriers d'examen et de vote, encadrement des amendements parlementaires) ;

- renforcer la portée de l'autorisation parlementaire et enrichir le projet de règlement présenté au parlement par des rapports annuels produits sur la performance, les ressources affectées aux collectivités territoriales, et l'audit de performance.

3. Nouveautés et calendrier d'application de la LOLF

En plus des dépenses de fonctionnement l'article 14 de la LOLF a introduit :

- les dépenses relatives à l'exécution des arrêts et décisions judiciaires prononcés à l'encontre de l'État ;
- les dépenses relatives aux remboursements, dégrèvements et restitutions, fiscaux.

L'article 15 a prévu que les dépenses de personnel comprennent en plus des traitements, salaires et indemnités les cotisations de l'État au titre de prévoyance sociale et de la retraite.

Tableau n° 21
Calendrier d'application de la LOLF de 2015

1/1/2017	**Crédit ouverts sont limitatifs**
1/1/2018	• Programmation pluriannuelle (débat sans vote) • Déclinaison des projets ou actions en lignes • Comptabilité budgétaire des recettes et dépenses • Introduction des programmes (projets actions) • Projet de performance • Responsable du programme • Indicateurs de performance, aspect genre • Évaluation (s'assurer de l'efficacité, l'efficience et la qualité des réalisations)
1/1/2019	• Programmation budgétaire triennale • Exposé du ministre de finances au parlement sur/ L'état d'avancement de loi de finances au 30/06 • Politique économique • La programmation pluriannuelle (débat sans vote) • Présentation pour informations aux commissions parlementaires des programmation pluriannuelles des départements et des établissements et des Entreprises publiques
1/1/2017	**Crédit ouverts sont limitatifs**
1/1/2020	• Cotisations de l'État au titre de la prévoyance sociale • Comptabilité d'analyse des coûts • Certification de la régularité et la sincérité des comptes de l'État par la cour des comptes • Rapport d'audit de performance

Source : Synthèse effectuée par l'auteur.

Dans le sillage de la problématique de cet ouvrage, il est légitime d'émettre les interrogations fondamentales suivantes :

Quel est l'apport de la nouvelle loi organique de la loi de finances à la réinvention de la gestion publique et à la consolidation des valeurs de la gouvernance de la transparence et de la performance dans la société ? Quelles sont les contraintes et les limites de la nouvelle gestion publique, à l'épreuve de l'environnement culturel et de la pratique administrative prédominante ?

En revanche, quel rôle peut jouer l'enseignement des finances publiques dans la consolidation des valeurs de transparence, de performance et de résultat tant dans la gestion publique que dans la société en général ; en termes de formation, de doctrine, de transparence, d'expertise et de démocratie ?

V. Perspectives d'avenir

Dans le but de débattre les principales nouveautés de la LOLF dans le cadre des mutations que connaît l'environnement international aussi bien économique que sociologique du pays, l'auteur a initié une rencontre académique qui a réuni le 19 novembre 2016, à Rabat, un ensemble de chercheurs et spécialistes dans les différents aspects de la question[642], un ouvrage collectif a été publié comportant les actes de la rencontre[643].

A. La pertinence de la dimension pédagogique et culturelle dans la réussite de la réforme budgétaire

A notre sens, l'enseignement des finances publiques et des humanités mérite d'attirer davantage les chercheurs marocains. Car, il s'agit de savoir dans quelle mesure il est nécessaire aujourd'hui d'adapter les programmes de formation et de recherche en management en fonction de ces nouveautés en vue d'avancer les pistes de réinvention de cette discipline dans les cursus universitaires. Le but est de développer une nouvelle culture de pratique de gouvernance démocratique. Le reste n'est que littérature.

En fait, les finances publiques constituent une science pluridisciplinaire qui est au carrefour de multiples disciplines[644]. Par conséquent, elle se trouve négligée par les uns et les autres.

La question qui se pose à ce niveau c'est comment nos étudiants gestionnaires et hommes d'État de demain peuvent –ils accéder aux instances de gouvernance[645] (parlement, juridictions financières, inspections, finances, piliers de l'intégrité, parlement) sans formation en humanités et en démocratie et sans développement de leurs capacités de formation, d'analyse en doctrine et pratiques financières ?

B. Dix pistes de progrès

De manière transversale nous présentons dix (10) propositions susceptibles de promouvoir le débat sur la nécessité de la réinvention de l'enseignement des finances publiques. C'est une condition fondamentale pour sensibiliser les chercheurs, les acteurs institutionnels, les ONG et l'opinion publique sur la pertinence de l'enseignement de cette discipline, ainsi que des humanités d'une manière générale dans le processus de

---

642 Cf. Actes de cette rencontre organisée à Rabat à l'occasion de la célébration du XXVe anniversaire de la création de la *Revue marocaine d'audit et de développement* (*REMA*) sous la devise « 25 ans de recherche et de publication au service de la gouvernance » sur le thème : « L'enseignement des finances publiques a la lumière de la nouvelle loi organique de la loi de finances ». De même l'auteur a initié et a organisé, à Marrakech 22-24 février 2009, en collaboration avec la *REMA*, la Chambre des conseillers et l'Ambassade de la France à Rabat, les actes du 10e colloque international sur le thème « La réforme de la loi organique relative aux lois de finances ». Ces actes sont publiés *in* la *REMA* n° 28, 2009.

643 « Gestion publique, transparence et performance, à la lumière de la nouvelle loi organique relative à la loi de finance », *REMA* n° 43, 2016.

644 Mohamed Harakat, *Les Finances publiques à l'épreuve de la performance : cas du Maroc*, L'Harmattan, Paris,2011.

645 R. Pellet (2013), « L'enseignement des finances publiques à l'Université », *in Revue du droit public*, n° 4, 2013, p. 963

développement démocratique. Ces propositions résident dans les éléments suivants :

1. Réinventer l'enseignement de l'économie politique de la corruption[646] dans l'université, les instituts et les écoles supérieures ce qui favorisera le débat sur un ensemble de phénomènes socio-économiques soulevés par la théorie économique contemporaine (dynamique du rapport capital travail, rendement élevé du capital et faible croissance, appauvrissement de la classe moyenne, fuite des capitaux, etc.). Ce processus est déstabilisant. Il constitue la principale menace pour la dynamique de la répartition des richesses, à très long terme ;

2. revoir la méthodologie et le contenu des cursus de formation par le biais de l'humanisation de l'enseignement des finances publiques et de la démocratie financière et par l'introduction de nouveaux modules de formation universitaires sur la transparence, la reddition des comptes et les stratégies de lutte contre la corruption ;

3. développer la doctrine et la jurisprudence financière (gouvernance comparée des finances publiques, à l'échelon mondial et régional, arrêts et rapports des institutions supérieures de contrôle, index de corruption) ;

4. revoir la pédagogie de l'enseignement par l'introduction de nouvelles disciplines pratiques de gouvernance tels que l'audit de la gouvernance et de la performance l'évaluation des politiques publiques, la communication et la reddition des comptes tout en prenant en considération l'apport de l'économie du savoir au développement ;

5. promouvoir le débat sur les acteurs de la gouvernance mondiale (Banque mondiale, FMI, Nations Unies et la création de nouvelles instances mondiales de contrôle de représentation démocratique et fondée sur le mérite et la transparence[647] ;

6. réinventer les programmes d'enseignement et de recherche (élargissement de l'objet de l'étude des finances publiques en introduisant l'étude des fonds souverains, les finances islamiques, l'économie de l'armement, le financement du terrorisme, les flux d'immigration, la répartition de la richesse mondiale, l'endettement, les acteurs de la gouvernance mondiale et leurs limites) ;

7. consolider les valeurs de la reddition des comptes par la mise en place de la comptabilité de l'État et de la pratique des normes internationales de gouvernance comptable dans les programmes (contrôle de gestion, comptabilité budgétaire, doctrine du commissariat aux comptes, comptabilité et audit patrimoniaux, normes d'audit, incompatibilité, conflit d'intérêt, etc.) ;

---

[646] Consulter notre ouvrage : *La Triade tyrannie, corruption et terrorisme : contribution à l'économie politique de la corruption*, Elamarif El Jadida, Rabat, 2016 (en arabe).

[647] A ce titre, l'auteur défend la création d'une cour des comptes mondiale, à l'instar de la CPI avec des pouvoirs réels et des compétences étendues en matière de la gouvernance financière et la lutte contre la corruption.

8. concevoir de nouvelles approches socio-psychologiques d'étude et de contrôle des finances publiques (impôt sur la richesse, imposition de la classe moyenne, capital symbolique, bonheur intérieur brut de la population) ;

9. bâtir des rapports étroits de collaboration et de partenariat entre l'université, les instances et acteurs de la gouvernance, le parlement et les grands corps de l'État (Finances, affaires étrangères, corps d'inspection, cour des comptes, parlement) ;

10. développer de nouvelles pratiques de contrôle opérées par les tink tanks, le parlement, la société civile. L'objectif ultime est de promouvoir une culture et un apprentissage approprié d'expertise nationale de réflexion sur la gouvernance financière en vue de limiter la dépendance du pays aux grands cabinets et experts étrangers en la matière.

A titre d'illustration, une fusion entre la Direction Générale de l'Impôt (DGI) et de la Direction du Trésor et des Finances Extérieures (DTFE) s'avère nécessaire. Performance exige. En outre, il est souhaitable en vue d'accompagner le processus de la réforme budgétaire de mettre en place une Direction Stratégique des finances publiques, à la lumière du modèle français (ou d'autres modèles anglo-saxons), permettant à l'université de contribuer également à la réinvention d'une vision pluridisciplinaire de réflexion et de débat démocratique sur la performance et l'évaluation des politiques publiques.

Tableau n° 22
Présentation sommaire de l'économie et finances publiques (en 2005)

1. Budget général de l'État (28 ministères et 3 hauts commissariats (Plan, Anciens combattants et Eaux et forêts). 2. 1 budget annexe (RTM). 3. 159 SEGMA (établissements de formation et centres hospitaliers). 4. 97 comptes spéciaux classés en six catégories. Fonds extrabudgétaires 5. Organismes de sécurités sociales (OSS) : – CMR. – Régime collectif d'allocations de retraites. – Caisse nationale de sécurité sociale. – Caisse nationale des organismes de prévoyance sociale (CNOPS). 6. Une cinquantaine de mutuelles d'assurance maladie pour les salariés du secteur privé. 7. 220 établissements publics nationaux à caractère administratif (universités, chambres d'agriculture, Centres hospitaliers régionaux non inclus dans les collectivités locales, SEGMA, Fonds Hassan II pour le développement économique et social. 8. 16 régions. 9. 26 préfectures et 45 provinces. 10. 1 298 communes rurales et 249 communes urbaines.

Source : Transparence des finances publiques – Rapport FMI, 2005, p. 6. PIB : 443,7 milliards de dirhams (estimation 2004). Dette/PIB : 66 % du PIB.

CHAPITRE II

Comptabilité publique, lois de finances et processus de prise de décision financière

« Ne mesurant ni résultat ni capitaux, notre comptabilité publique incite à détruire notre capital collectif. »
B. Martin-Vallas

Dans ce chapitre il s'agit de définir les fondements de la prise de décision financière à travers l'approche de la comptabilité publique et de la loi de finance.

I. DROIT DE LA COMPTABILITE PUBLIQUE ET DYNAMIQUE DE LA NOUVELLE GESTION PUBLIQUE

Le droit de la comptabilité publique est fondé sur un certain nombre de principes hérités du XIXe siècle qui malgré de nombreuses atténuations, sont encore invoqués comme des dogmes.

La comptabilité publique trouve sa justification d'origine dans la normalisation de l'autorisation budgétaire qu'il faut avant tout respecter sous peine de déclencher une série de responsabilité financière. L'objet de la comptabilité publique est la réalisation de l'intérêt général tout en protégeant les deniers publics. Pour cette raison, l'exécution budgétaire est dominée par le souci de contrôle ; d'où la nécessité d'effectuer les opérations financières et techniques, selon des règles homogènes et précises de forme et de fond[648].

Ainsi, pendant longtemps la comptabilité publique n'a rempli que cette double fonction technique et juridique, avec l'évolution actuelle les missions de l'État, tout en conservant à la comptabilité publique sa fonction classique qui est la sauvegarde des deniers publics et le respect des décisions de l'autorité budgétaire on lui demande de devenir un véritable instrument de management.

[648] Jacques Magnet, *Eléments de comptabilité publique*, LGDJ, 1991.

Or, si dans les pays développés la mise en place des règles et structures de comptabilité et de reddition des comptes publics est le produit de toute une évolution historique[649], politique et socio-économique dans les pays en voie de développement cette évolution constitue un phénomène nouveau. C'est au lendemain de leur indépendance politique que ces pays ont commencé à repenser leurs structures de gestion et de contrôle.

Le Maroc n'a pas échappé à la règle puisque depuis son indépendance, il s'est très vite intéressé aux théories nouvelles de la comptabilité, depuis cette date d'importantes tentatives de réforme ont été menées en la matière qui constituent autant de jalons dans l'histoire de réforme et de la consolidation de notre système de reddition des comptes. En effet, c'est le dahir du 6 août 1958 qui tout en s'inspirant du décret français du 31/05/1862 a tenté d'adapter les dispositions du protectorat aux données nouvelles de l'indépendance. Une mise à jour de ce texte fut urgente surtout avec la Constitution de 1962 et la loi organique du 9 novembre 1963.

Mais la véritable réforme s'est inaugurée avec la publication du nouveau règlement de la comptabilité publique (décret royal du 21 avril 1967). Ce texte constitue un compromis entre les dispositions françaises et les pratiques marocaines.

Les auteurs de ce texte n'ont pas voulu comme[650] l'avait écrit, à juste titre, M. Loze « s'écarter trop des pratiques françaises, car il aurait été dangereux de bouleverser des méthodes bien comprises pour le plaisir de réformer[651] ».

Si sur le plan législatif cette discipline, la comptabilité publique a bénéficié assez largement du développement au cours de ces dernières années dans le domaine de contrôle des finances publiques, mais cela ne s'est guère répercuté au niveau de l'enseignement. Dans les universités de droit et des sciences économiques les programmes ne prévoient pas de cours ou de modules consacrés à cette discipline, bien que son importance pratique au sein de l'administration (et collectivités territoriales) soit considérable.

En fait, la comptabilité publique peut constituer un outil précieux de prise de décision à long terme. Elle devra être conçue de telle sorte à satisfaire les besoins de développement de la nouvelle gouvernance financière (connaissance de la situation du patrimoine, coût, rendement, résultat).

Nous tentons dans cette section de définir les soubassements et les règles de la comptabilité publique avant de préciser ses caractéristiques.

---

[649] « La comptabilité publique : continuité et modernité », colloque tenu à Bercy les 25 et 26 novembre 1993, comité pour l'Histoire économique et financière de la France, Paris, 1995.

[650] Loïc Philip, *in* Rapport introductif du colloque « La comptabilité publique : continuité et modernité », Bercy, 25 et 26 novembre 1993, Comité pour l'histoire économique et financière de la France, Paris, 1995, p. 3.

[651] M. Loze, *Les Finances de l'État*, Edition La Porte, 1970, p. 404.

A. Définition de la comptabilité publique

Il n'existe pas de définition officielle expresse de la comptabilité publique, cependant il est possible de dégager une définition aussi complète que possible du décret du 21 avril 1967 portant règlement général de la comptabilité publique. L'article premier de ce décret dispose : « La comptabilité publique s'entend de l'ensemble des règles qui régissent les opérations financières et comptables de l'État, des collectivités locales, de leurs établissements et de leurs groupements et qui déterminent les obligations et les responsabilités incombant aux agents qui en sont chargés. »

Cette définition synthétique met en évidence trois critère généraux à retenir à savoir :

- les règles de la comptabilité publique (aspect formel) ;
- les organismes soumis à ces règles ;
- les opérations auxquelles s'appliquent ces règles.

1. Règles de la comptabilité publique

La comptabilité publique est un ensemble de règles principalement juridiques et secondairement techniques.

a. Règles juridiques

Les règles de la comptabilité publique ce sont des règles de droit (force obligatoire, sanction par l'autorité publique) qui sont prescrites par des actes juridiques. Ces actes sont d'origine diverses qui se situent à tous les niveaux de la hiérarchie des normes juridiques. La comptabilité publique est une branche de droit public.

Le droit international

Le droit international (Hard Law) encore peu élaboré ne connaît que de rares dispositions générales relatives aux finances publiques : (obligation de solder les dettes contractées envers d'autres États, stipulations financières des traités). Les voies et les moyens de réalisation de ces créances et de ces dettes entrent dans le champ de la comptabilité publique.

Toutefois, il faut préciser qu'aujourd'hui la prise en considération de la dimension internationale et régionale de la gestion et du contrôle des finances publiques revêt une importance cruciale. Par exemple lorsqu'un État adhère à une organisation internationale de contrôle supérieur il est appelé à respecter les résolutions et les recommandations émanant de celle-ci (Soft Law) qui se situent toujours dans le cadre des principes de la reddition des comptes et de la comptabilité publique.

A titre d'illustration, le Ve congrès de L'INTOSAI, tenu en Israël en 1965, a recommandé :

- d'assujettir au contrôle des ISC l'universalité des activités de l'État quels que soient leur nature et leur mode d'exercice ;

- d'élaborer un bilan de l'État (comptabilité consolidée de l'État) destiné à permettre une évaluation exhaustive des divers actifs composant le patrimoine national (biens, créances à termes, liquidités) et à les confronter avec le passif (dette publique, obligations diverses, provisions) afin de mesurer annuellement les variations de fortune de l'État. Un tel document note le congrès constitue une source précieuse de renseignements pour le contrôle et un progrès dans la description globale des finances publiques ;
- d'adopter un système de budget fonctionnel dans la gestion des finances publiques permettant de faciliter l'exécution des plans de développement économique et social. Ce système permet d'apprécier l'efficacité et le coût des services publics – la comptabilité publique, recommande le Ve Congrès de l'INTOSAI, devra constituer un outil d'évaluation du rendement et d'efficacité des services publics.

Par ailleurs, d'autres organisations internationales (ONU, Banque mondiale, FMI, EUROSAI) insistent aussi sur la nécessité de la réforme de la comptabilité publique et du développement d'outils modernes de gestion et de contrôle des finances publiques[652].

La Constitution

Elle désigne en général l'organe auquel est attribuée la compétence financière et détermine parfois certaines règles de procédure budgétaire et de contrôle.

C'est ainsi que la Constitution marocaine prévoyait l'égalité devant l'impôt. A ce titre, l'article 39 de la constitution de 1996 dispose : « Tous supportent, en proportion de leurs facultés contributives, les charges publiques que seule la loi peut, dans les formes prévues par la présente Constitution, créer et répartir. » De même l'article 40 « tous supportent solidairement et proportionnellement à leurs moyens, les charges que requiert le développement du pays et celle résultant des calamités nationales et des catastrophes naturelles ».

A titre de comparaison, le droit constitutionnel français se réfère aux articles 14 et 15 de la déclaration française, du 26/08/1789. Plus précisément l'article 15 de cette déclaration dispose : « La société a le droit de demander compte à tout agent public de son administration. »

De même, la constitution détermine la compétence législative pour le vote du budget, le contrôle de l'action du gouvernement, l'EPP, son mode de présentation (art. 70-75), son règlement (art. 76 et 77) et son contrôle supérieur (titre X articles 147, 148, 149 et 150).

[652] Cf. Nos études, « L'audit des projets financés : les constatations de la Cour des comptes de l'Union européenne », *REMA* n° 5/1996) et, « Audit et contrôle interne des projets financés par l'Union européenne », *Revue française d'audit interne*, avril 1997.

Concernant le vote du budget, l'article 75 de la nouvelle Constitution de 2001 dispose : « le parlement vote la loi des finances, déposée par priorité devant la Chambre des Représentants dans des conditions prévue par une loi organique ».

Si, à la fin de l'année budgétaire, la loi des finances n'est pas votée (ou n'est pas promulguée en raison de sa soumission à la cour constitutionnelle en application de l'article 132 de la Constitution le gouvernement ouvre par décret, les crédits nécessaires à la marche des services publics et à l'exercice de leur mission, en fonction des propositions budgétaires soumises à approbation.

Dans ce cas, les recettes continuent à être perçues conformément aux dispositions législatives et réglementaires en vigueur les concernant à l'exception, toutefois, des recettes dont la suppression est proposée dans le projet de loi de finances. Quant à celles pour lesquelles le dit projet prévoit une diminution de taux, elles seront perçues au nouveau taux proposé.

S'agissant du contrôle des finances publiques d'une manière générale et des lois de finances en particulier l'article 147 précise que : « La cour des comptes est l'institution supérieure de contrôle des finances publiques du Royaume ». Ainsi au Maroc, à l'instar d'une série de pays développés (Autriche, Espagne, Belgique, Allemagne, France) ou en développement l'indépendance de la cour des comptes, est garantie par la Constitution.

De surcroît, la Constitution stipule que « la Cour des comptes a pour mission la consolidation et la protection des principes et valeurs de bonne gouvernance, de transparence et de reddition des comptes de l'État et des organismes publics ».

De même, la Cour des comptes « est chargée d'assurer le contrôle supérieur de l'exécution des lois de finances. Elle s'assure de la régularité des opérations de recettes et de dépenses des organismes soumis à son contrôle en vertu de la loi et en apprécie la gestion. Elle sanctionne, le cas échéant, les manquements aux règles qui régissent les dites opérations ».

L'article 147 énonce que « la cour des comptes assiste le parlement et le gouvernement dans les domaines de contrôle des finances publiques. Elle répond aux questions et consultations en rapport avec les fonctions de législation, de contrôle et d'évaluation exercées par le Parlement et relatives aux finances publiques » « relevant de sa compétence en vertu de la loi. Elle rend compte au Roi de l'ensemble de ses activités ».

S'agissant du contrôle des collectivités territoriales (régions, préfectures, provinces et communes), l'article 149 dispose : « Les cours régionales des comptes sont chargées d'assurer le contrôle des comptes et de la gestion des régions et des autres collectivités territoriales et de leurs groupements. »

En France, comme c'est le cas au Maroc, la Constitution de 1958 se borne à mentionner que la cour des comptes assiste le Parlement et le gouvernement dans le contrôle de l'exécution des lois de finance. Toutefois, le conseil constitutionnel a renforcé l'indépendance de la cour des comptes en précisant que l'obligation qui lui a été faite de communiquer son programme de contrôle aux présidents des commissions des finances des deux assemblées, ainsi que la possibilité offerte à ces derniers de présenter leur avis sur ce projet, étaient de nature à porter atteinte à son indépendance et étaient donc contraire à la Constitution[653].

Précisons par ailleurs que la Constitution marocaine (art. 75) renvoie le traitement des matières budgétaires et comptables de l'État à une nouvelle espèce d'actes juridiques de la loi organique constituée actuellement par le dahir du 2 juin 2015 portant loi n° 130-13 relative à la loi de finances.

Les lois

Les lois applicables en comptabilité publique se présentent soit sous forme de dispositions permanentes, soit sous forme d'autorisations temporaires. Dans la première catégorie se range en droit marocain la loi organique des finances du 26 novembre 1998 qui détermine le mode d'établissement, de présentation, de vote et d'exécution du budget, les lois fiscales et les lois ordinaires telles que la loi n° 62-99 du 13 juin 2002 relative aux juridictions financières relative à la cour des comptes, la loi n° 15-97 portant code de recouvrement des créances publiques. Dans la deuxième catégorie, l'acte principal est la loi des finances annuelle. Toutefois, les lois de finances qui prévoient et autorisent les ressources et les charges de l'État peuvent aussi contenir des dispositions permanentes (dahir du 31 décembre 1979 portant loi de finances pour l'année 1980 relative à la participation à la solidarité nationale).

Le règlement

Il tient une place extrêmement importante dans la comptabilité publique[654]. En effet, les actes juridiques qui régissent la comptabilité publique sont régis par la Constitution, ordonnance organique, lois de finances, règlement général, arrêtés, instruction, circulaires. Même les règles techniques de la comptabilité publique sont fixées par des instructions du ministère des Finances. L'acte principal en ce domaine est le décret royal du 21/04/1967 portant règlement général de la comptabilité publique. Les modalités d'application de ce règlement font généralement l'objet de décrets simples. Au Maroc, c'est le décret royal du 31/07/1968 qui fixe les modalités d'application du décret du 21/04/1967. De plus la législation et la réglementation confèrent un important pouvoir réglementaire au ministre des Finances qui l'exerce par arrêtés, instructions, circulaires, décisions ou notes. C'est le cas de :

- l'instruction du ministre des Finances du 26/03/1969 relative aux régies de dépenses et aux régies de recettes ;

---

[653] Loïc Philip, Panorama du contrôle des finances publiques dans le monde, *In* Actes de colloque, Les Cours des comptes en action, publiés *in RFFP* n° 101, mars 2008, p. 25.

[654] Arnaud Haquet, *La Loi et règlement*, LGDJ, collection Système/Droit, Paris, 2007.

- l'instruction du 23/02/1971 sur la présentation des comptes de gestion des receveurs des finances ;
- l'arrêté du ministre des Finances du 12/12/1967 fixant la liste des dépenses qui peuvent être payées sans ordonnancement préalable ;
- note du ministre des Finances du 24/08/1962 relative au rôle et à la responsabilité des agents comptables.

Précisions enfin, que les décisions les plus importantes font l'objet de Dahir ou d'arrêté du ministre des Finances. Cependant, si sur le plan pratique, la marche quotidienne des services financiers est réglée par divers règlements dont beaucoup d'ailleurs, ne sont pas publiés.

La jurisprudence

Elle sert à interpréter les règles de la comptabilité publique lorsqu'elles sont imprécises ou inappliquées. Le contrôle de la régularité de ces règles appelle l'existence d'une ISC des finances publiques efficace et l'intervention d'un juge spécialisé, à savoir le juge des comptes. Il faut distinguer, à cet égard, entre deux règles principales dont le contrôle de régularité révèle, depuis toujours, l'étendue et la complexité : la règle du service fait et celle de la gestion de fait.

Sur le plan pratique, faut-il préciser qu'en raison de la faiblesse ou de manque d'une doctrine financière de qualité (manque d'arrêts définitifs et publiés par les juridictions financières), il semble qu'il n'existe pas au Maroc, ici et maintenant, de place pour la création et l'interprétation des règles de la comptabilité publique.

b. Règles techniques

Elles ont pour objet la description des opérations financières des organismes publics. Ces règles sont définies par :

1. des arrêtés du ministre des Finances ;
2. des Circulaires (Circulaire n° 4/174 du 27/01/1969 du ministre des Finances relative au paiement hors du Maroc des dépenses publiques ou assimilées, Circulaire du Premier ministre 148/CAB du 13/05/1974 relative aux marchés publics internationaux) ;
3. des instructions concertées avec le ministre des Finances et les autres ministres intéressés (Instructions du ministre de l'Intérieur du 18/12/1976 portant sur l'application du dahir du 30/09/1976 relative à l'organisation des collectivités locales) ;
4. des décisions du Premier ministre (décision du 3/03/1987 relative au marché cadre).

2. Les organismes publics

Les organismes publics sont les sujets des règles de la comptabilité publique. Selon l'article 1 du décret royal du 21/04/1967, les organismes publics sont : l'État, les collectivités locales et les établissements publics.

a. L'État

Il est souvent désigné sous appellation diverses : comme service de l'État, percepteurs d'impôts (fisc) gérants de fonds et payeurs, et enfin le Trésor.

b. Les collectivités territoriales

Reconnues par la Constitution de 1992, ces collectivités sont définies également par le titre XI de la Constitution de 1996. Elles sont les régions, les préfectures, les provinces et les communes.

La Constitution de 2011 a consacré le titre IX à la définition du statut et de nouvelles compétences de développement conférées aux régions et aux autres collectivités territoriales. De même que pour l'État, ces collectivités sont soumises aux règles de la comptabilité publique.

c. Les établissements publics

L'État et les collectivités locales peuvent exploiter des établissements publics placés sous leur tutelle ou leur contrôle. Le dahir du 14/04/1960 distingue entre trois (3) sortes d'établissements publics :

1. les Offices et Etablissements publics dotés de l'autonomie financière ; exemples : faculté, hôpitaux ;
2. les sociétés concessionnaires ou gérantes d'un service public de l'État ou d'une collectivité publique (Régie) ;
3. les syndicats, associations ou toute entreprise bénéficiant du concours financier. Les établissements publics sont soumis aujourd'hui au contrôle financier de l'État, en vertu de la (loi n° 69-00 promulguée par le dahir n° 1-03-195 du 11 novembre 2003). Selon la classification introduite par cette loi, le portefeuille comprend en 2004 : 283 établissements publics (40 % du total) et seulement 257 établissements en fin 2006[655], 424 sociétés (et 416 en 2006) comprenant 77 sociétés d'État (11 %), 111 filiales publiques (16 %) et 236 sociétés mixtes (33 %). Sur ces 707 entités recensées, en fin 2004, 14 ont été en cours de liquidation.

3. Les opérations financières

Traditionnellement la comptabilité publique a été conçue comme l'ensemble des règles applicables à la gestion des deniers publics ;

---

[655] Rapport sur le secteur des établissements et entreprises publics, Projet de loi de finances 2008, ministère de l'Economie et des Finances.

aujourd'hui il faut distinguer entre deux types de conception de deniers publics.

a. La conception classique

La conception classique des deniers publics telle qu'elle est affinée par la jurisprudence comporte :

- les fonds (valeur de caisse, numéraire) et tous les moyens de paiement ayant cours légal et pouvoir libératoire ;
- les valeurs de portefeuille (titres de créance et de dettes destinés à se résoudre en encaissement et décaissement de somme d'argent : exemples : bons, traites ou obligations) selon le conseil d'État français ces titres sont considérés comme des deniers par anticipation, puisqu'ils autorisent à se procurer immédiatement des fonds à l'escompte ou au remboursement ;
- la notion de propriété publique : les deniers appartiennent à des organismes publics.

b. La conception moderne

Elle inclut les biens non pécuniaires (exemple : gestion des immeubles possédés par les organismes publics, patrimoine...). Cependant, cette extension reste encore théorique que pratique en ce qui concerne l'État, le principal organisme public. En effet, le décret du 21/04/1967 portant règlement de la comptabilité publique ne contient pas de dispositions relatives à la gestion des biens non pécuniaires. La comptabilité publique, en dépit des recommandations du V ^{e} congrès de l'INTOSAI, demeure une comptabilité en deniers, même remarque s'applique à la comptabilité des établissements publics administratifs. A ce titre, seule une comptabilité commerciale et industrielle qui peut combler ces lacunes.

B. Caractéristiques de la comptabilité publique

1. Comptabilité publique et comptabilité privée

Si la comptabilité publique vise principalement à vérifier la régularité des opérations financières, la comptabilité privée consiste à connaître le résultat de gestion. En comptabilité publique la plupart des recettes proviennent d'impositions recouvrées par des procédés de puissance publique. Les organismes publics n'ont pas pour raison d'être de faire des bénéfices, mais réaliser l'intérêt général. Au contraire, les recettes des entreprises privées proviennent des versements consentis par les acheteurs et les usagers en vue de réaliser des bénéfices.

2. Fondements de la comptabilité publique : prudence, description des faits comptables et détermination de la responsabilité

Les règles de la comptabilité publiques qui différent de celles de la comptabilité privée sont principalement des techniques de contrôle (contrôle de régularité).

L'objectif principal du contrôle de régularité est d'assurer la protection des deniers publics, parce que l'ingérence dans le recouvrement des recettes publiques ou l'extraction irrégulière de fonds en valeur peuvent constituer des détournements au sens large. Or, il faut distinguer entre deux règles principales régissant le fonctionnement de la comptabilité publique :

a. La règle du service fait

Elle signifie que les organismes publics ne peuvent payer qu' après service fait et dans tous les cas, tout paiement d'avance est absolument interdit, sans justification.

Le décret royal du 21/04/1967 portant règlement de la comptabilité publique vise directement ou indirectement le respect de cette règle dans les articles suivants :

- art. 5 (certification de l'ordonnateur) ;
- art. 11 (validité de la créance[656]) ;
- art. 40 (vérification de la réalité de la dette) ;
- art. 41 (principe de l'exécution préalable du service) ;
- art. 42 (opposition et suspension de paiement par le comptable) ; Art. 49 (justification du paiement à des ayants droit) ;
- art. 50 (perte d'une ordonnance ou d'un mandat, émission d'ordre de paiement appuyés de justification nécessaires) ;
- art. 92 (ordre de réquisition, passer outre) ;
- art. 93 (limites de l'ordre de réquisition).

Il est à noter que les récents amendements du code des juridictions financières, au sujet du régime des responsabilités des contrôleurs et des comptables publics, apporté par les lois de finances, au titre des exercices 2005 et 2008, a permis à la cour des comptes[657] d'estimer que les « aménagements apportés sont de nature à vider le dispositif de contrôle de sa substance et à créer un déséquilibre entre le régime de responsabilité des ordonnateurs (régis par la loi) et celui des contrôleurs et des comptables (régi par des textes réglementaires) », en précisant notamment que la « suppression du contrôle de la justification du service fait, du respect de prescription et de déchéance, le jugement des comptes devient une pure formalité[658] » en rappelant que la « vérification de la justification du service

[656] Notons que la loi des finances 2005 a supprimé le contrôle de la justification du service fait, le respect de règles de prescription et de déchéance.
[657] Rapport annuel de la cour des comptes, 2007 p. 285.
[658] *Ibidem*, p. 287.

fait est une règle fondamentale de la comptabilité publique permettant d'abord, de s'assurer sur pièce de l'effectivité du service objet de la dépense publique avant tout règlement et d'apprécier, ensuite, la liquidation de la dépense correspondante par rapport aux travaux ou services réalisés. Il en est de même des règles de prescription et de déchéance qui constituent une garantie de la stabilité des transactions publiques et le cumul des crédits budgétaires engagés, d'une année à l'autre, sans pouvoir les employer pour des projets d'intérêt général[659] ».

Il résulte, conclut le Rapport de la cour des comptes, que la « suppression des contrôles précités a transformé le contrôle comptable public d'un contrôle effectif à un contrôle formel limité à l'enregistrement de ces opérations et à leur exécution, sans s'assurer des conditions légales et réglementaires de la validité des créances les concernant[660] ».

b. La règle de la gestion de fait

Elle constitue également une sauvegarde essentielle de l'ordre et de la régularité des finances publiques. En effet, l'exécution des opérations financières est soumise au respect d'un formalise très précis :d'abord, faire l'objet d'une autorisation budgétaire, ensuite l'intervention d'un ordonnateur et d'un comptable habilités. Enfin, l'intervention d'un juge des comptes pour rétablir la régularité de l'opération. Ces règles de la gestion de fait ont permis d'élargir indirectement la notion du compte et directement celle du comptable. En l'état actuel de la jurisprudence, il y a matière de déclaration de gestion de fait lorsque trois conditions sont réunies[661] :

- le maniement de deniers (paiement, créancier imaginaire) ;
- le maniement porte sur des deniers publics ou des deniers privés réglementés (perceptions illégales, trop-perçus, consignations…) ;
- le "manutenteur" soit dépourvu de titre légal (art. 41 de la loi portant code des juridictions financières).

La gestion de fait est une approche globale consistant à assujettir aux juridictions financières toute personne s'étant immiscée dans les opérations comptables, selon le vieil adage « les deniers publics brûlent les doigts de ceux qui les touchent[662] ».

La gestion de fait est soumise aux mêmes juridictions que la gestion de droit. Mais au-delà de ces préalables, elle apparaît comme une construction juridique ambiguë et complexe tant en ce qui concerne ses procédures empruntant, tout à la fois, à la procédure applicable au jugement des comptables patents mais aussi à ses règles spécifiques. Dans ce sens, la

---

659 *Ibidem.*

660 *Ibidem.*

661 Consulter pour plus de détails notre ouvrage les Cours régionales des comptes au Maroc : *Guide pratique du contrôle des finances publiques*, édition El Maârif, 2004, p. 145-181.

662 F.J. Fabre, *Les Grands arrêts de la jurisprudence financière*, Dalloz, 1996, 4e édition.

nature de ces procédures a fait l'objet de critiques acerbes de la part d'imminents spécialistes demandant sa réforme[663].

II. Lois de finances : caracteristiques et dimensions de la decision financiere et de l'elaboration des politiques publiques

« *Faites-moi de bonne politique, je vous ferai de bonnes finances* », Baron Louis.

Cette section consiste à traiter les principes de la loi de finances, ses caractéristiques et ses dimensions économiques et financières.

A. Principes de la loi de finances, structures et objectifs

Les budgets concernent chacun d'entre nous (entreprise, citoyens, État). Le budget est l'outil de politique économique le plus important dont dispose le gouvernement[664]. La loi des finances constitue un moyen d'intervention de l'État pour réajuster la politique économique et sociale en fonction de la conjoncture et des impératifs du développement humain et de la bonne gouvernance. Avec le budget de l'État les gouvernements annoncent les grands axes de leur politique et énoncent les moyens dont ils entendent user pour les mettre en œuvre[665]. Les lois de finances obéissent à un cadre constitutionnel et à des grands principes de mise en œuvre de la démocratie budgétaire[666]. L'étude consiste à définir la loi financière et ses caractéristiques spécifiques avant de déterminer le processus de son élaboration, sa structure et ses objectifs.

1. Définition du budget et de la loi des finances

Le budget peut être défini comme l'acte par lequel sont prévues et autorisées les charges et les ressources de l'État. Il est arrêté par le Parlement dans la loi des finances qui traduit les objectifs économiques et financiers du gouvernement.

Cette définition d'ailleurs classique[667] est désormais reprise en droit marocain à quelques termes près. L'article premier du dahir du 18/09/1972 portant loi organique des finances dispose : « Les loi de finances déterminent la nature, le montant et l'affectation des ressources et des charges de l'État », compte tenu d'un équilibre financier qu'elles définissent « La loi de finance

---

663 Cf. ouvrage, *Les Cours régionales des comptes..., op. cit.*, p. 17.

664 *Parlement, Budget et Genre, Guide pratique à l'usage des parlementaires*, n° 6, Union Interparlementaire, 2004, p. 9.

665 Ibidem, p. 3.

666 Maurice Baslé, *Le Budget de l'État*, Edition La Découverte, Paris, 2004, p. 7.

667 Décret français du 31/05/1862.

de l'année prévoit et autorise, pour chaque année civile l'ensemble des ressources et des charges de l'État » (art. 2 de la LOLF).

De surcroît, la loi organique du 26 novembre 1998 a élargi l'objet de la loi des finances. Celle-ci dispose « la loi de finances prévoit, évalue, énonce et autorise pour chaque année budgétaire l'ensemble des ressources et des charges de l'État, dans les limites d'un équilibre économique et financier qu'elle définit ».

Or, ce qui caractérise la nouvelle LOLF de 2015 c'est qu'elle permet l'élaboration de la loi de finances par référence à une programmation budgétaire triennale actualisée chaque année en vue de l'adapter à l'évolution de la conjoncture financière économique et sociale du pays (art. 5). En l'occurrence, la loi des finances « détermine, pour chaque année budgétaire, la nature, le montant et l'affectation de l'ensemble des ressources et des charges de l'État, ainsi que l'équilibre budgétaire et financier qui en résulte. Elle tient compte de la conjoncture économique et sociale qui prévaut au moment de sa préparation, ainsi que des objectifs et des résultats des programmes qu'elle détermine » (art. 1 de la LOLF).

Cette définition : appelle trois remarques fondamentales :

a. Le double caractère de l'acte budgétaire

D'une part, le budget est un acte de prévision, c'est-à-dire un tableau évaluatif des dépenses et des recettes à effectuer, d'autre part, le budget est un acte d'autorisation, c'est-à-dire qu'il permet au gouvernement d'effectuer des dépenses et de percevoir les recettes. Le budget se présente donc, du point de vue juridique, comme un acte d'habilitation par lequel le pouvoir législatif donne aux agents du pouvoir exécutif l'autorisation d'accomplir les opérations budgétaires de recettes et de dépenses. C'est la loi de finances qui arrête le budget de l'État.

A titre d'illustration, le gouvernement marocain en tablant sur un baril de 75 $ dans l'élaboration du projet de loi de finances 2010 n'est pas protégé du risque avec cette tendance d'augmentation du baril enregistrée en fin d'octobre 2009. Le gouvernement s'inscrit dans une optique de fluctuation internationale maîtrisée[668].

Généralement les lois de finances sont soumises à une procédure législative spéciale. Elle se manifeste par la discussion et le vote des diverses lois de finances. En réalité, budget et loi de finances demeurent deux notions étroitement imbriquées.

b. Le principe de l'équilibre budgétaire

Le rôle essentiel de la loi de finance est d'assurer la corrélation entre les recettes et les dépenses en vue de respecter le principe de l'équilibre

---

[668] « Une loi de finances pertinente et équilibrée », le quotidien *Le Matin* n° 1 3961 du 15 octobre 2009, p. 1.

budgétaire. La jurisprudence du conseil constitutionnel a fait de l'équilibre budgétaire une partie du « bloc de constitutionnalité[669] ». Ce principe revêt deux significations[670] : un état de balance (équilibre correspondant à une égalité arithmétique entre les recettes et les dépenses) et un état de repos se définissant par rapport à une situation antérieure et au contexte international[671].

Dans le but de respecter les engagements européens de discipline financière, la règle de l'équilibre budgétaire signifie que les dépenses courantes ne soient financées que par les recettes définitives et en aucun cas par l'emprunt, celui-ci ne devant financer que les investissements qui accroissent le patrimoine de l'État[672].

Certains pays ont adopté cette règle d'or comme le Royaume-Uni dans les années 1990 (équilibre des dépenses de fonctionnement et règle d'investissement soutenable) ou l'Allemagne qui a renforcé l'obligation d'équilibre en interdisant un déficit structurel supérieur à 0,35 % du PIB, en 2016, pour l'État fédéral et en supprimant pour les Länder en 2020[673].

Au Maroc, il semble que c'est la première fois que la LOLF dans son article 20 précise que « en vue de préserver l'équilibre des finances de l'État, prévu à l'article 77 de la Constitution, le produit des emprunts ne peut dépasser la somme des dépenses d'investissement et du remboursement du principal de la dette au titre de l'année budgétaire. Le Gouvernement peut procéder aux opérations nécessaires à la couverture des besoins de trésorerie ».

c. Le respect du principe de l'annualité budgétaire

L'acte budgétaire est limité à l'année c'est le principe de l'annualité budgétaire.

Ce principe juridique et constitutionnel est appliqué dans la plupart des États, assignant un cadre annuel aux prévisions de recettes, aux autorisations de dépenses et à l'exécution de loi de finances. L'article 77 de la Constitution stipule que « le parlement et le gouvernement veillent à la préservation de l'équilibre des finances de l'État »

Ce principe apparu en France sous la Révolution, revêt un aspect politique traduisant une volonté de garantir la démocratie, définie à l'époque comme la prééminence nécessaire du pouvoir législatif sur le pouvoir exécutif. D'où l'idée de limiter à un an la période budgétaire afin que le Parlement en tant qu' autorité compétente pour décider l'impôt, accorder les moyens d'action du gouvernement puisse en fin de compte contrôler ces

---

669 M. Paul, *Les Finances publiques de A à Z*, Editions ESKA, 1998, p. 94.
670 *Ibidem.*
671 *Ibidem.*
672 F. Mordacq, *Les Finances publiques*, Que sais-je ? PUF, Paris, 2012, p. 43.
673 *Ibidem.*

activités selon une périodicité raisonnable qui est l'année. Ainsi, à une année financière doit correspondre un budget et un seul.

Or, sur le plan pratique ce principe confirmé par la Constitution (art. 75 de la Constitution marocaine) et la LOLF (art. 3) a connu certains assouplissements au champ annuel des prévisions (gel des investissements, report des crédits, programmation budgétaire triennale, autorisation de programmes permettant d'engager l'ensemble des crédits exigés pour la réalisation d'un investissement alors que les crédits de paiement assureront le paiement des travaux effectivement réalisées).

Dans cette optique, l'article 14 du décret du 15 juillet 2015 relatif à l'élaboration et à l'exécution des lois de finances[674] précise que « pour les opérations d'investissement qui s'exécutent sur plus d'une année, les dépenses y afférents peuvent donner lieu à des crédits de paiement et des crédits d'engagement ».

De surcroît, l'article 63 de la LOLF affirme que « les crédits de paiement ouverts au titre des dépenses d'investissement du budget général et les reliquats d'engagement, visés et non ordonnancés, sont reporté, sauf dispositions contraires prévues par la loi de finances, dans la limite d'un plafond de 30 % des crédits de paiement ouvert au titre du budget d'investissement pour chaque département ministériel ou institution au titre de l'année budgétaire ».

2. Caractéristiques spécifiques des lois de finances

On peut avancer quatre caractéristiques majeures des lois de finances : les compétences législatives, les dimensions économico-financières et sociales, la globalité et la diversité.

a. La compétence législative

La matière des lois de finance est une matière législative. Le budget revêt la forme d'une loi, la loi des finances. Celle-ci se diffère des lois ordinaires parce qu'elle intéresse, de point de vue juridique, les agents chargés de l'exécution du budget et ne touche qu'indirectement les personnes étrangères à l'Administration (la loi de finance n° 8-96 pour l'année budgétaire 1996-1997 interdit toute contribution susceptible d'être ordonnée ou recouvrée respectivement par les ordonnateurs et les comptables : Titre premier : impôts et revenus autorisés).

Au sens de l'article 75 de la Constitution de 2011, c'est le parlement qui vote la loi des finances. Une intervention du gouvernement n'est concevable que si cette loi n'est pas votée dans le délai prévu (fin d'année). Dans ce cas, des dispositions peuvent être mises en œuvre par le gouvernement par décret.

[674] Décret n° 2-15-426 du 15 juillet 2015 relatif à l'élaboration et à l'exécution des lois de finances, *B.O.*, n° 6378 du 16/07/2015, p. 3206.

b. Les dimensions économico-financières de la loi de finances : problématique de la cohérence et de l'articulation du budget et du plan

Les lois de finances constituent des instruments précieux d'évaluation des réalisations annuelles macro-économiques du plan. En effet, une fois les objectifs des plans de développement stratégiques et des programmes pluriannuels, établis par le gouvernement, ils n'attendent que leur traduction financière au niveau de chaque loi de finances. À ce stade, le budget devient le principal moyen de contrôle des investissements prévus dans le cadre des plans et des programmes. Il s'ensuit que la traduction du plan en une série de budgets annuels, est peut être la phase la plus importante dans le processus de l'établissement du budget. Car en bonne logique, les plan et les programmes devraient s'imposer au budget. En se sens, l'article 75 de la Constitution énonce :

« Le Parlement vote une seule fois les dépenses d'investissement nécessaires, dans le domaine de développement, à la réalisation des plans de développement stratégiques et des programmes pluriannuels, établis par le gouvernement qui en informe le Parlement. Les dépenses ainsi approuvées sont reconduite automatiquement pendant la durée de ces plans et programmes. Seul le gouvernement est habilité à déposer des projets de loi tendant à modifier les dépenses approuvées dans le cas précité. »

Par conséquent, le budget permet de réajuster la politique économique en fonction de la conjoncture. De ce fait, il constitue une base rationnelle pour les arbitrages à réaliser entre les évolutions, à court terme et les objectifs du développement économique et social, à moyen et long terme.

Or, sur le plan pratique, il semble que depuis la fin du plan de développement économique et social (2000-2004) la loi des finances se présentait au Maroc en dehors du plan. Et c'est le gouvernement qui établit les plans de développement stratégiques et des programmes pluriannuels en dehors de l'implication du Parlement.

c. La globalité des lois de finances

En vertu de l'article 3 de la LOLF, on remarque que celle-ci ne se bornent pas à prévoir et à autoriser, mais elles évaluent et énoncent l'ensemble des ressources et des charges de l'État dans les limites d'un équilibre économique et financier qui en résulte et par référence à la programmation budgétaire triennale prévue à l'article 5 de cette loi. Il s'agit d'une évaluation à *priori*. L'article 6 de la LOLF précise, à ce titre, que la loi de finances ne peut contenir que des dispositions concernant les ressources et les charges ou tendant à améliorer les conditions de recouvrement des recettes, ainsi que le contrôle de l'emploi des fonds publics. Il est question donc d'une autorisation et d'une prévision globale opérées par la loi des finances. Il en résulte qu'elle ne détermine pas seulement les opérations définitives décrites par le budget général, mais aussi les opérations temporaires retracées dans les comptes spéciaux du Trésor et les opérations inscrites dans les services de l'État gérés de manière autonome (SEGMA). Il faut remarquer ici que le budget ne se limite pas à décrire les charges et les ressources déterminées par la loi de finances. Ainsi, le budget explicite, développe et détaille les autorisations données globalement dans la loi de finances.

Plus précisément, lorsqu'on veut mettre l'accent sur le caractère de prévision et d'autorisation des finances, il faut utiliser, en principe, le terme de loi de finances de préférence à celui du budget. Depuis la promulgation du dahir du 18/09/1972 portant loi organique des finances, le budget n'est que la partie descriptive et comptable des lois de finances (art. 4, 5 et 6).

d. La diversité des lois de finances

L'article 2 de LOLF prévoit expressément que sont réputées lois de finances :

- la loi de finances de l'année ;
- les lois de finances rectificatives ;
- la loi de règlement de la loi de finances.

La loi de finances de l'année

Selon l'article 1 de la LOLF de 2015 : « La loi de finances détermine pour chaque année budgétaire, la nature, le montant et l'affectation de l'ensemble des ressources et des charges de l'État, ainsi que l'équilibre budgétaire et financier qui en résulte. Elle tient compte de la conjoncture économique et sociale qui prévaut au moment de sa préparation, ainsi que des objectifs et des résultats des programmes qu'elle détermine. »

Dans cette formule, c'est l'ensemble des ressources et des charges annuelles qui sont prévues et autorisées. En vertu de l'article 3 de la LOLF, l'année budgétaire commence le premier janvier et se termine le 31 décembre de la même année.

Les lois de finances rectificatives (LFR)

Elles interviennent pour corriger, au cours de l'année, les évaluations des charges et des ressources, établies par la loi de finances de l'année en vue de les adapter aux impératifs de la conjoncture. Seules les lois de finances rectificatives qui peuvent, en principe, modifier les dispositions budgétaires.

En vertu de l'article 4 de la LOLF, seules des lois des finances dites "rectificatives", peuvent, en cours d'année, modifier les dispositions de la loi de finances de l'année.

Les LFR sont présentées en partie, ou en totalité dans les mêmes formes que la loi des finances de l'année. Le nombre des lois de finances rectificatives n'est précisé dans aucun texte, mais la pratique révèle qu'il peut y avoir une, deux (Maroc), trois ou quatre (France) lois de finances rectificatives pour une même année budgétaire.

La loi de règlement

La loi de règlement est une sorte d'évaluation de l'état des lieux des recettes et des dépenses publiques à la fin d'exercice, c'est-à-dire *a posteriori*. L'article 64 de la LOLF de 2015 stipule que la loi de règlement de la loi de finances « constate et arrête le montant définitif des recettes encaissées, des dépenses dont les ordonnances sont visées, se rapportant à une même année budgétaire, et arrête le compte de résultat de l'année ».

« Elle approuve le compte de résultat de l'exercice de l'année concernée, établi à partir des recettes et dépenses constatées ».

Cette loi affecte au bilan le résultat comptable de l'exercice. Cette loi permet de :

- « ratifier les crédits supplémentaires (cas de crédits qui peuvent être ouverts en cours d'année par décret pour répondre à une nécessité impérieuse et imprévue d'intérêt national) ;
- constate et autorise à titre de régularisation les dépassements des crédits ouverts et ouvre les crédits nécessaires pour les régulariser tout en donnant les justificatifs nécessaires ;
- et constate l'annulation des crédits n'ayant pas été consommés ».

Le projet de loi de règlement doit être déposé annuellement en priorité sur le bureau de la Chambre des représentants, au plus tard, à la fin du premier trimestre du deuxième exercice qui suit celui de l'exécution de la loi de finances concernée.

Il est accompagné des documents suivants :

- du compte général de l'État appuyé du bilan et des autres états financiers, ainsi que d'une évaluation des engagements hors bilans ;
- d'une annexe relative aux crédits supplémentaires ouverts, accompagnée de tous les justificatifs nécessaires le cas échéant ;
- du rapport annuel de performance élaboré par le ministère chargé des finances. Ce rapport constitue la synthèse et la consolidation des rapports de performance élaborés par les département ministériels et institutions ;
- du rapport sur les ressources affectées aux collectivités territoriales ;
- du rapport sur l'exécution de la loi de finances et la déclaration générale de conformité entre les comptes individuels des comptables et le compte général du Royaume qui sont communiqués par la Cour des comptes au Parlement. Une copie en est transmise au Gouvernement.

Tableau n° 23
Date d'approbation des lois de règlement (1978-1998)

Loi de règlement	Date d'approbation
1978	15/04/1994
1979	15/04/1994
1980	–
1981	10/06/1987

1982	11/04/1988
1983	19/12/1989
1988	01/07/1991
1989	06/01/1997
1990	–
1991	1999
1992	–
1993	–
1994	–
1995	2002
1996	2003
1997-1998	2003

A cet effet, cette loi constate les résultats comptables de l'exécution des lois de finances, ratifie les ouvertures et les dépassements de crédit dus à la force majeure. Sur le plan procédure, le projet de la loi de règlement est préparé par le gouvernement qui l'adresse à la cour des comptes.

L'article 84 de la loi sur la Cour des comptes dispose : « La cour adresse à la présidence de la Chambre des représentants une déclaration générale de conformité entre les comptes généraux de l'État laquelle sera annexée au projet de la loi de règlement présenté par le gouvernement à la Chambre. Cette déclaration est publiée au *Bulletin officiel* du Royaume en même temps que ladite loi. »

Ainsi, à l'aspect comptable s'ajoutait donc un aspect de contrôle exercé par le Parlement sur le gouvernement : mais ce contrôle est, en fait, théorique et illusoire parce que l'approbation de la loi de règlement intervient tardivement.

Tableau n° 24
Suivi des lois de règlement au Maroc (2000-2009)

Lois de règlement	2000	2001	2002	2003	2004	2005	2006	2007	2008	2009
Date légale de production (24 mois)	Fin 2002	Fin 2003	Fin 2004	Fin 2005	Fin 2006	Fin 2007	Fin 2008	Fin 2009	Fin 2010	Fin 2011
Date de dépôt au Parlement	19/10/2006	19/10/2006	19/10/2006	30/12/2008	30/12/2008	30/12/2008	30/12/2008	02/12/2009	–	–
Date d'approbation par la Chambre des conseillers	20/11/2006	20/11/2006	09/01/2007	14/04/2009	14/04/2009	14/04/2009	14/04/2009	–	12/07/2010	–
Date d'approbation par la Chambre des représentants	26/12/2006	26/12/2006	28/06/2007	30/12/2009	30/12/2009	30/12/2009	30/12/2009	27/01/2010	27/01/2010	–
Date de publication dans le *Bulletin officiel*	N° 5523 du 07/05/2007	N° 5523 du 07/05/2007	N° 5587 du 17/12/2007	N° 5819 du 08/03/2010	N° 5820 du 11/03/2010	N° 5821 du 15/03/2010	N° 5823 du 22/03/2010	N° 5871 du 22/03/2010	N° 5928 du 24/03/2011	N° 6111 du 24/12/2012

Tableau n° 25
Suivi des lois de règlement au Maroc (2010-2014)

Lois de règlement	2010	2011	2012	2013	2014	2015
Date légale de production (24 mois)	Fin 2012	Fin 2013	Fin 2014	Fin 2015	Fin 2016	Fin 2017
Date de publication dans le *Bulletin officiel*	N° 6224 du 23/01/2014	N° 6332 du 05/02/2015	–	N° 6502 du 22/09/2016	–	–

III. Procedures et acteurs charges de l'elaboration de la loi de finances

La préparation d'un budget est un processus pragmatique évoluant selon les circonstances[675]. L'initiative du projet de loi de finances initiale est gouvernementale[676]. Un gros travail est réalisé à l'avance et en amont du Parlement (direction du budget, conseil de gouvernement, conseil des ministres). Au Maroc, ce projet devra être déposé au parlement avant le 20 octobre de l'année (t-1). C'est après cette date que la machinerie des deux chambres avec leurs commissions et administrations se met en branle. Or, une fois votée et promulguée (et devenue exécutoire), c'est le gouvernement qui joue désormais le rôle le plus important dans le processus.

A. Procédures d'élaboration du projet de loi de finances

Elaborer un budget, c'est avant tout faire un choix. La préparation du document budgétaire résulte d'actes politiques nécessitant l'implication du gouvernement tout entier. « L'établissement du budget, écrit Maurice Duverger, constitue l'acte fondamental de la vie de l'État. »

En fait, dresser le budget, c'est dresser le programme de l'action gouvernementale pour une année, compte tenu du contexte socio-économique de la stratégie, des objectifs, des moyens et surtout des contraintes d'ordre général et spécifiques auxquelles se heurte la politique du gouvernement.

C'est le ministère des Finances qui se trouve au centre de la procédure d'élaboration de la loi de finances. Sur le plan pratique le processus d'élaboration peut être divisé en deux étapes : la détermination du cadre général et la mise au point du contenu des budgets ministériels.

---

675 M. Bouvier, Marie Christine Esclasen et J.P. Lassale, *Finances publiques, op. cit.*, p. 306 et s.

676 Maurice Baslé, *Le Budget de l'État, op. cit.*, p. 14.

1. La détermination du cadre général de la stratégie budgétaire

La stratégie budgétaire du gouvernement s'appuie sur un cadre de référence qui définit les orientations, les objectifs et les modalités de sa mise en œuvre.

Il s'agit en particulier :

- des instructions royales prescrites à l'occasion des discours ou de messages à l'adresse du peuple ;
- des orientations du plan de développement ;
- des déclarations de politique générale du chef du Gouvernement devant le parlement ;
- du pacte de bonne gestion, etc.

La détermination du cadre général passe par plusieurs étapes successives :

2. Le choix de la stratégie budgétaire

Entièrement interne au ministère des Finances. A cet égard, il s'agit de proposer au chef du Gouvernement les grandes options possibles en matière de dépenses, de fiscalité et de déficit. C'est une tâche difficile qui peut générer deux dangers opposés : soit favoriser une présentation optimiste afin de limiter le déficit budgétaire prévisionnel, soit au contraire tenter d'obtenir plus facilement un effort fiscal par une évaluation volontairement pessimiste. Cette question suscite un intérêt profond au sein de l'opinion publique.

A titre d'illustration, les hypothèses du Projet de loi de finances de 2017 affichent les données ci-après :

- déficit budgétaire : 3 % du PIB ;
- taux de croissance : 4,5 % ;
- cours moyen du gaz butane : 350 $ la tonne ;
- taux d'inflation : 1,7 %.

Le solde budgétaire prévisionnel, selon l'article 9 de la nouvelle LOLF de 2015, est fixé notamment sur la base des hypothèses selon lesquelles le projet de loi de finances de l'année a été élaboré. Le solde budgétaire prévisionnel est calculé sur la base de la différence entre les ressources hors produits des emprunts, et les charges hors dépenses relatives aux amortissements de la dette à moyen et long terme.

3. L'envoi de la lettre de cadrage

Le chef du gouvernement envoie à chaque ministre une “lettre de cadrage” sous forme de circulaire qui explique les orientations retenues par le gouvernement et résume les directives générales que les ministres devront respecter pour l'élaboration de leur budget (priorités sociales, mesures nouvelles de gestion, recherche de l'économie, maîtrise du déficit, etc.).

A titre d'illustration, la lettre d'orientation[677] relative à la préparation du projet de loi de finance 2002 a fixé les priorités suivantes :

- la réalisation d'une croissance forte et durable dans un cadre macro-économique global équilibré ;
- l'instauration d'une politique sociale basée sur la solidarité la lutte contre la pauvreté, le développement du monde rural et une répartition équitable des fruits du développement ;
- le renforcement des réformes institutionnelles et de la gestion des services publics, selon les normes de la rigueur et de la transparence.

Pour respecter ces orientations dans le cadre du projet de la loi des finances, la lettre préconise les mesures suivantes :

- réaliser un taux de croissance de 4 à 5 %, selon les estimations d'une année agricole moyenne ;
- maîtriser l'inflation dans le taux de 3 % ;
- maintenir un déficit budgétaire, à des niveaux soutenables ne dépassant pas 3 % du PIB ;
- maîtriser la masse salariale qui atteint un niveau excessif (13 % du PIB) au regard des normes internationales ;
- encourager l'épargne publique par le biais de la modernisation des procédures de préparation, d'exécution, de suivi et d'évaluation des dépenses publiques et la réforme de système de contrôle des finances publiques ;
- améliorer l'emploi des ressources publiques (dons et aides internationales accordés au Maroc) ;
- améliorer les recettes fiscales de l'État par le biais de l'élargissement de l'assiette fiscale, le développement des mécanismes de recouvrement des créances publiques et la gestion efficace de la dette[678].

Les annexes des départements ministériels telles qu'elles figurent dans la lettre d'orientation relative à la préparation du projet de loi de finance 2002 comportent les éléments suivants :

I. Postes budgétaires créés

II. Dépenses du matériel et dépenses diverses :

- eau ;
- électricités ;
- télécommunication ;
- subvention de fonctionnement ;

---

[677] Circulaire n° 9/2001 du 22 juin 2001.

[678] A l'époque cette lettre de cadrage tout en présentant les annexes comportant les éléments essentiels de chaque budget ministériel invite les ministres d'une part, à programmer leurs crédits et prévisions budgétaires et les envoyer à la Direction du budget (ministère des Finances), d'autre part, de produire les prévisions afférentes au budget d'équipement au ministère de la Prévision économique et du Plan.

- SEGMA.

III. Dépense d'équipement :
- crédit de paiement ;
- crédit d'engagement.

Plus récemment le projet de loi de finance de 2016 a fixé les priorités ci-après :
- la consolidation des bases d'une croissance économiques équilibrée (soutien de la demande, élargissement de l'offre, stimulation de l'industrialisation, encouragement de l'investissement privé, le soutien de l'entreprise, l'accélération des plans sectoriels) ;
- le renforcement des piliers d'un développement économique intégré (diminution des disparités sociales et spatiales, opportunités d'emploi décent) ;
- l'accélération de la mise en œuvre de la régionalisation et de la cadence des grandes réformes structurantes ;
- la mise en œuvre de la LOLF et la poursuite des efforts pour la récupération progressives des équilibres macro-économiques ;
- la lutte contre les déficits en matière des services publics dans le monde rural notamment dans les régions éloignées et enclavées (Programme royal annoncé lors du discours de trône).

4. La fixation des plafonds ministériels

Une fois le budget de reconduction déterminé, s'engage une phase de négociation purement technique entre les ministères dépensiers et la Direction du budget (ministère des Finances) une partie importante des négociations porte sur les économies budgétaires envisagées. La commission budgétaire au sein de la Direction du budget peut soulever des observations sur le projet de morasse. Ainsi, commence une phase de procédures contradictoires qui permet dans le cadre des conférences budgétaires interministérielles d'établir les dotations allouées à chaque ministère (crédits reconduits, crédits destinés à financer les actions nouvelles).

Les discussions portent souvent sur les économies budgétaires. En cas de désaccords, ces derniers sont traités à l'échelon ministériel (programme de réforme, postes budgétaires, achat de terrain, de véhicules utilitaires, frais de déplacement, etc.). Si les désaccords subsistent à propos du contenu ou des plafonds arrêtés, l'arbitrage du chef du Gouvernement est sollicité. Si aucun accord n'est convenu, on fait recours à l'arbitrage royal.

5. La mise au point du contenu des budgets ministériels

Une fois le plafond des dépenses arrêtées en accord avec la Direction du budget, on procède à l'établissement de la morasse budgétaire tout en tenant compte des réajustements et modifications demandés. La morasse budgétaire, ainsi revue est transmise à la Direction du budget.

S'agissant de la détermination des recettes, cette tâche constitue un exercice bilatéral entre le Chef du Gouvernement et le ministère des Finances à qui il incombe de stabiliser le solde du budget et de lancer le processus d'élaboration du projet de la loi des finances qui sera adopté en conseil des ministres avant sa présentation au parlement pour vote.

B. Processus de préparation et d'adoption du projet de loi de finance

Ce processus passe par cinq (5) étapes principales comportant les phases suivantes :

- phase de programmation et de préparation ;
- phase de consultation et d'orientation ;
- phase d'arbitrage et d'élaboration ;
- phase de délibération et d'adoption ;
- phase de publicité de la loi de finances.

Le tableau ci-après illustre synthétiquement le contenu de chacune des cinq (5) étapes.

Tableau n° 26
Processus de préparation, d'élaboration et d'adoption du Projet de la loi de finances (PLF)

Phase de programmation et de préparation	Phase de consultation et d'orientation	Phase d'arbitrage et d'élaboration	Phase des délibération et d'adoption	Phase de publicité
Janvier-15 juillet de l'année n-1	Juillet de l'année n-1	Septembre-octobre de l'année n-1	Octobre de l'année n-1	31 décembre n-1
Programmation budgétaire triennale Exposé du ministre des finances en conseil de gouvernement	Consultation du parlement Lettre d'orientation	Commission budgétaires Élaboration du budget de l'année	Adoption après délibération du Conseil des ministres sur les orientations générales du budget Adoption après délibération du Conseil de gouvernement sur le budget Dépôt du Projet au bureau de la Chambre des représentant	Publication de la loi de finances au *Bulletin officiel*

C. Organes chargés de la préparation et de l'élaboration des lois de finances

On distingue six acteurs principaux participant à la préparation et à l'élaboration du PLF qui sont déclinés comme suit :

1. Le Conseil des ministres

Le Conseil des ministres délibère entre autres sur les orientations stratégiques et de la politique de l'État et des orientations générales du projet de loi de finances (art. 49 de la Constitution).

2. Le gouvernement

Le gouvernement exerce le pouvoir exécutif. Sous l'autorité du Chef de Gouvernement, le gouvernement met en œuvre son programme gouvernemental, assure l'exécution des lois, dispose de l'administration et supervise les établissements et entreprises publics et assure la tutelle.

3. Le Chef du gouvernement

Sous la présidence du chef du gouvernement, le Conseil du gouvernement délibère sur les questions et les textes suivants (art. 92 de la Constitution) :

- la politique générale de l'État avant sa présentation en Conseil des ministres ;
- les politiques publiques et les politiques sectorielles ;
- l'engagement de la responsabilité du gouvernement devant la Chambre des représentants ;
- les projets de loi dont le projet de loi de finances, avant leur dépôt au bureau de la Chambre des représentants.

4. Le ministre des Finances

Sous l'autorité du Chef du gouvernement, le ministre chargé des Finances prépare les projets de lois de finances conformément aux orientations générales ayant fait l'objet de délibération au Conseil des ministres (art. 46 de la LOLF).

Largement connu du grand public sous les traits d'un financier sévère refusant systématiquement de satisfaire les demandes de dépenses nouvelles de ses collègues, le ministre des Finances dispose d'un pouvoir très large en matière de la préparation du budget. Cette prépondérance s'explique par plusieurs raisons d'ordre juridique, informationnel et technique.

a. Organisation et prééminence du ministère des Finances dans la préparation de la loi de finances

Depuis l'indépendance, et notamment depuis les années 80 du siècle dernier l'importance et la responsabilité du ministère des Finances se sont rapidement développées sous l'effet de l'interventionnisme croissant de la puissance publique (années 1970) et du processus de la privatisation qui a conduit cette administration à s'occuper à la fois de l'économie nationale et des finances publiques. La prééminence du ministre des Finance tient à plusieurs facteurs. D'abord, l'autorité dont il dispose, en vertu de la loi, en matière de la préparation et de contrôle de l'exécution de la loi de finances.

Ensuite, les moyens dont il dispose dans la mesure où il est doté d'importantes ressources humaines et d'expertises et de grandes directions, comme la direction du Budget, la Direction générale des impôts, l'Administration des Douanes et Impôts indirects, la Trésorerie générale du Royaume et l'Inspection générale des finances. Sachant que ce ministère dispose d'un effectif de 18 380 fonctionnaires en 2014. En France ce chiffre monte à 200 000, en 2001. Enfin, cette prééminence tient aussi aux moyens matériels et informatiques importants (GID, GIRF) et des motivations et avantages accordées au personnel de ce ministère. En définitive, sa particularité d'être présent sur tout le territoire, notamment par le biais des perceptions et des services extérieurs déconcentrés. On soulignera également que le ministre des Finances possède un rôle important sur la scène internationale puisqu'il participe aux travaux du FMI et de la Banque mondiale (diplomatie financière et monétaire).

Le ministère de l'Economie et des Finances est organisé comme suit :

- le ministre des Finances et le ministre délégué du Budget ;
- l'Inspection Générale des Finances ;
- l'Administration des Douanes et Impôts Indirects ;
- la Trésorerie Générale du Royaume ;
- la Direction Générale des Impôts ;
- la Direction du Budget ;
- la Direction du Trésor et des Finances Extérieures ;
- la Direction des Entreprises Publiques et de la Privatisation ;
- la Direction des Domaines de l'État ;
- la Direction des Affaires Administratives et Générales ;
- la Direction des Études et des Prévisions Financières ;
- l'Agence Judiciaire du Royaume.

Le ministère a également sous sa tutelle les organismes suivants :
- l'Office des changes ;
- la Caisse marocaine des retraites ;
- la Caisse centrale de garantie ;
- le Conseil déontologique des valeurs mobilières ;
- l'Autorité de contrôle des assurances et de la prévoyance sociale (ACAPS) qui remplace la direction des Assurances et de la Prévoyance sociale, depuis février 2016, en vertu du décret n° 2-16-171 relatif à l'application de la loi 64-12.

b. Domaines d'intervention du ministère de l'Economie et des Finances

Les domaines d'intervention de ce ministère sont multiples et complexes :
- élaboration, préparation, exécution du budget, suivi et inspection des ministères et des collectivités territoriales ;
- la gestion de la dette ;
- la politique fiscale et douanière ;
- l'émission et recouvrement fiscal ;
- contrôle des finances des collectivités territoriales ;
- gestion du portefeuille et contrôle des établissements et entreprises publics ;
- la régulation financière et gestion des réserves en devises publics du Royaume ;
- la gestion du patrimoine privée de l'État ;
- études et prévisions économiques financières et sectorielles ;
- statut du personnel et régimes de la retraite ;
- gestion des ressources et du patrimoine du ministère.

Plus particulièrement, la Direction du Budget remplit de multiples missions économiques, financières et techniques dans le processus de la mise en œuvre de la politique budgétaire nationale. Il lui est confié la préparation de la loi de Finances, sa mise en œuvre et le suivi de son exécution, y compris la part relevant des collectivités territoriales et des établissements publics.

Dans ce cadre, les missions dévolues à la Direction du Budget sont les suivantes :

- préparer les projets de loi de finances et suivre leur exécution ;
- préparer le projet de loi de règlement et établir le compte général du Royaume ;
- assurer la tutelle conférée au ministre de l'Economie et des Finances par la législation et la réglementation en vigueur sur les finances des collectivités territoriales et de leurs groupements ;
- examiner et approuver les budgets de fonctionnement et d'équipement des établissements publics dont la liste est fixée par le ministre de l'Economie et des Finances, ainsi que les services de la SEGMA et des chambres consultatives ;
- assurer la représentation du ministère de l'Economie et des Finances dans les commissions des marchés publics au niveau des administrations centrales et, le cas échéant, au niveau des services extérieurs ;
- suivre en relation avec les services intéressés les mouvements des CST retraçant des opérations à caractère définitif.

c. Attributions spécifiques du ministre des Finances dans la préparation du projet de la loi de finances

En vertu de l'article 46 de la LOLF, c'est le ministre chargé des Finances qui prépare les projets de lois de finances conformément à l'article 49 de la Constitution. Ce ministre expose aux commissions des finances du parlement, avant le 31 juillet, le cadre général de préparation du projet de loi de finances de l'année suivante et ce dans le but d'enrichir les débats parlementaires.

Cet exposé comporte :

- l'évolution de l'économie nationale ;
- l'état d'avancement de l'exécution de la loi de finances en cours à la date du 30 juin ;
- les données relatives à la politique économique et financière ;
- la programmation budgétaire triennale globale.

Cet exposé donne lieu à un débat mais sans vote.

d. Attributions générales du ministre des Finances dans le processus d'élaboration et d'exécution des lois de finances

La LOLF de 2015 a renforcé davantage les pouvoirs du ministre des Finances, à la lumière des normes de la gouvernance financière. Le décret du 15 juillet 2015 a défini un ensemble d'attributions générales afférentes à l'élaboration et à l'exécution des lois de finances, comme l'illustre le tableau suivant :

Tableau n° 27
Synthèse des attributions générales du ministre des Finances dans le processus d'élaboration et d'exécution des lois de finances à la lumière de la nouvelle LOLF

Attributions	**Références juridiques**
Expose avant le 15 juillet sur l'état d'avancement de l'exécution de la loi de finances Présente la programmation triennale des ressources et des charges de l'État ainsi que les grandes lignes du projet de loi de finances	Art. 3 du décret du 15/07/2015
Réception des propositions de recettes et de dépenses de la part des ordonnateurs	Art. 4 du décret
Réception des informations et des états relatifs à l'exécution de la loi de finances	Art. 5 du décret
Visa préalable pour tout projet susceptible d'avoir une incidence financière directe ou indirecte	Art. 6 du décret
Fixation des tarifs afférents à la rémunération des services rendus par l'État	Art. 7 du décret
Proposition des décrets concernant l'ouverture des crédits nécessaires à la marche des services publics et à la reprise des dispositions concernant les recettes dont la suppression est proposée dans le projet de loi de finances et celles pour lesquelles le dit projet prévoit une diminution	Art. 8-art. 50 de la Constitution
Signature des actes à conclure portant sur la mise à la disposition de l'État des fonds de concours et des produits des dons et legs	Art. 9 du décret
Arrêt de la nomenclature budgétaire du budget de l'État, des SEGMA et des CST	Art. 13 du décret
Prélèvements sur chapitre des dépenses imprévues et des dotations prévisionnelles	Art. 15 du décret
Fixation des modalités d'exécution des dépenses afférentes aux remboursements, dégrèvement et restitution fiscaux	Art. 16 du décret
Effectuer les dépenses imputées sur le chapitre relatif aux charges communes par arrêté du ministre	Art. 17 du décret Art. 43 de la LOLF
Transformation des postes budgétaires vacants par arrêté	Art. 19 du décret
Fixation des modalités de report de crédit	Art. 22 du décret
Autoriser par décision des virements de crédit entre programmes d'un même chapitre (plafond de 10 % des dotations ouvertes) en ce qui concerne le chapitre de matériel et dépenses diverses et le chapitre d'investissement du budget général	Art. 23 du décret
Virement des crédits entre région à l'intérieur même d'un programme par décision	Art. 23 du décret
Doter les SEGMA de crédit additionnel par arrêté	Art. 24 du décret
Proposition de création des CST par décret	Art. 25 du décret
Réception et validation des propositions de projet de performance élaboré par les départements ministériels et institutions avant leur présentation aux commissions sectorielles concernées du Parlement	Art. 39 et 69 de la LOLF
Réception des rapports de performance établis par les départements ministériels et institutions au plus tard fin juillet aux fins d'établissement du rapport annuel de performance accompagnant le projet de loi de règlement, élaboré par l'IGF selon les modalités fixées par arrêté du ministre.	Art. 66 et 69 de la LOLF

Source : Synthèse effectuée par nos soins.

e. Motivations spécifiques et avantages matériels accordés au personnel du ministère

Le personnel des Finances bénéficie d'avantages et de diverses motivations (formation continue, missions à l'étranger et primes semestrielles de masse). A titre d'illustration, l'État a versé 320 millions de dirhams de primes aux fonctionnaires de ce département en 2012 (cf. tableau n° 28).

L'argument avancé par les responsables de ce ministère dans l'établissement de cette grille, qui, d'ailleurs, n'est appliquée qu'à ce département, est d'inciter les agents des Finances à faire rentrer l'argent au Trésor public et de récompenser par conséquent les plus performants d'entre eux. Mais le système se trouve vidé de sa substance lorsqu'il se trouve étendu à tout le personnel.

Imaginons le taux de performance des acteurs de l'Administration si la grille était généralisée à tout le personnel, notamment celui des secteurs stratégiques du pays, tels l'enseignement, la santé et l'économie du savoir, dont la marginalisation touche profondément le classement du Maroc quant à l'indice du développement humain (pauvreté, alphabétisation, insuffisance des infrastructures scolaires, déficit en personnel enseignant, classement des universités, formation continue des fonctionnaires).

Tableau n° 28
Motivations financières des fonctionnaires du département des Finances

320 millions de DH de primes pour les Finances

Echelles	Echelon 1	Echelon 2	Echelon 3	Echelon 4	Echelon 5	Echelon 6	Echelon 7	Echelon 8	Echelon 9	Echelon 10	Echel. excep.	Temporaire
2	5.750	6.000	6.250	6.500	6.750	7.000	7.250	7.500	7.750	8.000		3.000
3	6.250	6.500	6.750	7.000	7.250	7.500	7.750	8.000	8.250	8.500		
4	6.750	7.000	7.250	7.500	7.750	8.000	8.250	8.500	8.750	9.000		3.200
5	7.250	7.500	7.750	8.000	8.250	8.500	8.750	9.000	9.250	9.500		3.400
6	7.750	8.000	8.250	8.500	8.750	9.000	9.250	9.500	9.750	10.000		
7	8.250	8.500	8.750	9.000	9.250	9.500	9.750	10.000	10.250	10.500		
8	9.000	9.500	10.000	10.500	11.000	11.500	12.000	12.500	13.000	13.500		
9	9.750	10.250	10.750	11.250	11.750	12.250	12.750	13.250	13.750	15.000		
10	10.500	11.000	11.500	12.000	12.500	13.500	14.500	15.500	16.500	18.000	18.000	
11	13.000	14.500	16.000	17.500	19.000	20.500	22.000	23.500	25.000	26.000	27.000	
12	28.000	29.000	30.000	31.000	32.000	33.000						

- Note 0/3: moins 100% du barème pour deux semestres
- Note 1/3: moins 50% du barème pour deux semestres
- Note 2/3: moins 25% du barème pour deux semestres
- Blâme: moins 100% pour 1 semestre
- Avertissement: moins 50% pour 1 semestre
- Note d'observation: moins 25% pour 1 semestre
- Mise en garde: moins 5% pour 1 semestre

(Source: Ministère de l'Economie et des Finances)

Source : Le journal *l'Economiste* n° 3827 du 16/04/2012.

L'article 6 de la Constitution affirme que « les pouvoirs publics œuvrent à la création des conditions permettant de généraliser l'effectivité de la liberté et de l'égalité des citoyennes et des citoyens ainsi que de leur participation à la vie politique, économique, culturelle et sociale ». Cette remarque est fondamentale.

5. Le parlement

En vertu de l'article 48 de la LOLF, le projet de loi de finances est déposé sur le bureau de la Chambre des représentants au plus tard le 20 octobre de l'année budgétaire en cours. Il est accompagné des documents suivants :

- note de présentation du projet de la loi de finances comportant des données concernant les investissements du budget général, ainsi que les impacts financiers et économiques des dispositions fiscales et douanières proposées ;
- rapport économique et financier ;
- rapport sur les Établissements et Entreprises publics ;
- rapport sur les SEGMA ;
- rapport sur les CST ;
- rapport sur les dépenses fiscales ;
- rapport sur la dette publique ;
- rapport sur le budget axé sur le résultat tenant compte de l'aspect genre ;
- rapport sur les ressources humaines ;
- rapport sur la compensation ;
- rapport sur les dépenses relatives aux charges communes ;
- rapport sur le foncier public mobilisé pour l'investissement;
- note sur la répartition régionale de l'investissement;
- rapport sur les comptes consolidés du secteur public (facultatif).

Le projet de loi de finances de l'année peut être également accompagné d'un rapport sur les comptes consolidés du secteur public. Il est immédiatement soumis à l'examen de la commission chargée des finances de la Chambre des représentants.

La programmation pluriannuelle des départements ministériels ou institutions, ainsi que celle des entreprises et établissements publics soumis à leur tutelle et bénéficiant des ressources affectées ou de subventions de l'État, est présentée pour information aux commissions parlementaires concernées en accompagnement des projets desdits départements ministériels ou institutions.

Bref, l'élaboration de la loi de finances résulte d'une collaboration entre le parlement et le gouvernement. La procédure française s'oppose à la procédure britannique où le parlement n'intervient pas dans l'élaboration du document budgétaire. Cependant, en France, à titre de comparaison, la Constitution de 1958 a réduit le rôle du parlement dans la préparation du budget. Aujourd'hui, le projet de loi de finances est arrêté par le conseil des ministres et soumis, dans les deux assemblées, à la commission des finances.

6. La commission des finances

La commission des finances demeure le seul interlocuteur valable du gouvernement dans le domaine économique et financier. Elle est chargée d'une mission d'information pour apporter tous les éclaircissements nécessaires au parlement.

A ce titre, deux compétences lui sont reconnues : d'abord, elle est chargée de préparer la discussion en séance du projet de loi de finances (préparation d'un rapport général sur l'ensemble de la politique économique du gouvernement). Ensuite, elle assure un contrôle sur l'exécution de la loi de finances au nom du Parlement.

Selon la nouvelle LOLF, c'est la Chambre des représentants qui se prononce sur le projet de loi de finances de l'année dans un délai de trente jours suivant la date du dépôt du projet. Dès le vote du projet ou à l'expiration du délai prévu, le gouvernement saisit la Chambre des conseillers du texte adopté ou du texte qu'il a initialement présenté, modifié le cas échéant par les amendements votés par la Chambre des représentants et accepté par lui. La Chambre des conseillers se prononce sur le projet dans un délai de vingt-deux (22) jours suivant sa saisine. La Chambre des représentants examine les amendements votés par la Chambre des conseillers et adopte en dernier ressort le projet de loi de finances dans un délai n'excédant pas six (6) jours.

Tableau n° 29
Classement de certains pays selon la structure parlementaire et le temps alloué au parlement à l'examen du budget

Pays	**Structure parlementaire**	**Temps alloué au Parlement (en nombre de jour)**
Argentine	Bicamérale	75
Colombie	Bicamérale	90
Guatemala	Unicamérale	120
Honduras	Unicamérale	120
Pérou	Unicamérale	90
Brésil	Bicamérale	100
France	Bicamérale	70
Maroc	Bicamérale	70

Source : recherche effectuée par l'auteur.

Conformément à l'article 75 de la Constitution et de l'article 50 de la LOLF lorsque la loi de finances de l'année n'est pas votée ou n'est pas promulguée au 31 décembre, en raison de sa soumission à la Cour constitutionnelle, le gouvernement ouvre, par décret, les crédits nécessaires à la marche des services publics et à l'exercice de leur mission en fonction des propositions budgétaires soumises à approbation.

Dans ce cas, les recettes continuent à être perçues conformément aux dispositions législatives et réglementaires en vigueur les concernant à l'exception toutefois des recettes dont la suppression est proposée dans le projet de la loi de finances. Quant à celles pour lesquelles le dit projet prévoit une diminution des taux, elles seront perçues au nouveau taux proposé.

Pour les dispositions relatives aux recettes dont la suppression est proposée dans le projet de loi de finances ainsi que celles pour lesquelles le dit projet prévoit une diminution de taux elles sont reprises dans un deuxième décret.

Il est mis fin à l'application des dits décrets dès l'entrée en vigueur de la loi de finances.

A titre d'illustration, et en raison de la non adoption du projet de loi de finances 2017, à cause du retard de la Constitution du nouveau gouvernement émanant des élections du 7 octobre 2016, le Conseil du gouvernement a tenu une réunion le 15 décembre 2017 pour adopter deux projets de décrets relatifs au projet de la loi de finances 2017. Le premier est relatif à l'affectation des crédits nécessaires au fonctionnement des services publics, alors que le second se rapporte au recouvrement de certaines ressources au titre de cet exercice.

S'agissant du premier décret, les dépenses de personnel s'élèvent à 106,7 milliards de dirhams. Le montant des crédits au titre des dépenses de matériel et dépenses diverses s'élève à 35,7 milliards de dirhams, en augmentation de 1,66 % par rapport à 2016.

Comme le démontre le tableau suivant :

Tableau n° 30
Ventilation des dépenses de matériel et des dépenses diverses

Désignation	**Crédit 2017 (en dirhams)**
Redevances d'eau, d'électricité et de télécommunications	1.845.033.566
Subventions aux établissements publics et aux SEGMA	17.460.770.635
Autres dépenses de matériel	16.376375.605

Le montant des crédits des charges communes de fonctionnement s'élève à 36,8 milliards de dirhams, en régression par rapport à 2016. Ils sont destinés à couvrir les charges de compensation des prix des denrées de base et à financer la contribution patronale de l'État à la CMR. Quant aux dépenses imprévues et aux dotations provisionnelles, elles sont évaluées à 3,3 milliards de dirhams.

IV. STRUCTURES, APPLICATION ET CONTRAINTES DE LA MISE EN ŒUVRE DE LA LOI DES FINANCES A LA LUMIERE DE LA NOUVELLE LOI ORGANIQUE DES FINANCES

Selon la nouvelle LOLF de 2015 la loi des finances de l'année comporte deux parties :

La première partie : c'est une partie descriptive qui fixe les dispositions relatives aux recettes (Impôt et revenus autorisés) et celles de l'équilibre des ressources et des charges (ressources, plafonds des charges). Pour couvrir cet excédent la loi autorise le gouvernement à contracter les emprunts extérieurs et intérieurs.

Ainsi, ce tableau d'équilibre est présenté de manière à faire ressortir l'intégralité des éléments de l'équilibre budgétaire et des besoins de financement.

La première partie qui arrête les données générales de l'équilibre financier comporte:

- l'autorisation de perception des recettes publiques et d'émission des emprunts ;
- les dispositions relatives aux ressources publiques que la loi de finances peut créer, modifier ou supprimer ;
- les dispositions relatives aux charges de l'État, aux SEGMA et aux CST ;
- les dispositions relatives au recouvrement des créances publiques, au contrôle de l'emploi des fonds publics et à la responsabilité pécuniaire et personnelle des gestionnaires des services de l'État, le cas échéant ;
- l'évaluation globale des recettes du budget général, des budgets des SEGMA et des CST ;
- les plafonds des charges du budget général, par titre, de l'ensemble des budgets des SEGMA groupées par dépenses d'exploitation et dépenses d'investissement et des CST, par catégorie.

La deuxième partie a une portée analytique, car elle :
- arrête par chapitre les dépenses du budget général de l'État ;
- arrête par service les dépenses des SEGMA ;
- arrête par compte les dépenses des CST (5 comptes).

A. Les ressources et les charges de l'État

Elles sont classées par section. La section première comporte les ressources. La deuxième section les charges.

1. Les ressources de l'État

Elles comprennent :
- les impôts et taxes ;
- le produit des amendes ;
- les rémunérations de services rendus et les redevances ;
- les fonds de concours, dons et legs ;
- les revenus du domaine de l'État ;
- le produit de cession des biens meubles et immeubles ;
- le produit des exploitations, les redevances et les parts de bénéfices, ainsi que les ressources et les contributions financières provenant des établissements et entreprises publics ;
- les remboursements de prêts et avances et les intérêts y afférents ;
- le produit des emprunts ;
- les produits divers.

La rémunération des services rendus par l'État est instituée par décret pris sur proposition du ministre intéressé et du ministre chargé des finances.

2. Les charges de l'État

Elles comprennent :

- les dépenses du budget général ;
- les dépenses des budgets des SEGMA ;
- les dépenses des CST.

Le solde budgétaire prévisionnel est fixé, selon l'article 9 de la LOLF, sur la base des hypothèses selon lesquelles le projet de loi de finances de l'année a été élaboré. Le solde budgétaire prévisionnel est calculé sur la base de la différence entre les ressources hors produits des emprunts, et les charges hors dépenses relatives aux amortissements de la dette à moyen et long terme.

3. Le budget général

Le budget général comporte deux parties: la première partie concerne les ressources et la seconde est relative aux charges.

Les ressources du budget général sont présentées en chapitres subdivisés, s'il y a lieu, par service et par nature de recettes.

Les ressources du budget général comprennent les ressources définies par l'article 11 de la LOLF.

Les charges du budget général comprennent les dépenses de fonctionnement, les dépenses d'investissement et les dépenses relatives au service de la dette publique.

a. Les dépenses de fonctionnement

Les dépenses de fonctionnement comprennent :

- les dotations des pouvoirs publics ;
- les dépenses de personnel et du matériel afférentes au fonctionnement des services publics ;
- les dépenses diverses relatives à l'intervention de l'État notamment en matière administrative, économique, sociale et culturelle et environnementale ;
- les dépenses relatives à l'exécution des arrêts et décisions judiciaires prononcés à l'encontre de l'État ;
- les dépenses de la dette viagère ;
- les dépenses relatives aux charges communes ;
- les dépenses relatives aux remboursements, dégrèvements et restitutions, fiscaux ;
- les dépenses imprévues et les dotations provisionnelles ;
- les dépenses de personnel comprennent: les traitements, salaires et indemnités ;
- et les cotisations de l'État au titre de la prévoyance sociale et de la retraite.

b. Les dépenses d'investissement

Elles sont destinées principalement à la réalisation des plans de développement stratégiques et des programmes pluriannuels en vue de la préservation, la reconstitution ou l'accroissement du patrimoine national. Elles ne peuvent comprendre des dépenses de personnel ou du matériel afférentes au fonctionnement des services publics.

Les crédits relatifs aux dépenses d'investissement comprennent les crédits de paiement et les crédits d'engagement qui constituent la limite supérieure des dépenses que les ordonnateurs sont autorisés à engager pour l'exécution des investissements prévus. Les crédits de paiement augmentés, le cas échéant, des versements des SEGMA prévus à l'article 22 de la LOLF et des versements des comptes d'affectation spéciale prévus à l'article 27, des fonds de concours prévus à l'article 34 et des crédits reportés prévus à l'article 63, constituent la limite supérieure des dépenses susceptibles d'être ordonnancées dans le cadre de l'année budgétaire.

Les crédits d'engagement sont fixés notamment, sur la base des prévisions des plans et des programmes.

En effet, les crédits de paiement sont ceux qui sont prévus et autorisés par la loi des finances, par conséquent, leur paiement s'effectue dans le cadre de l'année budgétaire. Par contre les crédits d'engagement sont pluriannuels. C'est un aménagement de l'annualité du budget. Parce que les travaux publics les plus importants peuvent donner lieu à un marché (commande publique) dont le règlement s'étalera sur plusieurs budgets, au fur et à mesure de l'exécution. Les lois de finances donnent, à cet effet, des autorisations d'engagement qui sont en principe valables sans limites de temps. Mais l'exécution des obligations qui résultent de cet engagement continue de se faire sur des crédits ouverts par les budgets annuels successifs. Cette ouverture de crédits est obligatoire puisque la dette est déjà constatée seulement les pouvoirs publics peuvent étaler le paiement sur plusieurs années suivant les ressources budgétaires annuelles concernant les autorisations de programme et autorisation d'engagement par anticipation.

Il en résulte donc que l'autorisation du programme représente des dotations budgétaires « consommables » sur plusieurs exercices. La loi annuelle d'une autorisation de programme est le crédit de paiement.

c. Les dépenses relatives à la dette publique

Elles comprennent les dépenses en intérêts et commissions et les dépenses relatives aux amortissements de la dette à moyen et long termes.

La dette amortissable : Elle englobe les amortissements, les intérêts et les commissions relatifs aux emprunts contractés à long terme par le Maroc. La dette amortissable est une dette remboursable à terme fixe ou par annuité. Elle comprend les emprunts à moyen terme et à long terme. Figurent également les emprunts contractés par l'État auprès du public ou auprès des établissements financiers du secteur public.

La dette flottante : Elle se manifeste plus par l'émission des bons de trésor. Cette dette se caractérise par la courte période des titres qui la composent, ainsi que par le caractère continuel des opérations d'émission et de remboursement. Le volume de cette dette varie constamment et de manière imprévisible (d'où son caractère flottant), en fonction de la différence quotidienne entre les souscriptions (achat de titres) et les remboursements (vente de titres).

Faut-il préciser également le risque de remboursements massif qui peut menacer les liquidités du trésor. Pendant les périodes de crise l'État peut procéder à des emprunts à long terme pour faire face aux problèmes de trésorerie relatifs à ces demandes de remboursements massifs.

Parmi les nouveautés de la nouvelle LOLF, précise son article 20 qu'« en vue de préserver l'équilibre des finances de l'État prévu à l'article 77 de la Constitution, le produit des emprunts ne peut pas dépasser la somme des dépenses d'investissement et du remboursement du principal de la dette, au titre de l'année budgétaire. Le Gouvernement peut procéder aux opérations nécessaires à la couverture des besoins de trésorerie ».

4. Les Services de l'État Gérés de Manière Autonome (SEGMA)

L'autonomie budgétaire, la souplesse des procédures de gestion et la logique de résultats permettent aux SEGMA de contribuer efficacement à la réalisation des objectifs sectoriels et stratégiques engagés par le gouvernement[679]. Les ressources des SEGMA sont présentées par service groupés selon les départements ministériels ou institutions auxquels ils sont rattachés.

Constituent des SEGMA, les services de l'État, non dotés de la personnalité morale, dont certaines dépenses, non imputées sur les crédits du budget général, sont couvertes par des ressources propres. L'activité de ces services doit tendre essentiellement à produire des biens ou à rendre des services donnant lieu à rémunération.

Les SEGMA sont créés par la loi de finances. Cette loi prévoit les recettes de ces services et fixe le montant maximum des dépenses qui peuvent être imputées sur les budgets desdits services. La création d'un SEGMA est conditionnée par la justification de l'existence de ressources propres provenant de la rémunération de biens ou de services rendus.

Les ressources propres doivent représenter, à compter de la 3e année budgétaire suivant la création desdits services, au moins trente pour cent (30 %) de l'ensemble de leurs ressources autorisées, au titre de la loi de finances de ladite année, et ce pour les SEGMA créés à partir du 1er janvier 2016. Les SEGMA qui ne répondent pas à cette condition sont supprimés par la loi de finances suivante.

---

679 Projet de loi de finances de 2005, SEGMA, ministère des Finances et de la Privatisation, p. 6.

Selon le rapport sur les SEGMA, présenté en 2005, ces services constituent un support pour la mise en œuvre de la nouvelle approche budgétaire axée sur les résultats (cas du secteur de la santé). En fait, les SEGMA bénéficient de l'autonomie et de la souplesse des procédures budgétaires leur permettant ainsi d'améliorer la qualité de leurs prestations. Grâce à l'institution d'une tarification de leurs services, les SEGMA peuvent assurer le recouvrement partiel des coûts et générer des ressources additionnelles au budget de l'État.

Dans cette perspective, la loi des finances pour l'année 2005 a érigé huit (8) entités en SEGMA. Il s'agit de :

- centres hospitaliers provinciaux (Chtouka-Aït Baha, Benslimane, Tata, Centre hospitalier préfectoral d'Aïn Chock-Nouaceur) ;
- la Direction des affaires consulaires et sociales ;
- le service de contrôle des établissements et des salles sportives ;
- la Trésorerie générale du Royaume (parallèlement à la suppression des SEGMA "DOTI et Division des opérations bancaires" relevant de la TGR) ;
- l'exposition internationale Aïchi 2005, Japon.

Ainsi le nombre total des SEGMA est passé de 151 en 2004 à 157 en 2005, répartis comme suit :

- 62 services fournissant des prestations de soins hospitaliers (hôpitaux civils et militaires) soit 39,5 % du nombre total ;
- 38 services de formation professionnelle des cadres supérieurs (administration, économie appliquée, architecture, gestion touristique, service de l'information, soit 24,2 % du total) ;
- 16 centres régionaux d'investissement (CRI) (10,2 % du total) ;
- 14 services relevant du secteur d'infrastructure (8,9 %) ;
- 27 autres services (17,20 %) opérant notamment dans le domaine du sport, du commerce, de la documentation et de la recherche.

La loi de Finances de 2004 a conféré le statut de SEGMA aux 16 CRI en vue de renforcer la mise en œuvre de la politique nationale en matière de développement de l'investissement au niveau régional et local[680].

En 2015, le nombre des SEGMA est passé à 205 Services après la création d'un nouveau SEGMA intitulé « Établissement central de gestion et de stockage des matériels », rattaché à l'Administration de la Défense nationale[681]. Ces SEGMA sont répartis entre huit (8) domaines d'intervention selon les grandes fonctions de l'État : santé (90 services), enseignement, de la formation professionnelle et de la formation des cadres (55 services), transports, eau et des autres infrastructures économiques (16 services), le domaine des actions économiques (19 services), le domaine des

680 Projet de loi de finances de 2005, *op. cit.*, p. 8.

681 Résumé du rapport SEGMA accompagnant la LF2016, direction du Budget, ministère de l'Economie et des Finances.

pouvoirs publics (9 services), le domaine des activités récréatives (7 services), le domaine des autres actions sociales avec 5 services et le domaine de l'agriculture, de la pêche et de la forêt avec 4 services[682].

Or, dans le but de rationaliser la création et l'utilisation des SEGMA, les dispositions de la nouvelle LOLF ont prévu la suppression des Services dont les ressources propres ne représentent pas, à compter de la troisième année budgétaire suivant leur création, au moins 30 % de l'ensemble des ressources autorisées au titre de la loi de finances, la non-imputation des dépenses de personnel dans les budgets des SEGMA et l'interdiction des versements effectués, à partir des SEGMA à un CST ou à un autre SEGMA. Ainsi, à partir de janvier 2019, et après 3 années de l'entrée en vigueur des dispositions de la nouvelle LOLF, il sera procédé à la revue du respect des conditions d'éligibilité des SEGMA nouvellement créés en 2016.

5. Les comptes spéciaux du Trésor (CST)

Les CST constituent, à côté des SEGMA, des composantes du Budget de l' État. Le montant total des dépenses prévisionnelles, des dits comptes au nombre de 98, s'élèvent, au titre de l'année 2005, à 24.392,00 MDh, soit 13,7 % du budget de l'État ou 5,26 % du PIB, contre 23 950,00 MDh en 2004, soit une hausse de 1,85 %.

En 2014, l'enveloppe totale des dépenses réalisées dans le cadre des CST s'élève à 71.646,30 MDh dont 53.111,00 MDh représentant la part des comptes d'affectation spéciale, soit 74,13 % du total.

La ventilation du montant desdites dépenses, par domaine d'activité, au titre de l'année 2014, se présente comme suit[683] :

- le domaine du développement local (23.609,70 MDh), soit 44,2 % ;
- le domaine du développement humain et social (10.457,30 MDh), soit 19,6 % ;
- le domaine de la promotion économique et financière (6 466,20 MDh), soit 12,2 % ;
- le domaine du renforcement des infrastructures (4 865,20 MDh), soit 9,2 % ;
- le domaine agricole et de la pêche (4 803,70 MDh), soit 9 % ;
- autres domaines (2 908,90 MDh), soit 5,5 %.

Les CST sont créés, modifiés ou supprimés, en vertu d'une loi de Finances. Leurs dépenses sont ventilées conformément à la nomenclature programmatique sectorielle. Leur gestion, ainsi que leur performance budgétaire seront soumises, au même titre que le Budget général.

---

[682] *Ibidem.*

[683] Projet de lois de finances, 2016, Rapport sur les comptes Spéciaux du Trésor, p. 3.

a. Définition

Ce sont des comptes budgétisés dans la loi des Finances mais dotés d'une individualité budgétaire. Ils sont prévus et autorisés et exécutés en même temps que le Budget général et les budgets annexes. Il s'agit donc d'une mise hors budget de certains services justifiés par l'idée qu'il est inutile de les faire apparaître dans le budget annuel, compte tenu du caractère exceptionnel ou provisoire de ces opérations destinées à s'équilibrer à plus ou moins longue échéance. Selon l'article 17 du LOLF, les CST ont pour objet de :

- décrire les opérations qui en raison de leur spécialisation ne peuvent être incluses dans le cadre du budget général de l'État ;
- décrire des opérations en conservant leur spécificité et en assurant leur continuité d'une année budgétaire sur l'autre ;
- garder trace, sans distinction d'année budgétaire d'opérations qui durent pendant plus d'une année.

Remarquons que :

1. les opérations des comptes spéciaux sont assimilées à des opérations de trésorerie (dotés d'un solde créditeur ou débiteur selon le cas) et par conséquent échappent au contrôle approfondi de la part du Parlement ;

2. pour certains auteurs, à l'origine ces comptes ont été le moyen d'échapper aux règles de la comptabilité publique et de dissimuler le déficit budgétaire. Selon l'article 19 de la LOLF, les CST comprennent six (6) catégories de comptes spéciaux (...) les nouveaux comptes ne peuvent être crées que par la loi des Finances. Cette loi prévoit les recettes de ces comptes et fixe le montant maximum de dépenses. Toutefois, en cas d'urgence et de nécessité impérieuse de nouveaux comptes spéciaux peuvent être crées, en cours d'année, par décret, pris sur proposition du ministre des Finances.

Les CST sont « présentés aux commissions parlementaires concernées en accompagnement des projets de budgets des départements ministériels ou institutions auxquels ils se rattachent. Ils contribueront, ainsi, à une meilleure visibilité de la gestion des projets publics, dès lors qu'une part importante du financement des politiques publiques sectorielles est assurée dans le cadre desdits comptes[684] ».

b. L'application actuelle des comptes spéciaux du Trésor

L'évolution du nombre des CST a enregistré une diminution très marquée durant les quinze dernières années, passant de 156 en 2001 à 76 en 2015. Cette forte baisse est imputable essentiellement à la mise en place d'une logique de rationalisation et d'efficience en matière de gestion desdits comptes[685].

Les CST comprennent :

Comptes d'affectation spéciale (CAS)

Ils retracent des opérations de dépenses par nature (de façon identique aux dépenses budgétaires) mais financées au moyen de ressources particulières (taxes, versement) par suite d'une disposition de loi de finances. On peut citer, à cet égard :

- fonds pour la promotion de l'emploi des jeunes ;
- fonds spécial pour l'extension et la rénovation des juridictions ;
- part des collectivités locales dans le produit de la TVA ;
- fonds pour la promotion du paysage audio visuel national ;
- fonds de soutien des prix de certains produits alimentaires (1 810 MDh en 2006).

---

[684] *Ibidem*, p. 4.

[685] *Ibidem*, p. 2.

En effet, il s'agit de dépenses financées sur taxes parafiscales. A titre d'illustration, l'article 16 de la loi des finances 1996-1997 stipule : « Il est institué à compter du 01/07/1996 une taxe pour la promotion du paysage audio-visuel national, à la charge des abonnés au réseau d'électricité. »

Le taux de la taxe est fixé par kilowattheure :

- la tranche de 0 à 50 kilowatt : est exonérée ;
- la tranche de 51 à 100 kilowatt : 0,50 dirhams ;
- au-dessus de 200 kilowatt/heures : 0,20 dirhams.

La taxe est recouvrée par l'ONE et par les R.A.D.E.E. (Régies autonomes de distribution de l'eau et de l'électricité). Le produit de la taxe est affecté à hauteur de 60 % au budget annexe de la RTM et de 40 % au compte d'affectation spéciale.

Afin de permette la comptabilisation des opérations afférentes à la promotion de l'audio-visuel national, la loi de finance a prévu la création à partir du 01/07/1996 d'un compte d'affectation spéciale (art. 44) intitulé « fonds pour la promotion des paysages audio-visuel national » dont l'ordonnateur est le ministre chargé de la communication.

Ce compte retracera : au crédit : 40 % du produit de la taxe pour la promotion du paysage audiovisuel ; au débit : les subventions et concours accordés aux organismes nationaux de radiodiffusion et de production d'œuvres audiovisuelles.

En 2014, le montant total des ressources réalisées par les CAS qui s'élève à 147 409 MDH, est ventilé comme suit[686] :

- 58 802 MDH au titre des ressources propres, en l'occurrence, les recettes fiscales et parafiscales ;
- les redevances et les autres produits ;
- 8 355 MDH correspondant aux versements du budget général ;
- 80 252 MDH représentant le solde dégagé par les CAS à la fin de l'exercice 2013.

En outre, dix cas ont connu des modifications importantes, au titre de 2015, afin d'adapter leur objet aux nouvelles missions qui leur sont assignées. Il s'agit des comptes suivants :

- « Fonds de promotion des investissements » et « Fonds national de soutien des investissements » qui ont été fusionnés pour donner lieu au « Fonds de développement industriel et des investissements » qui prendra en charge la réalisation du Plan d'accélération industrielle ;
- « Fonds pour la promotion de l'emploi des jeunes » ;
- « Fonds d'accompagnement des réformes du transport routier urbain et interurbain » ;
- « Fonds national de soutien à la recherche scientifique et au développement technologique » ;

---

686 *Ibidem*, p. 4.

- « Fonds de solidarité des assurances », « Masse des services financiers » ;
- « Compte spécial des dons des pays du Conseil de coopération du Golfe » ;
- « Fonds de modernisation de l'Administration publique » ;
- « Fonds de participation des Forces armées royales aux missions de paix, aux actions humanitaires et de soutien au titre de la coopération internationale » ;
- et « Fonds de soutien à l'action culturelle et sociale au profit des marocains résidant à l'étranger et des affaires de la migration ».

L'analyse de la répartition du nombre des CST en 2015, par catégorie de comptes, révèle une prédominance des CAS qui constituent 57 sur 76 comptes soit 75 % du total.

A l'inverse, les comptes de prêts et d'adhésion aux organismes internationaux ont vu leur nombre et leur part chuter, respectivement, de 82 comptes et 52,6 % du total, en 2001, à seulement 11 comptes et 14,47 % du total, en 2015. Il en est de même pour les comptes d'avances qui ont complètement disparu après avoir atteint le nombre de 16 comptes en 2001.

Comptes d'adhésion aux organismes internationaux

Ils décrivent les versements et les remboursements, au titre de la participation du Maroc aux organismes internationaux. Il s'agit des opérations effectuées, par exemple avec les Nations Unies, le FMI, Ligue arabe, organisations internationales spécialisées, etc.

Le montant total des participations du Maroc versées aux organismes internationaux a atteint 20,74 MDh au cours du premier trimestre 2015 et 349,45 MDh, en 2014, contre 192,99 MDh, en 2013 et 168,60 MDh, en 2012. Quant aux crédits prévus par la loi de Finances pour l'année 2015 et le projet de loi de finances pour l'année 2016, ils s'élèvent, respectivement, à 546,69 MDh et 1.097,15 MDh[687].

Comptes d'opérations monétaires

Ces comptes enregistrent les opérations de recettes et de dépenses à caractère monétaire. Ils permettent de décrire les pertes et bénéfices de change avec notamment la prise en charge par le Trésor du solde net des opérations. Ce solde aura des impacts sur les règlements et opérations avec le FMI.

C'est le compte intitulé « Différence de change sur ventes et achats de devises » qui retrace les gains et les pertes sur les achats et les ventes de devises effectués par Bank Al-Maghrib, des ressources et des charges, qui

[687] *Ibidem*, p. 2.

représentent, en 2014, respectivement, de 1.016,378 MDh et 1.102,929 MDh.

Comptes de prêts et d'avances

Les comptes de prêts décrivent les versements sous forme de prêts faits par l'État sur les ressources du Trésor et accordés pour des raisons d'intérêt publics ; prêts supérieurs à deux ans sont productifs d'intérêts. Exemples : à la RAM, aux collectivités territoriales, à l'ONCF ou à l'ONEP.

Les comptes d'avances décrivent les avances (concours) que le ministre des Finances est autorisé à consentir dans la limite des crédits ouverts, à cet effet. Ces avances sont productives d'intérêt territoriales.

Généralement il n'y a pas de différence de nature entre un prêt est une avance, seule leur durée qui permet la distinction : l'avance est un procédé de crédit, à court terme inférieur à deux ans, le prêt est un procédé, à moyen et long terme, supérieur à deux ans.

L'analyse de l'évolution dudit encours, par catégorie de bénéficiaires, montre qu'en 2014, les établissements bancaires ont bénéficié de 66,63 % dudit encours, suivis par la Société de financement JAIDA avec 12,50 %, la Société Marocaine d'Assurance à l'Exportation (SMAEX) avec 9,38 % et l'ONEE (Branche Eau) avec 6,47 %.

Comptes de dépenses sur dotation

Il s'agit des dépenses qui retracent des opérations relatives à une catégorie spéciale de dépense dont le financement est assuré par des dotations budgétaires. Exemples : Fonds Spécial de Développement Régional (FSDR), Fonds de Développement des Collectivités locales, acquisition et répartition du matériel des FAR, Fonds de relations publiques.

Graphique n° 16
Evolution du nombre des CST par catégorie de comptes

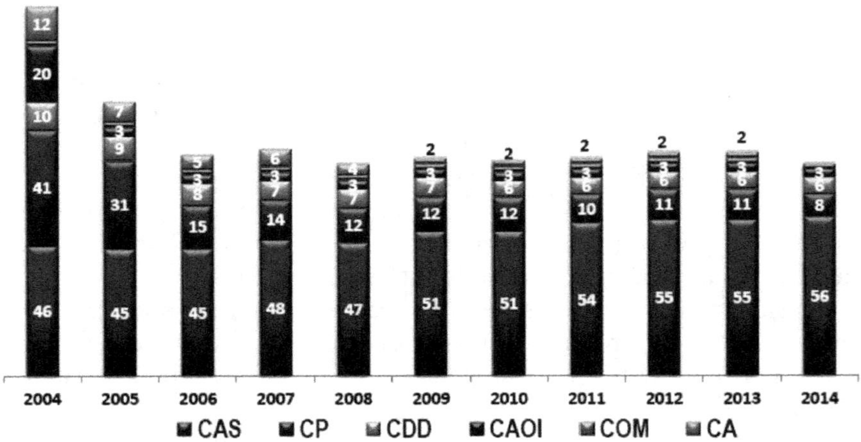

Légende :
CAS : Comptes d'Affectation Spéciale.
COM: Comptes d'Opérations Monétaires.
CA : Comptes d'Avances.
CAOI : Comptes d'Adhésion aux Organismes Internationaux.
CP : Comptes de Prêts.
CDD : Comptes de Dépenses sur Dotations.

Source : Projet de loi de finances 2016, Rapport sur les comptes spéciaux du Trésor, ministère de l'Economie et des Finances, p. 7.

L'analyse du nombre des CST par ordonnateur met en évidence le rôle primordial du ministère de l'Economie et des Finances qui gère en 2015, 29 comptes dont 16 CAS, ainsi que tous les comptes d'adhésion aux organismes internationaux, d'opérations monétaires et de prêts, eu égard au caractère spécifique des opérations retracées par ces comptes comme cela ressort tu tableau ci après :

Tableau n° 31
Ventilation de quelques comptes spéciaux par ordonnateur en 2015

Département	**Nombre de CST**
Ministère de l'Economie et des Finances	29
Ministère de l'Intérieur	11
Chef du gouvernement	5
Administration de la Défense nationale	4
Ministère de l'Énergie, des Mines, de l'Eau et de l'Environnement	3

Source : Projet de loi de finances 2016, Rapport sur les comptes spéciaux du Trésor, p. 7.

En revanche, les ministères de l'Equipement, du Transport et de la Logistique, de l'Agriculture et de la Pêche maritime, de la Justice et des Libertés, ainsi que le Haut-Commissariat aux Eaux et Forêts et à la Lutte contre la Désertification ne disposent que de 2 comptes.

B. Objectifs et actions du budget et des politiques publiques sur le développement

Les finances publiques constituent un outil important qu' utilisent les gouvernements pour mener à bien leurs actions pour réaliser deux objectifs de politiques financières : les politiques structurelles et les politiques conjoncturelles. Toutefois, la réalisation des ces deux objectifs est tributaire de la prise de conscience des contraintes d'ordre financier, politique et environnemental global auxquelles peuvent se heurter les processus d'exécution des projets et programmes de développement.

1. Les politiques structurelles

Avec le développement de la gouvernance, les domaines et les moyens d'action sont devenus multiples et complexes. L'action financière des pouvoirs publics touche aussi bien les structures économiques que les structures sociales[688].

a. Actions sur les structures économiques

Il s'agit d'avancer cinq (5) préoccupations essentielles :

- les investissements : on pense traditionnellement d'abord, aux investissements matériels tels que les équipements collectifs et le logement qui conditionnent largement le développement économique et la cohésion sociale. Ensuite, aux investissements intellectuels (ou immatériels). Ils s'agit particulièrement des dépenses consacrées à l'éducation (au sens large) et de l'aide à la recherche-développement[689] ;
- la deuxième préoccupation réside dans l'aménagement du territoire et le développement régional visant à assurer une répartition géographique équilibré et une croissance économique profitant aux populations et aux régions les plus défavorisées ;
- la protection de l'environnement : c'est la troisième préoccupation, plus récente, d'un développement durable, c'est à dire non destructeur de son cadre. Aujourd'hui, on lui accorde une priorité par le développement des services publics (eau, assainissement, déchet, pollution) ;
- la quatrième préoccupation essentielle est constituée de l'intérêt accordé à la compétitivité des entreprises[690] et à la restructuration des entreprises publiques. Cet intérêt se manifeste notamment par l'aide publique (fiscalité et soutien divers) apportée aux secteurs stratégiques (industrie de défense, exportation, tourisme, agriculture) ou touchés par la crise ;

[688] Luc Saidj-Jean, Luc Albert, *Finances publiques*, Dalloz, 2007, p. 205
[689] *Ibidem*,p.207
[690] *Ibidem*,p.210

- cinquième préoccupation : il s'agit des réforme initiées en matière de la gouvernance et la gestion publique (réforme des structures budgétaires, comptables et de contrôle).

b. Actions sur les structures sociales

Elles revêtent des aspects divers. Elles s'étendent aux politiques publiques de développement (sécurité, lutte contre l'analphabétisme, pauvreté, monde rural, cohésion sociale). Les moyens d'action pour mener ces politiques sont complexes. Les pouvoirs publics disposent à la fois de l'arme financière (commandes publiques, subvention, bonification d'intérêt, politique salariale) et de l'arme fiscale (aménagement du système fiscal, dépenses fiscales, « utilisées selon les cas, d'ordre stratégique ou tactique ».

2. Les politiques conjoncturelles

Elles sont menées à des fins d'actions conjoncturelles par le biais de la politique du solde budgétaire (déficit budgétaire) ou par la politique monétaire (taux directeurs de monnaie).

Indépendamment même du déficit budgétaire les pouvoirs publics cherchent à adapter les dépenses et les recettes à la conjoncture. Cependant, une telle modulation des dépenses pose deux grands problèmes[691] : le premier est celui du choix entre catégories de dépenses, car toutes les dépenses n'ont pas le même effet sur l'environnement. Si les dépenses de fonctionnement servent à la consommation, mais elles sont très difficilement compressibles, les dépenses d'investissement qui parfois sont en contradiction avec l'intérêt à long terme servent beaucoup l'ajustement pour l'action conjoncturelle, en raison de leurs effets induits sur le développement[692]. Le second problème consiste à évaluer les secteurs d'investissement privilégiés, en termes de coûts, avantages, effets de liaison et d'entraînement.

La modulation conjoncturelle de recettes revêt la forme fréquente d'allégement ou d'exonération fiscaux (dépenses fiscales). Il s'agit également d'évaluer ses effets sur la consommation et l'investissement. Parmi les mesures fiscales énoncées par le gouvernement durant les dernières années[693], on peut citer notamment :

- la progression jusqu'au 31 décembre 2013 de l'exonération des revenus agricoles de l'IS et de l'IR (LF2009) ;
- la prorogation de la réduction de 50 % de l'IS pour les promoteurs immobiliers qui construisent 1 500 logements sociaux (LF 2009) ;
- la réduction de l'IS de 35 % à 30 % (LF 2008).

---

[691] *Ibidem*, p. 225.

[692] A. Belal, *L'Investissement au Maroc (1912-1964)*, édition Maghrébine, Casablanca, 1976, p. 148 et s.

[693] Principales mesures fiscales par année de 1990 à 2009, Direction des études et prévisions financières, ministères de l'Economie et des Finances

A titre d'illustration, la lettre de cadrage du Premier ministre[694] relative à la préparation du projet de loi de finances pour 2010 fixe cinq (5) priorités :

- promouvoir une croissance en interne, endogène et axée sur le renforcement de la demande intérieure et l'investissement ;
- activer les réformes structurelles et les politiques sectorielle dans le but d'améliorer l'attractivité des investissements et la concurrence de l'économie nationale, l'amélioration de la gouvernance et la protection de l'environnement ;
- mettre en place une nouvelle charte sociale en consacrant la solidarité et la cohésion sociale ;
- consolider les politiques régionales dans le but d'améliorer l'équilibre spatial et le monde rural ;
- soutenir les secteurs touchés par la crise dans le but de protéger l'emploi et les capacités productives et exportatrices du pays.

Dans cette perspective, ce projet de loi de finances tablant sur une gestion efficace des effets de la crise propose une série d'objectifs chiffrés :

- la réalisation d'un taux de croissance de 3,2 % (soit un taux de 4,1 % du PIB non agricole), le maintien de l'inflation à 2 % et un déficit budgétaire de 4 % ;
- une forte compression des dépenses publiques de l'ordre de 10 %. Il s'agit de réduire le train de vie de l'État tout en promettant une hausse de salaire de 5,4 % et créer quelque 25 000 nouveaux emplois[695] ;
- une hausse de 20,4 % de l'investissement public.

Ainsi, à peine dévoilé le projet de budget pour 2010 a fait l'objet de critiques acerbes. « Son architecture ne comporte pas d'innovation, ni de proposition particulière pour faire face à l'impact de la crise internationale » souligne le quotidien l'Economiste[696]. Ces critiques avancent[697], d'abord, la masse salariale qui continue de progresser malgré l'opération des départs volontaires à la retraite censés alléger son poids, soit une progression de 5,3 %. Ensuite, la baisse notable des charges communes (recul de 45,55 % par rapport à 2009. Ces crédits seront destinés à couvrir les charges de compensation des prix de denrées alimentaires de base (13 milliards de dirhams et à financer la contribution patronale de l'État à la Caisse marocaine de retraite (CMR). Enfin, l'augmentation du budget d'investissement s'élevant à 53,38 milliards de dirhams.

---

[694] N° 14/2009 du 26 août 2009.

[695] Le PLF a prévu, en 2010, la création de 21 450 postes budgétaires repartis comme suit : Education nationale qui taille la plus grosse part du lion (8 000 postes), suivi par le ministère de l'Intérieur (8 000 postes), ministère de la Santé (2 000 postes), la Justice (2 000 postes) autant pour le Haut commissariat de l'administration pénitentiaire, le département des Finances (450 postes), les Habous (120 postes), les Affaires étrangères (100). A cela s'ajoute 4 000 postes budgétaires destinés à titulariser les occasionnels soient en total 25 000 postes.

[696] Le budget 2010 dans le détail, le quotidien *l'Economiste* du 15 octobre 2009, n° 3129, p. 2.

[697] *Ibidem.*

Le volume des investissements publics s'élève à 162,64 milliards si nous intégrons le Fonds Hassan II (intervenant à concurrence de 111 milliards les CST (7,4 milliards), les collectivités locales (6 milliards et les SEGMA (480 millions de Dh). En définitive, les critiques constatent paradoxalement que les recettes du budget reculent de 10,96 % (baisse de l'IS de 13,10 % et des droits de douane de 10,85 %) par rapport à 2009.

Pour d'autres les objectifs tracés par le projet pour 2010 sont jugés réalistes mais trop ambitieux, car comme le soulignent, certains experts, la relance de la demande demeure idéologique[698] parce que cela ne peut se faire que si on fait relancer la masse salariale, juguler le chômage et favoriser l'emploi. D'où l'importance de créer un cercle vertueux[699] permettant à chaque élément d'influencer positivement les autres facteurs. C'est une condition fondamentale.

C. Contraintes du processus budgétaire et de l'élaboration des politiques publiques

Les ressources budgétaires des États ne sont pas illimitées ce qui oblige les gouvernements à faire des choix dans l'affectation des ressources rares, afin de répondre aux besoins récurrents de la société. Une telle budgétisation oblige à prendre conscience des contraintes politiques, managériales, environnementales et financières globales.

1. Les contraintes politiques et financières : le parlement face aux nouveaux modes de gouvernance

Les changements qu'ont connus les sociétés contemporaines ont contribué à réduire l'autorité du parlement. On peut citer notamment[700] en premier lieu, l'accroissement continu de la dimension scientifique et technique des politiques publiques qui est marqué par le recours massif à l'expertise. Cette constatation est fondamentale. Elle pose le problème du pouvoir des experts et les limites de compétence des parlementaires. En deuxième lieu, la diffusion de la pensée libérale qui tout en engendrant un processus de dérégulation massif a sensiblement réduit le champ de compétence du parlement (privatisation et besoin de régulation). En troisième lieu, la perte de son rôle traditionnel dans le lancement et l'animation des débats d'opinion au profit de leaders (d'opinion), issus de la société civile et des médias. En quatrième lieu, les mutations opérées au sein de l'environnement international qui en transférant certains pouvoirs et influences aux organisations internationales (Banque mondiale, FMI, TI) et

---

698 M'hmmed Grine, « Projet de loi de finances 2010 », le quotidien *Al Bayane*, n° 10556, du 25/10/2009, p. 3.

699 *Ibidem*.

700 O. Costa, E. Karrouche et P. Magnette, *Vers un renouveau du parlementarisme en Europe*, édition de l'Université de Bruxelles, Belgique, 2004, p. 13 et s.

par ricochet a consacré la primauté de l'exécutif dans le processus de définition des politiques extérieures (et financières notamment). Enfin, l'apparition de nouveaux modes de gouvernance remet fondamentalement en cause la logique du régime parlementaire. En effet, la souveraineté et l'autorité de la logique représentative se trouvent désormais dispersées en de multiples lieux, pour la plupart informels et supranationaux.

2. Les contraintes managériales

Elles sont liées aux capacités des gestionnaires dans le processus d'élaboration, de planification et d'exécution des projets de développement. Les problèmes les plus courants en matière budgétaire sont multiples : d'abord, la mauvaise planification résidant dans le manque d'une vision claire et intégrée de développement (en termes de risques et d'opportunités), ne prenant pas toujours les priorités stratégiques du développement (enseignement, économie du savoir, épanouissement de l'homme) ou les liens entre politique de développement et budget. Ensuite, l'exécution des politiques publiques peu rigoureuse entraîne un écart important entre le budget tel qu il est approuvé et tel qu'il est exécuté. Enfin, le manque d'un système comptable (ou de documentation) et d'information suffisamment détaillé, structuré et fiable. En définitive, on ajoute également la défaillance du système d'évaluation et de contrôle budgétaire qui ne favorise pas davantage l'instauration de la transparence en matiére de la lutte contre la corruption et les inégalités sociales (inégalités dans la répartition des fruits de développement).

Tableau n° 32
Evolution des ressources et des charges de l'État (2010-2016)
(en milliards de dirhams)

Ressources de l'État	2010	2011	2012	2013	2014	2015	2016
** Recettes fiscales (1)							196,9379
* Ressources de Budget général	216,05608	226,51710	252,76162	283,50472	262,33043	268,10162	227,88518
Impôts directs et taxes assimilées	65,389	66,928	71,48	77,546	77,167	81,75	86,104
Impôts Indirects	60,964	67,677	75,6235	78,932	80,63	80,843	85,558
Droits de douane	12,035	12,772	12,0705	9,076	7,7	7,2501	7,9801
Droits d'enregistrement et timbre	11,6923	12,283	13,69	13,843	14,6605	14,8757	17,2958
* Recettes non fiscales							15,473641
Produits des monopoles d'exploitation et des participations financières de l'État	9,340161	10,227	11,38043	12,563039	10,841	9,5168	8,330365
Produits et revenus du domaine	0,3125	0,3485	0,4645	0,4645	0,4645	0,3495	0,3495
Produits des Cessions de participation de l'État	4						
Recettes diverses	2,170127	2,079608	2,352695	5,184181	4,75543	5,527525	5,497776
Recettes d'emprunts, dons et legs	50,153	54,202	65,7	85,896	66,112	67,989	1,296
* Ressources des Budgets des SEGMA	2,304957	2,457296	2,649359	3,094516	3,090438	3,002421	
* Ressources des CST	45,723949	51,924734	55,900887	59,31344	69,756392	76,619424	
Total des Ressources de l'État	264,08499	280,89913	311,31187	345,91267	335,17726	347,72347	227,88518

CHARGES DE L'État	2010	2011	2012	2013	2014	2015	2016
*Dépenses de fonctionnement du Budget général	136,91262	151,99379	187,84048	199,26012	199,35316	194,76218	188,61897
Dépenses de personnel	80,533	86,036	93,5083	98	103,7	105,50906	106,77577
Dépenses de matériel et dépenses diverses	27,176629	26,901396	29,04865	30,184049	30,959163	33,629125	35,101203
Charges communes	26,603	36,4564	62,61753	68,410074	62,028	52,624	38,182
Dépenses aux remboursements, dégagements et restitutions, fiscaux							5,26
Dépenses imprévues et dotation personnelle	2,6	2,6	2,666	2,666	2,666	3	3,3
Dépenses en intérêt et commission se rapportant à la dette publique	17,883549	18,230179	20,244795	22,392345	23,934667	26,560105	28,28461
Solde Ordinaire							-4,492043
Dépenses relatives aux amortissements de la dette à MLT	20,35469	18,304079	22,498308	16,876821	33,378262	41,489632	
*SEGMA (6)							
Recettes du Budget							3,006217
Dépenses du Budget							3,006217
Dépenses d'exploitation	1,820574	1,860288	1,907649	2,229466	2,185908	2,200462	2,224257
Dépenses d'investissement	0,484383	0,597008	0,74171	0,86505	0,90453	0,80196	0,78126
Solde des SEGMA							9,017951
Dépenses d'investissement de budget général (4)	53,784801	53,858748	59,132672	58,905075	49,502282	54,091026	61,392142
Recettes							78,936483

CHARGES DE L'État	2010	2011	2012	2013	2014	2015	2016
Dépenses	45,764443	48,189041	54,404084	57,673875	57,942473	63,212808	66,707655
Solde des CST							12,228828
Solde du Budget (Hors Produits des emprunts et Hors amortissements de la dette Publique à LT)							- 65,884185
***Amortissements de la dette publique à M et LT**							40,907378
Interne							36,3207
Externe							4,586678
***Recettes d'emprunts à M et LT**							70,5
Interne							45
Externe							25,5
Total des charges de l'État	**277,00506**	**293,03313**	**346,76969**	**358,20275**	**367,20128**	**383,11817**	**357,02684**
Excédent	**12,920075**	**12,134001**	**35,457827**	**12,290079**	**32,024025**	**35,394709**	

Source : synthèse effectuée par l'auteur.

CHAPITRE III

Exécution budgétaire et responsabilités des gestionnaires

Longtemps assimilées à l'ensemble des finances publiques, les finances de l'État n'en constituent plus qu'une part minoritaire mais continuent d'y jouer le rôle le plus important[701]. L'élaboration et l'exécution de la loi des finances sont soumises à un ensemble de dispositions constitutionnelles et réglementaires.

Ce chapitre consiste à exposer les principes d'autorisation budgétaires et d'exécution des dépenses et des recettes ainsi que les responsabilités des ordonnateurs, des comptables et des contrôleurs.

I. Principes d'autorisation budgetaire

L'autorisation budgétaire résulte de la loi des finances de l'année. Une telle autorisation est fondée sur une série de principes qui traduisent une volonté de contrôle des dépenses par le Parlement. Ils répondent à des exigences de sincérité, d'honnêteté, de clarté et de transparence. Ces principes commandant la forme et le contenu du budget sont au nombre de quatre (4) auxquels il faut ajouter les principes de sincérité, de transparence ou d'équilibre traduisant ensemble une volonté de gestion prudente des finances publiques de la part de l'État libéral :

- annualité budgétaire ;
- unité budgétaire ;
- universalité budgétaire ;
- spécialité budgétaire.

A. Le principe de l'annualité budgétaire

C'est le principe qui régit le cadre annuel nécessaire aux prévisions de recettes, aux autorisations de dépenses et à l'exécution de la loi de finances. Il répond à un objectif exclusivement historique et politique[702] : garantir la

---

[701] L. Saidj et J.L Albert, *les Finances publiques, op. cit.*,p.255.

[702] M.Paul, *les Finances publiques de A à Z, op. cit.*, p. 22.

démocratie, définie comme la prééminence du pouvoir législatif sur le pouvoir exécutif. D'où l'idée de limiter à un an la période budgétaire afin d'assurer le contrôle parlementaire selon une périodicité raisonnable

1. Justifications politique, économique et technique du principe

Elles sont multiples :

- *D'ordre constitutionnel* : Le régime parlementaire (GB, France, Maroc) accorde au parlement un droit de contrôle du budget de l'État. Pour pouvoir s'exercer convenablement ce contrôle doit être opéré régulièrement. Le cadre annuel apparaît adapté.
- *D'ordre économico-financier* : Le budget s'inscrit dans un contexte économique qu'il contribue à modifier. A ce titre, il est difficile de prévoir des recettes et des dépenses couvrant une période de temps trop longue. Parce que les prévisions pourraient être trop ambitieuses ou imprécises.
- *D'ordre technique* : Une gestion optimale et rigoureuse des finances publiques nécessite la détermination du point de départ de l'année budgétaire. La plupart des pays font coïncider l'année budgétaire avec l'année civile et choisissent comme point de départ de l'année budgétaire, le 1er janvier. A titre d'exemple, le point de départ de l'année budgétaire est fixé au 1 er avril en Grande Bretagne, au Canada et au Japon.

Aux États-Unis. c'est le 1er octobre. Dans dix pays de l'Union Européenne (France, Allemagne...) c'est la solution civile qui y prévaut aujourd'hui. Au Maroc depuis 1996 la date choisie est celle du 1er juillet[703]. En effet, le choix de la date est fondamental. Le Maroc a ressenti les inconvénients de l'année civile. Parce qu'elle oblige d'effectuer des prévisions budgétaires au printemps, c'est-à-dire au moment où l'on manquait des renseignements sur les résultats des récoltes. Or, l'agriculture constituait une donnée importante de la conjoncture économique. Parce qu'elle commandait le pouvoir d'achat des milieux ruraux. Et par là les recettes fiscales, l'équilibre de la balance commerciale commandait par conséquent les prévisions économiques et financières. Aujourd'hui, et compte tenu de son utilité technique, le Maroc a opté une autre fois, depuis l'année budgétaire 2001, pour l'année civile (art. 3 de la nouvelle LOLF).

Si à l'heure actuelle, le principe de l'annualité budgétaire est toujours affirmé par les textes, l'année étant commode et l'année civile constituant la référence, des dérogations assez nombreuses viennent atténuer la portée de la règle, jusqu'à remettre en cause son bien fondé et sa signification politique pour ne lui conserver qu un aspect purement technique[704]. En réalité, on constate qu'il n'y a pas de vote annuel unique. Il existe une série

[703] Art. 3 de LOLF tel qu'il est modifié.
[704] M. Paul, *les Finances publiques*, *op. cit.*, p. 23.

d'assouplissements au champ annuel des prévisions (loi de finances rectificative, gel ou annulation de crédit, par voie réglementaire pour ne pas aggraver le déficit(art. 62 de la LOLF) ouverture de crédits supplémentaires (art. 60 de la LOLF, programmes pluriannuels).

2. Le rattachement des opérations budgétaires à l'année budgétaire

Il existe deux manières de gérer les recettes et les dépenses d'une année budgétaire : le système de l'exercice et le système de la gestion

1. *Le système de l'exercice* : Il consiste à rattacher à l'année toutes les recettes et les dépenses qui ont juridiquement pris naissance au cours de cette année même sielles sont effectivement soldées après l'expiration de l'année budgétaire. Ce système prévoit le rattachement à l'année au titre de laquelle l'opération a été autorisé sans se préoccuper de l'année qui verra sa complète exécution. Il s'apparente au principe de la relativité des dépenses pratiquées en comptabilité privée. Les paiements sont ainsi rattachés à l'année d'engagement des dépenses correspondantes. Or, il présente plusieurs inconvénients du point de vue de la gestion. Car la clôture d'un exercice ne peut être déterminée de façon précise à cause notamment des retards dans la consommation des dotations budgétaires et oblige à tenir compte simultanément la comptabilité d'exécution de plusieurs exercice ce qui retardera l'arreté des résultats comptables.

2. *Le système de la gestion ou comptabilité de caisse :* dans ce systéme les opérations sont rattachées à la comptabilité de l'année qui a vu leur encaissement (recettes) ou leur décaissement (paiement, dépenses).

Remarquons qu' en application des dispositions de la LOLF, le système de la gestion appliqué au Maroc pour les recettes concerne uniquement l'émission des rôles intéressant les impôts et non les recouvrements et l'exercice pour les dépenses.

Par ailleurs, si le mot exercice continue à être employé pour désigner la période d'exécution des services d'un budget, il semble que la nouvelle LOLF de 2015 consacre expressément le système de la gestion en déclarant « Les crédits ouverts au budget général ne peuvent être reportés sur l'année suivante (art. 63). » Toutefois, les crédits de paiement ouverts au titre des dépenses d'investissement du budget général et les reliquats d'engagement, visés et non ordonnancés, sont reportés, dans la limite d'un plafond de 30 % des crédits de paiement ouverts au titre du budget d'investissement, pour chaque département ministériel (art. 63).

De même l'article 64 précise que la « loi de règlement de la loi de fianances constate et arrête le montant définitif des recettes encaissées, des dépenses dont les ordonnances sont visées, se rapportant à une même année budgétaire, et arrête le compte de résultat de l'année ».

3. Limites du principe de l'annualité budgétaire

La règle de l'annualité présente un caractère artificiel. La vie financière de l'État est continue et il est artificiel de vouloir la découper en tranches annuelles. Ainsi, on est conduit à assouplir cette règle pour donner plus d'aisance à la gestion financière de l'État. Cet assouplissement se manifeste par certaines autorisations dépassant le cadre annuel :

- *la programmation budgétaire triennale* : la loi de finances,en vertu de l'article 5 de la LOLF, est élaborée par référence à une programmation budgétaire triennale actualisée chaque année en vue de l'adapter à l'évolution de la conjoncture financière, économique et sociale du pays.
- *La possibilité de reporter des crédit*s : l'article 64 de la LOLF prévoit, comme souligné auparavant, que les crédits de paiement ouverts au titre d'investissement du budget général et les reliquats d'engagement, visées et non ordonnancés, sont reportés à concurrence de 30 % des crédits de paiement ouverts au titre du budget d'investissement.

Les modalités de report sont fixées par voie réglementaire.

B. Le principe de l'unité budgétaire

Il répond à un « principe de clarté selon lequel le budget de l'État est une synthèse de comptes et de documents obéissant à un tronc commun juridique concernant leur contenu, la compétence législative et la procédure de vote. Il doit être entendu de manière plus souple que s'il s'agissait de l'unicité budgétaire »[705].

1. Signification du principe de l'unité budgétaire

Ce principe remplit deux missions essentielles : politique et technique. D'abord, il suppose sur le plan politique l'établissement d'un document budgétaire unique regroupant toutes les dépenses et les recettes permettant aux parlementaires de prendre connaissance de la structure globale du budget. À partir de cette vue d'ensemble, ceux-ci pouvaient émettre des jugements sur la politique financière gouvernementale. Ensuite, Ce principe a également un but technique : assurer une présentation claire du budget. Lorsque toutes les dépenses et toutes les recettes figurent dans un seul document, elles sont faciles à contrôler (vérifier l'équilibre, éviter les dissimulations).

2. Limites du principe de l'unité budgétaire

Le principe classique de l'unité budgétaire a été remis en cause lorsque l'État à côté de ses fonctions traditionnelles a pris en charge des activités à

---

[705] *Ibidem*,p.155.

caractère industriel et commercial. Aujourd'hui, plusieurs gestions font l'objet d'une distinction au sein du budget de l'État. Exemples :

- les budgets annexes (auparavant) ;
- les SEGMA ;
- les CST ; Les gestions hors budget liées au développement de phénomène de débudgétisation (Fonds, agences de développement, établissements administratifs, entreprises publiques, partenariat public-privé, etc.).

C. Le principe de l'universalité budgétaire

C'est le principe selon lequel toutes les recettes et toutes les dépenses de l'organisme public doivent être prévues et autorisées par son budget pour le montant brut et sans affectations des unes aux autres. Il est fondé sur deux règles : l'exigence de non-contraction ou de non-compensation et l'exigence de non-affectation.

La nouvelle LOLF (art. 10) s'efforce de définir clairement la sincérité des lois de finances en énonçant que celles-ci « présentent de façons sincères l'ensemble des ressources et des charges de l'État. La sincérité des ressources et des charges s'apprécie au moment de leur établissement des prévisions qui peuvent en découler ».

1. Signification du principe

Ce principe signifie que les recettes et les dépenses doivent être inscrites au budget de l'État de façon séparée, chacune d'entre elles figurant pour son montant intégral, en vertu de la règle de la non-contraction, de la non-compensation ou encore du produit brut. C'est ce qu'indique l'article 8 de la LOLF lorsqu'il dispose « il est fait recette du montant intégral des produits, sans contraction entre les recettes et les dépenses, l'ensemble des recettes assurant l'exécution de l'ensemble des dépenses. Toutes les recettes et toutes les dépenses sont imputées au budget général ».

La non-contraction a pour corollaire la non-affectation des ressources aux charges. Selon ce principe aucun lien de causalité ne doit exister entre les recettes et les dépenses de l'État. Ainsi, si au cours de l'exécution du budget, une recette prévue n'est pas recouvrée, aucune dépenses envisagée n'aura à être supprimée ; et inversement.

L'exemple classique que l'on cite toujours pour démontrer l'absurdité de ce principe est celui des ressources en bois du parc du château de Versailles. Le bon sens veut que pour se chauffer l'hiver, le gardien du château puisse utiliser le bois mort qu'il trouve dans le parc. Or, cela est impossible,en vertu de la règle de la non-contraction. Parce qu'il s'agit de vendre le bois et de porter le produit de cette vente au budget général, puis le budget général ouvre un crédit correspondant aux dépenses de chauffage au château. Une telle procédure est extrêmement lourde.

A cet effet, trois raisons peuvent justifier des dérogations à la règle de non-contraction (no-compensation) :

- la non-contraction est source de complication administrative ;
- la non-compensation incite les services à dépenser tous leurs crédits ;
- la non-compensation ne permet pas de vérifier la rentabilité des services (logique de performance).

2. Limites du principe de l'universalité budgétaire

Certaines recettes, par dérogation au principe d'universalité, sont affectées à la couverture de certaines dépenses.

a. Procédure de fonds de concours

Cette affectation peut se faire à l'intérieur même du budget. Il s'agit des subventions des dons qui sont portés en recette au budget pour concourir à certaines dépenses publiques[706]. Exemples : les contributions accordées par l'Union Européenne à la réalisation de certaines actions, les dons, les rétablissements de crédit (opération qui consiste à annuler une dépense).

b. Affectation des recettes à un fonds spécial du Trésor

Il s'agit d'une affectation placée hors budget sur lequel sera payée une dépense correspondante. Exemple : la taxe instituée à partir du 1/07/1996 pour la promotion du paysage audiovisuel (compte d'affectation spéciale)[707].

D. Le principe de spécialité budgétaire

Il s'agit d'abord, de définir le principe. Ensuite, d'exposer ses dérogations.

1. Signification du principe

Les crédits ouverts par la loi des finances sont affectés à une dépense déterminée, en application des articles de la LOLF. Les crédits ouverts sont spécialisés par partie, par titre, par chapitre, subdivisés en programmes, régions et projets ou actions. (art. 38 de la LOLF). Un projet ou une action est déclinée en lignes budgétaires qui renseigne sur la nature économique des dépenses afférentes aux activités et opérations entreprises (art. 41 de la LOLF).

2. Dérogations

Elles résident dans trois éléments :

---

[706] Art. 7 du DR n° 33 1-66 du 21/04/67.

[707] Art. 44 de la loi des finances 1996-1997.

a. Le virement : les virements de crédits sont effectués à l'intérieur des programmes et entre les programmes d'un même chapitre ou entre régions à l'intérieur d'un même programme, par voie réglementaire[708] (art. 23). Les virements entre chapitres sont interdits (art. 45 de la LOLF).

b. La modification des dotations : il s'agit des projets ou actions d'un même programme ou d'une même région, ainsi que celle d'un même projet ou action qui peuvent être modifiés par décision de l'ordonnateur intéressé ou de son sous-ordonnateur

c. Les crédits globaux : Ils correspondent à une masse de crédits qui ne peut être affectée à aucun service au moment du vote de la loi des finances. C'est le cas du chapitre des dépenses imprévues et des dotations provisionnelles. Ces crédits sont destinés à faire face à des dépenses accidentelles ou indéterminées, au moment du vote (charges communes). Les prélevements sur ce chapitre peuvent être opérés au cours de l'année par décret sur proposition du ministre chargé des Finances[709].

II. Principes d'execution du budget

Il faut distinguer entre deux procédures d'exécution du budget : une procédure spécifique, l'éxécution des opérations de dépenses et une autre pour les recettes.

A. Les procédures d'exécution des dépenses publiques

Le processus d'exécution des dépenses publiques comporte quatre (4) phases successives dont les trois premières phases relèvent de l'ordre administratif et la dernière phase relève de l'ordre comptable.

1. Les phases administratives

Ces phases relèvent de la responsabilité exclusive de l'ordonnateur.

a. L'engagement

C'est un fait matériel qui nécessite[710] :

- l'existence d'une autorité compétente et une décision administrative génératrice de dettes ;
- une forme d'engagement (avis préalable) ;
- un délai d'engagement.

---

[708] Art. 23 du décret n° 2-15-426 du 15 juillet 2015 relatif à l'élaboration et à l'exécution des lois de finances.

[709] Art. 15 du décret n° 2-15-426 du 15 juillet 2015, *op. cit.*

[710] J. Magnet (1981), Eléments de comptabilité publique, LGDJ, Paris, p. 76.

Aux termes de l'article 33 du décret royal du 21/04/1967, l'engagement est « l'acte par lequel l'organisme public crée ou constate une obligation de nature à entraîner une charge ». Exemple : Nomination d'un fonctionnaire, contrat de marché. A ce titre, l'ordonnateur doit respecter dans cet engagement les règles de la comptabilité publique (autorisation, contrôle, règlement...).

b. La liquidation

Elle a pour objet de vérifier la réalité de la dette et d'arrêter le montant de la dépense, au vu des titres établissant les droits acquis des créanciers. L'objet de la liquidation, contrairement à l'engagement, est d'ordre purement financier permettant d'évaluer le montant final des dépenses occasionnées par la décision de l'ordonnateur. Elle est soumise à une série de conditions (compétence de l'autorité chargée de la liquidation, forme de liquidation, délai de liquidation).

c. L'ordonnancement

Il est l'acte administratif donnant, conformément aux résultats de la liquidation, l'ordre de payer la dette de l'organisme public. Cet acte incombe à l'ordonnateur. Il nécessite l'accomplissement de certaines conditions formelles (compétence d'ordonnancer, forme de l'ordonnance, délai d'ordonnancement).

d. La phase comptable : le paiement

les ordonnances et mandats émis par les ordonnateurs sont adressés par eux aux comptables qui sont seuls chargés du paiement. Le paiement est l'acte par lequel l'organisme public se libère de sa dette. Le paiement relève de la responsabilité exclusive du comptable. Le comptable va contrôler l'ordonnateur en vertu de l'article 11 du DR du 21/04/1967, lorsque le comptable reçoit de l'ordonnateur une ordonnance ou un mandat de paiement il doit avant exécution, en contrôler la régularité comptable et juridique.

Ce contrôle porte sur :

- la qualité de l'ordonnateur ou de son délégué ;
- la disponibilité des crédits ;
- l'exacte imputation des dépenses aux chapitres qu'elles concernent
- la justification du service fait[711] ;
- l'exactitude des calculs de liquidation ;
- l'intervention préalable des contrôles réglementaires et la production des justifications ;
- le respect des règles de prescription et de déchéance[712] ;

[711] Supprimé en vertu de la loi des finances 2005.

[712] Supprimé en vertu de la loi des finances de 2005.

- le caractère libératoire du règlement.

Si le comptable constate, lors de ses contrôles, une irrégularité sur l'un des points énumérés, il est obligé de refuser d'effectuer le paiement. Dans le cas contraire, sa responsabilité serait mise en jeu. En vertu de l'article 91 si malgré cette déclaration (de suspension), l'ordonnateur requiert qu'il soit passé outre, par écrit et sous sa responsabilité, le comptable dont la responsabilité se trouve alors dégagée, procède au visa pour paiement et annexe, à l'ordonnance ou au mandat, copie de sa déclaration et l'ordre de réquisition. Pratiquement l'acte de paiement est effectué soit par les comptables eux mêmes, soit par leurs subordonnés ou leurs correspondants.

Ils sont tous tenu de vérifier un ensemble de contrôle formel :

- la reconnaissance de la régularité des dépenses (bonnes à payer, vérification l'opposition au paiement, compensation) ;
- modes de paiement (caractère obligatoire du règlement par virement) ;
- délai de paiement,trop-payés.

Notons qu'une série de modifications ont été apportées au régime de responsabilité des comptables publics, en vertu de la loi des finances 2005. Ainsi avec la "suppression du contrôle de la justification du service fait, du respect des règles de prescription et de déchéance, le jugement des comptes (par les juridictions financières), note le rapport de la cour des comptes, devient une pure formalité"[713].

B. Le processus de l'exécution des recettes publiques

La procédure générale d'exécution des recettes publiques comporte trois (3) opérations successives[714] :

- émissions des titres de recettes (autorités compétentes et formes de l'établissement pour les recettes) ;
- mise en recouvrement (autorités compétentes, formes d' émission, forces exécutoires, réduction et annulation des ordres de recettes) ;
- recouvrement : Il se manifeste par la prise en charge des titres, contrôle des recettes, voies de recouvrement, privilèges et hypothèques, compensation, modes de règlement, trop-perçus).

Les deux premières opérations sont attribuées aux ordonnateurs ; la dernière est consacrée exclusivement aux comptables.

1. Émission des titres de recettes

La mission des ordonnateurs est de constater et de liquider les recettes :

[713] Rapport de la cour des comptes 2007.

[714] J. Magnet (1981), Eléments de comptabilité publique, p. 54-60.

- *La constatation des droits* : elle consiste à s'assurer de la réalité des faits générateurs de créances publiques.
- *La liquidation des droits* : Elle consiste à arrêter le montant des créances publiques par rapport aux barèmes édictés par la loi fiscale.

2. Mise en recouvrement

En comptabilité publique les créances constatées et liquidées font l'objet d'ordre de recettes émis par l'administration elle même. C'est une manifestation de son privilège d'action. Les ordres de recettes revêtent des formes diverses suivant la nature des créances :

- les impôts directs : Ils font l'objet de rôles nominatifs, titres collectifs qui comportent la liste des contribuables et l'indication de la dette fiscale de chacun d'eux ;
- *les impôts indirects et taxes assimilées* font l'objet d'avis de mise en recouvrement et d'ordre de recettes ;
- les comptables publics peuvent être l'objet d'arrêtés de débet ;
- certaines créances publiques font l'objet d'ordres de versement ou de reversement, d'autres sont recouvrées, en vertu des arrêts de jugement (amende, condamnation pécuniaire).

3. Recouvrement

Les ordres de recettes émis par les ordonnateurs sont adressés par eux aux comptables qui sont chargés de les recouvrer. Les comptables qui prennent en charge les recettes doivent assurer :

- Le contrôle de l'autorisation de percevoir les recettes ;
- Le contrôle de la régularité des réductions et annulations.

Les comptables doivent faire, sous leur responsabilité, toutes les diligences nécessaires pour que les créances publiques qu'ils ont prises en charge soient acquittées par les débiteurs (recouvrement à l'amiable, ou forcé, privilèges et hypothèques).

III. Fonctions et responsabilites des ordonnateurs, des comptables et des controleurs

L'exécution des opérations financières est confiée à deux ordres d'acteurs distincts et séparés ; les ordonnateurs et les comptables. Le principe de la séparation des ordonnateurs et des comptables est fort ancien. L'article 4 du décret royal du 21 avril 1967 dispose « Les fonctions d'ordonnateur et de comptable sont incompatibles ».

Le principe de séparation des ordonnateurs et comptables répond à un double objectif : séparation de tâche et contrôle. Cette dichotomie se justifie, d'une part, par la volonté d'éviter les malversations et fraudes et d'autre part, par le souci de séparer les tâches par natures différentes. Cette séparation permet d'obtenir une meilleure garantie de compétence du fait, de la distinction des fonctions d'ordonnateurs et de comptables. Si ce principe connaît un champ d'application très vaste, dans certaines hypothèses, il se trouve écarté, cas des dépenses présentant un caractère mécanique (traitement des fonctionnaires, dépenses et factures sans ordonnancement, exemple : électricité, téléphone). Dans cette section nous essayerons de déterminer les fonctions respectives des ordonnateurs et des comptables, avant de préciser les responsabilités des ordonnateurs, des comptables et des contrôleurs.

A. Définition, fonctions et missions des ordonnateurs

Nous définissons les ordonnateurs, leur fonction et leur organisation.

1. Définition des ordonnateurs

Les ordonnateurs sont essentiellement des administrateurs actifs. Ils sont préposés à la direction des différents services et organismes publics et leurs attributions financières ne sont que le complément de leurs attributions administratives. Le décret royal du 21/04/1967 portant règlement de la comptabilité publique détermine la qualité de l'ordonnateur en précisant dans son article 3 « est ordonnateur public de recettes et de dépenses, toute personne ayant qualité au nom d'un organisme public pour engager, constater, liquider ou ordonner, soit le recouvrement d'une créance, soit le paiement d'une dette ».

2. Catégories d'ordonnateurs

Il faut distinguer les ordonnateurs de l'État et ceux des collectivités territoriales. Les articles 64 et 65 du décret royal du 21 avril 1967 énumèrent les différentes catégories d'ordonnateurs de l'État.

a. Les ordonnateurs de droit : Les ministres sont les ordonnateurs des recettes et des dépenses de leur département, ainsi que des budgets annexes et des comptes spéciaux qui leur sont rattachés. Exemple : les ministres en tant que représentants de l'État sont compétents pour administrer des biens, passer des marchés, liquider les dettes et les créances. Il est possible d'instituer des ordonnateurs lorsque les nécessités de service le justifient.

b. Les ordonnateurs délégués : Les ordonnateurs peuvent déléguer leurs signatures en vertu de l'article 2 du dahir du 10/04/1957 par voie d'arrêté établi en trois originaux dont deux sont destinés à l'information du ministère des Finances (Trésor, CED). Ces originaux doivent comporter le spécimen de la signature du délégataire. Les ordonnateurs délégués qui sont investis d'une simple délégation de signature, remplacent les ordonnateurs principaux ou secondaires, en cas d'absence ou d'empêchement.

c. Les sous-ordonnateurs : Le sous-ordonnateur, est une autorité déconcentrée qui est chargée de réaliser certaines opérations financières sur le plan local dans le cadre géographique et institutionnel de ses pouvoirs. A ce titre, le DR (art. 64) permet aux ordonnateurs placés à l'échelon central (les ministres) de nommer des sous-ordonnateurs auxquels ils délèguent leur pouvoir dans les limites budgétaires et territoriales qu'ils précisent.

L'article 64 énonce que les sous-ordonnateurs agissent sous la responsabilité et le contrôle des ordonnateurs qui les constituent.

d. Les ordonnateurs des collectivités territoriales :

- le Président du conseil communal (commune) ;
- le gouverneur (le wali, préfecture et province, région).

3. Organisation des postes comptables et des fonctions

En l'occurrence, il s'agit de définir les comptables patents et de fait, d'avancer la classification et l'organisation des services comptables, avant de traiter les éléments de réforme.

a. Définition des comptables publics

Selon l'article 41 de la loi n° 62-99 formant code des juridictions financières « est comptable de fait toute personne qui effectue sans y être habilité par l'autorité compétente, des opérations de recettes, de dépenses, de détentions et de maniements de fonds ou de valeurs appartenant à l'un des organismes publics soumis aux contrôles de la Cour, ou qui, sans avoir la qualité de comptable public, procède à des opérations portant sur des fonds ou valeurs n'appartenant pas aux dits organismes, mais que les comptables publics sont exclusivement chargés d'exécution en vertu des lois et règlements en vigueur ».

b. Classification et organisation des services comptables

L'exécution des recettes et des dépenses publiques nécessite l'implantation des comptables sur tous les points du territoire national et même à l'étranger. Les comptables publics assurent la direction et la responsabilité des postes comptables. Ils sont classés en plusieurs catégories correspondant à des spécialisations dans différentes natures d'opérations financières. On distingue à ce titre :

Les comptables directs du Trésor

Le Trésorier Général du Royaume (TGR)

Depuis la création du service en 1916 et à l'instar du modèle français, le Trésorier Général, est à la tête de la hiérarchie du Trésor. A ce titre, il commande et dirige tous les services placés sous ses ordres. L'article 66 du DR du 21/04/1967 lui reconnaît expressément la qualité de comptable supérieur du Royaume.

Il est donc le comptable principal du budget de l'État, des budgets annexes et des comptes spéciaux. C'est-à-dire il est chargé de centraliser toutes les opérations résultant de l'exécution des lois de finance et de présenter son compte de gestion au juge des comptes. Ce compte additionne toutes les écritures propres au T.G. et celles des receveurs des finances, le résultat ainsi obtenu permet de faire fonctionner le compte général du Royaume qui servira de base à l'élaboration du projet de loi de règlement qui permettra au parlement de s'assurer de la bonne exécution de la loi des finances qu'il a votée.

Les receveurs des finances

Géographiquement déconcentrés (installés dans toutes les provinces et les préfectures du Royaume) ces services comptables permettent de remplir trois fonctions essentielles :

a. Ils sont comptables subordonnés, vis-à-vis du TGR (soumis à son pouvoir hiérarchique, leurs opérations sont centralisées par le T.G.R).

b. Ils sont comptables assignataires des opérations relatives aux crédits délégués aux sous ordonnateurs. A ce titre, tout en demeurant des subordonnés directs du Trésor, ils agissent pour leur compte et sous leur responsabilité, car leur gestion est soumise au juge des comptes.

c. Ils sont comptables centralisateurs, les receveurs des finances jouissent, depuis le 01/01/1968, d'une autorité comptable sur tous les comptables publics de leur circonscription (percepteurs, receveurs de la douane, receveurs de l'enregistrement). A cet effet, ils centralisent les opérations de tous les comptables qui leurs sont rattachés. Ils centralisent également les recettes et les dépenses dont ils sont comptables assignataires en vue de les imputer définitivement dans leurs écritures.

Les percepteurs

Rattachés à la hiérarchie du Trésor depuis 1964, les percepteurs dépendent du receveur des finances de la circonscription. En matière de dépenses publiques ils sont chargés du paiement de toutes les dépenses visées payables sur leur caisse.

Mais c'est en matière des recettes qu'ils ont un rôle très important pour qu'ils recouvrent pour le compte du TGR :

– tous les impôts directs du budget général de l'État ;

- des taxes et droits divers (amendes et condamnations pécuniaires, ordres de recettes, etc.).

En effet, les percepteurs sont essentiellement des comptables secondaires (ou subordonnés) en ce qui concerne toutes les opérations qu'ils effectuent pour le compte du receveur des finances. Les percepteurs peuvent avoir également la qualité de comptables principaux des collectivités locales ou de certains établissements publics. Dans ce cas ils produisent un compte de gestion au juge des comptes. Il faut préciser qu'en date du 04/10/1982 les percepteurs ont été érigés en comptables principaux.

Agents comptables des chancelleries diplomatiques et consulaires

Les fonctions de l'agent comptable ont été créées par le DR du 18/03/1966. Cet agent effectuait pour le compte du TGR des opérations de recettes et de dépenses publiques à l'étranger. Il a à sa disposition des agents comptables des chancelleries diplomatiques et consulaires implantés à l'étranger. Cependant, à partir du 04/10/1982 et par décision du ministre des Finances les agents comptables des chancelleries diplomatiques et consulaires ont été érigés en comptables principaux. Dans ce cas ils sont tenus de produire leur compte de gestion à la cour des comptes.

Les autres comptables spéciaux

Il s'agit généralement des comptables de recettes qui sont :

- les receveurs des douanes et impôts indirects ;
- les receveurs comptables de l'enregistrement et du timbre ;
- les conservateurs de la propriété foncière ;
- les receveurs des postes et télécommunications ;
- les secrétaires greffiers de tribunaux.

Tous ces comptables sont érigés en comptables principaux depuis la décision du ministre des Finances du 04/10/1982. A ce titre, ils rendent leurs comptes au juge des comptes.

Comptables patents et comptables de fait

1. Comptables patents ou publics : ce sont des fonctionnaires qui ont un titre légal (décision de nomination) au maniement. Les actes de maniement sont : les fonds et des valeurs, la conservation de fonds et pièces, et la tenue d'un compte de gestion.

2. Comptables de fait : Ce sont les personnes qui effectuent des opérations de recettes et de dépenses (détentions, maniements) mais qui n'ont pas la qualité et le titre pour effectuer ces actes. L'article 41 de la loi sur les juridictions financières définit le comptable de fait par toute personne qui effectue des opérations de recettes, de dépenses, de détention et de

maniement de fonds ou de valeurs appartenant à un organisme public sans avoir la qualité de comptable public ».

Bref, il existe actuellement selon les nouvelles appellations : 52 Trésoreries régionales, préfectorales et provinciales, 90 perceptions, 125 recettes-perceptions, 55 recettes communales et 4 recettes de régions.

Les régisseurs

Ils sont chargés de l'exécution de certaines dépenses et recettes des organismes publics qui ne peuvent être soumises aux formalités d'engagement, de liquidation, d'ordonnancement et de paiement (dépense de faible importance) ou pour faciliter l'encaissement de certains produits (régies de recettes). Les régisseurs sont des comptables publics dont les opérations sont incluses dans les écritures de leurs comptables assignataires.

Il faut faire une distinction entre les régisseurs de dépenses et les régisseurs de recettes.

Les régisseurs de dépenses

La régie de dépense est l'une des procédures traditionnelles de la dépense publique. Elle permet au moyen de fonds mis à la disposition des régisseurs, le règlement de dépenses qui en raison de leur nature, de leur faible importance, de leur caractère imprévisible ne peuvent être soumises aux formalités d'engagement, de liquidation, d'ordonnancement et de paiement. En fait, la régie offre la possibilité de faire simplement et rapidement des dépenses qu'imposent les nécessités de service, et dont l'urgence est incontestable. Toutefois, l'instruction générale du ministère des Finances du 26 mars 1969 a fixé les cas où le paiement des dépenses par voie de régie est admis.

Il s'agit des :

– Dépenses du personnel : Elles concernent les salaires ou indemnités horaires payés à l'exécution des travaux non permanents (indemnités de déplacement, frais de mission l'étranger, etc.). A ce titre, et compte tenu de l'accroissement excessif des frais de déplacement fictifs payés aux fonctionnaires de l'État et qui sont considérés comme des “compléments de salaire” donc ils deviennent, en fait, des indemnités acquises permettant d'assurer le fonctionnement normal des services et considérant l'incohérence des primes servies dans certains départements ministériels (Finances) et dans le cadre de la rationalisation des dépenses de fonctionnement et en application de la Lettre Circulaire du Premier ministre n° 12/2000 du 20 août 2000 relative à la préparation du projet de loi de finances pour 2001, les frais de déplacement sont imputés sur le budget de fonctionnement depuis l'année budgétaire 2002. Or, en vertu de l'article 15 de la LOLF, seules les dépenses du personnel non titulaire sont inclues dans

les dépenses d'investissement, à la condition qu'elles ne concernent que les agents affectés à leur exécution en régie.
- Dépenses du matériel : Il s'agit des frais de faible importance, dont l'acquisition ne peut être faite que sur place. Exemples : frais postaux et d'affranchissement, entretien des locaux administratifs et du matériel.
- Avances autorisées par les autorisations réglementaires : exemples : Avances pour les pèlerinages à la Mecque ou sur la fête de l'Aïd Al Kébir ou pour frais de déplacements et de tournées.

La régie est une institution permanente du service. Elle est créée par un arrêté conjoint du ministre intéressé et du ministre des Finances. L'instruction générale du ministère des Finances a défini clairement les conditions de création, le fonctionnement (blocage des crédits nécessaires au paiement par régie, demande d'autorisation de paiement, approvisionnement de la caisse, plafond de l'encaisse, reçus livres, quittances, justifications, etc.) et le contrôle de la régie des dépenses).

De surcroît, la décision du ministre des Finances a présenté la nouvelle nomenclature des pièces justificatives des recettes et des dépenses de l'État (y compris la régie des dépenses et de recettes).

Les régisseurs de recettes

Les recettes effectuées pour le compte de l'État ne peuvent être perçues que conformément aux dispositions du DR du 21 avril 1967.

Pour faciliter les opérations d'encaissement de certains produits, soit peut être institué des régies de recettes. A ce titre, tout encaissement, quel qu'en soit le montant, la nature et la forme, donne lieu à la délivrance d'une quittance extraite d'un journal à souche ou quittancier. Le montant total des recettes encaissées par voie de régie doit être versé dans les caisses du Trésor. La régie de recette est créée par un arrêté conjoint du ministre concerné et du ministre des Finances. L'instruction générale du ministère des Finances du 26/3/1969 a défini les modalités de fonctionnement et de contrôle des régies de recettes (perception des recettes, approvisionnement en quittanciers, tenue des quittanciers, versement au trésor, comptabilité, contrôle et responsabilité des régisseurs, etc.).

B. Eléments de réforme de l'organisation financière et comptable du Royaume

Depuis l'année 1998 (marquée notamment par la réforme de la loi organique des finances et du décret des marchés publics) en passant par la promulgation de la loi n° 61-69 relative à la responsabilité des ordonnateurs, des contrôleurs et des comptables publics[715] et celle relative au code des juridictions financières[716], une série de réformes ont été introduites dans l'organisation comptable et financière du Royaume.

On peut avancer notamment :

- le rattachement du contrôle des engagements de dépenses de l'État à la Trésorerie générale du Royaume et au transfert des compétences du Contrôleur général des engagements de dépense de l'État au Trésorier général du Royaume[717] ;
- la gestion intégrée de la dépense (projet GID-2005-2011) ;
- l'organisation des départements ministérielle et de la déconcentration administrative[718] ;
- la création des Trésoreries ministérielles et interministérielles à partir du 1er janvier 2007[719].

1. Création des Trésoreries ministérielles et interministérielles

Les Trésoreries ministérielles et interministérielles (TM) créés par la décision du ministre des finances et de la privatisation sont des trésoreries qui relèvent directement de la Trésorerie générale et sont placées auprès des départements ministériels[720]. Elles sont chargées :

- du contrôle de l'exécution des opérations de recettes, de dépenses et de trésorerie qui leur sont confiées ;
- de la tenue de la comptabilité et de l'élaboration des situations de gestion relatives aux opérations de l'État ;
- de toute attribution qui leurs sont confiées par des textes particuliers ou des conventions. Les TM comprennent les services suivants :
- le service de contrôle des dépenses des biens et services ;
- le service de contrôle des dépenses de personnel ;
- le service de règlement, des recettes et de la comptabilité.

2. Nouvelles responsabilités des Trésoreries ministérielles

Les responsabilités des TM à la lumière de la réforme sont multiples :

- tenue de la comptabilité des organismes publics ;
- gestion des crédits budgétaires ;
- tenue de la comptabilité des engagements ;
- production du compte de gestion à la cour des comptes.

---

715 Dahir n° 1-02-25 du 3 avril 2002.

716 Dahir du 13 juin 2002 portant promulgation de la loi n° 62-99 formant code des juridictions financières.

717 Décret n° 2-06-52 du 13 février 2006.

718 Décret n° 2-05-1369 du 2 décembre 2005.

719 Décision du ministre des Finances et de la Privatisation, n° 4-07/TGR.

720 Décision n° 4-07-TGR du 14 février 2007.

a. Tenue de la comptabilité des services de l'État et des tiers

Les TM doivent tenir une comptabilité à partie double pour retracer toutes les opérations qu'ils exécutent ou centralisent, ainsi que tous les mouvements des comptes de disponibilités dont elles ordonnent ou surveillent les mouvements. En qualité de comptables principaux, les Trésoriers ministériels sont responsables des opérations de recettes et de dépenses exécutées pour le compte des services de l'État ou des tiers. Ils doivent produire leurs comptes de gestion à la cour des comptes.

La nomenclature comptable comprend les comptes suivants :

10-01 : compte courant du Trésor à Bank Al-Maghrib ; 10-04 : numéraire ;

20-00 ou 21-00 : budget général de l'État-Recettes ; 20-01 ou 21-01 : budget général de l'État-Dépenses ; 20-40 : recettes de SEGMA ;

20-41 : dépenses des SEGMA ;

22-02A : Recettes et dépenses sur impôts directs à imputer ; Comptes spéciaux du Trésor dont le TM est comptable assignataire ;

71-00 : fonds réservés pour le paiement des dépenses ordonnancées ; 71-02 : retenues en vertu d'oppositions juridiques ;

71-04 : restes à payer sur règlements par virements ; 71-24 : règlements des virements et retenues ; 80-00 : recettes à classer ou à imputer ;

81-14 : dépenses à régulariser ;

82-09 : règlements avec les régisseurs rattachés ;

82-14 : compte courant postal ;

82-10 : compte de règlements avec les autres comptables-Recettes ; 82-11 : compte de règlement avec les autres comptables-Dépenses ;

82-00 : compte avec la Division de la centralisation financière et comptable (TGR) ;

80-31 : recettes transférées à la division de la centralisation financière et comptable (TGR) ;

81-31 : dépenses transférées à la division de la centralisation financière et comptable (TGR).

Il faut préciser que le Trésorier auprès du ministère des Finances assurera en plus des comptes désignés ci-dessus, la tenue des comptes de dettes et des comptes de trésorerie dont le ministère des Finances est ordonnateur, ainsi que les comptes valeurs relatifs aux mouvements des valeurs dont il assurera la gestion.

D'une manière générale le Trésorier ministériel détient les registres suivants :

- le journal général ;
- le grand livre ;
- le registre centralisateur.

b. Gestion des crédits budgétaires

Le TM est tenu également d'assurer la gestion budgétaire des crédits ouverts par la loi des finances du département auprès duquel il est placé (budget général, SEGMA,et comptes spéciaux du Trésor) et le suivi des mouvements de ces crédits (délégations de crédits, notifications de recettes, virements, réductions, rétablissements et reports de crédit). Il doit en outre assurer les mêmes attributions dévolues au Trésorier principal en matière de visa des documents et situations périodiques, ainsi que des états de report.

c. Tenue de la comptabilité des engagements

Le TM assurera également la tenue de la comptabilité des engagements des dépenses (personnel, biens et services) et ce dans les conditions fixées par les dispositions du décret du 30 décembre 1975 relatif au contrôle des engagements de dépenses de l'État tel qu' il est modifié et complété.

Quant au Trésorier des Chancelleries diplomatiques et consulaires placé au prés du ministère des Affaires étrangères et de la Coopération il assurera en plus des attributions des TM fixées en application de la décision du ministère des Finances et de la Privatisation[721], celles fixées en vertu de l'article 14 du décret n° 2-01-1448 du 4 juin 2002 portant transformation de l'agence comptable centrale des chancelleries diplomatiques et consulaires en trésorerie des chancelleries diplomatiques et consulaires.

d. Production du compte de gestion à la Cour des comptes

Le TM en sa qualité de comptable principal est tenu de rendre compte da sa gestion, à la cour des comptes, sous couvert de la Trésorerie générale du Royaume, et ce selon les conditions et les règlements en vigueur. Par ailleurs, il convient de préciser que suite à l' l'abandon de la tenue manuelle des journaux livres et registres comptables[722], les TM sont appelés à tenir les registres édités à partir des applications informatiques en exploitation ; lesquels doivent être numérotés, datés et signés dés l'établissement par les moyens offrant toute garantie de preuve [723].

Tableau n° 33
Nouvelle architecture des réseaux des comptables publics

Comptable supérieur du Royaume		1
Comptables relevant de la TGR	Trésorier principal	1
	Payeur principal des rémunérations	1
	Trésoreries ministérielles	2
	Agent bancaire central	1
	Agent comptable de la Cour des comptes	1

[721] N° 4-07, TGR du 14-02-07.
[722] Note de service n° 6-06, TGR du 13 janvier 2006.
[723] Instruction de la tenue de la comptabilité des Trésoreries ministérielles, DCPC-DCFC, n° 12 du 13 avril 2007.

	Agent comptable auprès du Parlement	1
	Trésoriers provinciaux et préfectoraux	5
Comptables rattachés	Percepteurs, receveurs et trésoriers communaux	2
	Receveurs de l'Administration fiscale	7
	Receveurs de l'Administration des douanes et impôts indirects	3
	Secrétaires-greffiers	5

Source : TGR.

Tableau n° 34
Production des comptes dans le cadre du contrôle juridictionnel opéré par les juridictions financières en 2007

Poste comptable	Comptes	Comptes
Trésorerie principale	2	3
Paierie principale des rémunérations	3	3
Trésorerie des chancelleries diplomatiques et consulaires	1	3
Trésoreries régionales, préfectorales et provinciales	4	3
Perceptions, recettes municipales et trésoreries communales	28	575
Recettes de l'enregistrement et du timbre	5	298
Recettes des douanes et impôts indirects	18	128
Recettes des conservations foncières		168
Agences comptables des chancelleries diplomatiques et consulaires (ACCDC)	5	267
SEGMA	–	389
Régions	–	25
Préfectures et provinces	1	128
Communautés urbaines	–	18
Communes urbaines	1	265
Syndicats de communes	–	183
Trésorerie payeurs des établissements publics	27	769
Total	987	3 224

Source : Rapport annuel de la Cour des comptes, 2007, p. 290.

C. Les responsabilités des ordonnateurs à la lumière de la réforme

La gestion des finances publiques nécessite une grande rigueur de la part de tous les intervenants en vue d'assurer le bon emploi des fonds publics. L'exercice des fonctions qui en découlent doit nécessairement être assorti d'un régime de responsabilité. Or, force est de constater que la législation actuelle ne répond pas à cette exigence. En effet, seul le régime de responsabilité des comptables publics a été défini par le dahir du 2 avril 1955. Or, bien que le décret royal du 21 avril 1967 dispose dans son article 7 que « les ordonnateurs encourent à raison de l'exercice de leurs fonctions les responsabilités prévues par les lois et règlements en vigueur », le régime de responsabilité des ordonnateurs n'a toujours pas été défini. Il en est même de la responsabilité des contrôleurs des engagements de dépenses et des contrôleurs financiers, conclut la note de présentation du projet de loi n° 61-

99 relative à la responsabilité des ordonnateurs, des contrôleurs et des comptables publics élaborée par le ministère des Finances.

1. Vers un nouveau cadre juridique définissant clairement les responsabilités des ordonnateurs (la loi n° 61-99 du 3 avril 2002)

Ce nouveau cadre consiste à :

- instituer un cadre juridique définissant clairement les responsabilités respectives des ordonnateurs, des contrôleurs et des comptables publics ;
- déterminer les droits des ordonnateurs et des comptables publics lorsque leur responsabilité est mise en cause, en leur offrant notamment la possibilité d'en atténuer les effets (décharge et remise gracieuse), chaque fois que cela est justifié.

En vertu de l'article 3 de la loi, chaque ordonnateur contrôleur ou comptable public est responsable des actes qu'il a pris et exécuté depuis la date de sa nomination jusqu'à celle de cessation de ses fonctions.

S'agissant des ordonnateurs (ordonnateurs de droit, l'ordonnateur désigné, l'ordonnateur délégué, le sous-ordonnateur et leurs suppléants) ils sont personnellement responsables du/des :

- respect des règles d'engagement, de liquidation et d'ordonnancement des dépenses publiques ;
- respect de la réglementation relative aux marchés publics ;
- respect de la législation et de la réglementation relative à la gestion du personnel ;
- ordres de réquisition dont ils ont fait usage en matière de paiement des dépenses publiques, en vertu de la réglementation en vigueur ;
- respect des règles relatives à la constatation, à la liquidation et à l'ordonnancement des créances publiques ;
- recouvrement des créances publiques dont ils ont éventuellement la charge, en vertu de la législation en vigueur ;
- respect des règles de gestion du patrimoine de l'organisme public dont ils sont ordonnateurs.

Toutefois, les dispositions du présent article ne s'appliquent pas en matière de discipline budgétaire et financière aux :

- membres du gouvernement, lorsqu'ils agissent es-qualité ;
- membres de la Chambre des représentants et de la Chambre des conseillers, sauf levée de leur immunité parlementaire.

2. Les aspects de la responsabilité des ordonnateurs

a. La tenue de la comptabilité administrative

Recettes:

- Constatation ;
- Liquidation.

Dépenses :

- Engagement ;
- Liquidation ;
- Ordonnancement.

b. Sanction disciplinaire : art. 7-DR 21/4/1967

c. Responsabilité pénale

- Haute-Cour pour les membres du gouvernement : art. 88-92 de la constitution.

d. Responsabilité financière devant les juridictions financières : loi n° 62-99

e. De la décharge des responsabilités

L'ordonnateur condamné au remboursement peut à sa demande être déchargé de sa responsabilité, en cas de force majeure, à la condition, toutefois que l'acte ayant été à l'origine de la décision de remboursement ne lui ait pas procuré un avantage personnel.

Cette demande peut, le cas échéant être présentée par leurs ayants droits (art. 9).

La demande en décharge de responsabilité est instruite par le ministère concerné ou l'autorité de tutelle de l'organisme public intéressé et transmise au Premier ministre.

Pour les collectivités territoriales, leurs groupements et les établissements et entreprises publics soumis au contrôle financier de l'État, la demande en décharge de responsabilité doit avoir recueilli, au préalable l'avis favorable de l'organe délibérant. La décharge de responsabilité accordée par le Premier ministre libère totalement ou partiellement le dit ordonnateur, au regard du remboursement mis à sa charge et lui permet d'obtenir, s'il y a lieu, la restitution des sommes déjà versées en atténuation du dit montant. Il est prévu qu'une ampliation de la dite décision est notifiée, dans les 30 jours, à la juridiction financière compétente.

3. De la remise gracieuse

L'ordonnateur condamné au remboursement peut demander la remise gracieuse des sommes mises ou demeurées à sa charge. Pour bénéficier de la remise gracieuse le demandeur doit justifier sa requête par des circonstances tenant à sa situation financière et patrimoniale, à la condition, toutefois, que l'acte ayant été à l'origine de la décision de remboursement ne lui ait pas procuré un avantage personnel et qu'il n'ait pas organisé son insolvabilité, au sens de l'article 84 de la loi n° 15-97 formant code de recouvrement des créances publiques.

D. Statut, fonctions et responsabilités des comptables

1. Statut des comptables publics

- Nomination ;
- Prestation de serment : dahir 09/11/1942, décret 8/02/1990 ;
- Constitution de garanties : cautionnement : art. 9 de la loi n° 61-99 ;
- Installation ;
- Accréditation ;
- Responsabilité pécuniaire ;
- Responsabilité disciplinaire.

2. Fonctions des comptables

Fonctions financières

a. Prise en charge et recouvrement des ordres de recettes ;
b. Paiement des dépenses ;
c. Garde et conservation des fonds et valeurs ;
d. Maniement des fonds et mouvements des comptes ;
e. Conservation des pièces justificatives ;
f. Tenue de la comptabilité du poste comptable ;
g. Présentation d'un compte de gestion à la Cour des comptes.

3. L'étendue de la responsabilité des comptables publics

Les comptables publics de l'État, des collectivités locales et de leurs groupements sont, sauf réquisition régulièrement prise par l'ordonnateur, personnellement et pécuniairement responsables de/du :

- la conservation des fonds et valeurs dont ils ont la garde ;
- la position des comptes externes de disponibilité qu'ils surveillent ou dont ils ordonnent les mouvements ;
- l'encaissement régulier des recettes dont le recouvrement leur est confié ;
- contrôle de la validité de la dépense portant sur l'exactitude des calculs de liquidation, l'existence du visa préalable d'engagement et le caractère libératoire du règlement ;
- paiement qu'ils effectuent ;

Ils ont en outre responsabilité de la vérification de :

- la qualité de l'ordonnateur ou de son délégué ;
- la disponibilité de crédit ;
- l'exacte imputation des dépenses aux chapitres qu'elles concernent ;

- la production des pièces justificatives qu'ils sont tenus d'exiger avant le paiement de dépenses en application de la réglementation en vigueur.

Il est prévu même que les agents comptables des établissements et entreprises publics soumis au contrôle financier de l'État sont personnellement et pécuniairement responsables des contrôles prévus par la réglementation en vigueur en vue de s'assurer :

- de la présentation des pièces justificatives régulières établissant la réalité des droits du créancier ;
- du paiement au véritable créancier ;
- du visa préalable du contrôleur financier lorsque ce visa est requis ;
- du recouvrement des recettes lorsque le dit recouvrement leur est confié en vertu de la réglementation en vigueur.

Ils sont en outre tenus de s'assurer de la production d'une réquisition régulière établie par la direction de l'organisme concerné.

4. Les divers aspects des responsabilités des comptables publics

a. Responsabilité pécuniaire (art. 6 de la loi n° 61-99)

- responsabilité d'encaisseur : Dahir 2-4-1955 ;
- responsabilité de payeur : Dahir 2-4-1955 ;
- responsabilité personnelle : Intuitu personae ;
- responsabilité hiérarchique :
  - supérieurs,
  - subordonnés,
- employés ;
- mandataires.

b. Responsabilité disciplinaire

c. Contrôle de la validité de la créance (art. DR 21-04-67)

- qualité de l'ordonnateur ou de son délégué ;
- disponibilité des crédits ;
- exacte imputation des dépenses ;
- exactitude des calculs de liquidation ;
- intervention des contrôles réglementaires (CED) production des justifications ;
- caractère libératoire du règlement.

d. Contrôle des dépenses

Modes d'exécution des dépenses ;

- engagement : art. 33 du DR du 21/4/1967 ;
- liquidation : art. 34 ;
- ordonnancement : art. 35.

e. Contrôle des recettes

- modes d'exécution des recettes : art. 9-DR 21/4/67 ;
- contrôle de la mise en recouvrement des créances publiques ;
- contrôle de la régularité des réductions et annulation des ordres de recettes ;
- recouvrement :
  - diligences nécessaires :
  - notification de l'ordre de recettes ;
  - versement effectif des créances au profit des caisses publiques ;
  - recouvrement forcé.

5. La décharge de responsabilité et la remise gracieuse

Le comptable mis en débet ou déclaré débiteur peut, à sa demande, être déchargé de sa responsabilité en cas de force majeure, à la condition que l'acte ayant été à l'origine du débet ou l'ayant déclaré débiteur ne lui ait pas procuré un avantage personnel (art. 10 de la loi n° 61-99). Le comptable mis en débet ou déclaré débiteur, ainsi que le fonctionnaire ou agent placé sous son ordre ou agissant pour son compte peuvent demander la remise gracieuse des sommes mises ou demeurées à leur charge.

Pour bénéficier de la remise gracieuse, le demandeur doit justifier sa requête par des circonstances tenant à sa situation financière et patrimoniale à la condition que l'acte ayant été à l'origine de la décision de remboursement ne lui ait pas procuré un avantage personnel et qu'il n'ait pas organisé son insolvabilité au sens de l'article 84 de la loi n° 15-97 formant code de recouvrement des créances publiques.

E. L'étendue de la responsabilité des contrôleurs

1. Définition des contrôleurs

Selon l'article 2 de la loi n° 61-99 relative à la responsabilité des ordonnateurs des contrôleurs et des comptables publics, on entend par contrôleur, tout fonctionnaire ou agent chargé, en vertu de la législation et de la réglementation en vigueur :

- soit du contrôle des engagements des dépenses de l'État, d'une collectivité territoriales ou d'un groupement ;
- soit du contrôle financier de l'État exercé sur les établissements et entreprises publics.

2. Les missions et responsabilités des contrôleurs

Les missions des contrôleurs se différent d'un organisme à un autre, en vertu de l'article 54 de la loi n° 62-99 formant code des juridictions financières, les contrôleurs sont passibles des sanctions prévues en matière de discipline budgétaire et financière.

L'article 55, plus précisément, dispose que tout contrôleur des engagements de dépenses et tout contrôleur financier, ainsi que tout fonctionnaire ou agent placé sous les ordres d'un contrôleurs des engagements de dépense ou d'un contrôleur financier ou agissent pour leur compte, sont passibles des sanctions prévues (...) s'ils n'exercent pas les contrôles qu'ils sont tenus d'effectuer sur les actes d'engagement des dépenses et, le cas échéant, sur les actes relatifs aux recettes, conformément à la réglementation en vigueur, pour s'assurer de :

- la disponibilité des crédits ;
- la disponibilité des postes budgétaires ;
- le respect des règles statutaires régissant les recrutements, les nominations et les promotions de grade ;
- la conformité du projet de marché aux décisions des commissions de jugement des offres ;
- la production par l'ordonnateur du certificat administratif ou d'un rapport justifiant le recours au marché négocié ou, le cas échéant, de la décision de l'autorité supérieure compétente ;
- la qualité des personnes habilitées, en vertu de la réglementation en vigueur à l'effet de signer les propositions d'engagement de dépenses ;
- que le montant de l'engagement proposé porte sur la totalité de la dépense à laquelle l'administration ou l'organisme concerné s'oblige.

IV. Appreciation globale des amendements apportes au regime de responsabilite des comptables publics et des controleurs

Les modifications apportées par les lois de finances dans le cadre de pratique de « cavaliers budgétaires » sans coordination aucune avec les juridictions financières ont permis de vider le dispositif de contrôle supérieur, note le rapport de la Cour des comptes[724], de sa substance et de créer un déséquilibre entre le régime des responsabilités des ordonnateurs (régi par la loi) et celui des contrôleurs et des comptables publics (régis par des textes réglementaires).

Ainsi, la suppression du contrôle du justification du service fait opéré auparavant par le juge des comptes a été réduit à la vérification de

[724] Rapport annuel de la Cour des comptes au titre de l'année de 2007, p. 286.

l'exactitude des calculs de liquidation, à l'existence du visa préalable d'engagement et au caractère libératoire de paiement[725].

A. État des amendements apportés au régime de responsabilité

Les lois du 3 avril 2002 (n° 61-99 portant sur la responsabilité des ordonnateurs, des contrôleurs et des comptables publics[726] et celle du 13 juin 2002 (n° 62-99 relative aux juridictions financière[727] ont opté toutes les deux pour une vision équilibré et homogène du contrôle tout en établissant une distinction claire entre les aspects de la responsabilité des comptables publics en matière de jugement des comptes (art. 37) et ceux qui relèvent de la discipline budgétaire et financière (art. 56).

Or, les modifications introduites en vertu du décret royal du 21 avril 1967 portant règlement général de la comptabilité publique et notamment celles initiées par les lois de finances (2005) et celle de 2006 qui a porté sur la suppression de l'expression « déchéance » de la liste des éléments formant la validité de la créance, ainsi que l'expression « contrôle de régularité préalable » qui a été remplacé par « l'existence de visa préalable lorsque ce visa est requis ».

De même, la loi des finances de 2008 a apporté des modifications aux articles 37, 55 et 56 du code des juridictions financières concernant respectivement la responsabilité des comptables publics en matière de jugement des comptes et celle des contrôleurs et comptables publics en matière de discipline budgétaire et financière.

Par ces modifications introduites, le contrôle de la cour des comptes en matière de jugement des comptes publics devient une pure formalité limitée à « l'enregistrement des opérations et leur exécution sans s'assurer des conditions réglementaires de la validité de créances les concernant » conclut le rapport de la cour des comptes.

B. Portée générale des modifications apportées au régime des responsabilités

Il ressort de l'état des modifications introduites en matière de régime de responsabilité des comptables et des contrôleurs en dehors de la volonté des juridictions financières les remarques suivantes :

- le manque de coordination entre le parlement, le ministère des Finances[728] et les juridictions financières, ceci peut être expliqué par la faiblesse ou le manque d'une culture de transparence dans la société sachant précise le rapport de la cour des comptes que celle-ci « a

[725] *Ibidem*, p. 287.
[726] *B.O.* n° 500 du 2/05/2002.
[727] *B.O.* n° 5030 du 15/08/2002.
[728] Rapport de la Cour des comptes, *ibidem*, p. 288.

adressé aux autorités compétentes (Secrétariat général, ministère des Finances ses observations portant sur les différentes modifications de textes afférentes au régime de responsabilité en question, mais ces propositions n'ont pas été prises en considération ».

- les contraintes sociologiques du contrôle opéré par les juridictions financières : elles se manifestent par le rejet des pouvoirs du juge des comptes ou par le retard ou le refus catégorique de production des comptes à cette instance. A titre d'illustration, seuls 987 comptes sont produits contre 3 224 non produits en 2007. Ainsi, entre les exercices 2003 à 2007, le nombre des comptes non produits à la Cour des comptes s'élève à 2 454 (dont 474 relatifs à l'exercice 2007) soit une moyenne de 491 comptes non produits par an.
- l'indifférence des gestionnaires vis-à-vis du contrôle et faiblesse ou manque de poursuite. Selon les investigations menées par les juridictions financières la gestion des organismes publics est caractérisée par des dysfonctionnements et des irrégularités énormes qui « demeurent souvent sans sanction. Cette absence de sanction est perçue comme source d'indifférence vis-à-vis de la gestion publique »[729].

[729] *Ibidem*, p. 3.

CONCLUSION GÉNÉRALE

Vers l'institutionnalisation des études d'impact en Afrique : de la gouvernance de la cyber-sécurité à la gouvernance stratégique et démocratique de l'État

« La prospérité de l'Amérique passera par la cyber-sécurité. »
Président Barack H. Obama

« Quand on me demande ce qui m'empêche de dormir la nuit, je réponds : la cyber-menace. »
William J. Lynn III, Secrétaire adjoint à la Défense des États-Unis

L'émergence de l'approche des études d'impact comme norme de gouvernance des politiques publiques et de la responsabilisation sociétale pose l'ampleur de la problématique d'adaptation des organismes publics aux multiples et profondes mutations que connaît l'action administrative politique de l'État à l'ère de la révolution numérique[730].

Ces organismes n'ont plus seulement vocation à accompagner ces évolutions mais également à les générer. Dès lors, de nombreuses interrogations apparaissent. Comment les acteurs publics à l'échelon africain s'inscrivent-ils dans le processus de la cyber-sécurité et l'économie du savoir ? Quelles sont les nouvelles compétences et missions de l'État-stratège dans la maîtrise des risques et la protection de données publiques et individuelles ? Quelle nouvelle relation de confiance à établir et à instaurer avec les citoyens, l'entreprise et les gouvernés ?

Ce livre s'inscrit dans le prolongement d'une série de travaux de publication et d'investigation scientifiques initiés en 1982 sur la gouvernance de l'État dans les pays en développement.

Les quarante dernières années ont vu émerger un grand nombre de situations totalement inédites dont les conséquences sont considérables tant sur l'enseignement que sur la pratique de la gouvernance des finances publiques résidant notamment dans les paradoxes de la complexité

[730] Carole Chevilley-Hiver, Matthieu Houser, Anne Marceau, S/d, *les Collectivités territoriales à l'ère du numérique*, L' Harmattan, 2019.

normative de cette discipline en rapport avec la dynamique de la réforme de l'État-providence dans sa globalité : changement climatique et écologique, critique acerbe des limites de la gouvernance mondiale, échec des modèles de développement, émergence des finances islamiques et de nouveaux modèles alternatifs de financement, poids des fonds souverains, accroissement du coût mondial des conflits et des victimes en budget et en pertes humaines, catastrophes naturelles et actes terroristes, faiblesse de l'investissement des organisations internationales dans la paix, la sécurité et le développement, endettement, aggravation des inégalités et appauvrissement de la classe moyenne, internationalisation des problèmes de contrôle, de corruption, de transparence et d'intégrité[731] (phénomènes Wikileaks, Panama papers, Transparency international), ainsi que les normes et standards internationaux de bonne pratique de gouvernance), déclin du droit budgétaire et financier, développement du contrôle des agences de notation, digitalisation, cyber-sécurité, robotique et fragilités des États en matière de protection des données publiques et personnelles des citoyens.

I. Quelle gouvernance de la cyber-securite a l'ere de la nouvelle dictature de l'economie numerique ?

Les concept de gouvernance numérique, de paradoxe, de fragilité, et de responsabilité de l'État-plateforme[732] constituent, en fait, de puissants stimulants pour la réflexion pour révéler la complexité des phénomènes de protection des données et de définir le rôle de l'action publique responsable et les limites de tel ou tel concept dans la maîtrise de la problématique posée. L'objectif est d'assurer une meilleure cohérence et une formalisation savante des hypothèses d'analyse. En s'opposant à la doxa. Le paradoxe fournit des arguments concordants et des outils pédagogiques et méthodologiques de mobilisation sociétale.

En s'inspirant de la pensée politique de George Orwell (1984 et la Ferme des animaux) ou du Discours de la Servitude Volontaire de Etienne De La Boétie, Michel Onfray dégage sept thèses de la nouvelle dictature de l'économie numérique[733] :

- **Détruire la liberté** en assurant une société de surveillance perpétuelle des gens se manifestant par le règne des cinq géants (GAFAM) où « la parole, la présence, l'expression, la pensée, les idées, le déplacement sont traçables et repérables, de sorte que toutes les informations

[731] *The Dialectic of Media and Politics between the Virtual and the real : The case of wikileaks. A group of Researchers*, Center For Research & Policy Studies, Bayreuth, 2012.

[732] Harakat Mohamed, « La responsabilité sociétale de l'État-plateforme et gouvernance de la cyber-sécurité : le cas de l'Afrique », communication présentée aux Actes de la 21e Université de Printemps de l'Audit Social organisée par l'Institut International de l'Audit Social, vendredi 31 mai 2019, International Management School Geneva, Switzerland.

[733] Michel Onfray, *Théorie de la dictature*, Robert Lafont, 2019.

engrangées permettent l'instruction d'un dossier à destination du tribunal de la pensée[734]. »

- **Appauvrir la langue :** c'est l'abolition de « ce qui permet à un cerveau de se structurer » comme un organe capable de lire, d'écrire, de compter, de comprendre, de penser, de juger, de critiquer... Plus de poésie par cœur, plus de table de multiplication par cœur, plus de date par cœur en histoire ou en géographie ; suppression de l'analyse logique au profit du clavier et du clic...[735]. »
- **Abolir la vérité :** il s'agit d'enseigner l'idéologie dans les cursus, instrumentaliser la presse, propager de fausses nouvelles de la médiocrité, détruire les livres qui permettent de développer une culture ou un esprit critique et démocratique, rendant envisageable la création de nouveaux mondes (...) de nouveaux rêves, donc de futur possibles. « Voilà pour quelles raisons ils sont dangereux. »
- **Faire table rase du passé** en supprimant l'histoire ou l'instrumentaliser. « Le pédagogisme (...) permet d'effacer l'histoire chronologique au profit de l'histoire thématique anhistorique. ». « Il est impossible, souligne l'auteur, de travailler sereinement sur des sujets tels que l'Islam, le colonialisme, l'esclavagisme ou la guerre d'Algérie[736] ».
- **Effacer la nature :** « L'homme est envisagé en dehors des cycles naturels, des cycles des saisons, des cycles solaires et lunaires, des cycles cosmiques. Il est fils du béton et du bitume, enfant des villes et du ciment, produit des bibliothèques et, depuis peu, des flux numériques. En fait, la bétonisation des âmes et la bitumisation des intelligences contribuent à l'effacement de la nature qui ne se trouve plus envisagée que dans la configuration de l'écologie urbaine et de façon anthropique : selon cette vision du monde urbano-centrée[737]. »
- **Propager la haine :** Il est question de « créer un ennemi, fomenter des guerres, psychiatriser la pensée critique[738].
- **Aspirer à l'empire :** il s'agit de « formater les enfants, administrer l'opposition, gouverner avec des élites, asservir grâce au progrès, dissimiler le pouvoir[739] ».

Dans ce contexte est-il encore possible d'enseigner les sciences politiques et l'économie politique des finances publiques sans insuffler une pensée, un questionnement ou une nouvelle démarche de réflexion critique[740] ?

---

[734] *Ibidem*, p. 190.
[735] *Ibidem*, p. 198.
[736] *Ibidem*, p. 209.
[737] *Ibidem*, p. 216.
[738] *Ibidem*, p. 13.
[739] *Ibidem*.
[740] Pavie Xavier, « Le professeur du futur sera philosophe ou ne sera pas ! », *Opinion internationale*, jeudi 22 novembre 2018.

En quoi consiste un tel questionnement épistémologique et philosophique des nouvelles approches pour faire face aux enjeux de la gouvernance de l'État au XXIe siècle ?

En quoi d'autres mieux que la philosophie peut nous aider à ce projet ?

Quelle autre discipline pour penser la maîtrise des risques et l'évaluation des impacts des politiques publiques sur le vécu de la population (en termes de bonheur intérieur) et de l'émergence d'un État démocratique inventif et fort au service d'un « monde protégé » et prospère.

Au demeurant, quelle que soit la discipline que le chercheur ou le professeur traitera ou dispensera celle-ci devra porter un regard philosophique sur l'état des lieux ; considérant la complexité de la digitalisation et de l'Intelligence artificielle et ses impacts sur la population dans tous les pays du monde.

Pour ces raisons la réforme de l'État par les finances publiques revêt un aspect urgent, impérieux et stratégique pour sortir de l'impasse de l'économie des inégalités, des situations de fragilité, d'opacité et de crise. Il est question de repenser la réforme de l'État dans sa globalité multidimensionnelle et pluridisciplinaire et humaine.

L'impact devrait être opéré à travers l'examen d'une série d'hypothèses épistémologiques et méthodologiques résidant dans les éléments caractéristiques suivants :

II. Ambiguïte des finances publiques dans la conduite de la reforme de l'État

Pourquoi les finances publiques en tant qu' instrument d'intervention font-elles aujourd'hui l'objet de scepticisme et de méfiance ?

Pourquoi la gouvernance des finances publiques est accusée de n'engendrer que l'illusion et le désarroi et de se borner à une démagogie trompeuse et irresponsable, de se complaire dans des généralités sans pertinence et sans portée concrète d'impact sur le développement de la société ?

Partant de ces questions problématiques et critiques l'auteur cherche à comprendre les raisons des insuffisances de l' étude et de la pratique des finances publiques dans les pays africains et arabes en particulier. L'objectif est de mettre en exergue cette incapacité épistémologique et doctrinaire à fonder une nouvelle « science financière et humaine » au service de la consolidation d'une nouvelle culture de gouvernance démocratique et stratégique ; en termes d'économie du savoir, d'études de fragilité, d'impact, d'emploi des jeunes, de PIB, de BIB (Bonheur Intérieur Brut) BIB, de genre, de bien-être, de cyber-sécurité, de cyber-menace, de coût de gouvernance et de démocratie ...

Le but ultime est d'adopter une nouvelle approche de réforme de l'État, à la lumière des 17 objectifs de développement durable (ODD) des Nations-

Unies 2030 et de l'Agenda 2063 de l'Union Africaine, qui sera au service des priorités stratégiques des pays de la région consistant à promouvoir des valeurs de travail, de compétence, de création et d'innovation dans la société par le biais de lutte contre la médiocratie, la marginalisation des compétences et les inégalités économiques et sociales et par l'instauration d'une économie à trois zéros, selon l'expression du Prix Nobel de la Paix, M. Yunus : zéro pauvreté, zéro chômage et zéro émission carbonique.

III. NECESSITE DU PASSAGE DU PARADIGME DE RESPONSABILITE TRADITIONNELLE DE L'ÉTAT AU PARADIGME DE RESPONSABILITE SOCIETALE DE L'ÉTAT-PLATEFORME (RSEP)

Depuis une dizaine d'années, il semble acquis que les conflits militaires ne peuvent plus se concevoir sans atteinte aux systèmes d'information (l'Estonie en 2007, la Géorgie en 2008,la cyber-agression contre le programme nucléaire iranien en 2010, la crise russo-ukrainienne de 2014[741]. L'Union européenne envisage la possibilité d'appliquer, le cas échéant, la clause d'assistance mutuelle et celle de la solidarité dans ses traités (résolution du Parlement européen, 2018) en vue de déterminer juridiquement si une cyber-attaque peut être considérée comme une agression armée[742] ?

Dans une période marquée, selon l'expression de Daniel Innerarity, par l'émergence d'un « monde non protégé », d'un nouveau désordre mondial revêtant deux caractéristiques principales d'abord, le retour massif des pirates dans lequel l' humanité se trouve menacée par le fait que les États sont passés de l'ère de la post-souveraineté au paradigme de responsabilité[743]. Ensuite, la « militarisation des TIC », par le recours massif aux armes numériques, de la prédominance de « la religion des Data et du Dataïsme »[744], du pouvoir de l'Internet et de la « plateformisation »[745] résultant de la quatrième révolution technologique[746]. Le débat actuel en matière de la cyber-sécurité est double : il s'agit de prévenir les risques cyber mais également prendre davantage conscience des opportunités offertes par

---

[741] Estelle Hoorickx, « Les États, acteurs clés de la cyber-stratégie euro-atlantique », *in Revue Défense Nationale (RDN)*, n° 818, mars 2019, p. 93-98.
[742] *Ibidem*, p. 94.
[743] Daniel Innerarity, *Governance in the new global disorder*, Columbia University Press, New York, 2016.
[744] Y. N. Harari N. Harari écrit, à juste titre, « avec le nouveau changement des conditions du traitement des données au XXIe siècle, la démocratie pourrait décliner et même disparaître. Le volume et la vitesse des données allant croissant, des institutions vénérables comme les élections, les partis politiques et les parlements pourraient devenir obsolètes : non qu'elles soient contraires à l'éthique, mais parce qu' elles ne sauraient traiter les données assez efficacement ». Cf. Homo Deus, *Une brève histoire du futur*, Albin Michel, 2017, p. 402.
[745] Jacques Chevallier, « Vers l'État-plateforme ? », in *RFAD*, n° 167, 2018, p. 627-637.
[746] L. Floridi, *The fourth revolution : How the Infosphere is Reshaping Human Reality*, Oxford University Press, UK, 2014.

le numérique[747]. Pour cela la « plateformisation » consiste à adapter l'État aux défis de l'ère numérique. Mais, que peut faire cet « État-providence » quand les « Big five », c'est-à-dire les géants du web GAFAM[748], connaîtront nos goûts, nos préférences politiques, économiques et sentimentales mieux que nous, mieux que les gouvernants, les élus et les experts ?

L'UNESCO définit la gouvernance en ligne par « l'utilisation des TIC par les différents acteurs de la société dans le but d'améliorer leur accès à l'information et de renforcer leurs capacités ».

L'e-gouvernance est « l'utilisation par le secteur public des technologies de l'information et de la communication dans le but d'améliorer la fourniture d'information et de service, d'encourager la participation du citoyen au processus de décision et de rendre le gouvernement plus responsable, transparent et efficace » (UNESCO).

Pour sa part l'Institut africain de la gouvernance soutient une définition plus large en considérant l'e-gouvernance comme « un concept holistique qui définit et apprécie les répercussions que les technologies de l'information et de la communication ont sur les pratiques gouvernementales et les relations entre le gouvernement et la société dans son ensemble » ; d'où la nécessite d'un encadrement juridique et institutionnel de la gouvernance des données numériques en Afrique.

La cyber-sécurité, qui concerne la sécurité et la souveraineté numérique de chaque État-Nation peut être définie comme « l' ensemble des lois, politiques, mécanismes et dispositifs de sécurité, méthodes de gestion des risques, qui peuvent être utilisés pour protéger les personnes et les actifs informatiques matériels et immatériels (connectés directement ou indirectement à un réseau) »[749]. À juste titre, l'amiral Emmanuel Desclèves s'interroge : « Qui peut le croire un instant, quand après avoir fait par exemple l'acquisition de tel objet via une plate-forme en ligne, on se trouve très rapidement sollicité pour d'autres achats de même nature ? C'est d'ailleurs ce que les spécialistes eux-mêmes appellent désormais personnalisation »[750].

En fait, personne n'échappera au choc de l'Intelligence Artificielle (IA). Or, celle-ci peut être mise au service du numérique. Ainsi, parler d'IA en Afrique est encore précoce. La majorité des pays africains travaillent aujourd'hui sur la digitalisation de leurs données avant de passer à la robotisation. La connectivité du continent a connu un développement exponentiel, depuis 2015, avec un taux de pénétration de 28 % contre 5 % en

---

[747] *Estelle Hoorickx*, « Les États, acteurs clés de la cyber-stratégie euro-atlantique », *op. cit.*, p. 96.

[748] Initial des grandes entreprises américaines Google, Appel, Facebook, Amazon et Microsoft.

[749] https://fr.wikipedia.org/wiki/Cybers%C3%A9curit%C3%A9

[750] Emmanuel Desclèves, « À propos d'intelligence artificielle », in *RDF*, n° 807, février 2018, p. 109.

2007. Ce qui prouve l'intérêt accordé par l'Afrique aux nouvelles TIC[751] considérant la place essentielle qu'elles occupent en tant que fer de lance du développement économique et social qui ne saurait manquer d'influer sur la responsabilité sociétale de l'État, dans le cadre de la nouvelle révolution numérique marquée par la « digitalisation » et la « plateformisation » des infrastructures et des données publiques.

En matière de gouvernance et de maîtrise des insécurités et des risques, il est question aujourd'hui de réinventer de nouvelles missions de l'État dans l'édification d'un nouveau modèle de gouvernance de développement.

Les paradigmes de RSEP connaissent une structuration progressive suite à la diversité des acteurs de la cyber-sécurité que certains auteurs appellent la base industrielle et technologique de cyber-sécurité (BITC)[752]. Le développement d'une capacité nationale et régionale est tributaire de la mise en place d'une industrie nationale de défense qui s'appuie sur une appropriation des savoirs-faire industriels des logiciels de l'informatique des réseaux, des télécommunications, et du conseil.

Dans le but est d'appréhender l'ampleur de la RSEP en matière de la protection des données en Afrique il est nécessaire de poser le problème du système de gouvernance de l'UA, dans sa globalité (acquis théoriques et empiriques) ; en termes d'acteurs et de système dans le but de saisir les aspirations africaines, les capacités les opportunités et les enjeux de la gouvernance numérique continentale et de préciser surtout le rôle de développement des capacités stratégiques et institutionnelles des acteurs africains dans le processus de la consolidation de cette dernière en qualité de vecteur et pilier de développement. A cet effet, il nous incombe de définir en premier lieu, le concept de responsabilité avant de traiter en deuxième lieu, son passage du paradigme traditionnel au nouveau paradigme de responsabilité sociétale de maîtrise des risques et des insécurités par le biais de l'implication d'une diversité d'acteurs de la cyber-sécurité.

Le concept de responsabilité sociale est apparu d'abord à la fin du 19 ^{e} et au début du 20e siècle, les hommes d'affaires américains faisant référence à l'adoption de politiques, la prise de décision et l'adoption de tendances comportementales qui répondent aux objectifs et aux valeurs souhaitables de la société. La définition de la responsabilité sociale dans les grandes entreprises libérales a ensuite, été élargie pour inclure quatre critères de base: la responsabilité économique (devoir productif et utilitaire), la responsabilité juridique (respect des actes législatifs existants dans l'exercice des activités économiques), la responsabilité morale, tout en s'appuyant sur le code de bonne pratique d'éthique et de conduite établi, et enfin, sur la responsabilité de la charité publique, qui traduit l'implication de l'entreprise dans le bien-être de la société, ainsi que le devoir de respecter les droits de l'Homme dans

---

751 Aurore Bonny, « L'Union Africaine Élabore des Stratégies de Cyberdéfense », in *CIO Mag*, n° 53, juillet-août 2018.
752 Kévin Martin, « Europe et cyber-sécurité : quelle (s) base(s) industrielle (s) ? », in *RDF*, n° 819, avril 2019, p. 107-112.

les applications liées au travail et à l'assurance et aux problèmes de l'environnement et de la lutte contre la corruption, par le biais de la diffusion des valeurs de transparence et responsabilité dans la gestion, en termes d'économie, d'efficacité et de performance.

En fait, de nombreuses études, mémoires de fin d'études, thèses, essais scientifiques et séminaires traitant de la responsabilité sociale des entreprises ont focalisé l'attention notamment sur de multiples dimensions de la RSE (création des richesses, législation appropriée protégeant les droits des travailleurs, promotion, sécurité, environnement, etc.) contribuent à accroître la performance professionnelle du personnel pour une optimisation de leur exploitation par l'entreprise libérale dont le mobile essentiel est la maximisation du profit.

À la lumière de cette accumulation de connaissances sur les entreprises et les organisations industrielles, le débat s'est étendu à la définition d'un nouveau contrat social de responsabilité sociétale des gouvernements et des actions publiques dans le but de contrer le climat d'insécurité qui règne avec la montée du populisme, du nationalisme et de développement de l'immigration (insécurité économique, insécurité technologique, insécurité climatique et humaine, etc.).

Ainsi, il est aujourd'hui urgent de dépasser le concept de responsabilité sociale tel qu'il est pratiqué dans la littérature de l'entreprise par le biais d'adoption d'une nouvelle approche d'analyse fondée sur l'édification de la RSEP et du pouvoir gouvernemental permettant de repenser et de redéfinir l'État-providence dans une optique de cyber-sécurité.

Ce nouveau concept de responsabilité sociétale de l''État, va bien au-delà du concept traditionnel de responsabilité administrative, civile, politique ou financière ou du concept visant la corrélation entre la responsabilités et la reddition des comptes, tel qu'énoncé dans les chartes et les constitutions africaines tels que le Maroc et la Tunisie, à titre d'illustration. Il vise également à évaluer l'étendue de la capacité de l'État à résoudre les problèmes posés résultant de l'adoption des politiques publiques et la manière de gérer les problèmes et leurs impacts sur la population, en termes de risques majeurs et de menaces internes et externes.

La responsabilité sociétale de l' État dans la mise en œuvre d'une infrastructure numérique, centralisée et fiable réside dans sa capacité à modifier les comportements, à atteindre les objectifs et à produire de nouvelles perspectives économiques et technologiques dans la société se traduisant notamment par[753] :

- une capacité industrielle disposant d'un potentiel scientifique important dans le domaine numérique et un degré de connectivité élevé ;

[753] Emmanuel Desclèves, *À propos d'intelligence artificielle*, in RDF, *op. cit.* p. 95.

- la mise en œuvre des capacités organisationnelles, méthodologiques, techniques, informationnelles, financières et humaines au service du développement des infrastructures numériques ;
- l'adoption d'une vision et d'une cyber-stratégie cohérente permettant d'assurer sa propre cyber-sécurité et sa cyber-défense ;
- la mise en place d'un système de contrôle interne et de prévention s'articulant autour d'une bonne compréhension des cyber-menaces et de la résilience ;
- une infrastructure institutionnelle, législative et légale de cyber-défense et de cyber-sécurité pour réagir aux cyber-attaques, y compris le partenariat entre le secteur public et privé,ainsi que la coopération internationale ;
- un système continue d'évaluation des risques des attaques numériques ;
- un système de formation et de sensibilisation de la population fondé sur la confiance par le biais de la promotion des principes de la culture géostratégique, de la prudence, de la prévision et de l'évaluation des risques dans la communauté, en identifiant les caractéristiques des menaces potentielles et des opportunités face aux risques majeurs (piratage, attaque, virus, etc.). Dans ce sens, le facteur humain devrait faire partie des priorités de la cyber-sécurité. Car les « cyber-criminels visent généralement moins les systèmes que les utilisateurs ». « Souvent les fraudeurs n' essayent pas de déjouer les serveurs extrêmement sécurisés, mais visent plutôt les internautes »[754].

La responsabilité sociétale de l'État se trouve bien établie. Or, elle demeure relative.

Considérant l'intervention de multiples facteurs et d'autres acteurs institutionnels. Par ailleurs, certains estiment que plus les capacités cyber-offensives et défensives des pays sont élevées, et leur dépendance cybernétique faible plus ces États dominent le cyber-espace et par conséquent ils se trouvent en sécurité des attaques numériques. C'est une grande question de développement qui est posée en Afrique.

IV. Positionnement epistemologique du concept d'etude d'impact des projets de developpement et des cursus academiques

L'étude d'impact, en dépit de son caractère épistémologique critique et riche en leçons démocratique, technique, humain et de gestion publique, demeure un concept flou, ambigu et protéiforme. En fait, ce concept est

[754] Estelle Hoorickx, *Les États, acteurs clés de la cyber-stratégie euro-atlantique*, *op. cit.*, p. 95.

désormais intégré timidement dans le débat public. Sa mise en place se manifeste par un intérêt tant pour l'efficacité fonctionnelle du droit (qualité du système législatif et réglementaire) que des politiques publiques. En effet, les études d'impact en tant que norme et outil de bonne pratique de gouvernance tendent à se généraliser aussi bien dans les pays développés (Union Européenne, OCDE) que dans ceux en développement. Certes le concept d'études d'impact n'a pas de définition claire ni consensuelle mais il est employé d'une manière spécifique. L'OCDE définit l'étude d'impact « en faisant référence à une méthode consistant à examiner systématiquement et de manière constante les impacts potentiels sélectionnés découlant de l'action gouvernementale et à communiquer les informations aux décideurs ».

Dans le but d'assurer une réglementation de résultat en vue d'améliorer les mécanismes de gouvernance et de promouvoir la cohérence des politiques publiques grâce à l'intégration et au perfectionnement des systèmes d'étude d'impact, l'OCDE propose des recommandations en offrant un cadre méthodologique consistant à « disposer de bons mécanismes de gouvernance pour gérer la complexité des politiques et aider les pouvoirs publics à promouvoir une culture administrative offrant les outils nécessaires pour évaluer les conséquences des mesures envisagées et favoriser la réalisation d'objectifs économiques, environnementaux et sociaux répondant aux intérêts des citoyens[755] ».

Au Maroc, il semble que l' étude d'impact n'est pas encore suffisamment institutionnalisée. Elle ne fait pas partie des dispositions de la constitution ou de la loi organique des lois de finances (LOF). L'article 48 de la LOF dispose que « Le projet de loi de finances de l'année est déposé sur le bureau de la Chambre des représentants, au plus tard le 20 octobre de l'année budgétaire en cours. Il est accompagné de 14 rapports et documents notamment la note de présentation de la loi de finances comportant des données concernant les investissements du budget général, ainsi que les impacts financiers et économiques des dispositions fiscales et douanières proposées.

L'article 70 de la constitution stipule « le Parlement exerce le pouvoir législatif. Il vote les lois, contrôle l'action du gouvernement et évalue les politiques publiques ». De surcroît, l'article 154 précise que les services publics « sont soumis aux normes de qualité, de transparence, de reddition des comptes et de la responsabilité, et sont régis par les principes et valeurs démocratiques consacrés par la constitution ».

En outre, la loi n° 12-03 relative aux études d'impact sur l'environnement définit l'étude d'impact en la matière par « l'étude préalable permettant d'évaluer les effets directs ou indirects pouvant atteindre l'environnement à court, moyen et long terme suite à la réalisation de projets économiques et de développement et à la mise en place des infrastructures de base et de

[755] « L'analyse d'impact de la réglementation : un outil au service de la cohérence des politiques », OCDE, 2009, p. 10.

déterminer des mesures pour supprimer, atténuer ou compenser les impacts négatifs et d'améliorer les effets positifs du projet sur l'environnement ». Les projets soumis à l'étude d'impact sur l'environnement, selon cette loi, sont :

- établissements insalubres, incommodes ou dangereux classés en première catégorie ;
- projets d'infrastructures (construction de routes ; voies ferrées; aéroports; aménagement de zones urbaines et industrielles; ports de commerce et ports de plaisance ; barrages ; complexes touristiques; installations de stockage ou d'élimination de déchets ; stations d'épuration des eaux usées ; émissaires d'évacuation marin; transport de matières dangereuses ou toxiques ;
- projets industriels (industrie extractive, industrie de l'énergie ; industrie chimique ; traitement des métaux ; industrie des produits alimentaires ; industrie de textile ;
- agriculture (projets d'aquaculture et de pisciculture).

De surcroît, afin de perfectionner et d'améliorer la qualité du produit législatif, le décret n° 2.17.585 relatif à l'étude d'impact[756] fixe les modalités d'établissement de l'étude d'impact devant accompagner certains projets de lois tendant à édicter une législation nouvelle ou à refondre une législation existante, ainsi que les données que doit contenir, avant ou après son élaboration, par arrêté du Chef du gouvernement. Ce texte réglementaire peut être également inscrit dans le cadre des méthodes d'évaluation des politiques publiques en matière de la production normative des textes législatifs. Selon ce décret, l' étude d'impact doit être réalisée dans un délai n'excédant pas deux mois. Elle doit comporter les données ci-après :

- la définition détaillée des objectifs escomptés du projet de loi ;
- le recensement et l'analyse des textes juridiques en vigueur afférents à l'objet du projet, les observations que ces textes pourraient soulever ;
- les conventions internationales afférentes à l'objet du texte, que le Maroc a ratifiées ou auxquelles il a adhéré, en spécifiant les principes et les règles prévues par ces conventions qui doivent être prises en considération par les besoins d'harmonisation ;
- l'évaluation, selon le cas, des conséquences économiques, sociales, environnementales, institutionnelles et administratives prévisionnelles des dispositions législatives dans le projet réalisé ou à réaliser, en indiquant les sources de financement et en évaluant les incidences prévisionnelles qu' il induit sur les finances publiques ;
- les consultations obligatoires et facultatives menées ou à mener dans le cadre du processus d'élaboration du projet et le contenu des avis, des propositions et des recommandations reçues ;

[756] B.O.n° 6628 du 7 décembre 2017,p.1327.

- les mesures devant être prises pour assurer l'exécution du projet après son adoption et les effets et les répercussions induits par lesdites mesures ;
- le calendrier d'application dans le temps, les autorités et les organismes et toute autre entité concernés par le projet de texte.

V. Le cout de la gouvernance de l'État et de la cyber-securite en Afrique

La cyber-puissance d'un pays se traduit par sa capacité industrielle et technologique et son potentiel scientifique mis au service de la gouvernance de la cyber-sécurité. C'est une remarque fondamentale. Il s'agit de mettre l'éducation et l'investissement au service de l'économie du savoir et d'en faire la base de la gouvernance stratégique numérique de l'État, tout en accordant un intérêt particulier aux enfants africains surdoués. Les statistiques mondiales reflètent que 2/3 des enfants surdoués non répertoriés dont l'âge allant de 6 à 16 ans sont en échec scolaire. En Afrique, à l'instar des pays en voie de développement, les systèmes éducatifs sont concentrés sur ceux qui sont normaux voire brillants à l'école. Il est question de prendre en charge ces compétences (enfants surdoués) et de les aider à développer leur potentiel de création et d'innovation technologique.

En fait, les contraintes auxquelles se heurte la gouvernance numérique de l'État sont multiples et complexes. Elles résident notamment dans les éléments caractéristiques suivants :

A. Coût de la gouvernance, diversité et multiplicité des acteurs de la cyber-sécurité numérique

Une telle responsabilité ne peut être réduite à l'État comme traité dans la première partie de cette étude, mais, elle s'étend à une diversité d'acteurs[757] allant du citoyen-consommateur, des systèmes industriels et grands groupes, des PME consommatrices, des fabricants de matériels et équipements informatiques et électroniques jusqu'aux administrations de la Défense en passant par les administrations publiques civiles (télécommunication, Finances, trésors, impôts, santé, l'arsenal juridique contraignant, tribunaux, formation, R&D, etc.).

Le CESIN, Club des Experts de la Sécurité de l'Information et du Numérique qui livre son bilan annuel sur la cyber-sécurité pour 2019 fait un inquiétant constat du CESIN sur les cyber-attaques. Les chiffres font ainsi, état de cyber-attaques de plus en plus influentes et nocives sur le business des entreprises, 59 % des sociétés touchées ont, en effet, constaté un impact

[757] Kévin Martin, « Europe et cyber-sécurité : quelle (s) base(s) industrielle (s) ? », *in RDF*, n° 819, avril 2019, 107-112.

négatif après avoir subi une cyber-attaque, soit une hausse notable de 10 points par rapport à janvier 2018. Indisponibilité du site Web (pour 26 % des entreprises touchées), ralentissement de la production (23 %), arrêt de la production (9 %), voire perte de chiffre d'affaires (11 %)[758].

Selon l'étude menée par le cabinet de recherche Vanson Bourne juin 2018 au moins 44 % des entreprises auraient déjà été victimes d'une violation de données au cours des 12 précédents mois. La même étude avait conclu que chaque entreprise sondée a révélé avoir été en moyenne victime de 29 cyber-attaques sur la même période, et que ces violations avaient en moyenne coûté près d'un million de dollars aux organisations touchées, en excluant les pertes de revenus, les dommages causés à la marque et les amendes[759]. Selon le rapport du cabinet d'études Juniper Research mars 2018 dédié à la cyber-sécurité dans les entreprises. le coût de la cyber-sécurité pour les entreprises du monde entier pourrait augmenter chaque année de 134 milliards de dollars d'ici 2022. Et que le coût cumulé des brèches de sécurité concernant les données pourrait quant à lui représenter 8 trillions de dollars entre 2017 et 2022[760]. Selon ce rapport les PME constituent une cible de choix pour les cyber-criminels[761]. Soit plus de 70 % du total de la cyber-sécurité en 2022.

En l'occurrence, il incombe à État de négocier plus particulièrement la protection des données publiques et des données personnelles tant à l'échelon étatique qu'à celui de ses regroupements régionaux et continentaux à savoir l'Union africaine. C'est ce que va annoncer, à juste titre, très clairement Barack Obama dans son discours du 29 mai 2009, à la Maison blanche en indiquant que l'infrastructure numérique doit être traitée en tant que bien stratégique national (a strategic national asset)[762]. Sa défense devant être considérée comme une priorité de sécurité nationale, considérant le coût et les pertes énormes résultant du piratage numérique comme arme économique et de l'exercice du commerce illégal auquel il faut ajouter l'atteinte des données publiques et personnelles des opérateurs économiques et sociaux. En fait, c'est la souveraineté de l'État, de l'entreprise et de la vie privée des citoyens qui se trouvent en fin de compte mise en cause.

758 https://www.faceaurisque.com/2019/01/25/cybersecurite-barometre-2019-linquietant-constat-du-cesin-sur-les-cyber-attaques/

759 https://www.developpez.com/actu/241406/Le-cout-moyen-d-une-cyber-attaque-a-depasse-1-million-de-dollars-le-principal-impact-etant-la-perte-de-productivite-selon-un-rapport/

760 https://www.usinenouvelle.com/article/134-milliards-de-dollars-par-an-d-ici-2022-le-cout-considerable-de-la-cybersecurite.N666159

761 *Ibidem*.

762 Nicolas Arpagian, *la Cybersécurité*, Que sais-Je ?, 2010, PUF, Paris, p. 16.

B. Complexité et fragilité de l'espace et des infrastructures numériques en Afrique

Les pays africains confrontent aujourd'hui' hui une augmentation exponentielle de données comparées par certains à un nouveau colonialisme numérique appelé data ou Big Data ou système algorithmique provenant des données issues des "Logs", des réseaux sociaux, des transactions, de l'E-commerce, de l'internet, des objets, de l'image, de l'audio, de la vidéo etc., affectant l'autodétermination informationnelle des personnes physiques ce qui nécessite un contrôle interne et un audit global des systèmes algorithmiques[763]. Beaucoup d'entreprises souhaitent tirer d' avantages de ces données au détriment de l'insécurité des utilisateurs[764] dans l'optique de globalisation de leur données « Métadonnées » 80% des données des utilisateurs. Sur cette base on forme des services à exploiter et à commercialiser pour vendre très cher.

C. Mécanismes de la gouvernance des infrastructures numériques

Il s'agit de distinguer entre deux mécanismes fondamentaux permettant l'encadrement de la gouvernance de l'infrastructure numérique : Les mécanismes d'audit et de maîtrise des risques empruntés des techniques modernes d'audit[765] et les mécanismes institutionnels tels qu'ils sont appliqués par l'Union européenne.

1. Référentiels et normes de l'élaboration de l'audit organisationnel, stratégique et social de la cyber-sécurité

Considérant la complexité du système et la diversité des acteurs du cyber-sécurité un audit organisationnel stratégique et social s'impose avec acuité[766]. L'expérience américaine the Defense Contract Audit Agency DCAA afférente à l'audit du Département de la Défense est édifiante[767]. Elle fournit dans le cadre de deux volumes les principes de l'approche d'audit dans toutes ses dimensions en définissant les missions, les responsabilités et les objectifs de l'Agence de l'audit de la défense et ses rapports avec le GAO (Governance Accounting Office) dans le respect des normes de travail et de

---

763 Giorgo Mancosu, « L'accès aux données publiques et aux codes sources en Italie. À la recherche d'une transparence alghorithmique à l'aube du règlement général sur la protection des données », in *RFAD*, n° 167, p. 575-583.

764 https://fr.africanews.com/2018/09/18/enjeux-de-la-protection-des-donnees-personnelles-en-afrique/

765 Auditing : an integrated approach, Arens & Loebbecke, Prentice Hall, USA, 1997. Et IFACI, *la Nouvelle pratique du contrôle interne*, Les Éditions d'Organisation, Paris, 1994.

766 M. Harakat, « Audit social et impératifs de la nouvelle gouvernance démocratique au Maghreb : à quand la fin du chacun pour soi ? », Actes du 10e université de Printemps de l'Audit social organisé par l'IAS, Audit social et gouvernance des entreprises, 8-10 mai 2008, Tanger publiés in *REMA*, n° 26, 2008.

767 http://akss.dau.mil

l'évaluation de la régularité et de la performance aussi bien de la cyber-sécurité[768] que de la gouvernance de l'État dans sa globalité.

a. Principes et standards du contrôle interne (COSO 1 et COSO 2) et leur apport à la maîtrise de l'infrastructure numérique et à la protection des données

« Le contrôle interne est l'ensemble des sécurités contribuant à la maîtrise de l'entreprise. Il a pour but d'assurer la protection, la sauvegarde du patrimoine et la qualité de l'information, l'application des instructions de la direction et de favoriser l'amélioration des performances. Il se manifeste par l'organisation, les méthodes et procédures de chacune des activités de l'entreprise pour maintenir la pérennité de celle-ci ». « Il préconise la décomposition de chaque processus en activités puis en tâches dont les objectifs sont précis. A chaque tâche correspondent des risques et donc un dispositif de contrôle interne adapté aux règles générales. Cependant, ces activités ne sont pas indépendantes, elles font partie de la même organisation et se caractérisent par un environnement identique et une communauté d'objectifs. Le contrôle interne ne peut être une simple juxtaposition de procédures locales. Il demande une approche globale d'adaptation et de résistance face à un environnement de plus en plus prégnant ».

b. COSO : un référentiel de contrôle interne et de maîtrise des risques numériques

Le COSO est « un référentiel de contrôle interne défini par le Committee Of Sponsoring Organizations of the Treadway Commission (COSO). Il est utilisé notamment dans le cadre de la mise en place des dispositions relevant des lois Sarbane Oxley ou loi de sécurité financière. Ce concept peut s'adapter aisément à l'évaluation des risques numériques.

Le référentiel initial appelé COSO 1 a évolué depuis 2002 vers un second corpus dénommé COSO 2. Le COSO 1 propose un cadre de référence pour la gestion du contrôle interne pour atteindre les objectifs suivants :

- l'efficacité et l'efficience des opérations ;
- la fiabilité des informations ;
- la conformité aux lois et aux réglementations en vigueur.

Le COSO 2 propose un cadre de référence pour la gestion des risques de l'entreprise (Enterprise Risk Management Framework), il s'agit d'un processus mis en œuvre par les dirigeants et le personnel d'une organisation, dans le but d'élaborer une stratégie transversale de prévention des risques destinée à :

---

768 M. Harakat, Du gouvernement à la gouvernance démocratique globale des entreprises au Maghreb in Actes du 10e université de Printemps de l'Audit social organisé par l'IAS, Audit social et gouvernance des entreprises, Tanger, 8-10 mai 2008, publiés in *REMA*, tome 2, n° 27, 2009.

– identifier les événements potentiels pouvant affecter l'organisation ;
– maîtriser les risques afin qu'ils soient dans les limites du « Risk Appetite (appétence au risque) » de l'organisation ;
– fournir une assurance raisonnable quant à la réalisation des objectifs de l'organisation.

Il apparaît que le COSO 2 inclut les éléments du COSO 1 au travers du troisième point et le complète sur le concept de gestion des risques. Le COSO 2 est basé sur une vision orientée d'évaluation des risques au sein de l'infrastructure numérique.

2. Le cadre normatif afférent à la convention de l'Union africaine sur la cyber-sécurité et la protection des données publiques et à caractère personnel

La convention africaine sur la cyber-sécurité emprunte ses traits fondamentaux du modèle du règlement européen n° 2016/679, dit "règlement général sur la protection des données" (RGPD) qui constitue le texte de référence en matière de protection des données à caractère personnel adopté par le Parlement européen le 14 avril 2016. Ses dispositions sont directement applicables dans l'ensemble des 28 États membres de l'Union européenne à compter du 25 mai 2018. Les principaux objectifs du RGPD sont d'accroître à la fois la protection des personnes concernées par un traitement de leurs données à caractère personnel et la responsabilisation des acteurs de ce traitement. Ces principes pourront être appliqués grâce à l'augmentation du pouvoir des autorités de régulation. Le Contrôleur européen de la protection des données (CEPD) est l'autorité indépendante chargée de la protection des données au niveau de l'Union européenne (UE). Il lui incombe de[769] :
– développer et communiquer une vision globale, penser, en termes généraux et proposer des recommandations et des solutions concrètes ;
– fournir des orientations stratégiques afin de répondre à des défis nouveaux et imprévus dans le domaine de la protection des données ;
– développer et entretenir des relations efficaces avec des parties prenantes dans d'autres institutions européennes, les États membres, les pays tiers et d'autres organisations nationales ou internationales.

A titre de comparaison, Les États africains dans le but d'harmoniser leurs efforts de régulation de leur système de données numériques devraient s'organiser en regroupement continental pour négocier la protection de leurs données numériques par le biais de l'adoption de la convention africaine sur

[769] https://edps.europa.eu/about-edps_fr

la cyber-sécurité et à la ratifier d'une manière globale dans le cadre de l'UA (aujourd'hui 2 pays sur 15 ont ratifié la convention)[770].

Ce projet de convention de l'Union africaine sur la cyber-sécurité et la protection des données à caractère personnel, EX.CL/846 (XXV) adopté par la 23 e Session Ordinaire de la Conférence de l'Union à Malabo, le 27 juin 2014 porte sur la définition d'un cadre juridique cohérent sur la Cyber-sécurité et la protection des données à caractère personnel prenant en charge les engagements actuels des États membres de l'UA aux plans sous-régional, régional et international en vue de l'édification de la Société de l'Information ayant à l'esprit que les principaux défis au développement du commerce électronique en Afrique sont liés à des problèmes de sécurité dont notamment[771] :

- les insuffisances qui affectent la réglementation en matière de reconnaissance juridique des communications de données et de la signature électronique ;
- l'absence de règles juridiques spécifiques protectrices des consommateurs, des droits de propriété intellectuelle, des données à caractère personnel et des systèmes d'informations ;
- l'absence de législations relatives aux télé-services et au télétravail ;
- les éléments probants introduits par les techniques numériques (horodatage, certification, etc.) ;
- l'absence de législations fiscale et douanière appropriées au commerce électronique ;
- les règles applicables aux moyens et prestations de cryptologie ;
- l'encadrement de la publicité en ligne.

Ainsi, le 27 juin 2014, l'UA a adopté ladite convention de 38 articles tout en réitérant les principes de l'Initiative Africaine de la Société de l'Information (AISI) et du Plan d'Action Régional Africain pour l'Économie du Savoir (PARAES). Elle précise dans son préambule :

« Considérant que la mise en place d'un cadre normatif sur la cyber-sécurité et la protection des données à caractère personnel tient compte des exigences de respect des droits des citoyens, garantis en vertu des textes fondamentaux de droit interne et protégés par les Conventions et Traités internationaux relatifs aux droit de l'Homme particulièrement la Charte africaine des droits de l'Homme et des Peuples » ;

« Convaincus de la nécessité de mobiliser l'ensemble des acteurs publics et privés (États, collectivités locales, entreprises du secteur privé, organisations de la société civile, médias, institutions de formation et de recherche etc.) en faveur de la cyber-sécurité ».

---

[770] Cf. Projet de convention de l'Union Africaine sur la cyber-sécurité et la protection des données a caractère personnel, EX.CL/846(XXV) Adopté par la 23e Session ordinaire de la Conférence de l'Union à Malabo, le 27 juin 2014.

[771] *Ibidem.*

« Conscients qu'il est nécessaire, face à l'actualité de la cyber-criminalité qui constitue une véritable menace pour la sécurité des réseaux informatiques et le développement de la société de l'information en Afrique, de fixer les grandes orientations de la stratégie de répression de la cyber-criminalité, dans les pays membres de l'Union Africaine, en prenant en charge leurs engagements actuels aux plans sous-régional, régional et international ».

Il ressort que cette convention appelée « Convention de Malabo » ambitionne de définir les objectifs et les grandes orientations de la société de l'information en Afrique et à renforcer les législations actuelles des États-membres et des Communautés Economiques Régionales (CER) en matière de Technologies de l'Information et de la Communication.

Elle a établi, selon une démarche globale de sensibilisation, de formation et de réglementation adaptée à l'environnement africain les champs d'application du e-commerce, obligations conventionnelles sous forme électronique, la sécurisation des e-transactions, ainsi que le cadre institutionnel de la protection des données personnelles et les obligations du responsable de traitement des données personnelles.

Or, Malgré la bonne volonté de ce pacte de sécurité des données il est fortement contesté et perçu comme une barrière à la liberté d'expression des citoyens africains.

D'ailleurs, seuls 10 pays ont signé cette clause ; et 3 l'ont ratifiée. Une portion congrue d'autant plus que les 15 États membres doivent la ratifier pour qu'elle entre en vigueur. L'UA se fait également accompagner par l'Internet Society (ISOC), une organisation à but non lucratif, facilitatrice du projet a permis l'élaboration des Lignes directrices sur la sécurité de l'infrastructure Internet pour l'Afrique (« les Lignes directrices »). Lesquelles ont été regroupées en 2017. Lors du Sommet Africain de l'internet tenu en mai 2018 à Dakar, le débat a été focalisé sur le bouclier de la confidentialité et l'usage assidu des données personnelles dans le but d'optimiser le crédit accordé aux e-services et dans le développement de l'économie numérique en Afrique.

Les Lignes directrices recommandent un éventail d'actions à effectuer sur le plan régional, national, organisationnel et individuel par les gouvernements, législateurs, citoyens et autres intervenants. Parmi les recommandations adressées aux gouvernements figurent l'incitation à respecter et protéger les droits des particuliers et la confidentialité en ligne et hors ligne. Selon Moussa Guebre, l'Acte de Malabo « ne fixe pas de contraintes quant au dimensionnement, à la qualité de service, à l'accessibilité de ces services aux usagers et la sécurité des infrastructures nationales. Il ne fixe pas non plus de délais quant à l'élaboration et la mise en œuvre des politiques et stratégies nationales de protection du cyber-espace »[772].

---

[772] https://cio-mag.com/lunion-africaine-elabore-des-strategies-de-cyber-defense

En définitive, faut-il souligner que le Mécanisme Africain d'Évaluation par les Pairs (MAEP), crée en 2003, constituant un instrument d'auto-évaluation volontaire de la performance des États membres de l'UA en matière de gouvernance (régularité, performance) peut jouer un rôle fondamental en matière de l' évaluation de la cyber-sécurité et la protection des données à caractère personnel en attendant la mise en place d'une instance indépendante qui peut être appelée « Contrôleur Africain de la Protection des Données (CAPD) », à l'instar du modèle européen et américain.

VI. La stratégie souhaitable en matière de gouvernance de l'État et de cyber-sécurité en Afrique

« La complexité appelle la stratégie. Il n'y a que la stratégie pour s'avancer dans l'incertain et l'aléatoire. » Edgar Morin

En Afrique, il est nécessaire de mener une réflexion sur le numérique pour accroître la résilience globale en quête d'une doctrine et d'une identité pour une union continentale.

Une telle réflexion réside, à notre sens, dans huit (8) orientations stratégiques principales se manifestant dans les éléments caractéristiques suivants :

A. Repenser la réforme de l'UA et un nouveau modèle de développement, par le biais de la réinvention des systèmes de gouvernance en focalisant l'attention notamment sur, d'une part, l'élaboration d'une vision géostratégique de l'industrialisation à bâtir, selon certains, entre l'Afrique et l'Occident[773] pour pouvoir stopper l'immigration et d'autre part maîtriser les situations de fragilité des États[774], tels que définis par l'OCDE, en 2015. La résilience réside dans les capacités d'adaptation aux vulnérabilités, aux phénomènes extrêmes liés au climat et à d'autres chocs et catastrophes d'ordre économique, social et environnemental, ou technologique et numérique. La réforme préconisée de l'UA permet de répondre à quatre objectifs :

- La rationalisation du champ d'action et des dépenses de fonctionnement des institutions de l'UA : le budget de l'UA qui est passé de 790 milliards de dollars, en 2018, à 681 milliards de dollars, en 2019 est marqué par sa dépendance financière, à 73 % des donateurs extérieurs (UE, USA, Chine, Banque mondiale). De même 45 % de ce budget provient des grands contributeurs qui sont le Nigéria, l'Afrique du Sud, l'Égypte l'Angola et le Maroc. En 2017, les

[773] Amos René Martin Tonye, *Afrique-occident : le new deal industriel*, Points de vue, l'Harmattan, 2018, Paris.

[774] Mohamed Harakat s/d, *Gouvernance et fragilité en Afrique et au Moyen-Orient*, *REMA* n° 47, 2018.

États-membres n'ont contribué que de 26,21 % du budget total de l'UA. Les partenaires internationaux y ont contribué de 73,79 %. Or, ce qui est paradoxal, c'est qu'en dépit de la dépendance en matière du financement budgétaire, les organes de l'UA (Commission, Parlement panafricain) absorbent presque la moitié du budget.

- Le réajustement des institutions, en améliorant la division des tâches entre l'UA, les organisations et les institutions régionales.
- Assurer l'autofinancement de l'UA à travers une taxe de 0,2 % sur les importations (Projet d'autofinancement présenté par Paul Kagame en 2017).
- Gagner la lutte contre la corruption[775].

B. Consolider la capacité industrielle et technologique de l'État et son potentiel scientifique mis au service de la gouvernance de la cyber-sécurité.

C. Repenser le système de formation et d'emploi tout en visant l'équilibre entre les impératifs de la formation pour le marché au service de la croissance et l'innovation et la formation en humanités[776]. Car la démocratie nécessite la vulgarisation des humanités. Selon les estimations du cabinet américain Gartner l'IA devrait créer 2,3 millions d'emplois en 2020 et devrait détruire 1,8 million. Face à cette donne, le rôle de la formation des compétences est toujours stratégique.

D. Faire du soutien aux PME/PMI une priorité de la gouvernance cyber-sécurité. A titre d'illustration, Israël est connu par la création intensive des start-ups confiées à des PME entant que, leader mondial en la matière, en 2018, avec 420 entreprises (contre 148 en 2011). Le Business In The Community (BITC) israélienne soutient notamment les secteurs de l'édition logicielle et de la défense en bénéficiant de l'accompagnement des investisseurs. En 2018, il a réalisé plus d'un 1 milliard d'investissement en capital-risque, soit environ 20 % du total mondial d'investissement dans le secteur de la cyber-sécurité (2e place après les USA).

E. Etablir une organisation et des structures fiables de protection et de contrôle interne des infrastructures des données numériques qui peuvent faire l'objet d'attaque sur les réseaux (piratage, cyber-criminalité) ou suscitant de nombreuses convoitises de la part des entreprises pour exploitation commerciale illégale.

---

775 Consulter, *la Gouvernance des finances publiques en Afrique*, s/d Mohamed Harakat, L'Harmattan, Paris.

776 Martha C. Nussbaum, Not for profit : Why democracy needs the humanities, Princeton University Press, Oxford,USA, 2010.

F. Inculquer des valeurs de compétence et d'innovation chez les opérateurs. La bonne pratique des normes et des standards internationaux d'audit et de contrôle interne des données numériques.

G. Renforcer les capacités organisationnelles et stratégiques des acteurs[777] (État, entreprises, ONG, think tanks, citoyens,) sur la base de la confiance et l'appropriation de la culture de la cyber-sécurité et de la diplomatie économique gagnant-gagnant.

H. Promouvoir un ordre normatif et une doctrine continentale et internationale pour la cyber-sécurité.

« Governance is everything. Without governance we have nothing »
Mo Ibrahim (Index of African Governance).

[777] M. Harakat, s/d, *Diplomatie économique en Afrique : Quelle gouvernance en période de crise et d'instabilité ?*, *REMA*, n° 40, 2015.

BIBLIOGRAPHIE

Abou El Abbas Ahmed Ben Khaled En Naciri, *Kitab El istiqsa, Recherche sur l'histoire des dynasties du Maroc,* 9 Tomes, Dar El Kitab, 1996 (en arabe).

Acemoglu D. et Robinson J. (2013), *Why Nations fail : the Origins of Power, Prosperity and Poverty*, Profile Books, GB, 2013.

Ackerman S.R. & Perroud Th, *Les Études d'impact et l'analyse "coûts-avantages": Modèles américains et traditions juridiques françaises*, *in RFAP*, n° 149, 2014.

Adam F., Ferrand O. & Rious R., *Finances publiques*, Presses de Sciences Po. Dalloz, Paris, 2003.

Aghion Ph., Cette G., Cohen É., *Changer de modèle*, Odile Jacob, 2015. Aherdan, *Mémoires, 1975-1999*, tome 3, édition du Regards, Paris, 2014.

Alaoui Bensalah Zemrani, *La Fiscalité face au développement économique et social du Maroc*, Editions La Porte, Rabat, 1982.

Alaoui Mohamed Elomari S. & Maftah S., *La Finance islamique au Maroc*, Préface O. El Kettani, El Maârif El Jadida, 2012

Amin Khan, s/d, *Travailler !*, Chihan Édition, Alger, 2019.

Arens & Loebbecke, *Auditing : an integrated approach*, Prentice Hall, USA, 1997.

Arpagian N., *La Cyber-sécurité*, Que sais-Je ? PUF, Paris, 2010.

Arthuis A., *SOS. Finances publiques: Osons les vraies réformes*, Calman-Lévy, 2011.

Attali J., *Demain qui gouvernera le monde ?*, Fayard, 2011.

Attali J., *Karl Marx ou l'esprit du monde*, Le Livre de poche, Fayard, 2005. Attali J., *Survie aux crises*, Fayard, 2009.

Aubin E., *Le Maroc d'aujourd'hui*, Librairie Armand Colin, 1905.

Ayache A., *Le Maroc, bilan d'une colonisation*, éd. Sociales, Paris, 1955.

Babin G., *Le Maroc sans masque, Son excellence, Le Maroc est un opéra comique: Propos de table d'un diplomate 1932*, Edition Itisalat Sabou, Marrakech 2010.

Banque mondiale, *Doing Business dans les États membres de l'OHADA*, 2017.

Banque mondiale, *Manuel de gestion des dépenses publiques*, Washington, 2000.

Baré J.F., *L'Évaluation des politiques de développement*, L'Harmattan, 2001.

Baron De Gaelle & Matyjasik Nocolas, S/d., *L'Évaluation des politiques publiques : défi d'une société en tension*, L'Harmattan, Paris, 2012.

Baslé M., *Économie, conseil et gestion publique : suivi et évaluation des politiques publiques et des programmes*, Economica, Paris, 2008.

Baslé M., *Le Budget de l'État*, Edition La Découverte, Paris, 2004.

Batolone C. & Winock M., *Refaire la démocratie*, rapport s/d., édition Thierry Marchaisse, 2016.

Baziadoly S., *Les Finances publiques,* QSJ ? PUF, n° 415.

Bekkers V., Edelbos.J & Steijn B., *Innovation in the public Sector : Linking capacity and leadership, The importance of neglect in policy making*, IIAS, Governance and public management Series, Palgrave Macmillan, 2011.

Belaires.M, *L'Organisation des finances au Maroc*, TXI, n° 11, *in* Archives Marocaines, Ed. Michaux-Bellaire, Ernest Leroux, Paris, 1907.

Belal A. & Popov Y., *La Formation du sous-développement : passé, présent, future*, Editions du Progrès, Moscou, 1987.

Belal A., *L'Investissement au Maroc (1912-1964),* Les Editions Maghrébines, Casablanca, 1976.

Belal Y., *La Pensée émancipatrice d'Aziz Belal, face au néocolonialisme dans le Maroc contemporain*, in *REMA*, n° 39, 2015.

Belli L., Barros M. & Rela J., *Les Enjeux de l'encadrement et de la gouvernance de l'ouverture des données publiques au Brésil*, *RFAD*, n° 167, Les données publiques, 2018.

Ben Ali D., *Le Maroc précapitaliste*, SMER, Rabat, 1983.

Ben Carson Ben M.D & Candy Carson, *America the beautiful, rediscovering what Made this Nation Great*, Zondervan, USA, 2012.

Benabdallah M.A., *L'Institution gouvernementale dans la Constitution marocaine de 2011*, *REMALD*, numéro double 112-113, septembre-décembre 2013.

Benahmed M., Zahidi A., *La Gestion déléguée au service de l'usager*, Dar Al Qalama, 2007.

Bendourou O., *Le Régime politique marocain,* édition Dar Alkalam, Rabat, 2000.

Bensouda N., *Analyse de la décision fiscale au Maroc*, édition La Croisée des chemins, Casablanca, 2009.

Berrada A., « La loi organique de finances du 26 novembre 1998 est-elle réellement l'aboutissement d'une réforme en profondeur du texte du 18 septembre 1972 ? la loi de 1998 : un marché de dupes », *in La Réforme de la loi organique relative aux lois de finances, REMA*, n° 28, 2009.

Berrada A., *La Loi organique des finances du 26 novembre 1998 est-elle réellement l'aboutissement d'une réforme en profondeur du texte du 18 septembre 1972 ?*, *REMA*, n° 25, 2008.

Berrada A., « Dépenses publiques et exigence du développement durable », *in Les Finances publiques au Maghreb : défis et enjeux de la reddition des comptes et de la transparence*, *REMA*, n° 37, 2014.

Berrada A., « Les prêts de la BIRD et de la BAD au secteur de l'éducation (1965-2007) : un essai d'évaluation, in étude d'impact et politiques publiques », *REMA*, n° 48, 2019.

Bevir M., *Key Concepts in Governance*, SAGE, Washington, 2009.

Bezes Ph. & Siné A., *s/d, Gouverner (par), les finances publiques*, Sciences Po Les Presses, 2011.

Bloch L., *Internet, vecteur de puissance des États-Unis*, éd. Diploweb, 2017.

Blum W., *L'État voyou*, Tarik édition, 2001.

Bouchez Jean-Pierre, *L'Economie du savoir : construction, enjeux et perspectives*, de Bœck, 2012.

Boukhari-Yabara Amzat, *Africa, unité: une histoire du panafricanisme*, La Découverte, 2017.

Bourcier D., Boulet R. & Mazzega P., s/d., *Politiques publiques systèmes complexes*, Herman Editeurs, Paris, 2012.

Bouvier M., Esclassam. J.P. Lassale, *Finances publiques*, 8e édition, LGDJ, 2006.

Brachet Ph., *Corruption et sous-développement au Maroc*, L'Harmattan, 1992.

Brake D., *Morocco leadership and governance*, Dany Paper shop, Abidjan, 2017.

Bresson J.C., *Économie politique de la corruption et de la gouvernance, Éthique économique*, L'Harmattan, 2018.

Broughton Ph. D., *What they teach you at Harvard Business School?*, Penguin Books, 2009.

Bruno Étienne, *Islam, les questions qui fâchent*, Bayard, 2003.

Bryjak G.J. & Soroka M.P., *Sociology cultural diversity in a changing world*, Bryjak Soroka, 1994.

Buhler Pierre, *La Puissance au XXIe siècle*, Biblis, CNRS Édition, 2014.

Cabanes A., *Essai sur la gouvernance publique*, Gualino éditeur, 2004.

Calame P., *Sauvons la démocratie*, édition Léopold Mayer, 2012.

CAE, *Les Risques majeurs et l'action publique*, Rapport S/D de C.G.letrémy, R.lahididji et P.Mongin, La Documentation Française, Paris, 2002.

Caire Guy, *la Planification*, édition Cujas, Paris, 1972.

Cathrine V. & J. Boyd, *Consumer psychology*, Open university Press, 2012.

Chappert M., *Le Projet français de banque d'État du Maroc (1889-1908), in Revue française d'Outre-mer*, n° 229, 1975.

Cheddadi A., *Ibn Khaldoun, l'homme et le théoricien de la civilisation*, Edition Gallimard, 2006.

Cherkaoui A., *Le Contrôle de l'État sur la commune*, Edition de La Porte, Faculté des sciences juridiques, économiques et sociales, Rabat, 1968.
Clech Jérôme, *L'Hybridité : nouvelles menaces, inflexion stratégique?*, in Penser la guerre hybride?,
Revue Défense nationale, mars 2016.
Clinton B., *Remettons-nous au travail : un État inventif pour une économie forte*, Odile Jacob, 2012.
Coignard S., *Le Pacte immoral : comment ils sacrifient l' éducation de nos enfants*, Albin Michel, 2011.
Colloque, *La Comptabilité publique : continuité et modernité*, colloque tenu à Bercy les 25 et 26 novembre 1993,
Comité pour l'Histoire Économique et Financière de la France, Paris, 1995.
Colonel Justinard, *Un grand chef berbère : le Caïd Goundafi*, Dar Al Aman, Rabat, 2015.
Comellau C., *Ambiguïtés des politiques publiques*, éditions Privat, 2015.
Commons John R., *Institutional Economics. Its place in political economy*, New Brunswick, USA, 1989.
Conan M., Doyelle A., Pouade B., Vachia J.Ph., *Code des juridictions financières*, Le Monteur, 2001.
Confluences, Méditerranée, *le Maroc : changement et faux-semblants*, L'Hamattan, 2011.
Coopers & Lybrand, IFACI, *la Nouvelle pratique du contrôle interne*, édition d'organisation, 1994.
Corm G., *Le Nouveau gouvernement du monde*, La Découverte, 2013.
Cornine Delon Desmoulin et Desmoulin G., s/d, *La Décision financière publique*, LGDJ, Systèmes Droit, 2013.
Costa O. & Kerrouche E., s/d., *Vers un renouveau du parlementarisme en Europe,* Institut de sociologie, édition de l'Université de Bruxelles, 2004.
Cour des comptes, *Rapport au président de la République*, suivi des réponses des administrations, collectivités, organismes et entreprises, 1999.
Cour régionale des comptes de Tanger, *Rapport annuel, 2009.*
Courrier International, États-Unis-Chine, *Qui régnera sur internet ?*, n°1484 du 11-17 avril 2019.
DCAA Contract Audit Manual Department of defense, Defense Contract Audit Agency, January 2010. v1&2 Washington.
De Brunhoff S., *État et capital : Recherches sur la politique économique*, Presse Universitaire de Grenoble, Maspero, 1976.
De la Boétie Étienne, *Le Discours de la servitude volontaire*, Collection Grands Textes, Tarik édition, Salé, 2000.
De Vrie M.S. & P.S.Kim, *Value and virtue in public administration : A comparative perspective*, IIAS, Governance and Public Management Series, Palgrave Macmillan, 2011.

De Vries M.S., *The importance of neglect in policy making*, IIAS, Governance and public management Series, Palgrave Macmillan, 2010.
De Vries M.S., *Understanding public administration*, IASIA, Palgrave, 2016.
Defense Business Board, *Transforming DoD's Core Business Processes for Revolutionary Change*, January 22, 2015.
Deneault A., *La Médiocratie*, Lux éditeur, Canada, 2016.
Desclèves E., *À propos d'intelligence artificielle*, in *RDF*, n° 807, février 2018.
« Développement durable et finances publiques : cas de la fiscalité du secteur maritime au Maroc », in http://med-eu.org/documents/MED3/HAJBI-BOUCHARTAT-CHAMI.pdf
Diangitukwa Fweley, *La Thèse du complot contre l'Afrique : Pourquoi l'Afrique ne se développe pas*, L'Harmattan, Paris, 2010.
Diplomatie, Vers une guerre commerciale mondiale ?, les grands dossiers, n° 47, octobre-novembre 2018.
Diplomatie, Vers une guerre commerciale mondiale ?, n° octobre-novembre 2018.
Diplomatie, Géopolitique de la Chine, n° juin-juillet 2018.
Direction des études et prévisions financières, ministères de l'Economie et des Finances, *Principales mesures fiscales par année de 1990 à 2009.*
Djeflat A. & Harakat M., s/d, *Politique publique, gouvernance et innovation au Maghreb*, *REMA* n° 22, 2006.
Dooren.W.V & S.v. De Walle, *Performance information in the public sector : How it is used, Governance and Public Management Series*, IIAS, 2008.
Ducasse P. & Vouloumanos T., *Pour une économie démocratique*, Vlb éditeur, Quebec, 2013.
Ducher G., *La Cour des comptes, juge d'appel*, Berger-Levrault, 1994.
Ebondo Wa Mandzila, *la Gouvernnace de l'entreprise, une approche par l'audit et le contrôle interne*, L'Harmattan, 2005.
Efangon D.Y., *La Réforme des juridictions des comptes dans l'espace CEMAC*, L'Harmattan, Paris, 2018.
El Gamal M., *Finances islamiques : aspects légaux, économiques et pratiques*, de Boeck, 2010.
El Glaoui A., *Le Ralliement, le Glaoui, mon père : récit et témoignage,* Edition Marsam, Rabat, 2004.
El Rhazi Sebhallah, *Blaad Al Makhzen, Blaad As-Sba*, El Maârif El Jadida, 2016
Ennaji M., *Le Sujet et le mamelouk : esclavage, pouvoir et religion dans le monde arabe*, préface de Régis Debray, Essai Mille et une nuits, 2007.
Ennaji M., *Soldats, domestique et concubins* : *l'esclavage au Maroc au XIX*[e] *siècle*, préface de Ernest Gellner, éditions Eddif, 1994.
Epiphane Yogo E., *État fragile et sécurité humaine au sud du Sahara,* L'Harmattan, Études africaines, Paris, 2014.

Fabre F.J., Froment-Meurice M., Bertucci J., Y. Groper A., *Les Grands arrêts de la jurisprudence financière*, Préface de Ph. Séguin Dalloz, 2007, 5e édition.
Fabre F.J., *Les Grands arrêts de la jurisprudence financière*, Sirey, 1968.
Fabre F.J., *Les Grands arrêts de la jurisprudence financière*, Dalloz, 1996, 4e édition.
Fabre. F.J., *Le Contrôle des finances publiques*, PUF, coll. SUP, 1968.
Fabre. J.F., Froment-Meurice, Bertucci J.Y., Groper N., *Les Grands arrêts de la jurisprudence financière*, préface de Ph Séguin, Dalloz, 2014, 6e édition.
Fertel C., *Capabilities et études d'impact: de l'évaluation des résultats à l'évaluation des effets, in* Amartya Sen : un économiste du développement, s/d Valérie Reboud, Notes et documents, n° 30, AFD, Paris, 2006.
Figaro Economie, 5 mars, 2013, Robi J.P., « La finance islamique part à la conquête de l'Afrique ».
Finchelstein Gilles, *La Dictature de l'urgence*, Fayard, 2011.
Fisch S., *National approaches to the governance of historical heritage over time, a comparative report,* IIAS, IOS Press Washington.
Flizot S., *Les Relations entre les institutions supérieures de contrôle financier et les pouvoirs publics dans les pays de l'Union européenne, LGDJ*, 2003.
Florack N., Runden T.G., Rodolf Korte K., *No governance without government, in Governance and legitimacy in a globalized world, Nomos,* 2008.
Floridi L., *The fourth revolution :How the Infosphere is Reshaping Human Reality*, Oxford University Press, UK, 2014.
FMI, *Manuel sur la transparence des finances publiques*, 2001.
FMI, *Politiques économiques pour la croissance dans les pays en développement*, colloque organisé par le Ministère des Finances du Royaume du Maroc et le Fonds monétaire international, 1988, Wallada.
Fofack H., « Une Afrique compétitive : l'intégration économique pourrait faire du continent un acteur à l'échelle mondiale », *in* revue *Finances &Développement*, décembre 2018.
Foreign Affairs, *Is democracy dying*, A Global Report, May-June 2018. Foreign Affairs, *Searching for a strategy*, May-June 2019.
Foucault M., *Les Mots et les choses*, éd. Gallimard, 1966.
Gaillard N., *Les Agences de notation*, La Découverte, Repères, n° 547, 2012.
Gary Dagon, « Le coût du terrorisme à travers le monde », *Le Monde* du 20 novembre 2015
GAO, *Normes d'audit dans le secteur public*, ATH, coll. Audit et secteur public, ATH, 1982.
Giesbert F.O., *Le Théâtre des incapables*, Albin michel, 2017.
Gilbert Étienne, *Repenser le développement*, Armand Colin, 2009.
Glaser A., *Arrogant comme un français en Afrique*, fayard, 2016.

Glaser A., *Africa France, quand les dirigeants africains deviennent les maitres du jeu*, Fayard, 2014.
Goudin J-P., *Pourquoi la gouvernance* ?, Presse de Sciences PO, 2002.
Goudmet P.M., *Les Relations entre le fisc et le contribuable*, in Réformes des systèmes fiscaux, Wayn State University Press, Detroit, 1981.
Gournay B., *L'Administration*, Que sais-je ?, PUF, Paris, 1962.
Grawitz M., *Méthodes des sciences sociales*, Précis Dalloz, Paris, 1999.
Hami H., *Vouloir et pouvoir dans la périphérie arabe*, éd. Bourgereg, 2014.
Haquet A., *La loi et le règlement*, LGDJ, coll. Système/Droit, Paris, 2007.
Harakat M., *Finances publiques et fragilité : De la réforme de l'État par le budget et l'évaluation des politiques publiques,* El Maârif Al Jadida, Rabat, 2017.
Harakat M., *Gouvernance, gestion publique et corruption*, El Maârif Al Jadida, Rabat, 2006.
Harakat M., « European Implementing Guidelines for the INTOSAI Auditing Standards, European court of auditors », Luxembourg, 1998, traduction en arabe, 2001.
Harakat M. (s/d.), *La Gouvernance des finances publiques en Afrique*, L'Harmattan, Paris, 2019.
Harakat M. (s/d.), *Diplomatie économique en Afrique : Quelle gouvernance en période de crise et d'instabilité ?*, *REMA*, n° 40, 2015.
Harakat M. (s/d.), *Étude d'impact et politiques publiques au Maroc*, *REMA*, n° 48, 2019.
Harakat M. (s/d.), *Réforme budgétaire et gouvernance financière au Maghreb*, *REMA*, n° 25, 2008.
Harakat M., *Les Paradoxes de la gouvernance de l'État dans les pays arabes*, L'Harmattan, Histoire et Perspectives méditerranéennes, Paris, 2015.
Harakat M., *Les Finances publiques et les impératifs de la performance : cas du Maroc*, L'Harmattan, Paris, 2011.
Harakat M. (s/d.), *Gestion publique, transparence et performance, à la lumière de la nouvelle loi organique relative à la loi de finance, REMA*, n° 43, 2016.
Harakat M. (s/d.), *Stratégie et organisation des collectivités locales au Maroc*, GREURE, PARS, Université Mohammed V, Rabat, 2002.
Harakat M., *Le Contrôle supérieur des finances publiques au Maghreb*, Publication de la *REMA*, Série « Management stratégique », Rabat, 2000.
Harakat M. (s/d.), *Économie fiscale et croissance économique*, *REMA*, n° 41, 2015.
Harakat M. (s/d.), *La Gouvernance locale au Maroc*, GREURE, PARS, Université Mohammed V, Rabat, 2003.
Harakat M. (s/d.), *Gouvernance et fragilité en Afrique et au Moyen-Orient*, *REMA*, n° 47, 2018.

Harakat M., *Finances publiques et droit budgétaire au Maroc*, El Maârif Al Jadida, 2002.

Harakat M. (s/d.), *Parlement, Lois de finances et évaluation des politiques publiques*, *REMA*, n° 36, 2013.

Harakat M., *Du gouvernement à la gouvernance démocratique globale des entreprises au Maghreb, in* Actes du 10e université de Printemps de l'Audit social organisé par l'IAS, *Audit social et gouvernance des entreprises,* Tanger, 8-10 mai 2008, publiés *in REMA*, tome 2, n° 27, 2009.

Harakat M., Audit et contrôle interne des projets financés par l'Union européenne, Revue française d'audit interne, avril 1997.

Harakat M., *Audit social et impératifs de la nouvelle gouvernance démocratique au Maghreb* :à *quand la fin du chacun pour soi ?*Actes du 10 [e] université de Printemps de l'Audit social organisé par l'IAS, *Audit social et gouvernance des entreprises*, 8-10 mai 2008, Tanger, publiés in *REMA*, tome 1, n° 26, 2008.

Harakat M., *Contribution à une théorie générale du contrôle supérieur des finances publiques : le cas du Maroc*, thèse pour l'obtention du doctorat d'État en sciences économiques, Université Mohamed V, 1991-1992.

Harakat M., *De la réforme budgétaire à la réforme de l'État : les enjeux de l'économie politique du contrôle des finances publiques*, *in Réforme budgétaire et gouvernance financière au Maghreb, REMA*, n° 25, 2008.

Harakat M., *L'audit dans le secteur public : cas de la cour des comptes,* Babel, 1994.

Harakat M., *Le Droit du contrôle supérieur des finances publiques au Maroc : essai sur les techniques d'audit à l'heure de l'ajustement structurel*, T.1, Babel, 1992.

Harakat M., *Les Cours régionales des comptes au Maroc : guide pratique du contrôle des finances locales,* El Maârif Al Jadida, Rabat, 2004.

Harakat M., s/d, *La Nouvelle géopolitique marocaine en Afrique à l'heure de l'adhésion à la CEDEAO*, *REMA*, n° 46, 2018.

Harakat M., & Berrada A., s/d, *La Réforme de la loi organique relative aux lois de finances*, n° 28, 2009.

Harakat M., *Réflexions sur l'adaptation et l'application des contrôles de la cour des comptes au Maroc*, Mémoire pour l'obtention du DES en sciences économiques, soutenu à la FSJES, Casablanca, le 4/07/1987.

Harakat M., s/d, *Cours régionales des comptes et bonne gouvernance locale*, *REMA*, Série "Management stratégique", n° 7, 2005.

Harakat M., s/d, *Gouvernance et nouvelle gestion publiques au Maroc*, *REMA*, Série "Management stratégique", n° 6, 2005.

Harakat M., s/d, *Gouvernance économique et régionalisation*, *REMA*, n° double 31-32, 2011.

Harakat M., s/d, *Gouvernance parlementaire au Maroc : Quelle pratique au XXIe siécle ?*, *REMA*, n° double 23-24, 2007.

Harari Y.N., *21 leçons pour le XXIe siécle*, Albin Michel, 2018.

Harari Y.N., *Homo Deus : une brève histoire du futur*, Albin Michel, 2017.
Harris W.B., *Le Maroc disparu, anecdotes sur la vie intime de Moulay Hafid de Moulay Abdelaziz et de Raissouli,* traduit de l'anglais par Paul Odinot, 1929.
Hart P.T. & UHR J., *How Power Changes Hands, Transition and succession in governement,* Understanding governance, Palgrave macmillan, 2011.
Haut Conseil de la coopération internationale, *Les non-dits de la bonne gouvernance : pour un débat politique sur la pauvreté et la gouvernance*, Édition Karthala, 2001.
HCP, *L'Enquête Nationale sur l'Emploi du Temps au Maroc 2011/2012.*
Holou R.A.Y., *La Faillite des cadres et intellectuels africains*, L'Harmattan, 2008.
Hoorickx E., *Les États, acteurs clés de la cyberstratégie euro-atlantique*, in *Revue Défense Nationale (RDN)*, n° 818, mars 2019.
https://fr.africanews.com/2018/09/18/enjeux-de-la-protection-des-donnees-personnelles-en-afrique/
Hutin Serge, *Gouvernants invisibles et sociétés secrètes*, édition Jai Lu, 1971.
Ibn Khaldoun A., *Discours sur l'histoire universelle*, Traduction nouvelle, préface et notes par Vincent Monteil, T. 2, commission libanaise pour la traduction des chef d'œuvre, Beyrouth, 1968.
IBP, *Ouvrir les budgets : changer des vies*, enquête sur le budget ouvert, 2008.
Ifrah L., *L'Information et le renseignement par internet. Que sais-je*, n°3881, PUF, Paris, 2010.
IIAS, P. Falconer, C. Smith, C.W.R.Webster, *Management Parliaments in the XXIst Century*, IOS Press, Ohmsha, 2001.
Innerarity D., *Governance in the new global disorder*, Columbia University Press, New York, 2016.
IRAS, *Towards a new public administration Theory,* March 2007.
Isaïa H., *Finances publiques : Introduction critique*, Economica, collection "Finances publiques", Paris. 1985.
Janon R., *Sultan Glaoui and Cie… une enquê te sur le drame marocain*, Dar Alaman, Rabat, 2016.
Jouaber-Snoussi K., *La Finance islamique*, La Découverte, Repères, n° 603., 2012.
Kenbib M., *Les Protégés : contribution à l'histoire contemporaine du Maroc*, préface de Daniel Rivet, Publications de la Faculté des Lettres et des Sciences Humaines, Rabat, 1996.
Keynes J.M., *Théorie générale de l'emploi, de l'intérêt et de la monnaie*, Petit Bibliothèque Payot, Paris, 1979.
Koumba E.M., Droit de l'OHADA : prévenir les difficultés des entreprises, L'Harmattan, Paris, 2013.
Kristin Dawkins, *Global governance : the battle over plentary power*, Seven Stories Press, New York, 2003.

Labarthe G. & Verschave F.X, *L'Or African*, Agone, 2007.
Laebreid P. & Verhoest K., *Governance of public sector organizations, Governance and Public Management Series*, IIAS, 2010.
Lagroye J.B. François &Sawicki F., *Sociologie politique*, Presse de Sciences Po., Dalloz, 2002.
Lahbabi M., *Le Gouvernement marocain à l'aube du XXe siècle*, préface de Mehdi Ben Barka, les Éditions Maghrébines, 1975, Casablanca.
Lahlou A., *Économie et Finance en Islam*, Société d'Edition et de diffusion Al Madariss, Casablanca, 2015.
Lalumière P., *Finances publiques*, A. Collin, 1989.
Laramée J.P., s/d, *La Finance islamique*, Secure Finance, 2008.
Laroui A., *L'Histoire du Maghreb,* TI&T II, FM/Petite collection Maspero, 1976.
Le Monde, n° 22153, 16 avril 2016, « Des scandales financiers en cascade in Panama Papers ».
Le Monde en 2035 vu par la CIA :le paradoxe du progrés, préface d'Adrien Jaulmes, J'ai Lu, Paris, 2017.
Lecausin N., Delsol J.Ph., Anti Piketty, *Vive le Capital au XXIe siècle*, S /C d'Emmanuel Martin, éd. Libreéchange, Paris, 2015.
Lepage Corinne, *Le Déficit public*, l'Archipel, 2011.
Leroy M., *Sociologie des finances publiques*, La Découverte, 2007. Levy Aldo, *La Gouvernance des savoirs*, Gualino éditeur, 2003.
Lianos L. & M. karliuk, *L'Emergence de l'étude d'impact comme norme de gouvernance en Europe : Genèse, diffusion et acteurs*, In RFAP, n° 149, 2014.
Liberman Jean, *Démystifier l'universalité des valeurs américaines, Pour une mobilisation démocratique*, Parangon, Paris, 2004.
Liberti Fabio, « Les dépenses de défense en Europe : peut-on faire mieux sans dépenser plus », *Policy Paper*, n° 46, 2011.
Lietar Pauline, *ONU : la grande imposture*, Albin Michel, 2017.
Loze M., *Les Finances de l'État*, Edition La Porte, Rabat, 1970.
Maders H-P & Masselin J-L., *Contrôle interne des risques*, Édition d'organisation, 2006.
Magnet J., *Eléments de comptabilité publique*, *LGDJ*, Paris, 1981.
Magnet J., *La Cour des comptes et les institutions associées*, Berger Levrault, 1971.
Magnet J., *La Cour des comptes*, Berger Levrault, 1986.
Magnet..J, *Les Comptables publics*, Berger-Levrault, 1974.
Mahbubani K., « Un nouvel ordre géopolitique : doit-on avoir peur de la Chine ? », *Le Monde diplopmatique* n° 781, avril 2019.
Mancosu G., « L'accès aux données publiques et aux codes sources en Italie. À la recherche d'une transparence alghorithmique à l'aube du règlement général sur la protection des données », *in RFAD*, n° 167, 2018.
Martin K., « Europe et cybersécurité :quelle(s) base(s) industrielle(s) ? », in *RDF*, n° 819, avril 2019.

Martines L., *Violence de la rente pétrolière : Algérie-Irak-Libye*, Sciences Po., Les Presses, 2010.
Martinez J-C., *Le Roi stabilisateur*, Jean-Cyrille Godefroy, 2015.
Martinez J-C., Malta, P. D.I, *Droit budgétaire*, Litec, 1999, (3e édition).
McConnel A., *Undestanding policy success rethinking public policy Palgrave macmillan*, 2010.
Mebtoul Abderrahmane &Sari Camille, s/d, *L'Intégration économique maghrébine : un destin obligé ?*, Édition Anwar El Maârifa, 2014.
Mebtoul Abderrahmane &Sari Camille, s/d, *Quelle gouvernance et quelles institutions au Maghreb face aux enjeux géostratégiques ?*, Édition Anwar El Maârifa, 2014.
Mehl L., *Les Enjeux du développement de l'informatique dans les finances publiques*, in *RFFP*, n° 11, 1986.
Mercier S., *L'Éthique dans les entreprises*, La Découverte, Paris, 2004.
Mezghani A., *L'État inachevé, La question du droit dans les pays arabes*, Edition Gallimard, 2011.
Mhaoud Selma, *Les Champions nationaux, l'équation du développement au Maroc*, HEM, 2018.
Miége J-Louis & Romain.H.Rainero, *Le Maroc, écrits de Graberg de Hemso (1776-1847)*, Edition La Porte, Rabat, 2002.
Miége J.L, *Le Maroc,* Que Sais-Je?, n° 423, PUF, Paris.
Milleron J. & Provedal (L.), *Législation budgétaire et comptabilité administrative chérifienne*, Louis Proveda, Rabat, 1949.
Millet D., *L'Afrique sans dette*, Syllepse, Paris, 2005.
Millet D. & É. Toussaint, la crise, quelles crises ?, Cadtm, édition Aden, 2010.
Millet D. & É. Toussaint, *La Dette ou la vie*, édition Aden, 2011.
Mills, C. W, *L'Imagination sociologique*, Collection Maspero, Paris, 1977.
Mordacq F., *La Réforme de l'État par l'audit*, LGDJ, coll. Systèmes, Paris, 2009. Mordacq F., *Les Finances publiques*, Que sais-je ? PUF, Paris, 2012.
Mouandijo Stéphane Monney, « Les institutions internationales, les pays du Sud et la démocratie », *Le Journal de Tanger*, 2012.
Mucchielli J.Louis, *La Mondialisation : chocs et mesure*s, Hachette Supérieur, Paris, 2008.
Muzellec R., *Fin ues*, Dalloz, 2002. *ances publiq*
N.B. Maugiron & J.P. Bras, *La Charia*, Dalloz, Paris, 2015.
N. Delalande & A. Spire, *Histoire sociale de l'impôt*, La Découverte, Paris, 2010.
Nussbaum M.C., *Not for profit :Why democracy needs the humanities*, Princeton University Press, Oxford, USA, 2010.
Nussbaum M.C., Women and human *development : the capabilities approach*, Combridge university Press. 2000
Nyambal E., *Afrique : les voies de la prospérité : dix clés pour sortir de la pauvreté*, L'Harmattan, 2008.

Nye J.S., *Soft power*, Public Affairs, USA, 2004.
Nzouankeu J.M., *Rapport entre juge des comptes et juge administratif, in RSF*, avril-juin 1967.
OCDE, États de fragilité 2015, *Réaliser les ambitions de l'après, 2015.*
OCDE, Le comité d'aide au développement, vers un développement efficace, *États de fragilité* 2015.
Onfray M., *Théorie de la dictature*, R. Laffont, 2019..
Ouazzani Chahdi.H, *Le Maroc et les traités internationaux*, préface de Mohammed Bennouna, L'Harmattan, 2018.
Pascon P., *Le Haouz de Marrakech*, Rabat, 1983, TI.
Paul M., *Les Finances publiques de A à Z, Dictionnaire de droit budgétaire et de comptabilité publique*, Edition ESKA, 1998.
Paul M., *Les Finances de l'État, budget, comptabilité*, Economica, Paris, 1981.
Paul R. & L.Elder, *Critical thinking, tools for taking change of your learning and your life*, Prentice Hall, 2001.
Pech T., *Le Temps des riches*, Seuil, 2011.
Pellet R., *La Cour des comptes*, La Découverte, Paris, 1998.
Pellet R., *L'Enseignement des finances publiques à l'Université, in Revue du droit public*, n° 4, 2013.
Philip L., *Panorama du contrôle des finances publiques dans le monde, in RFFP,* n° 101, 2008.
Pigeaud F. & Sylla N.S., *L'arme invisible de la françafrique : une histoire du Franc CFA,* la Découverte, Paris, 2018.
Piketty Th., *Le Capital du XXIe siècle*, Ed. Seuil, Paris, 2013.
Piriou J-P., *La Comptabilité nationale*, La Découverte, Repères, 2001.
PNUD, *Guide de la planification, du suivi et de l'évaluation axée sur les résultats de développement*, New York, 2009.
Poast P., *Principes d'économie militaire*, Economica, Paris, 2008.
Power M., *La Société de l'audit : l'obsession du contrôle*, La Découverte, Paris, 2005.
Quivy R. & Campenhoudt L.V., *Manuel de recherche en sciences sociales*, Dunod, Bordas, Paris, 1988.
Raffarin J-P., *Pour une nouvelle gouvernance*, IArchiped, 2002.
Raimbaud R., *Tempête sur le grand Moyen-Orient,* Ellipses, 2017.
Ramadan T., *Le Génie de l'Islam, Initiation à ses fondements, sa spiritualité et son histoire*, Presse du Chatelet, 2016.
Rapport, Maroc, Étude de la CEDEAO sur les implications de l'adhésion, CEDEAO, octobre 2017.
Rapport, Arab Voices on the challenges of the New Middle East, April 2016.
Rapport annuel de la Cour régionale des comptes de Tanger au titre de l'année 2009, 2009.
Rapport de développement humain 2003, PNUD, 2003.
Rapport de développement humain 2004, PNUD, 2004.
Rapport de développement humain 2009, PNUD, 2009.

Rapport du Cinquantenaire, *50 ans de développement humain, Le Maroc possible : une offre de débat pour une ambition collective*, Casablanca, 2006.
Rapport Global Financial Integrity, Illicit Financial Flows from developing countries : 2004-2013.
REMA, *Code des juridictions financières au Maroc*, n° 3-2002, Série « Management stratégique ».
REMA, *Du gouvernement à la gouvernance : les leçons marocaines*, série Management stratégique n° 5/2004.
Revue Africaine de Finances publiques, « Les finances publiques vues d'Afrique et de France », n° 1, L'Harmattan, 2015.
Revue défense nationale, *Penser la guerre hybride?*, n° 788, mars 2016.
Revue *Diplomatie*, Géopolitique de la Chine, n° 45, juin-juillet 2018.
Revue *Diplomatie,* Vers une guerre commerciale mondiale ?, n° 47, octobre-novembre 2018.
Reynaert françois, La grande histoire du monde, Fayard, 2016.
RFAP, L' évaluation des politiques publiques : état(s) de l'art et controverses, n° 148, 2013.
RFAP, Études d'impact et production normative, n°166, 2018.
RFAP, L'action publique responsable, n° 149, 2014.
RFAP, La révision générale des politiques publiques, n°136, 2010.
RFAP, Politiques de transparence, n° 165, 2018.
RFAP, Rendre des comptes, Rendre compte, n°160, 2016.
RFAP, Sociographie des cabinets ministériels, n°168, 2018.
Rhnema M. & Robert J., *La Puissance des pauves*, Essai, Actes Sud, 2008.
RIASA, *L'administration publique en Asie de l'Est : des héritages, les expériences et les trajectoires des réformes*, juin 2012
Richer Philippe, *L'Afrique des Chinois,* préface de Jean-Luc Domenach, Édition Karthala, 2012.
Richet Xavier & Nadji Safir, *Le Maghreb à l'épreuve de la mondialisation,* L'Harmattan, 2018.
RISA, La réforme de l'État-providence, juin 2013.
RISA, Le temps, la temporalité et le paysage temporel dans l'administration et les politiques, septembre 2014.
RISA, Les systèmes d'intégrité afin de sauvegarder l'éthique et l'intégrité de la gouvernance, Décembre 2013.
RISA, septembre 2008.
RISA, décembre 2012.
RISA, juin 2007.
RISA, La coordination des organisations du secteur public à l'ère de la marchétisation et de l'administration décloisonnée, septembre 2007
RISA, La stratégie de gestion du secteur public de la banque mondiale, septembre 2013.
RISA, La transparence gouvernementale, mars 2012.
RISA, Les marchés bureaucratiques, mars 2013.

RISA, mars 2010.
RISA, numéro spécial sur le post-NMP: modéle, pas significatif du tout ? Exploration des réformes des services sociaux en Europe, mars 2019.
RISA, Les réformes managériales et la transformation de l'administration de la Commission européenne, septembre 2012.
Rongping Mu, « La guerre commerciale sino-américaine oblige la Chine à accélérer l'innovation technologique », *in Diplomatie*, Grands Dossiers n° 47, 2019.
Rouet G., s/d, *Algorithmes et décisions publiques*, CNRS, Paris, 2019.
Roy Olivier, *L'Islam mondialisé*, Seuil, Paris, 2002.
Sadik A., *Ibn Khaldun*, éditions la Porte, El Maârif Al Jadida, Rabat, 1992. Saidj L. & Albert J.L., *Finances publiques,* Dalloz, 2007 (5e édition).
Samir Amine, *Le Sahélistan, la bataille diplomatique et la reconstruction du Mali,in REMA, Diplomatie économique, gouvernance et croissance*, n° 34-35, 2013.
Santiso Carlos, *Combattre la corruption et améliorer la gouvernance : les institutions financières internationales et le renforcement du contrôle budgétaire dans les pays en développement*, *in RFFP*, n° 119.
Schmolders G. *Psychologie des finances et de l'impôt*, PUF, coll. Sup, Paris, 1973.
Schwartzenberg Roger-Gérard, *L'État Spectacle,* Le Livre de Poche, 1987.
Sen A., *Ethique et économie*, PUF, Quadrige, Paris, 2001.
Sen A., *L'Économie est une science morale*, Ed. La Découverte, Paris, 1999.
Sen A., *Un économiste de développement*, s /D de V. Deboud, *in Notes et documents*, n° 30, 2006, Agence Française de Développement.
Sen A., *Repenser l'inégalité*, Seuil, l'Histoire Immédiate, 2000.
Simou B., *Les Réformes militaires au Maroc de 1844 à 1912*, publication de la Faculté des lettres et des sciences humaines, Rabat, 1995.
Sipri, *Military expenditures Dabatse,* 2016.
Stiglitz J., Sen A., Fitoussi J.P., *Richesse des nations et bien-être des individus*, Odile Jacob, 2009.
Stiglitz J.E., *Quand le capitalisme perd la tête*, fayard, 2003.
Stiglitz J., *La Grande fracture,* Ed. Les liens qui libèrent, 2015.
Sy H., *Les Paradoxes de la démocratie : sociologie de la théorie et de pratique démocratique*, Etudes Africaines, L'Harmattan, Paris, 2010.
Tertrais B., *La Guerre,* Que sais-je ? PUF, 2010.
« The New Scramble for Africa, And How Africans Could Win It » *in The Economist*, March 9Th-15Th 2019.
Thébault S., *L'Ordonnateur en droit public financier*, *LGDJ*, Paris, 2007.
Thibault H. & Leplatre S., « Chine, Huawei : la guerre de 5G est déclarée », *Le Monde* du 4 février 2019.
Tisseron S., *La Résilience*, Que sais-Je ? n°3758, PUF, 2007.
Toffler A., *Les Nouveaux pouvoirs*, Livre de Poche, 1990.
Tonye A. René Martin, *Afrique-Occident : le new deal industriel*, Points de vue l'Harmattan, 2018.

Toscer O., *Argent public, fortunes privées : histoires secrète du favorisme d'État*, Denoel Impacts, 2002.
Toussaint E., *La Finance contre les peuples, la bourse ou la vie*, Syllepse, 2004.
Trotaba L. & Cotteret J.-M., *Droit budgétaire et comptabilité publique*, Dalloz, 1995 (5e édition).
Turkia M., *Management sans douleurs*, Éditions C.L.E, Tunis, 1992.
Umar Chapra M., *What is Islamic economics ?* IDB Prise lecture series, n° 9, IRTI, IDB, october 1990.
Union Interparlementaire, *Parlement, budget et genre : guide pratique à l'usage des parlementaires*, n° 6,, 2004.
Union parlementaire, *Parlement et démocratie au XXIe siècle*, 2006.
Van Der Yeught Michel, *Le Maroc à nu*, L'Harmattan, 1989.
Vandelli Luciano, *The administrative reforms*, Spisa Universita di Bologna, Clueb, 2000.
Vermeren P., *Le Maroc en transition*, La découverte, 2001.
Warusfel B., *Le contrôle du secret de la défense nationale : une exigence de l'État de droit in Revue Droit et Défense*, n ° 4, 1996.
Waterston A., *La planification du développement*, Tendances actuelles, 1974.
Weill M., *L'Audit stratégique : qualité et efficacité des organisations,* Afnor, 2007.
Wirtz P., *Les Meilleures pratiques de gouvernance d'entreprise*, La Découverte, Paris, 2008.
Wolf E., *Weltmacht IWF, Chronik Raubzuges, Tectum Verlag*, Marburg 2014, Traduction arabe, Aalam Elmaarifa n°435, 2016, Koweït.
World Bank, *Country financial accountability assessment : Guidelines to staff Washington*, 27 may 2003.
XI Jinping, *La Gouvernance de la Chine*, T1 & T2, Éditions en Langues étrangères, Bejjing, Chine, 2014.
Yunus Muhammad, *A Word of three zeroes*, Scribe, London, 2017.
Zaoual H., *Économies voilées du Maghreb : de la technique à l'éthique*, L'Harmattan, 2006.
Zghal R., *La Culture de dignité et le flou organisationnel*, Centre d'études, de recherche et de publications, Tunis, 1994.

LISTE DES GRAPHIQUES ET DES TABLEAUX

TABLE DES MATIÈRES

Structures éditoriales du groupe L'Harmattan

L'Harmattan Italie
Via degli Artisti, 15
10124 Torino
harmattan.italia@gmail.com

L'Harmattan Hongrie
Kossuth l. u. 14-16.
1053 Budapest
harmattan@harmattan.hu

L'Harmattan Sénégal
10 VDN en face Mermoz
BP 45034 Dakar-Fann
senharmattan@gmail.com

L'Harmattan Cameroun
TSINGA/FECAFOOT
BP 11486 Yaoundé
inkoukam@gmail.com

L'Harmattan Burkina Faso
Achille Somé – tengnule@hotmail.fr

L'Harmattan Guinée
Almamya, rue KA 028 OKB Agency
BP 3470 Conakry
harmattanguinee@yahoo.fr

L'Harmattan RDC
185, avenue Nyangwe
Commune de Lingwala – Kinshasa
matangilamusadila@yahoo.fr

L'Harmattan Congo
67, boulevard Denis-Sassou-N'Guesso
BP 2874 Brazzaville
harmattan.congo@yahoo.fr

L'Harmattan Mali
Sirakoro-Meguetana V31
Bamako
syllaka@yahoo.fr

L'Harmattan Togo
Djidjole – Lomé
Maison Amela
face EPP BATOME
ddamela@aol.com

L'Harmattan Côte d'Ivoire
Résidence Karl – Cité des Arts
Abidjan-Cocody
03 BP 1588 Abidjan
espace_harmattan.ci@hotmail.fr

L'Harmattan Algérie
22, rue Moulay-Mohamed
31000 Oran
info2@harmattan-algerie.com

L'Harmattan Maroc
5, rue Ferrane-Kouicha, Talaâ-Elkbira
Chrableyine, Fès-Médine
30000 Fès
harmattan.maroc@gmail.com

Nos librairies en France

Librairie internationale
16, rue des Écoles – 75005 Paris
librairie.internationale@harmattan.fr
01 40 46 79 11
www.librairieharmattan.com

Lib. sciences humaines & histoire
21, rue des Écoles – 75005 Paris
librairie.sh@harmattan.fr
01 46 34 13 71
www.librairieharmattansh.com

Librairie l'Espace Harmattan
21 bis, rue des Écoles – 75005 Paris
librairie.espace@harmattan.fr
01 43 29 49 42

Lib. Méditerranée & Moyen-Orient
7, rue des Carmes – 75005 Paris
librairie.mediterranee@harmattan.fr
01 43 29 71 15

Librairie Le Lucernaire
53, rue Notre-Dame-des-Champs – 75006 Paris
librairie@lucernaire.fr
01 42 22 67 13

www.ingramcontent.com/pod-product-compliance
Lightning Source LLC
LaVergne TN
LVHW011142061026
849535LV00003B/572
* 9 7 8 2 3 4 3 1 8 6 6 6 5 *